高等学校工程管理专业系列教材

工程经济与项目管理

GONGCHENG JINGJI YU XIANGMU GUANLI

孙凌志　王　扬　王海鑫　等编著

中国教育出版传媒集团

高等教育出版社·北京

内容提要

　　本书以项目管理知识为主线、以工程经济决策方法和工程伦理为支撑，重点帮助学生理解并掌握项目管理的核心理念、基本原理、基本方法与工具，掌握工程经济决策的基本原理及方法，具备对社会、环境等的工程伦理素养。全书理论脉络清晰、重点突出、案例丰富、通俗易懂，具有很强的针对性、适用性与可读性。此外，各章配有习题，以帮助学生强化对知识点的理解与运用，加强学生对工程经济、项目管理与工程伦理问题的延伸思考。全书共 12 章，包括工程经济基础、工程经济评价方法、项目财务评价与国民经济评价、价值工程与设备更新分析、项目管理概述、项目策划与范围管理、项目组织管理、项目进度管理、项目成本管理、项目质量管理、项目风险管理和工程伦理。

　　本书可作为高等学校工科相关专业的本科生教材，也可供工程技术及管理人员参考。

图书在版编目（CIP）数据

　　工程经济与项目管理 / 孙凌志等编著． -- 北京 ：高等教育出版社，2023.12（2025.3 重印）
　　ISBN 978-7-04-061238-7

　　Ⅰ．①工… Ⅱ．①孙… Ⅲ．①工程经济学－高等学校－教材②工程项目管理－高等学校－教材 Ⅳ.①F062.4②F284

　　中国国家版本馆CIP数据核字(2023)第187482号

策划编辑	水 渊	责任编辑 水 渊	封面设计 张 志	版式设计 童 丹
责任绘图	于 博	责任校对 马鑫蕊	责任印制 刁 毅	

出版发行	高等教育出版社	网　址	http://www.hep.edu.cn
社　址	北京市西城区德外大街4号		http://www.hep.com.cn
邮政编码	100120	网上订购	http://www.hepmall.com.cn
印　刷	天津嘉恒印务有限公司		http://www.hepmall.com
开　本	787mm×1092mm　1/16		http://www.hepmall.cn
印　张	20		
字　数	460 千字	版　次	2023 年 12 月第 1 版
购书热线	010-58581118	印　次	2025 年 3 月第 2 次印刷
咨询电话	400-810-0598	定　价	46.50 元

工程经济与项目管理

1　计算机访问 https://abooks.hep.com.cn/1265601，或手机扫描下方二维码，访问新形态教材网小程序。

2　注册并登录，进入"个人中心"，点击"绑定防伪码"。

3　输入教材封底的防伪码（20位密码，刮开涂层可见），或通过新形态教材网小程序扫描封底防伪码，完成课程绑定。

4　在"个人中心"→"我的图书"中选择本书，开始学习。

工程经济与项目管理

作者 孙凌志、王扬、王海鑫等编著

出版单位 高等教育出版社

ISBN 978-07-04-061238-7

开始学习　　收藏

本课程与纸质教材一体化设计，紧密配合，内容包括重点讲解视频、课程思政案例、引导案例、习题答案等，充分运用多种形式媒体资源，极大地丰富了知识的呈现形式，拓展了教材内容。

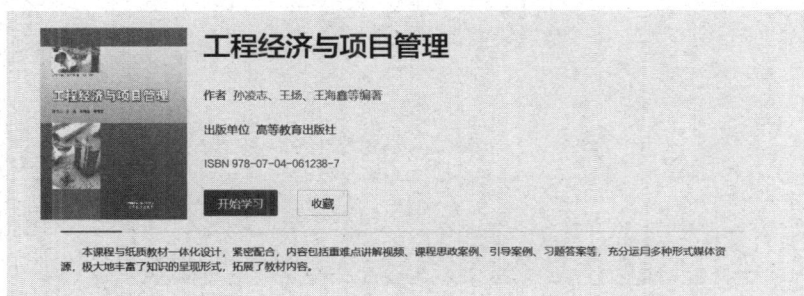

绑定成功后，课程使用有效期为一年。受硬件限制，部分内容无法在手机端显示，请按提示通过计算机访问学习。

如有使用问题，请发邮件至 abook@hep.com.cn。

扫描二维码
访问新形态教材网小程序

2016年6月，我国正式加入国际上最具影响力的工程教育学位互认协议之一《华盛顿协议》，通过中国工程教育专业认证协会认证的工科专业，其毕业生的学位可以得到《华盛顿协议》其他成员组织的认可。目前，工程教育专业认证在各高校如火如荼地开展。中国工程教育专业认证办会是经教育部授权，开展工程教育认证工作组织实施的全国性社会团体，其建立了与国际实质等效的工程教育认证体系，认证工作得到了国际同行的广泛认可。根据中国工程教育专业认证协会颁布的《工程教育认证标准》（T/CEEAA 001—2022），其中第3部分毕业要求的第11条项目管理能力中提出工科学生要"理解并掌握工程管理原理与经济决策方法，并能在多学科环境中应用"，这属于项目管理和工程经济学的学科范畴；同时第3部分的第6条、第7条和第8条分别从工程与社会、环境和可持续发展、职业规范等方面对工科学生应具备的能力和承担的责任提出了要求，这些均涉及工程伦理学科的范畴。目前能够满足项目管理、工程经济决策和工程伦理三方面的系统理论方法教学，特别是适合于工科类少学时相关课程教学计划的教材较少。因此，本书立足于我国工程教育专业认证对工科学生"项目管理能力""工程经济决策能力"和"工程伦理素质"的实际需求而编写。

项目已成为现代企业和政府重要的业务推进模式和发展的重要载体，项目管理作为一种教给人们系统做事的方法，在越来越多的行业、组织中得到了极为广泛的认可和应用，项目管理能力已经演变为组织的核心竞争力之一。本书以项目管理知识为主线、以工程经济决策方法和工程伦理为支撑，重点帮助学生理解并掌握项目管理的核心理念、基本原理、基本方法与工具，掌握工程经济决策的基本原理及方法，具备对社会、环境等的工程伦理素养，全书理论脉络清晰、重点突出、案例丰富、通俗易懂，具有很强的针对性、适用性与可读性。此外，各章配有习题，以帮助学生强化对知识点的理解与运用为基础，加强学生对工程经济、项目管理与工程伦理问题的延伸思考。

本书由山东科技大学工程管理系组织编写，得到了学校教务处和学院的指导和支持。全书共12章，包括工程经济基础、工程经济评价方法、项目财务评价与国民经济评价、价值工程与设备更新分析、项目管理概述、项目策划与范围管理、项目组织管理、项目进度管理、项目成本管理、项目质量管理、项目风险管理和工程伦理。同时，为践行"立德树人"根本任务，每章均编写了较为典型的课程思政案例。具体编写分工如下：第1章由王扬、王永萍负责编写，第2章由王扬、任英伟负责编写，第3章由孙凌志、梁艳红负责编写，第4章由王扬、田勇负责编写，第5、6章由王海鑫、任英伟负责编写，第7章由王海鑫、代春泉负责编写，第8章由任英伟、李朋负责编写，第9章由孙凌志、孙琳琳负责编写，第10章由孙凌志、周红敏、肖莎负责编写，第11章由代春泉、张传明负责编写，第12章由孔寅、田勇、肖莎负责编写。全书由孙凌志统稿。本书可作为面向培养具备项目管理与工程经济决策能力、具有良好的工程伦理素养的本科生教材,也可作为相关从业人员的参考用书。

　　本书编写过程中借鉴了美国项目管理协会(PMI)的《项目管理知识体系指南(PMBOK®指南)》(第七版)的最新成果,这将对我国工程项目管理的国际化、专业化起到积极的推动作用。编写过程中还参考了大量资料及有关组织、人员的研究成果,在此对他们的工作、贡献表示感谢。山东科技大学吴守荣教授百忙之中审阅了书稿,并提出了宝贵建议,在此衷心感谢。编写过程中,虽经反复思考讨论,仍难免有不妥甚至疏漏之处,恳请广大读者提出宝贵意见。

编者

2023 年 6 月

目　录

第1章　工程经济基础　　　　　　　　　　　　　　　　　1

　　1.1　工程经济分析的基本原理与步骤　　　　　　1
　　1.2　资金时间价值的计算及应用　　　　　　　　5
　　1.3　工程经济分析的基本要素　　　　　　　　　16
　　本章小结　　　　　　　　　　　　　　　　　　28
　　课程思政案例　　　　　　　　　　　　　　　　28
　　习题　　　　　　　　　　　　　　　　　　　　28

第2章　工程经济评价方法　　　　　　　　　　　　　　32

　　2.1　确定性评价方法　　　　　　　　　　　　　32
　　2.2　不确定性评价方法　　　　　　　　　　　　48
　　本章小结　　　　　　　　　　　　　　　　　　59
　　课程思政案例　　　　　　　　　　　　　　　　59
　　习题　　　　　　　　　　　　　　　　　　　　60

第3章　项目财务评价与国民经济评价　　　　　　　　65

　　3.1　项目财务评价概述　　　　　　　　　　　　65
　　3.2　财务评价报表的编制　　　　　　　　　　　70
　　3.3　财务评价综合案例　　　　　　　　　　　　81
　　3.4　国民经济评价　　　　　　　　　　　　　　91
　　本章小结　　　　　　　　　　　　　　　　　　95
　　课程思政案例　　　　　　　　　　　　　　　　95
　　习题　　　　　　　　　　　　　　　　　　　　96

第4章　价值工程与设备更新分析　　　　　　　　　　98

　　4.1　价值工程　　　　　　　　　　　　　　　　98
　　4.2　设备更新分析　　　　　　　　　　　　　　114
　　本章小结　　　　　　　　　　　　　　　　　　119

课程思政案例 119
习题 120

第5章 项目管理概述 123

5.1 项目 123
5.2 项目管理 130
5.3 项目组合管理与敏捷项目管理 137
本章小结 139
课程思政案例 140
习题 140

第6章 项目策划与范围管理 142

6.1 项目策划 142
6.2 项目范围管理 147
本章小结 157
课程思政案例 157
习题 157

第7章 项目组织管理 158

7.1 项目组织管理概述 158
7.2 项目组织结构 165
7.3 项目经理 173
7.4 项目团队 179
本章小结 183
课程思政案例 183
习题 184

第8章 项目进度管理 185

8.1 项目进度管理概述 185
8.2 项目进度管理方法与工具 189
本章小结 213
课程思政案例 214
习题 214

第9章 项目成本管理 217

9.1 项目成本管理概述 217

9.2　项目成本管理方法与工具 　219
本章小结 　232
课程思政案例 　233
习题 　233

第 10 章　项目质量管理　235

10.1　项目质量管理概述 　235
10.2　项目质量管理方法与工具 　244
本章小结 　258
课程思政案例 　259
习题 　259

第 11 章　项目风险管理　260

11.1　项目风险管理概述 　260
11.2　项目风险管理方法与工具 　270
本章小结 　274
课程思政案例 　274
习题 　274

第 12 章　工程伦理　276

12.1　工程与工程伦理 　276
12.2　工程风险的伦理评估 　282
12.3　工程的环境伦理 　285
12.4　工程师的伦理责任 　289
本章小结 　295
课程思政案例 　295
习题 　296

附录　复利系数表　298

参考文献　306

第 1 章

工程经济基础

学习目标:

1. 了解工程经济分析的基本原理和基本步骤。

2. 熟悉现金流量的概念及现金流量图的绘制方法;熟悉资金时间价值的概念;掌握单利和复利两种利息计算方法;掌握资金等值计算的方法;熟悉名义利率和实际利率的概念及计算方法。

3. 熟悉项目总投资的概念及构成;熟悉项目收入的构成;熟悉总成本费用、经营成本、固定成本、可变成本、生产成本和期间费用的概念和构成;熟悉项目税金的构成及计算;掌握项目利润的计算。

1.1 工程经济分析的基本原理与步骤

工程是现代文明、经济运行和社会发展的重要内容和组成部分。工程有广义和狭义的区别。狭义的工程是指与生产实践密切联系、运用有关的科学知识和技术手段得以实现的活动,如水利工程、化学工程、电力工程、机械工程等。广义的工程包括人类的一切活动,指人类为达到某种目的,在一个较长时间周期内进行协作活动的过程,除了包括与生产实践相联系的活动,还包括社会生活的许多领域,如希望工程、安居工程等。本课程所讨论的是狭义的工程。对于工程内涵的界定并没有统一的说法,比如,《简明不列颠百科全书》对工程的定义是:"应用科学知识使自然资源最佳地为人类服务的一种专门技术。"任何工程活动必然涉及经济方面的因素,工程经济分析就是以工程项目为对象,以技术 – 经济系统为核心,研究如何有效利用资源来提高项目的经济效益。由于在特定的时期和一定的地域范围内,人们能够支配的经济资源总是稀缺的,因此对工程经济活动进行事前分析(简称工程经济分析)是十分必要的,可为工程项目投资决策提供科学依据。

1.1.1　工程经济分析的基本原理

1. 工程经济分析的目的是提高工程经济活动的经济效果

工程经济活动都具有明确的目标,都是为了直接或间接地满足人类自身的需要。例如,生产活动是通过新材料、新设备、新能源和新技术的应用为人类生存和发展提供更多更好的所需物品和服务;医疗活动是应用生物工程、遗传学和生命科学的成果更好地防病治病,救死扶伤,造福人类。工程经济活动的目标是通过活动产生的效果来实现的。根据活动对具体目标的不同影响,效果可分为有用的、所期望的和无用的或想避免的。前者通常称为效益,后者通常称为损失。

经济效果就是人们在应用技术的社会实践中效益与成本及损失的比较。对于取得一定有用成果和所支付的资源代价及损失的对比分析,就是经济效果。

当效益与成本及损失为不同度量单位时,经济效果可用式(1-1-1)表示:

$$经济效果 = 效益 / (成本 + 损失) \tag{1-1-1}$$

当效益与成本及损失为相同度量单位时,经济效果可用式(1-1-2)表示:

$$经济效果 = 效益 - (成本 + 损失) \tag{1-1-2}$$

根据分析的角度不同、受益者不同可将经济效果划分为不同的类别。

(1)企业经济效果和国民经济效果

根据分析的角度不同可以将经济效果分为企业经济效果和国民经济效果。企业经济效果是指站在企业的角度,从企业的利益出发,分析投资方案的经济效果。国民经济效果是指站在国家的角度,从国民经济以至整个社会出发,分析投资方案的经济效果。由于分析的角度不同,对同一投资方案的企业经济效果评价的结果与国民经济效果评价的结果可能会不一致。

(2)直接经济效果和间接经济效果

根据受益者不同可以将经济效果分为直接经济效果和间接经济效果。直接经济效果是指投资方案直接给实施企业带来的经济效果。间接经济效果是指投资方案对社会其他部门产生的经济效果。如一个生态旅游项目的实施,既可获得旅游收益,又可以减少环境污染、保护生态平衡、改善周边的生态环境,一般来说,直接经济效果容易看得见,不易被忽略。但从全社会可持续发展的角度出发,则更应强调间接经济效果。

提高工程经济活动的经济效果是工程经济分析的出发点和归宿点。

2. 技术与经济之间是对立统一的辩证关系

从长期来看,经济是技术进步的目的,技术是达到经济目标的手段,是推动经济发展的强大动力。从短期来看,技术与经济之间还存在着相互制约和相互矛盾的一面。有些先进技术需要有相应的工程经济条件起支撑作用,需要相应的资源结构相配合。对于不具备相应条件的国家和地区,技术就很难发挥应有的效果。这正是为什么在相同的生产力发展阶段,不同的社会形态会创造出极为悬殊的劳动生产率的原因之一。

3. 工程经济分析的重点是科学地预见活动的结果

人类对客观世界运动变化规律的认识,使得人们可以对自身活动的结果做出一定的科学预见,判断一项活动目标的实现程度,并相应地选择、修正所采取的方法。

工程经济分析正是对一次性工程经济活动的方案付诸实施之前或实施之中的各种结果进行估计和评价的过程,属于事前或事中主动的控制,即信息搜集—资料分析—制定对策—防止偏差。事后的评价和总结仍然是为了在新的项目中汲取经验教训。对工程经济活动的预见要求人们面对未来,对可能发生的后果进行合理的预测,只有提高预测的准确性,客观地把握未来的不确定性,才能提高决策的科学性。工程经济活动可行性研究的主要内容之一就是要进行周密的市场调查,准确地估计项目的效益、成本及损失。

可行性研究工作方式的提出,使工程经济分析的预见性提高到一个新的水平。可行性研究是投资项目决策阶段的基础性工作,是投资决策的重要依据。20世纪80年代初,我国学习借鉴世界银行和联合国工业发展组织推进项目建设的有益经验,探索引入可行性研究制度。1983年,原国家计划委员会发布《关于建设项目进行可行性研究的试行管理办法》,明确可行性研究是建设前期工作的重要内容,是基本建设程序的组成部分,标志着可行性研究制度在我国的正式确立。2022年,党的二十大报告指出,要加快构建新发展格局,着力推动高质量发展。高质量发展需要高质量的投资,高质量的投资需要高质量的投资决策,而可行性研究是投资决策的核心环节,投资项目是投资活动的微观基础,要实现投资高质量发展,就必须强化投资项目可行性研究的基础作用。项目可行性研究应坚持以"三大目标、七个维度"为核心内容。围绕项目建设必要性、方案可行性及风险可控性三大目标开展系统、专业、深入论证,重点把握"七个维度"的研究内容。其中,项目建设必要性应从需求可靠性维度研究得出结论,项目方案可行性应从要素保障性、工程可行性、运营有效性、财务合理性和影响可持续性等五个维度进行研究论证,项目风险可控性应通过各类风险管控方案维度研究得出结论。

4. 工程经济分析是对工程经济活动的系统评价

党的二十大报告指出,必须坚持系统观念。万事万物是相互联系、相互依存的。只有用普遍联系的、全面系统的、发展变化的观点观察事物,才能把握事物发展规律。工程经济分析的系统性主要体现在以下三个方面:① 评价指标的多样性和多层性,构成一个指标体系。② 评价角度或立场的多样性。根据评价时所站的立场或看问题的出发点的不同,分为企业财务评价、国民经济评价以及社会评价等。③ 评价方法的多样性。常用的评价方法有以下几大类:定量或定性评价、静态或动态评价、单指标或多指标综合评价等。

由于局部和整体、局部与局部之间客观上存在着一定的矛盾和利益,系统评价的结果总是在法律法规允许的范围内各利益主体目标相互协调的均衡结果。对于特定的利益主体,由于多目标的存在,各方案对各分目标的贡献有可能不一致。因此,在一定的时空和资源约束条件下,工程经济分析寻求的只能是令决策者满意的整体方案,而非各分项效果都最佳的最优方案。

5. 满足可比条件是投资方案比较的前提

为了在对各项投资方案进行评价和选优时,能全面、正确地反映实际情况,必须使各方案的条件等同化,这就是所谓的"可比性问题"。由于各个方案涉及的因素极其复杂,加上难以定量表达的因素,所以不可能做到绝对的等同化。

在实际工作中一般只能做到使方案经济效果影响较大的主要方面达到可比性要求,包括:① 产出成果使用价值的可比性;② 投入相关成本的可比性;③ 时间因素的可比性;

④ 价格的可比性;⑤ 评价参数的可比性。其中,时间因素的可比性通常是方案经济评价要考虑的一个重要因素。例如,有两个投资方案,产品种类、产量、投资、成本完全相同,但时间上有差别,其中一个投产早,另一个投产晚,这时很难直接对两个方案的价值大小下结论,必须将它们的效果和成本都换算到同一个时点后,才能进行方案评价和比较。

1.1.2   工程经济分析的基本步骤

工程经济分析可大致概括为五个步骤:确定目标、寻找关键要素、穷举方案、评价方案、决策。

1. 确定目标

工程项目的成功与否,不但取决于系统本身效率的高低,也与系统是否能满足人们的需要密切相关,只有通过市场调查等各种手段明确了目标,才能谈技术可行性和经济合理性。工程经济分析的第一步就是通过调查研究寻找经济环境中显在和潜在的需求,确立工作目标。

2. 寻找关键要素

关键要素也就是实现目标的制约因素,确定关键要素是工程经济分析的重要一环。只有找出了主要矛盾,确定了系统的各种关键要素,才能集中力量,采取最有效的措施,为目标的实现扫清道路。

寻找关键要素,实际上是一个系统分析的过程,需要树立系统思想方法,综合运用各种相关学科的知识和技能。例如,三峡工程决策时就采用了系统分析的方法来确定项目的关键要素。1954 年由于长江中下游区域出现了近 100 年间最大的洪水,造成了严重的洪涝灾害。为消除水患,国家于 1956 年成立长江流域规划办公室,提出蓄水位 200 m、水电装机容量 2.5×10^7 kW 的设计方案。由于工程规模太大、移民太多、水库建成后泥沙淤积等问题,工程建设搁置。1984 年组建了中国三峡开发总公司筹建处,经过充分论证和系统分析,确定了整个三峡工程的关键要素:防洪、发电、通航、移民、文物保护、环境保护。1986 年,中国水利电力部组织 412 位各方面专家,针对 14 个专题,历时 3 年对三峡工程的可行性进行了进一步论证。经过论证,专家组确认了三峡工程的首要任务是解决长江洪水灾害。三峡工程于 2009 年完工后,可使荆江河段防洪标准由原来的约 10 年一遇提高到 100 年一遇;三峡水电站总装机容量达 2.25×10^7 kW,对华东、华中和华南地区的经济发展和减少环境污染起到重大的作用;显著改善了宜昌至重庆 660 km 的长江航道,万吨级船队可直达重庆港,航道单向年通过能力可由原来的 1×10^7 t 提高到 5×10^7 t。

3. 穷举方案

关键要素找到后,紧接着要做的工作就是制订各种备选方案。一个问题通常可采用多种方法来解决,因而可以制订出许多不同的方案。例如,提高产品质量,可通过更新设备实现,也可通过质量控制方法实现。

工程经济分析过程本身就是多方案选优,如果只有一个方案,决策的意义将大打折扣。所以,穷举方案就是要尽可能多地、创造性地提出潜在方案,包括什么都不做的方案,即维持现状的方案。实际工作中往往有这样的情况,虽然在分析时考虑了若干方案,但是恰恰没有考虑更为合理的某个方案,导致了不科学的决策结果。

4. 评价方案

从工程技术的角度提出的方案往往都是技术上可行的,但在效果一定时,只有成本最低的方案才能成为最佳方案,这就需要对备选方案进行经济效果评价。评价方案,首先必须将参与分析的各种因素定量化,一般将方案的投入和产出转化为用货币表示的收益和成本,即确定各对比方案的现金流量,并估计现金流量发生的时点,然后运用数学手段进行综合运算、分析对比,从中选出最优的方案。

政府投资项目的方案评价应突出经济社会综合效益,并根据经济社会发展需要和财政可负担性,合理确定建设标准、建设内容、投资规模等,防范地方政府隐性债务风险;企业投资项目的方案评价应突出经济性,聚焦企业自主投资决策所关注的投资收益、市场风险规避等内容,引导企业提高投资决策的科学性和财务的可持续性。

5. 决策

决策即从若干行动方案中选择令人满意的实施方案,它对工程项目的效果有决定性的影响。在决策时,工程技术人员、经济分析人员和决策人员应特别注重信息交流和沟通,减少由于信息的不对称所产生的分歧,使各方人员充分了解各方案的工程经济特点和各方面的效果,提高决策的科学性和有效性。党的二十大报告指出,坚持科学决策、民主决策、依法决策,全面落实重大决策程序制度。例如,1992 年 4 月 3 日,第七届全国人民代表大会第五次会议表决通过《关于兴建长江三峡工程的决议》。历经 70 多年勘测、规划、设计和论证,三峡工程完成了决策程序。

1.2 资金时间价值的计算及应用

1.2.1 现金流量和资金的时间价值

1. 现金流量的含义

在工程经济中,通常将所分析的对象视为一个独立的经济系统。在某一时点 t 流入系统的资金称为现金流入,记为 CI_t,流出系统的资金称为现金流出,记为 CO_t,同一时点上的现金流入与现金流出之差称为净现金流量,记为 NCF(net cash flow)或 $(CI-CO)_t$,现金流入量、现金流出量、净现金流量统称为现金流量。现金流入和现金流出是从研究对象的角度划分的。例如,个人向银行存入一笔资金,从个人角度考察是现金流出,从银行角度考察是现金流入。

2. 现金流量图

现金流量图是一种反映经济系统资金运动状态的图式,运用现金流量图可以形象、直观地表示现金流量的三要素:大小(资金数额)、方向(资金流入或流出)和作用点(资金流入或流出的时间点),如图 1-2-1 所示。

现金流量图的绘制规则如下:

(1)横轴为时间轴,0 表示时间序列的起点,n 表示时间序列的终点。轴上每一间隔表示一个时间单位(计息周期),一般可取年、半年、季或月等。整个横轴表示系统的生命周期。

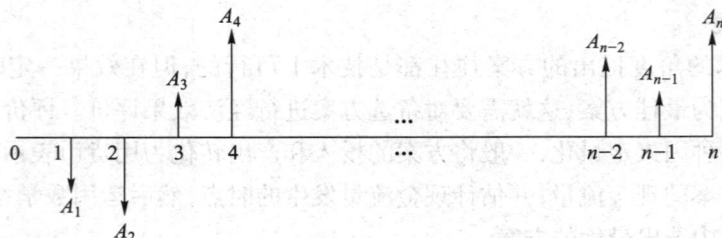

图 1-2-1   现金流量图

（2）与时间轴相连的垂直箭线代表不同时点的现金流入或现金流出。在时间轴上方的箭线表示现金流入；在时间轴下方的箭线表示现金流出。

（3）垂直箭线的长度要能适当体现各时点现金流量的大小，并在各箭线上方或下方注明现金流量的数值。

（4）垂直箭线与时间轴的交点为现金流量发生的时点（作用点）。时点既表示与之相连的前一时间单位的终点，又表示后一时间单位的起点。

视频 1-1
现金流量
的含义和
表达方式

3. 资金的时间价值

（1）资金时间价值的含义

资金在运动中，其数量会随着时间的推移而变动，变动的这部分资金就是原有资金的时间价值。

任何方案的实施在时间上都是一个延续过程，由于资金时间价值的存在，在方案经济分析中，若将不同时点发生的现金流量直接进行比较就不尽合理。只有通过一系列换算（时间价值计算），站在同一时点上进行对比，才能使比较结果符合客观实际情况。考虑资金时间价值的经济分析方法，能使方案评价和选择的结论更加客观和可靠。

视频 1-2
资金时间价
值的内涵

（2）利息和利率

利息和利率是资金时间价值的表现形式，通常用利息作为衡量资金时间价值的绝对尺度，用利率作为衡量资金时间价值的相对尺度。

1）利息。在资金借贷过程中，债务人偿付给债权人的资金总额中超过原借款本金的部分就是利息，即

$$I = F - P \tag{1-2-1}$$

式中：I——利息；

F——还本付息总额；

P——本金。

在工程经济分析中，利息还被理解为资金的一种机会成本，是指占用资金所付的代价或者是放弃现期消费所得的补偿。

2）利率。利率是一个时间单位内（如年、半年、季、月、周、日等）所得（或所付）利息与借款本金之比，通常用百分数表示，即

$$i = \frac{I_t}{P} \times 100\% \tag{1-2-2}$$

式中：i——利率；

I_t——一个时间单位内的利息；

P——借款本金。

【例题 1-2-1】某公司年初借本金 200 万元[①]，一年后付息 12 万元，试求这笔借款的年利率。

解： 根据式（1-2-2），年利率为

$$（12/200）\times 100\% = 6\%$$

3）影响利率的主要因素。利率的高低主要由以下因素决定：

① 社会平均利润率。通常情况下，平均利润率是利率的最高界限。如果利率高于利润率，借款人投资后无利可图，也就不会借款了。

② 借贷资本供求情况。利息是使用资金的代价，受供求关系的影响。在平均利润率不变的情况下，借贷资本供过于求，利率下降；反之，利率上升。

③ 借贷风险。借出资本要承担一定风险，而风险的大小会影响利率的波动。风险越大，利率也就越高。

④ 通货膨胀。通货膨胀对利率的波动有直接影响，如果资金贬值幅度超过名义利率，往往会使实际利率无形中成为负值。

⑤ 借贷期限。借款期限长，不可预见因素多，风险大，利率也就高；反之，利率就低。

1.2.2 利息计算方法

利息计算有单利和复利之分。当计息周期数在一个以上时，就需要考虑单利与复利的问题。

1. 单利计算

单利是指在计算每个周期的利息时，仅根据最初的本金和周期利率计算本期利息，而先前计息周期中所累积增加的利息不作为本期利息计算基础，即通常所说的"利不生利"的计息方法。其计算式如下：

$$I_t = P \cdot i_d \tag{1-2-3}$$

式中：I_t——代表第 t 计息周期的利息额；

P——代表本金；

i_d——计息周期单利利率。

设 I_n 代表 n 个计息周期所付或所收的单利总利息，则有下式：

$$I_n = \sum_{i=1}^{n} I_t = \sum_{i=1}^{n} P \cdot i_d = P \cdot i_d \cdot n \tag{1-2-4}$$

由式（1-2-4）可知，在以单利计息的情况下，总利息与本金、利率及计息周期数成正比。而 n 期末单利本利和 F 等于本金加上利息，即：

$$F = P + I_n = P（1 + n \cdot i_d） \tag{1-2-5}$$

式中：$（1 + n \cdot i_d）$——单利终值系数。

---

① 人民币。余同。

在利用式（1-2-5）计算本利和 F 时，要注意式中 n 和 i_d 反映的周期要匹配。如 i_d 为年利率，则 n 应为计息的年数；若 i_d 为月利率，n 即应为计息的月数。

【例题 1-2-2】 如某公司以单利方式在第 1 年年初借入 1 000 万元，年利率 8%，第 4 年年末偿还，试计算各年利息与年末本利和。

解： 计算过程和计算结果列于表 1-2-1。

表 1-2-1　各年单利利息与本利和计算表　　　　单位：万元

使用期	计息本金	利息	年末本利和	偿还额
1	1 000	1 000 × 8% = 80	1 080	0
2	1 000	80	1 160	0
3	1 000	80	1 240	0
4	1 000	80	1 320	1 320

由例题 1-2-2 可见，单利的年利息额仅由本金所产生，其新生利息不再加入本金产生利息，此即"利不生利"。由于没有反映资金随时都在"增值"的规律，即没有完全反映资金的时间价值，因此，在工程经济分析中较少使用单利。

2. 复利计算

复利是指在计算每个周期的利息时，先前计息周期所累积增加的利息结转为本金一并计算本期利息，即通常所说的"利生利""利滚利"的计息方法。其计算式如下：

$$I_t = i \cdot F_{t-1} \qquad (1-2-6)$$

式中：I_t——第 t 个计息周期利息额；

　　i——计息周期复利利率；

　F_{t-1}——第 $t-1$ 个计息周期末复利本利和。

第 t 年年末复利本利和的表达式如下：

$$F_t = F_{t-1} \cdot (1+i) = F_{t-2} \cdot (1+i)^2 = \cdots = P \cdot (1+i)^n \qquad (1-2-7)$$

【例题 1-2-3】 数据同例题 1-2-2，试按复利计算各年的利息和年末本利和。

解： 按复利计算时，计算结果见表 1-2-2。

表 1-2-2　各年复利利息与本利和计算表　　　　单位：万元

使用期	计息本金	利息	年末本利和	偿还额
1	1 000	1 000 × 8% = 80	1 080	0
2	1 080	1 080 × 8% = 86.400	1 166.400	0
3	1 166.4	1 166.4 × 8% = 93.312	1 259.712	0
4	1 259.712	1 259.712 × 8% = 100.777	1 360.489	1 360.489

比较表 1-2-1 和表 1-2-2 可以看出，同一笔借款，在利率和计息期数均相同的情况下，用复利计算出的利息金额比用单利计算出的利息金额大。如果本金越大，利率越高，计息期数越多时，两者差距就越大。复利反映利息的本质特征，更符合资金在社会生产过程中运动

的实际状况。因此,在工程经济分析中,一般采用复利计算。

复利计算有间断复利和连续复利之分。按期(年、半年、季、月、周、日)计算复利的方法称为间断复利(即普通复利),按瞬时计算复利的方法称为连续复利。在实际应用中,一般采用间断复利。

【例题 1-2-4】 某企业在年初向银行借贷一笔资金,月利率为 1%,则在 6 月底偿还时,按单利和复利计算的利息应分别是本金的(　　　)。

A. 5% 和 5.10%　　　　　　　　　　B. 6% 和 5.10%

C. 5% 和 6.15%　　　　　　　　　　D. 6% 和 6.15%

解:按照单利计息,一共有 6 个计息期,利息为 $6 \times 1\% = 6\%$,按照复利计息,利息为 $(1+1\%)^6 - 1 = 6.15\%$。故选择 D。

视频 1-3
利息计算
方法

1.2.3 资金时间价值的应用

不同时期、不同数额但其"价值等效"的资金称为等值,又叫等效值。在工程经济分析中,等值的概念为确定某一经济活动的有效性或者进行方案比选提供了可能。

视频 1-4
资金的等
值计算

1. 等值计算方法

常用的等值计算方法主要包括两大类,即一次支付和等额支付系列。

(1)一次支付情形

一次支付又称整付,是指所分析系统的现金流量,无论是流入还是流出,只在某一时点上发生一次。

1)终值计算(已知 P 求 F)。现有一笔资金 P,计息周期利率为 i,按复利计算,则 n 期末的本利和 F 为多少?即已知 P、i、n,求 F。其现金流量图如图 1-2-2 所示。

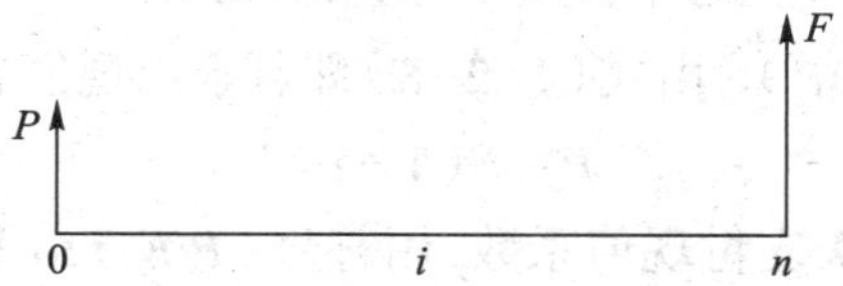

图 1-2-2　一次支付现金流量示意图

根据复利含义,n 期期末复本利和 F 的计算过程见表 1-2-3。

表 1-2-3　n 期期末复本利和 F 的计算过程

计息期	期初金额(1)	本期利息额(2)	期末复本利和 $F_i = (1) + (2)$
1	P	$P \cdot i$	$F_1 = P + P \cdot i = P(1+i)$
2	$P(1+i)$	$P(1+i) \cdot i$	$F_2 = P(1+i) + P(1+i) \cdot i = P(1+i)^2$
3	$P(1+i)^2$	$P(1+i)^2 \cdot i$	$F_3 = P(1+i)^2 + P(1+i)^2 \cdot i = P(1+i)^3$
...	...	...	...
n	$P(1+i)^{n-1}$	$P(1+i)^{n-1} \cdot i$	$F = F_n = P(1+i)^{n-1} + P(1+i)^{n-1} \cdot i = P(1+i)^n$

由表 1-2-3 可以看出,一次支付 n 期期末复本利和 F 的计算公式为

$$F = P(1+i)^n \tag{1-2-8}$$

式中: i——计息周期复利率;

　　n——计息周期数;

　　P——现值(即现在的资金价值或本金,present value),指资金发生在(或折算为)某一特定时间序列起点时的价值;

　　F——终值(即未来的资金价值或本利和,future value),指资金发生在(或折算为)某一特定时间序列终点时的价值。

式(1-2-8)中的 $(1+i)^n$ 称为一次支付终值系数,用 $(F/P, i, n)$ 表示,则式(1-2-8)又可写成:

$$F = P(F/P, i, n) \tag{1-2-9}$$

在 $(F/P, i, n)$ 这类符号中,括号内斜线左侧的符号表示所求的未知数,斜线右侧的符号表示已知数。$(F/P, i, n)$ 则表示在已知 P、i 和 n 的情况下求解 F 值。为计算方便,通常按照不同利率 i 和计息周期数 n 计算出 $(1+i)^n$ 的值,并列表(见附录的复利系数表)。在计算 F 时,只要从复利系数表中查出相应的复利系数再乘以本金即可。

【例题 1-2-5】某公司从银行借款 1 000 万元,年复利率 $i = 8\%$,试问 5 年后一次需支付本利和多少?

解:按式(1-2-9)计算得:

$F = P(F/P, i, n) = 1\ 000\ 万元 \times (F/P, 8\%, 5)$

从复利系数表查出系数 $(F/P, 8\%, 5)$ 为 1.469,代入上式得:

$F = 1\ 000\ 万元 \times 1.469 = 1\ 469\ 万元$

也可用公式计算:

$F = P(1+i)^n = 1\ 000\ 万元 \times (1+8\%)^5 = 1\ 469\ 万元$

2)现值计算(已知 F 求 P)。由式(1-2-8)即可求出现值 P。

$$P = F(1+i)^{-n} \tag{1-2-10}$$

式中: $(1+i)^{-n}$——一次支付现值系数,用符号 $(P/F, i, n)$ 表示。在工程经济分析中,一般是将未来时刻的资金价值折算为现在时刻的价值,该过程称为"折现"或"贴现",其所使用的利率常称为折现率或贴现率。故 $(1+i)^{-n}$ 或 $(P/F, i, n)$ 也称为折现系数或贴现系数。式(1-2-10)常写成:

$$P = F(F/P, i, n) \tag{1-2-11}$$

【例题 1-2-6】某公司希望 5 年后收回 2 000 万元资金,年复利率 $i = 8\%$,试问现在需一次投入多少?

解:由式(1-2-11)得:

$P = F(P/F, i, n) = 2\ 000\ 万元 \times (P/F, 8\%, 5)$

查复利系数表得 $(P/F, 8\%, 5)$ 为 0.681,代入上式得:

$P = 2\ 000\ 万元 \times 0.681 = 1\ 362\ 万元$

也可用公式计算: $P = 2\ 000 \times (1+8\%)^5 = 1\ 362\ 万元$

（2）等额支付系列情形

在工程实践中,等额支付是最常见的支付形式。等额支付是指现金流量在多个时点发生,而不是集中在某一时点上,如图 1-2-3 所示。

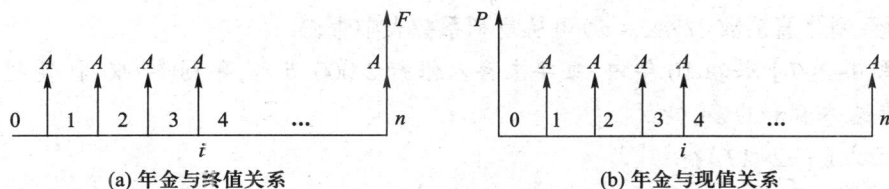

(a) 年金与终值关系　　　　(b) 年金与现值关系

图 1-2-3　等额支付系列现金流量示意图

图中:A——年金,发生在(或折算为)某一特定时间序列各计息期末(不包括 0 期)的等额支付系列价值。

如果用 A_t 表示第 t 期期末发生的现金流量(可正可负),用一次支付现值计算方法,可将多次支付现金流量换算成现值并求其代数和,即:

$$P = A_1(1+i)^{-1} + A_2(1+i)^{-2} + \cdots + A_n(1+i)^{-n} = \sum_{t=1}^{n} A_t(1+i)^{-t} \qquad (1-2-12)$$

或

$$P = \sum_{t=1}^{n} A_t(P/F, i, t) \qquad (1-2-13)$$

同理,也可将多次现金流量换算成终值:

$$F = \sum_{t=1}^{n} A_t(1+i)^{n-t} \qquad (1-2-14)$$

或

$$F = \sum_{t=1}^{n} A_t(F/P, i, n-t) \qquad (1-2-15)$$

在上述公式中,虽然所用系数都可以通过计算或查复利系数表得到,但如果 n 较大、A_t 较多时,计算也是比较烦琐的。如果多次支付现金流量 A_t 是连续序列流量,且数额相等,则可大幅简化上述计算公式。这种具有 $A_t = A =$ 常数$(t = 1, 2, 3, \cdots, n)$ 特征的系列现金流量称为等额支付系列现金流量,如图 1-2-3 所示。

对于等额支付系列现金流量,其复利计算方法如下:

1）终值计算（即已知 A 求 F）。由式（1-2-13）展开得:

$$F = \sum_{t=1}^{n} A_t(1+i)^{n-t} = A[(1+i)^{n-1} + (1+i)^{n-2} + \cdots + (1+i) + 1]$$

可采用代数法对上式求解,即将等式两边均乘以（1+i）,把得到的式子与上式左右两侧分别相减,整理后即可得到:

$$F = A\frac{(1+i)^n - 1}{i} \qquad (1-2-16)$$

式中，$\dfrac{(1+i)^n-1}{i}$ 称为等额系列终值系数或年金终值系数，用符号 $(F/A,i,n)$ 表示，式（1-2-16）又可写成：

$$F=A(F/A,i,n) \qquad (1-2-17)$$

等额系列终值系数 $(F/A,i,n)$ 可从复利系数表中查得。

【例题1-2-7】 若在10年内，每年末存入银行2 000万元，年利率6%，按复利计算，则第10年年末本利和为多少？

解： 由式（1-2-17）得：

$F=A(F/A,i,n)=2\ 000$ 万元 $\times(F/A,6\%,10)$

从复利系数表查出 $(F/A,6\%,10)$ 为13.181，代入上式得：

$F=2\ 000$ 万元 $\times 13.181=26\ 362$ 万元

也可用公式计算：

$$F=2\ 000\ 万元 \times \dfrac{(1+6\%)^{10}-1}{6\%}=26\ 362\ 万元$$

2）现值计算（即已知 A 求 F）。由式（1-2-10）和式（1-2-17）得：

$$P=F(1+i)^{-n}=A\dfrac{(1+i)^n-1}{i(1+i)^n} \qquad (1-2-18)$$

式中，$\dfrac{(1+i)^n-1}{i(1+i)^n}$ 称为等额系列现值系数或年金现值系数，用符号 $(P/A,i,n)$ 表示，则式（1-2-18）又可写成：

$$P=A(P/A,i,n) \qquad (1-2-19)$$

等额系列现值系数 $(P/A,i,n)$ 可从复利系数表查得。

【例题1-2-8】 若想在5年内每年末收回2 000万元，当年复利率为8%时，试问开始需一次投资多少？

解： 由式（1-2-19）得：

$P=A(P/A,i,n)=2\ 000$ 万元 $\times(P/A,8\%,5)$

从复利系数表查出系数 $(P/A,8\%,5)$ 为3.993，代入上式得：

P $=2\ 000$ 万元 $\times 3.993=7\ 986$ 万元

3）资金回收计算（已知 P 求 A）。等额支付系列资金回收计算是等额支付系列现值计算的逆运算，故由式（1-2-17）可得：

$$A=P\dfrac{i(1+i)^n}{(1+i)^n-1} \qquad (1-2-20)$$

式中，$\dfrac{i(1+i)^n}{(1+i)^n-1}$ 称为等额支付系列资金回收系数，用符号 $(A/F,i,n)$ 表示，则式（1-2-20）又可写成：

$$A=P(A/P,i,n) \qquad (1-2-21)$$

等额支付系列资金回收系数 $(A/F,i,n)$ 可从复利系数表查得。

【例题1-2-9】 若投资2 000万元，年复利率为6%，在10年内收回全部本利，则每年末应收回多少?

解: 由式(1-2-21)得:

$A = P(A/P, i, n) = 2\ 000\ 万元 \times (A/P, 6\%, 10)$

从复利系数表查出系数$(A/P, 6\%, 10)$为0.135 9,代入上式得:

$A = 2\ 000\ 万元 \times 0.135\ 9 = 271.8\ 万元$

也可用公式计算:

$$A = 2\ 000\ 万元 \times \frac{6\% \times (1+6\%)^{10}}{(1+6\%)^{10}-1} = 271.8\ 万元$$

4)偿债基金计算(已知F求A)。偿债基金计算是等额支付系列终值计算的逆运算,故由式(1-2-16)可得:

$$A = F \frac{i}{(1+i)^n-1} \tag{1-2-22}$$

式中,$\dfrac{i}{(1+i)^n-1}$称为等额支付系列偿债基金系数,用符号$(A/F, i, n)$表示,则式(1-2-22)又可写成:

$$A = F(A/F, i, n) \tag{1-2-23}$$

等额支付系列偿债基金系数$(A/F, i, n)$也可从复利系数表查得。

【例题1-2-10】若想在第5年年末获得2 000万元,每年投入金额相等,年复利率为8%,则每年末需投入多少?

解: 由式(1-2-23)得:

$$A = F(A/F, i, n) = 2\ 000\ 万元 \times (A/F, 8\%, 5)$$

从复利系数表查出系数$(A/F, 8\%, 5)$为0.170 5,代入上式得:

$$A = 2\ 000\ 万元 \times 0.170\ 5 = 341\ 万元$$

也可用公式计算:

$$A = 2\ 000\ 万元 \times \frac{8\%}{1+8\%^5-1} = 341\ 万元$$

为便于记忆前文所述的六个常用资金等值计算换算公式,现将其汇总见表1-2-4。

表1-2-4　六个常用资金等值换算公式

公式名称		已知	求解	公式	系数名称符号
整付	终值公式	现值P	终值F	$P = (1+i)^n$	$(F/P, i, n)$
	现值公式	终值F	现值P	$P = F(1+i)^{-n}$	$(P/F, i, n)$
等额分付	终值公式	年值A	终值F	$F = A \dfrac{(1+i)^n-1}{i}$	$(F/A, i, n)$
	偿债基金公式	终值F	年值A	$A = F \dfrac{i}{(1+i)^n-1}$	$(A/F, i, n)$

续表

	公式名称	已知	求解	公式	系数名称符号
等额分付	现值公式	年值 A	现值 P	$P = A \dfrac{(1+i)^n - 1}{i(1+i)^n}$	$(P/A, i, n)$
	资本回收公式	现值 P	年值 A	$A = P \dfrac{i(1+i)^n}{(1+i)^n - 1}$	$(A/P, i, n)$
	六个基本公式可以联立记忆：$$F = P \times (1+i)^n = A \dfrac{(1+i)^n - 1}{i}$$				

等值计算公式使用注意事项：

① P 在第一计息期开始时（0 期）发生。

② F 发生在考察期期末，即 n 期期末。

③ 各期的等额支付 A 发生在各期期末。

④ 当问题包括 P 与 A 时，系列的第一个 A 与 P 隔一期。即 P 发生在系列 A 的前一期期末。

⑤ 当问题包括 A 与 F 时，系列的最后一个 A 与 F 同时发生。

【例题 1-2-11】某建设项目建设期为 5 年，建设期内每年年初贷款 300 万元，年利率 10%。若在运营期第 3 年年底和第 6 年年底分别偿还 500 万元，则在运营期第 9 年年底全部还清贷款本利和尚需偿还多少万元？

解：首先画出现金流量图，如图 1-2-4 所示。

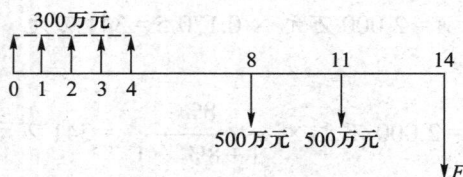

图 1-2-4　某建设项目现金流量图

方法 1：$F = 300$ 万元 $\times (1+8\%) \times (F/A, 8\%, 5) \times (F/P, 8\%, 9) - 500$ 万元 $\times (F/P, 8\%, 6) - 500$ 万元 $\times (F/P, 8\%, 3)$

　　　$= 300$ 万元 $\times 1.08 \times 5.867 \times 1.999 - 500$ 万元 $\times 1.587 - 500$ 万元 $\times 1.260 = 2\ 376.42$ 万元

方法 2：$F = 300$ 万元 $\times (F/A, 8\%, 5) \times (F/P, 8\%, 10) - 500$ 万元 $\times (F/P, 8\%, 6) - 500$ 万元 $\times (F/P, 8\%, 3)$

　　　$= 300$ 万元 $\times 5.867 \times 2.159 - 500$ 万元 $\times 1.587 - 500$ 万元 $\times 1.260 = 2\ 376.42$ 万元

2. 名义利率和有效利率

在复利计算中，利率周期通常以年为时间单位，它可以与计息周期相同，也可以不同。

当利率周期与计息周期不一致时,就出现了名义利率和有效利率的概念。

（1）名义利率

名义利率 r 是指计息周期利率 i 乘以一个利率周期内的计息周期数 m 所得的利率周期利率,即

$$r = i \times m \qquad (1\text{-}2\text{-}24)$$

若月利率为 1%,则年名义利率为 12%。计算名义利率时忽略了前面各期利息再生利息的因素,这与单利的计算相同。反过来,若年利率为 12%,按月计息,则月利率为 1%（计息周期利率）,而年利率为 12%（利率周期利率）,同样是名义利率。通常所说的利率周期利率都是名义利率。

（2）有效利率

有效利率是指资金在计息中所发生的实际利率,包括计息周期有效利率和利率周期有效利率。

1）计息周期有效利率。即计息周期利率,由式（1-2-24）得

$$i = \frac{r}{m} \qquad (1\text{-}2\text{-}25)$$

2）利率周期有效利率。若用计息周期利率来计算利率周期有效利率,并将利率周期内的利息再生利息因素考虑进去,这时所得的利率周期利率称为利率周期有效利率（又称利率周期实际利率）。根据利率的概念即可推导出利率周期有效利率的计算式。

已知利率周期名义利率 r,一个利率周期内计息 m 次（图 1-2-5）,则计息周期利率 $i = r/m$,在某个利率周期初有资金 P,则利率周期终值 F 的计算式为

$$F = P\left(1 + \frac{r}{m}\right)^m \qquad (1\text{-}2\text{-}26)$$

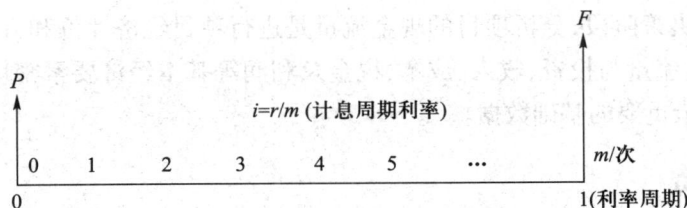

图 1-2-5 利率周期有效利率计算的现金流量图

根据利息的定义可得该利率周期的利息 I 为

$$I = F - P = P\left(1 + \frac{r}{m}\right)^m - P = P\left[\left(1 + \frac{r}{m}\right)^m - 1\right] \qquad (1\text{-}2\text{-}27)$$

再根据利率的定义可得该利率周期的有效利率 i_{eff} 为:

$$i_{\text{eff}} = \frac{I}{P} = \left(1 + \frac{r}{m}\right)^m - 1 \qquad (1\text{-}2\text{-}28)$$

由此可见,利率周期有效利率与名义利率的关系实质上与复利和单利的关系相同。假设年名义利率 $r = 8\%$,则按年、半年、季、月、日计息的年有效利率见表 1-2-5。

表 1-2-5　年有效利率计算结果

年名义利率 r	计息周期	m	i	年有效利率
	年	1	8%	8%
	半年	2	4%	8.16%
8%	季	4	2%	8.24%
	月	12	0.667%	8.30%
	日	365	0.021 9%	8.32%

从表 1-2-5 可以看出,在名义利率 r 一定时,每一利率周期内计息次数 m 越多,i_{eff} 与 r 相差越大,这一结论具有普遍性。因此,在工程经济分析中,如果各方案的计息周期不同,就不能简单地使用名义利率来评价,而必须换算成同一周期的有效利率进行评价,否则会得出不正确的结论。

【例题 1-2-12】已知年名义利率是 8%,按季度计息,则计息周期有效利率和年有效利率分别为(　　　）。

A. 2%,8% 　　　　　　　　　　　　B. 2%,8.24%

C. 2.06%,8% 　　　　　　　　　　　D. 2.06%,8.24%

解:计息周期有效利率 $i = 8\%/4 = 2\%$,$i_{eff} = (1 + 8\%/4)^4 - 1 = 8.24\%$。故选择 B。

视频 1-5
名义利率和
实际利率

1.3　工程经济分析的基本要素

在项目前期决策阶段,分析项目的现金流量是进行项目经济评价和方案优选的前提和基础,而项目现金流量与投资、收入、成本、税金及利润等基本经济要素密切相关,它们是进行工程经济分析最重要的基础数据。

1.3.1　投资

投资是指投资者为获得未来期望的收益而预先垫付的资金。项目投资资金的来源包括自有资金(资本金)和负债资金两大类。项目资本金是指在项目总投资中,由投资者认缴的出资额,这部分资金对项目的法人而言属非债务资金,投资者可以转让其出资,但不能以任何方式抽回。项目资本金可以用货币出资,也可以用实物、工业产权、非专利技术、土地使用权作价出资。对作为资本金的实物、工业产权、非专利技术、土地使用权,必须经过有资格的资产评估机构依照法律、法规评估作价,不得高估或低估。以工业产权、非专利技术作价出资的比例不得超过投资项目资本金总额的 20%,国家对采用高新技术成果有特别规定的除外;负债资金是指银行和非银行金融机构的贷款及发行债券的所得等,包括长期负债(长期借款、应付长期债券、融资租赁的长期应付款项等)和短期负债(如短期借款、应付账款等)。

项目总投资是一个项目从项目规划到项目运营终止，整个寿命期内所发生的投资总和，由建设投资、建设期融资费用（建设期利息）和流动资金投资三部分组成。项目投资发生后，其价值会发生转移，最终形成相应的项目资产，主要包括固定资产、流动资产、无形资产和其他资产。在项目投资决策过程中，依据有关的资料和特定的方法，对项目的投资数额进行估计，是进行项目经济评价的基础，也是资金筹措的依据。投资估算的精度直接影响项目经济评价的结论，进而影响项目投资决策。

1. 建设投资

建设投资是指投资方案按拟定建设规模（分期实施的投资方案为分期建设规模）、产品方案、建设内容进行建设所需的投入。建设投资包括工程费用和预备费用。

工程费用包括建筑安装工程投资、设备及工器具投资和工程建设其他投资。工程建设其他投资是指从工程筹建起到工程竣工验收、交付使用的整个建设期间，除建筑安装工程投资和设备及工器具投资以外，整个建设项目所必需的其他费用，如征用土地及迁移补偿费、建设单位管理费用、勘察设计费、科学研究试验费用、引进技术和进口设备其他费、临时设施费、工程监理费、联合试运转费用、生产职工培训费、办公及生活用具购置费等。

预备费用包括基本预备费用和涨价预备费用。基本预备费用是指为了应付在项目实施中可能发生的难以预料的支出，主要指由于设计变更发生的费用增加等，需要事先预留的费用。涨价预备费用是指为了应对在建设期内可能发生材料、设备、人工等价格上涨或汇率变化引起投资增加而需要事先预留的费用。

2. 建设期利息

建设期利息是指筹措债务资金时在建设期内发生并按规定允许在投产后计入固定资产原值的利息，即资本化利息。建设投资和建设期利息构成固定资产投资。在项目投产后偿还债务资金时，建设期利息一般也作为本金，计算项目运营期各期的利息。

在项目建设期，建设期利息按照总贷款分年均衡发放。在项目的经济分析中，建设期利息的计算按当年借款在年中支用考虑，即当年贷款按半年计息，上年贷款按全年计息。

$$q_j = \left(P_{j-1} + \frac{1}{2} A_j \right) \cdot i \qquad (1-3-1)$$

式中：q_j——建设期第 j 年应计利息；

P_{j-1}——建设期第 $(j-1)$ 年年末累计贷款本金与利息之和；

A_j——建设期第 j 年贷款金额；

i——年利率。

对有多种借款资金来源，每笔借款的年利率各不相同的项目，既可分别计算每笔借款的利息，也可先计算出各笔借款加权平均的年利率，并以加权平均利率计算全部借款的利息。

分期建成投产的投资方案，应按各期投产时间分别停止借款费用的资本化，即投产后产生的借款利息不再作为建设期利息计入固定资产原值，而是作为运营期利息计入总成本费用。

【例题 1-3-1】 某新建项目，建设期为 2 年，分年均衡进行贷款，第一年贷款 400 万元，第二年贷款 600 万元，年利率为 8%，建设期内利息只计息不支付，计算建设期贷款利息。

解：$q_1 = 0.5 \times A_1 \times i = 0.5 \times 400$ 万元 $\times 8\% = 16$ 万元

$q_2 = (P_1 + 0.5 \times A_2) \times i = (400$ 万元 $+ 16 + 0.5 \times 600$ 万元 $) \times 8\% = 57.28$ 万元

所以，建设期贷款利息 $q_1 + q_2 = 16$ 万元 $+ 57.28$ 万元 $= 73.28$ 万元

视频 1-6
建设期利
息的计算

3. 流动资金投资

流动资金是指项目投产运营后，为维持项目正常生产运营所需的周转资金，主要包括用于购买原材料、燃料、动力的费用，支付工资及其他相关开支的费用，其他经营费用等。

流动资金在项目运营过程中的体现形式是流动资产。流动资金是流动资产与流动负债的差额。流动资产是指在一年或者超过一年的一个营业周期内变现或耗用的资产，包括现金、应收款、预付款、存货等。流动负债是指在一年或者超过一年的一个营业周期内偿还的债务，包括短期借款、应付账款、预收账款、应付工资、应交税金、应付利润、其他应付款项等。在项目经济分析中，为了简化计算，流动负债一般只考虑应付账款和预收账款。流动资金经过一个生产周期就会将其价值全部转移到产品的价值中去，并通过产品的销售回收。流动资金在运营期内被项目长期占用并周转使用，在项目结束时，以货币资金的形式被全额回收。

另外，某些项目在运营期需要投入一定的固定资产投资才能得以维持正常运营，例如设备更新费用、油田的开发费用、矿山的井巷开拓延伸费用等。不同类型和不同行业的项目投资的内容可能不同，如发生维持运营投资时应将其列入现金流量表作为现金流出，参与内部收益率等指标的计算。同时，也应反映在财务计划现金流量表中，参与财务生存能力分析。

项目评价中，如果该投资投入后延长了固定资产的使用寿命，或使产品质量实质性提高，或成本实质性降低等，使可能流入企业的经济利益增加，那么该固定资产投资应予以资本化，即应计入固定资产原值，并计提折旧。否则该投资只能费用化，不形成新的固定资产原值。

1.3.2　收入

1. 营业收入

营业收入是项目运营期内各年销售产品或提供服务所获得的收入，其计算公式如下：

$$营业收入 = 产品销售量（或服务量）\times 产品单价（或服务单价） \qquad (1-3-2)$$

主副产品（或不同等级产品）的销售收入应全部计入营业收入；所提供的不同类型服务收入也应同时计入营业收入。营业收入是项目现金流量中重要的现金流入项，是经济效果分析的重要数据，其估算的准确性极大地影响着投资方案经济效果的评价。

2. 补贴收入

某些经营性的公益事业、基础设施投资方案，如城市轨道交通项目、垃圾处理项目、污水处理项目等，政府在项目运营期给予一定数额的财政补助，以维持正常运营，使投资者能获得合理的投资收益。

1.3.3　成本

1. 总成本

总成本费用是指在一定时期（投资方案评价中一般指一年）为生产和销售产品或提供

服务所发生的全部成本。项目投入使用后,即进入运营期。在运营期内,各年的总成本费用通常按生产要素法进行分析。按生产要素构成其计算公式如下:

$$总成本费用 = 外购原材料、燃料及动力费 + 工资及福利费 + 修理费 +$$
$$折旧费 + 摊销费 + 财务成本(利息支出) + 其他成本 \tag{1-3-3}$$

1)外购原材料、燃料及动力费。耗用量大的主要原材料、燃料及动力应分别按照其年消耗量和供应单价进行估算,然后汇总。

2)工资及福利费。工资及福利费是指企业为获得职工提供的服务而给予各种形式的报酬以及其他相关支出,通常包括职工工资、奖金、津贴和补贴,职工福利费,以及医疗、养老、失业、工伤、生育等社会保险费和住房公积金中由职工个人缴付的部分。工资及福利费一般按照投资方案建成投产后各年所需的职工总数即劳动定员数和人均年工资及福利费水平测算。

3)修理费。修理费是指为保持固定资产的正常运转和使用,充分发挥使用效能,对其进行必要修理所发生的成本。

4)折旧费。折旧费是指在固定资产的使用过程中,随着资产损耗而逐渐转移到产品成本中的那部分价值。固定资产是指使用期限较长(超过 12 个月)、单位价值较高、能在使用过程中保持原有物质形态、能为多个生产周期服务并在使用过程中保持原有物质形态的资产,如建筑物、房屋、机械设备、运输设备及其他与生产经营有关的设备、器具、工具。将固定资产的转移价值以折旧费的形式计入产品成本是企业回收固定资产投资的一种手段。按照国家规定,企业可把已发生的资本性支出转移到产品成本中去,然后通过产品的销售,逐步回收初始的投资成本。

固定资产折旧从固定资产投入使用月份的次月起,按月计提。停止使用的固定资产,从停用月份的次月起,停止计提折旧。企业按财务制度的有关规定,有权选择具体折旧方法和折旧年限,在开始实行年度前报主管财政机关备案。折旧年限和折旧方法一经确定,不得随意变更,需要变更的,由企业提出申请,并在变更年度前报主管财政机关批准。我国现行的固定资产折旧方法,一般采用平均年限法、工作量法和加速折旧法。

① 平均年限法。也称使用年限法,是指按照固定资产的预计使用年限平均分摊固定资产折旧额的方法。该方法计算的折旧额在各个使用年(月)份都是相等的。

平均年限法的计算公式为:

$$年折旧率 = (1 - 预计净残值率) / 折旧年限 × 100\% \tag{1-3-4}$$
$$年折旧额 = 固定资产原值 × 年折旧率 \tag{1-3-5}$$

净残值率按照固定资产原值的 3%~5% 确定,净残值率低于 3% 或者高于 5% 的,由企业自主确定,报主管财政机关备案。

② 工作量法。是指按照固定资产生产经营过程中所完成的工作量计提折旧的一种方法,是由平均年限法派生出来的一种方法。该方法适用于各种时期使用程度不同的专业机械、设备。

a. 按照行驶里程计算折旧额时:

$$单位里程折旧额 = 原值 × (1 - 预计净残值率) / 规定的总行驶里程 \tag{1-3-6}$$
$$年折旧额 = 年实际行驶里程 × 单位里程折旧额 \tag{1-3-7}$$

b. 按照台班计算折旧额时：

$$每台班折旧额 = 原值 × (1 - 预计净残值率) / 规定的总工作台班 \quad (1-3-8)$$

$$年折旧额 = 年实际工作台班 × 每台班折旧额 \quad (1-3-9)$$

③ 双倍余额递减法。是指按照固定资产账面净值和固定的折旧率计算折旧的方法，它属于一种加速折旧的方法。其年折旧率是平均年限法的两倍，并且在计算年折旧率时不考虑预计净残值率。采用这种方法时，折旧率是固定的，但计算基数逐年递减，因此，计提的折旧额逐年递减。

双倍余额递减法的计算公式为：

$$年折旧率 = 2 / 折旧年限 × 100\% \quad (1-3-10)$$

$$年折旧额 = 固定资产账面净值 × 年折旧率 \quad (1-3-11)$$

实行双倍余额递减法的固定资产，应当在其固定资产折旧年限到期前两年内，将固定资产账面净值扣除预计净残值后的净额平均摊销。

【例题 1-3-2】某项固定资产原价为 10 000 元，预计净残值 1 000 元，预计使用年限 5 年。采用双倍余额递减法计算各年的折旧额。

解：年折旧率 = 2 ÷ 5 × 100% = 40%

第一年折旧额 = 10 000 元 × 40% = 4 000 元

第二年折旧额 = (10 000 元 - 4 000 元) × 40% = 2 400 元

第三年折旧额 = (10 000 元 - 6 400 元) × 40% = 1 440 元

第四年折旧额 = (10 000 元 - 7 840 元 - 1 000 元) ÷ 2 = 580 元

第五年折旧额 = (10 000 元 - 7 840 元 - 1 000 元) ÷ 2 = 580 元

④ 年数总和法。也称年数总额法，是指以固定资产原值减去预计净残值后的余额为基数，按照逐年递减的折旧率计提折旧的一种方法。年数总和法也属于一种加速折旧的方法。其折旧率以该项固定资产预计尚可使用的年数（包括当年）作分子，而以逐年可使用，年数之和作分母。分母是固定的，而分子逐年递减，因此，折旧率逐年递减，计提的折旧额也逐年递减。

年数总和法的计算公式为：

$$年折旧率 = (折旧年限 - 已使用年数) / 折旧年限 ×$$

$$(折旧年限 + 1) × 100\% \quad (1-3-12)$$

$$年折旧额 = (固定资产原值 - 预计净残值) × 年折旧率 \quad (1-3-13)$$

【例题 1-3-3】采用例题 1-3-2 的数据，用年数总和法计算各年的折旧额。

解：计算折旧的基数 = 10 000 元 - 1 000 元 = 9 000 元

年数总和 = 5 年 + 4 年 + 3 年 + 2 年 + 1 年 = 15 年

第一年折旧额 = 9 000 元 × 5/15 = 3 000 元

第二年折旧额 = 9 000 元 × 4/15 = 2 400 元

第三年折旧额 = 9 000 元 × 3/15 = 1 800 元

第四年折旧额 = 9 000 元 × 2/15 = 1 200 元

第五年折旧额 = 9 000 元 × 1/15 = 600 元

5）摊销费。摊销费是指无形资产和其他资产在投资方案投产后一定期限内分期摊销的成本。无形资产是指能为企业长期提供某种权利或利益、不具有实物形态但可使拥有者长期收益的资产,如专利权、非专利技术权、商标权、著作权、版权、土地使用权等;其他资产是指项目筹建期内集中发生的,除固定资产投资和无形资产投资以外的各项费用所形成的、在会计核算中不能全部计入当年损益,而是应当在以后年度内分期摊销的各项费用,如开办费和工程建设其他费用中的生产职工培训费等。摊销费与无形资产、其他资产的关系相当于折旧费与固定资产的关系,企业通过在成本中计提摊销费,是回收无形资产和其他资产投资的一种手段。

按照有关规定,无形资产从开始使用之日起,在有效使用期限内平均摊入成本。法律和合同规定了法定有效期限或者受益年限的,摊销年限从其规定,否则摊销年限应注意符合税法的要求。无形资产的摊销一般采用平均年限法,不计残值。其他资产的摊销可以采用平均年限法,不计残值,摊销年限应注意符合税法的要求。

6)财务成本。是指按照会计法规,企业为筹集所需资金而发生的成本称为借款成本,包括利息支出(减利息收入)、汇兑损失(减汇兑收益)以及相关的手续费等。在大多数项目的财务分析中,通常只考虑利息支出。利息支出的估算包括在运营期发生的建设投资借款利息和流动资金借款利息之和。建设投资贷款在生产期间的利息支出应根据不同的还款方式和条件采用不同的计息方法,流动资金借款利息按照每年年初借款余额和预计的年利率计算。需要引起注意的是,在生产运营期利息是可以进入总成本费用的,因而每年计算的利息不再参与以后各年利息的计算。

7)其他成本。其他成本是指制造成本、管理成本和营业成本中分别扣除工资及福利费、折旧费、摊销费、修理费以后的其余部分,应计入总成本费用的其他所有成本。

在工程项目经济分析中,其他成本一般可根据成本中的原材料、燃料及动力费、工资及福利费、折旧费、修理费、维简费及摊销费之和的一定百分比计算,并按照同类企业的经验数据加以确定。

将上述各项合计,即得出运营期各年的总成本费用。

2. 经营成本

经营成本是工程经济分析中的专用术语,用于投资方案经济效果评价的现金流量分析。

在经济效果评价中,由于建设投资已按其发生的时间作为一次性支出被计入现金流出,在投资方案建成后建设投资形成固定资产、无形资产和其他资产。折旧是建设投资所形成的固定资产的补偿价值,如将折旧随成本计入现金流出,会造成现金流出的重复计算。同样,由于无形资产及其他资产摊销费也是建设投资所形成资产的补偿价值,只是投资方案内部的现金转移,而非现金支出,故为避免重复计算也不予考虑。贷款利息是使用借贷资金所要付出的代价,对于投资方案来说是实际的现金流出,但在评价投资方案总投资的经济效果时,并不考虑资金来源问题,故在这种情况下也不考虑贷款利息的支出。在资本金现金流量表中由于已将利息支出单列,因此经营成本中也不包括利息支出。由此可见,经营成本作为投资方案现金流量表中运营期现金流出的主体部分,是从投资方案本身考察的,在一定期间(通常为一年)内由于生产和销售产品及提供服务而实际发生的现金支出。按下式计算:

$$经营成本 = 总成本费用 - 折旧费 - 摊销费 - 利息支出 \qquad (1-3-14)$$

经营成本与融资方案无关。因此在完成建设投资和营业收入估算后,就可以估算经营成本,为投资方案融资前分析提供数据。

3. 生产成本与期间费用

从成本费用的形成过程来看,项目的年总成本费用又可划分为生产成本和期间费用两部分。

生产成本主要是为生产产品或提供服务而发生的各项直接支出,主要包括:① 直接材料费,包括企业生产经营过程中实际消耗的原材料、辅助材料、设备零配件、外购半成品、燃料、动力、包装物、低值易耗品以及其他直接材料费;② 直接工资,包括企业直接从事产品生产人员的工资、奖金、津贴和补贴等;③ 其他直接支出,包括直接从事产品生产人员的职工福利费等;④ 制造费用,即企业各个生产单位(分厂、车间)为组织和管理生产所发生的各项费用,包括生产单位(分厂、车间)管理人员工资、职工福利费、折旧费、修理费、物料消耗、低值易耗品摊销、劳动保护费、水电费、办公费、差旅费、运输费、保险费、租赁费(不含融资租赁费)、试验检验费、环境保护费及其他制造费用。

期间费用是指在一定会计期间发生的与生产经营没有直接关系和关系不密切的费用,主要包括:① 管理费用,即企业行政管理部门为管理和组织经营活动发生的各项费用,包括:公司经费(工厂总部管理人员工资、职工福利费、差旅费、办公费、折旧费、修理费、物料消耗、低值易耗品摊销以及公司其他经费)、工会经费、职工教育经费、劳动保险费、董事会费、咨询费、顾问费、交际应酬费、税金(指企业按规定支付的房产税、车船税、土地使用税和印花税等)、土地使用费(或海域使用费)、技术转让费、无形资产摊销、开办费摊销、研究发展费以及其他管理费用;② 财务费用,即企业为筹集资金而发生的各项费用,包括运营期间的利息净支出、汇兑净损失、调剂外汇手续费、金融机构手续费以及在筹资过程中发生的其他财务费用等;③ 营业费用,即企业在销售产品、自制半成品和提供劳务等过程中发生的各项费用,包括应由企业负担的运输费、装卸费、包装费、保险费、委托代销费、广告费、展览费、租赁费(不包括融资租赁费)和销售服务费用、销售部门人员工资、职工福利费、差旅费、办公费、折旧费、修理费、物料消耗、低值易耗品摊销以及其他经费等。

4. 固定成本与变动成本

根据成本与产量的关系可以将投资方案总成本费用分解为固定成本、可变成本和半可变(或半固定)成本。

固定成本是指在投资方案一定的产量范围内不受产品产量影响的成本,即不随产品产量的增减发生变化的各项成本,如工资及福利费(计件工资除外)、折旧费、修理费、无形资产及其他资产摊销费、其他成本等。

可变成本是随投资方案产品产量的增减而成正比例变化的各项成本,如原材料、燃料、动力费、包装费和计件工资等。

半可变(或半固定)成本是指介于固定成本和可变成本之间,随投资方案产量增长而增长,但不成正比例变化的成本,如与生产批量有关的某些消耗性材料成本、工模具费及运输费等。由于半可变(或半固定)成本通常在总成本费用中所占比例很小,在投资方案经济效果分析中,为便于计算和分析,可以根据行业特点情况将产品半可变(或半固定)成本进一步分解成固定成本和可变成本。长期借款利息应视为固定成本;流动资金借款和短期借款利息可能部分与产品产量相关,其利息可视为半可变(或半固定)成本,为简化计算,一般也将其作为固定成本。综上所述,投资方案总成本是固定成本与可变成本之和,它与产品产量的关系一般也可以近似地认为是线性关系,之所以作这样的划分,主要目的就是为后续进行的盈亏平衡分析提供前提条件。

固定成本和变动成本是客观存在的成本形态,它们对生产经营状况的影响不同。固定成本与产品或服务的生产经营规模无关,是项目或者企业必须承担的最低代价。

1.3.4　税金

税金是国家凭借政治权力参与国民收入分配和再分配的一种货币形式。在方案经济效果评价中合理计算各种税费,是正确计算方案效益与成本的重要基础。

方案经济效果评价涉及的税费主要包括增值税、消费税、附加税(城市维护建设税、教育费附加、地方教育附加)、企业所得税、资源税、环境保护税等。

1. 增值税

增值税是对商品生产、流通、劳务服务中多个环节的新增价值或商品的附加值征收的一种流转税。实行价外税,也就是由消费者负担,有增值才征税,没增值不征税。

例如,某企业将 40 万元的材料投入生产过程中,生产出的产品成本为 80 万元,以 130 万元的价格卖出。如果适用的增值税税率为 13%,则增值税为(130 万元 − 40 万元)× 13% = 11.7 万元。

不同行业、不同企业、不同产品适用的增值税税率有所不同。我国现行增值税属于比例税率,根据应税行为的不同,适用的税率可能有所不同,实践中往往运用间接法计算,应纳税额等于销项税额减去进项税额,按照间接法计算的增值税额为:130 万元 × 13%−40 万元 × 13% = 11.7 万元。

(1)税率和征收率

1)增值税税率。提供交通运输、邮政、基础电信、建筑、不动产租赁服务,销售不动产,转让土地使用权,税率为 9%;提供有形动产租赁服务,税率为 13%;纳税人发生应税行为,除上述规定外税率为 6%。

2)增值税征收率。增值税征收率为 3%。

(2)纳税主体和应纳税额计算

纳税人分为一般纳税人和小规模纳税人。

应税行为的年应征增值税销售额(以下称应税销售额)超过财政部和国家税务总局规定标准的纳税人为一般纳税人,未超过规定标准的纳税人为小规模纳税人。年应税销售额超过规定标准的其他个人不属于一般纳税人。年应税销售额超过规定标准但不经常发生应税行为的单位和个体工商户可选择按照小规模纳税人纳税。

增值税的计税方法包括一般计税方法和简易计税方法。一般纳税人发生应税行为适用一般计税方法计税。小规模纳税人发生应税行为适用简易计税方法计税。

1)一般计税方法。一般计税方法的应纳税额,是指当期销项税额抵扣当期进项税额后的余额。应纳税额计算公式:

$$应纳税额 = 当期销项税额 − 当期进项税额 \tag{1-3-15}$$

当期销项税额小于当期进项税额不足抵扣时,其不足部分可以结转下期继续抵扣。

销项税额是指纳税人发生应税行为按照销售额和增值税税率计算并收取的增值税额,按照下列公式计算销项税额:

$$销项税额 = 销售额 × 税率 \qquad (1-3-16)$$

一般计税方法的销售额不包括销项税额,纳税人采用销售额和销项税额合并定价方法的,按照下列公式计算销售额:

$$销售额 = 含税销售额 ÷ (1 + 税率) \qquad (1-3-17)$$

进项税额是指纳税人购进货物,加工修理修配劳务、服务、无形资产或者不动产,支付或者负担的增值税额。

下列项目的进项税额不得从销项税额中抵扣:

① 用于简易计税方法计税项目、免征增值税项目、集体福利或者个人消费的购进货物、加工修理修配劳务、服务、无形资产和不动产。其中涉及的固定资产、无形资产、不动产,仅指专用于上述项目的固定资产、无形资产(不包括其他权益性无形资产)、不动产。纳税人的交际应酬消费属于个人消费。

② 非正常损失的购进货物,以及相关的加工修理修配劳务和交通运输服务。

③ 非正常损失的在产品、产成品所耗用的购进货物(不包括固定资产)、加工修理修配劳务和交通运输服务。

④ 非正常损失的不动产,以及该不动产所耗用的购进货物、设计服务和建筑服务。

⑤ 非正常损失的不动产在建工程所耗用的购进货物、设计服务和建筑服务。

纳税人新建、改建、扩建、修缮、装饰不动产,均属于不动产在建工程。

⑥ 购进的旅客运输服务、贷款服务、餐饮服务、居民日常服务和娱乐服务。

⑦ 财政部和国家税务总局规定的其他情形。

本条第④项、第⑦项所称货物,是指构成不动产实体的材料和设备,包括建筑装饰材料和给排水、采暖、卫生、通风、照明、通信、煤气、消防、中央空调、电梯、电气、智能化楼宇设备及配套设施。

非正常损失,是指因管理不善造成货物被盗、丢失、霉烂变质,以及因违反法律法规造成货物或者不动产被依法没收、销毁、拆除的情形。

方案建设投资估算应按含增值税进项税额的价格进行。同时要将可抵扣固定资产进项税额单独列示,以便财务分析中正确计算固定资产原值和应纳增值税。

2)简易计税方法。简易计税方法的应纳税额,是指按照销售额和增值税征收率计算的增值税额,不得抵扣进项税额。

2. 消费税

消费税是针对特定消费品征收的税金。在经济效果评价中,对适用消费税的产品,消费税实行从价定率、从量定额,或者从价定率和从量定额复合计税(简称复合计税)的办法计算应纳税额。应纳税额计算公式如下:

(1)实行从价定率办法

$$应纳消费税额 = 销售额 × 比例税率 \qquad (1-3-18)$$

(2)实行从量定额办法

$$应纳消费税额 = 销售数量 × 定额税率 \qquad (1-3-19)$$

（3）实行复合计税办法

$$应纳消费税额 = 销售额 \times 比例税率 + 销售数量 \times 定额税率 \qquad （1-3-20）$$

销售额为纳税人销售应税消费品向购买方收取的全部价款和价外成本。

3. 附加税

附加税是随某种税收按一定比例加征的税。方案经济效果评价涉及的附加税主要是城市维护建设税和教育费附加、地方教育附加。

城市维护建设税是一种为了加强城市的维护建设,扩大和稳定城市维护建设资金来源的地方附加税;教育费附加是国家为发展地方教育事业,扩大地方教育经费来源,计征用于教育的政府性基金,是地方收取的专项成本;地方教育附加是各省、自治区、直辖市根据国家有关规定,为实施"科教兴省"战略,增加地方教育的资金投入,开征的一项地方政府性基金,主要用于各地方的教育经费的投入补充。

城市维护建设税、教育费附加和地方教育附加,以增值税和消费税为税基乘以相应的税率计算。其中,城市维护建设税税率根据投资方案所在地不同有三个等级,即:市区为7%,县城和镇为5%,市区、县城和镇以外为1%;教育费附加率为3%;地方教育附加率为2%。城市维护建设税和教育费附加、地方教育附加分别与增值税和消费税同时缴纳。

在经济效果分析时,消费税、土地增值税、资源税、环境保护税和城市维护建设税、教育费附加、地方教育附加均可包含在税金及附加中。

4. 企业所得税

根据税法的规定,凡在我国境内实行独立经营核算的各类企业或者组织者,其来源于我国境内、境外的生产、经营所得和其他所得,均应依法缴纳企业所得税。

企业所得税的应纳税额计算公式如下:

$$所得税应纳税额 = 应纳税所得额 \times 适用税率 - 减免和抵免的税额 \qquad （1-3-21）$$

$$应纳税所得额 = 收入总额 - 不征税收入 - 免税收入 -$$
$$各项扣除 - 弥补以前年度亏损 \qquad （1-3-22）$$

（1）收入总额。是指企业以货币形式和非货币形式从各种来源取得的收入,包括:销售货物收入;提供劳务收入;转让财产收入;股息、红利等权益性投资收益;利息收入;租金收入;特许权使用费收入;接受捐赠收入;其他收入。

（2）不征税收入。收入总额中的下列收入为不征税收入:财政拨款;依法收取并纳入财政管理的行政事业性收费、政府性基金;国务院规定的其他不征税收入。

（3）免税收入。企业的下列收入为免税收入:国债利息收入;符合条件的居民企业之间的股息、红利等权益性投资收益;在中国境内设立机构、场所的非居民企业从居民企业取得与该机构、场所有实际联系的股息、红利等权益性投资收益;符合条件的非营利组织的收入。

（4）各项扣除。企业实际发生的与取得收入有关的、合理的支出,包括成本、税金、损失和其他支出,准予在计算应纳税所得额时扣除。同时,企业发生的公益性捐赠支出,在年度利润总额12%以内的部分,准予在计算应纳税所得额时扣除。

（5）弥补以前年度亏损。企业发生年度亏损的,可用下一纳税年度的所得弥补;下一纳税年度的所得不足弥补的,可以逐年延续弥补,但是延续弥补期最长不得超过5年。

（6）在计算应纳税所得额时不得扣除的支出。向投资者支付的股息、红利等权益性投资收益款项；企业所得税税款；税收滞纳金；罚金、罚款和被没收财物的损失；允许扣除范围以外的捐赠支出；赞助支出；未经核定的准备金支出；与取得收入无关的其他支出。

企业所得税实行 25% 的比例税率。对于非居民企业取得的应税所得额，适用税率为 20%。符合条件的小型微利企业，减按 20% 的税率征收企业所得税。国家需要重点扶持的高新技术企业，减按 15% 的税率征收企业所得税。此外，企业的下列所得可以免征、减征企业所得税：从事农、林、牧、渔业项目的所得；从事国家重点扶持的公共基础设施项目投资经营的所得；从事符合条件的环境保护、节能节水项目的所得；符合条件的技术转让所得。

5. 资源税

资源税是国家对开发应税资源的单位和个人在应税资源产品（以下称应税产品）的销售或自用环节征收的税种。资源税按照《中华人民共和国资源税法》中的"资源税税目税率表"实行从价计征或者从量计征。

（1）采用从价计征的方法

$$应纳资源税额 = 应税产品的销售额 \times 适用税率 \qquad (1-3-23)$$

（2）采用从量计征的方法

$$应纳资源税额 = 应税产品的销售数量 \times 适用单位税额 \qquad (1-3-24)$$

6. 环境保护税

环境保护税是为了保护和改善环境，减少污染物排放，推进生态文明建设，对在我国领域和我国管辖的其他海域，直接向环境排放应税污染物的企业事业单位和其他生产经营者征收的税金。环境保护税所称应税污染物是指《中华人民共和国环境保护税法》中的"环境保护税税目税额表""应税污染物和当量值表"规定的大气污染物、水污染物、固体废物和噪声。环境保护税应纳税额按照应税污染物分别计算。

（1）应税大气污染物

$$应纳环境保护税额 = 大气污染当量数 \times 适用税额 \qquad (1-3-25)$$

式中大气污染当量数按照应税大气污染物排放量折合的污染当量数确定。

（2）应税水污染物

$$应纳环境保护税额 = 水污染当量数 \times 适用税额 \qquad (1-3-26)$$

式中水污染当量数按照应税水污染物排放量折合的污染当量数确定。

（3）应税固体废物

$$应纳环境保护税额 = 固体废物排放量 \times 适用税额 \qquad (1-3-27)$$

式中固体废物排放量按照应税固体废物的排放量确定。

（4）应税噪声

$$应纳环境保护税额 = 分贝数 \times 适用税额 \qquad (1-3-28)$$

式中分贝数按照应税噪声超过国家规定标准的分贝数确定。

1.3.5 利润

利润是企业在一定时期内生产经营活动的最终财务成果。利润是反映企业效益的核心指标，是企业利益相关者进行利益分配的基础，是企业可持续发展的重要资金来源，能反映企业的综合管理水平和经营水平。项目投产后，所获得的利润可分为利润总额和净利润两个层次。

利润总额的估算公式为：

$$利润总额 = 产品销售（营业）收入（含增值税销项税额） -$$
$$税金及附加 - 总成本费用（含增值税进项税额）\qquad（1-3-29）$$

式（1-3-29）中，税金及附加包括增值税、消费税、资源税、环境保护税和城市维护建设税、教育费附加、地方教育附加等。建设投资构成中的建筑安装工程费、设备及工器具购置费、工程建设其他成本中所含增值税进项税额，可以根据国家增值税相关规定予以抵扣（该可抵扣固定资产进项税额不得计入固定资产原值），故：

$$增值税应纳税额 = 当期销项税额 - 当期进项税额 - 可抵扣固定资产进项税额$$

所以，利润总额运用下列公式计算才比较可靠：

$$利润总额 = 产品销售（营业）收入（不含增值税） - 税金及附加 -$$
$$总成本费用（不含增值税）\qquad（1-3-30）$$

尤其值得注意的是，（1-3-30）中的税金不包含增值税，而是消费税、资源税、环境保护税等。

利润总额扣除所得税后的余额即为净利润或税后利润。

$$净利润 = 利润总额 - 所得税\qquad（1-3-31）$$

在项目的经济分析中，一般是按照利润总额作为企业应纳税所得额计算所得税。

【例题1-3-4】 某企业拟新建一工业产品生产线，采用同等生产规模的标准化设计资料。项目可行性研究相关基础数据如下：

① 项目建设期1年，运营期10年，建设投资2 200万元（包含可抵扣进项税200万元），建设投资（不含可抵扣进项税）全部形成固定资产。固定资产使用年限为10年，残值率为5%，直线法折旧。

② 项目投产当年需要投入运营期流动资金200万元。

③ 项目运营期达产年不含税销售收入为1 200万元，适用的增值税税率为13%，增值税附加按增值税10%计取，项目达产年份的经营成本为760万元（含进项税60万元）。

④ 运营期第1年达到产能的80%，销售收入、经营成本（含进项税）均按达产年份的80%计。第2年及以后年份为达产年份。

⑤ 企业适用的所得税税率为25%。

问题：

（1）列式计算运营期第1年、第2年的应纳增值税额。

（2）列式计算运营期第1年、第2年的利润、所得税。

解：（1）运营期第1年应纳增值税额：1 200万元 × 13% × 80% - 60万元 × 80% - 200万元 = -123.20万元 < 0，第1年应纳增值税为0。

运营期第2年应纳增值税额：1 200万元 × 13% - 60万元 - 123.20万元 = -27.20万元，第2年应纳增值税为0。

（2）折旧费：（2 200万元 - 200万元）×（1-5%）/10 = 190.00万元。

运营期第1年利润：1 200万元 × 80% - [（760万元 - 60万元）× 80% + 190万元] = 210.00万元。

运营期第 2 年利润：1 200 万元 −[(760 万元 − 60 万元)+ 190 万元]− 0 = 310.00 万元。

运营期第 1 年所得税：210.00 万元 × 25% = 52.50 万元。

运营期第 2 年所得税：310.00 万元 × 25% = 77.50 万元。

本 章 小 结

　　工程经济分析可以促进投资决策的科学化。本章首先系统介绍了工程经济分析的基本原理和基本步骤；其次，全面介绍了资金的时间价值理论，包括现金流量概念和表示方法，资金时间价值的概念和利息计算方法，资金等值计算的方法以及名义利率和实际利率的概念及计算，为工程经济分析提供了基础理论知识。最后，本章系统介绍了工程经济分析的基本要素，包括投资、收入、成本、利润和税金，熟悉这些经济要素才能正确分析项目的现金流量，为工程经济分析奠定基础。

课程思政案例

京沪高铁十年论证彰显
理性决策

习　题

一、单项选择题

　　1. 甲企业年初向银行贷款流动资金 200 万元，按季计算并支付利息，季度利率 1.5%，则甲企业一年应支付的该项流动资金贷款利息为（　　　）万元。

　　A. 6.00　　　　　　B. 6.05　　　　　　C. 12.00　　　　　　D. 12.27

　　2. 某企业向银行借款 250 万元，期限 2 年，年利率 6%，半年复利计息一次，第二年还本付息，则到期企业需支付给银行的利息为（　　　）万元。

　　A. 30.00　　　　　　B. 30.45　　　　　　C. 30.90　　　　　　D. 31.38

　　3. 某企业一次性从银行借入 200 万元，按复利计息，5 年后一次还本付息，利率为 6%，

5 年后的本利和为（　　）。

　　A. 200 万元 × (P/F, 6%, 5)　　　　　　B. 200 万元 × (F/P, 6%, 5)

　　C. 200 万元 × (P/F, 6%, 6)　　　　　　D. 200 万元 × (F/P, 6%, 4)

4. 年初借款 1 000 万, 年利率 5%, 借期 10 年, 则年还款（　　）万元。

　　A. 129.50　　　　B. 135.97　　　　C. 111.50　　　　D. 129.05

5. 某建设项目建设期为 5 年, 建设期内每年年初贷款 300 万元, 年利率 10%。若在运营期第 3 年年底和第 6 年年底分别偿还 500 万元, 则在运营期第 9 年年底全部还清贷款本利和尚需偿还（　　）万元。

　　A. 2 059.99　　　B. 3 199.24　　　C. 3 318.65　　　D. 3 750.52

6. 某工程项目建设期为 3 年, 建设期内每年年初贷款 500 万元, 年利率为 10%。运营期前 3 年每年年末等额偿还贷款本息, 到第 3 年年末全部还清。则每年年末应偿还贷款本息（　　）万元。

　　A. 606.83　　　　B. 665.50　　　　C. 732.05　　　　D. 953.60

7. 某企业第一至五年每年年初等额投资, 年收益率为 10%, 按复利计息, 该企业若想在第 5 年年末一次性回收投资本息 1 000 万元, 应在每年年初投资（　　）万元。

　　A. 124.18　　　　B. 148.91　　　　C. 163.80　　　　D. 181.82

8. 企业前 3 年每年年初借款 1 000 万元, 按年复利计息, 年利率为 8%, 第 5 年年末还款 3 000 万元, 剩余本金在第 8 年年末全面还清, 则第 8 年年末需还本付息（　　）万元。

　　A. 981.49　　　　B. 990.89　　　　C. 1 270.83　　　　D. 1 372.49

9. 某项目建设期为 2 年, 运营期为 5 年, 建设期内每年年初贷款分别为 300 万元和 500 万元, 年利率为 10%, 若在运营期后三年每年年末等额偿还贷款, 则每年应偿还的本利和为（　　）万元。

　　A. 444.22　　　　B. 413.52　　　　C. 560.49　　　　D. 601.34

10. 假设年名义利率为 5%, 计息周期为季度, 则年有效利率为（　　）。

　　A. 5.00%　　　　B. 5.06%　　　　C. 5.09%　　　　D. 5.12%

11. 某项借款, 年名义利率 10%, 按季复利计息, 则季有效利率为（　　）。

　　A. 2.41%　　　　B. 2.50%　　　　C. 2.52%　　　　D. 3.23%

12. 某企业年初从银行贷款 800 万元, 年名义利率 10%, 按季计算并支付利息, 则每季度末应支付利息（　　）万元。

　　A. 19.29　　　　B. 20.00　　　　C. 20.76　　　　D. 26.67

13. 某企业年初借款 2 000 万元, 按年复利计息, 年利率为 8%。第 3 年年末还款 1 200 万元, 剩余本息在第 5 年年末全部还清, 则第 5 年年末需还本付息（　　）万元。

　　A. 1 388.80　　　B. 1 484.80　　　C. 1 538.98　　　D. 1 738.66

14. 某企业拟从银行借款 500 万元, 期限为 5 年, 年利率 8%, 下列还款方式中, 企业支付本利和最多的还款方式是（　　）。

　　A. 每年年末偿还当期利息, 第 5 年年末一次还清本金

　　B. 第 5 年年末一次还本付息

　　C. 每年年末等额本金还款, 另付当期利息

D. 每年年末等额本息还款

15. 某投资方案估计年总成本费用为8 000万元,其中外购原材料、燃料及动力费为4 500万元,折旧费为800万元,摊销费为200万元,修理费为500万元,利息支出为210万元。则该投资方案的年经营成本为(   )万元。

A. 4 500   B. 6 290   C. 6 790   D. 7 290

二、多项选择题

1. 关于现金流量图绘制规则的说法,正确的有(   )。

A. 横轴为时间轴,整个横轴表示经济系统寿命期

B. 横轴的起点表示时间序列第一期期末

C. 横轴上每一间隔代表一个计息周期

D. 与横轴相连的垂直箭线代表现金流量

E. 垂直箭线的长短应体现各时点现金流量的大小

2. 下列关于利息和利率的说法中,正确的有(   )。

A. 通常情况下,平均利润率是利率的最高界限

B. 有效利率是指资金在计息中所发生的名义利率

C. 利息和利率是用来衡量资金时间价值的重要尺度

D. 利息是占用资金所付的代价或者是放弃使用资金所得的补偿

E. 利率是一年内所获得的利息与借贷金额的现值之比

3. 关于决定利率高低的因素,说法正确的是(   )。

A. 借贷资本供过于求,利率便上升;供不应求,利率便下降

B. 借出资金的风险越大,利率越高

C. 通货膨胀越严重,利率越高

D. 借出资金的时间越长,利率越高

E. 社会平均利润率提高的时候,利率同比例提高

4. 某人向银行申请住房按揭贷款50万元,期限10年,年利率为4.8%,还款方式为按月等额本息还款,复利计息。关于该项贷款的说法,正确的有(   )。

A. 借款期累计支付利息比按月等额本金还款少

B. 借款期累计支付利息比按月等额本金还款多

C. 借款的还款期数为120期

D. 借款年实际利率为4.8%

E. 该项借款的月利率为0.4%

5. 若名义利率大于0,关于有效利率和名义利率关系的说法,正确的有(   )。

A. 年有效利率和名义利率的关系实质上与复利和单利的关系一样

B. 每年计息周期数越多,则年有效利率和名义利率的差异越大

C. 年有效利率一定大于年名义利率

D. 名义利率越大,有效利率和名义利率的差异就越小

E. 年名义利率一定时,年有效利率随着计息周期的增大而减小

三、计算题

1. 某固定资产原价 50 000 元,预计净残值 500 元,使用年限 5 年,分别采用平均年限法、双倍余额递减法、年数总和法计算各年的折旧额。

2. 某企业拟投资建设工业项目,生产一种市场急需的产品,该项目相关基础数据如下。

(1)项目建设期 1 年,运营期 8 年,建设投资估算 1 500 万元(含可抵扣进项税 100 万元)。建设投资(不含可抵扣进项税)全部形成固定资产。固定资产使用年限 8 年,期末净残值率 5%,按直线法折旧。

(2)项目建设投资来源为自有资金和银行借款。借款总额 1 000 万元,借款年利率 8%(按年计息)。

(3)项目设计产量为 2 万件 / 年。单位产品不含税销售价格预计为 450 元,单位产品平均可抵扣进项税估算为 15 元。项目运营期第 1 年产量为设计产量的 80%,营业收入亦为达产年份的 80%,以后各年均达到设计产量。

(4)企业适用的增值税税率为 13%,增值税附加按应纳增值税的 12% 计算。

问题:

(1)列式计算项目建设期贷款利息和固定资产年折旧额。

(2)列式计算项目运营期第 1 年、第 2 年的企业应纳增值税额及增值税附加税额。

(计算过程和结果数据有小数的,保留两位小数)

第 1 章习题答案

第 2 章

工程经济评价方法

2.1　确定性评价方法

工程经济评价是对评价方案计算期内各种有关技术经济因素和方案投入与产出的有关财务、经济资料数据进行调查、分析、预测，对方案的经济效果进行计算、评价，分析比较各方案的优劣，从而确定和推荐最佳方案的过程，为选择投资方案提供科学的决策依据。工程经济评价的基本方法包括确定性评价方法和不确定性评价方法。根据项目性质，确定适合的评价方法。对同一投资方案而言，必须同时进行确定性评价和不确定性评价。

2.1.1　经济评价指标体系

方案的经济评价，一方面取决于基础数据的完整性和可靠性；另一方面取决于选取的评价指标体系的合理性，只有选取正确的评价指标体系，经济效果评价的结果才能与客观实际情况相吻合，才具有实际意义。

根据是否考虑资金时间价值，可分为**静态评价指标**和**动态评价指标**，如图 2-1-1 所示。

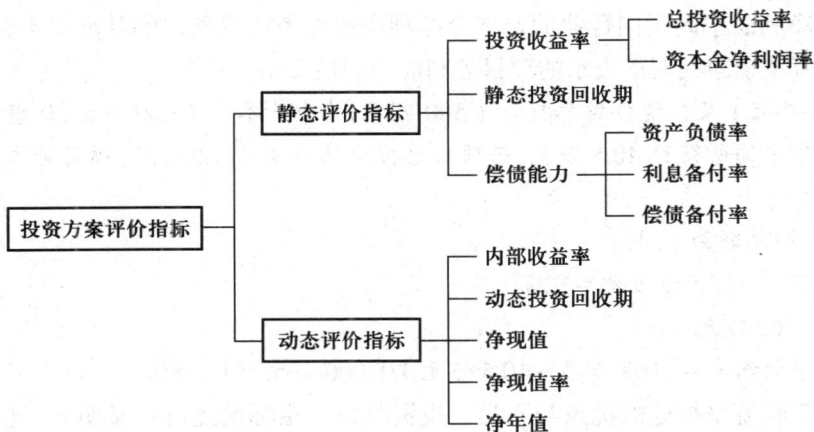

```
                                    ┌────── 总投资收益率
                        ┌─ 投资收益率 ┤
                        │             └────── 资本金净利润率
              ┌ 静态评价指标 ┼─ 静态投资回收期
              │         │             ┌────── 资产负债率
              │         └─ 偿债能力 ───┼────── 利息备付率
              │                       └────── 偿债备付率
投资方案评价指标 ┤
              │         ┌─ 内部收益率
              │         ├─ 动态投资回收期
              └ 动态评价指标 ┼─ 净现值
                        ├─ 净现值率
                        └─ 净年值
```

图 2-1-1　投资方案经济评价指标体系

1. 投资收益率

投资收益率(R)是指投资方案达到设计生产能力后一个正常生产年份的年净收益总额与方案投资总额的比率。它是评价投资方案盈利能力的静态指标,表明投资方案正常生产年份中,单位投资每年所创造的年净收益额。对运营期内各年的净收益额变化幅度较大的方案,可计算运营期年平均净收益额与投资的比率。

（1）计算公式:

$$R = \frac{年净收益或年平均净收益}{投资总额} \times 100\% \qquad (2-1-1)$$

（2）判别准则。将计算出的投资收益率(R)与所确定的基准投资收益率(R_e)进行比较:

1）若 $R \geq R_e$,则方案在经济上可以考虑接受;

2）若 $R < R_e$,则方案在经济上是不可行的。

（3）投资收益率的应用指标。根据分析目的的不同,投资收益率又可分为:总投资收益率(ROI)和资本金净利润率(ROE)。

1）总投资收益率(ROI),表示项目总投资的盈利水平。

$$ROI = \frac{EBIT}{TI} \times 100\% \qquad (2-1-2)$$

式中:$EBIT$——项目达到设计生产能力后正常年份的年息税前利润或运营期内年平均息税前利润;其中,息税前利润 = 利润总额 + 利息支出;

　　　　TI——项目总投资,包括建设投资、建设期借款利息、全部流动资金。

总投资收益率高于同行业的收益率参考值或确定的基准总投资收益率,表明用总投资收益率表示的项目盈利能力满足要求。

2）资本金净利润率(ROE),表示项目资本金的盈利水平。

$$ROE = \frac{NP}{EC} \times 100\% \qquad (2-1-3)$$

式中:NP——项目达到设计生产能力后正常年份的年净利润或运营期内年平均净利润;

　　　　EC——项目资本金。

资本金净利润率高于同行业的资本金净利润率参考值或确定的基准资本金净利润率，表明用项目资本金净利润率表示的项目盈利能力满足要求。

【例题 2-1-1】 某投资方案总投资 1 500 万元，其中资本金 1 000 万元，运营期年平均利息 18 万元，年平均所得税 40.5 万元，若项目总投资收益率为 12%，问：项目资本金净利润率为多少？

解： 设利润总额为 x，则

$(x + 18$ 万元$)/1\ 500$ 万元 $= 12\%$

求得 $x = 162$ 万元

资本金净利润率 $= (162$ 万元 $- 40.5$ 万元$)/1\ 000$ 万元 $= 12.15\%$

（4）投资收益率指标的优点与不足。投资收益率指标的经济意义明确、直观，计算简便，在一定程度上反映了投资效果的优劣，可适用于各种投资规模。但不足的是没有考虑投资收益的时间因素，忽视了资金时间价值的重要性；指标计算的主观随意性太强，即正常生产年份的选择比较困难，如何确定带有一定的不确定性和人为因素。因此，以投资收益率指标作为主要的决策依据不太可靠。

视频 2-1
投资收益率

2. 投资回收期

投资回收期是反映投资方案实施以后回收初始投资并获取收益能力的重要指标，分为静态投资回收期和动态投资回收期。

（1）静态投资回收期。静态投资回收期是在不考虑资金时间价值的条件下，以项目的净收益回收其全部投资所需要的时间。投资回收期可自项目建设开始年算起，也可自项目投产年开始算起，但应予以注明。

1）计算公式。自建设开始年算起，投资回收期 P_t（以年表示）的计算公式如下：

$$\sum_{t=0}^{P_t} (CI - CO)_t = 0 \qquad (2\text{-}1\text{-}4)$$

式中：　P_t——静态投资回收期；

$(CI-CO)_t$——第 t 年净现金流量。

静态投资回收期可根据现金流量表计算，其具体计算又分以下两种情况：

① 项目建成投产后各年的净收益（即净现金流量）均相同，则自项目投产年算起的静态投资回收期的计算公式可简化如下：

$$P_t = \frac{TI}{A} \qquad (2\text{-}1\text{-}5)$$

式中：TI——项目总投资；

A——每年净收益，即 $A = (CI - CO)_t$。

② 项目建成投产后各年的净收益不相同，则静态投资回收期可根据累计净现金流量求得（图 2-1-2），也就是在现金流量表中累计净现金流量由负值转向正值之间的年份。其计算公式为：

$$P_t = (\text{累计净现金流量出现正值的年份数} - 1) + \frac{\text{上一年累计净现金流量的绝对值}}{\text{出现正值年份的净现金流量}} \qquad (2\text{-}1\text{-}6)$$

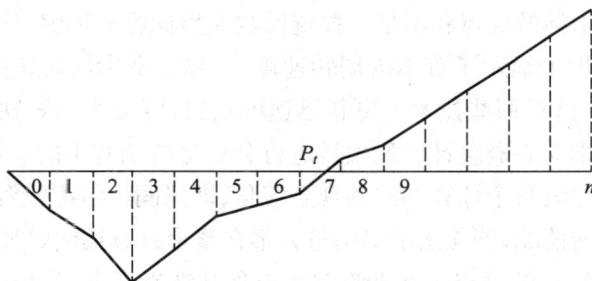

图 2-1-2 投资回收期示意图

2）判别准则。将计算出的静态投资回收期（P_t）与所确定的基准投资回收期（P_e）进行比较：

① 若 $P_t \leqslant P_e$，表明项目投资能在规定的时间内收回，则项目（或方案）在经济上可以考虑接受；

② 若 $P_t > P_e$，则项目（或方案）在经济上是不可行的。

（2）动态投资回收期。动态投资回收期是将投资方案各年的净现金流量按基准收益率折现后，再来推算投资回收期，这是其与静态投资回收期的根本区别。动态投资回收期就是投资方案累计现值等于零时的时间（年份）。

动态投资回收期的表达式为：

$$\sum_{t=0}^{P_t'} (CI - CO)_t (1 + i_c)^{-t} = 0 \tag{2-1-7}$$

式中：P_t'——动态投资回收期；

i_c——基准收益率。

在实际应用中，可根据项目现金流量表用下列近似公式计算：

$$P_t' = （累计净现金流量现值出现正值的年数 - 1）+$$
$$\frac{上一年累计净现金流量现值的绝对值}{出现正值年份净现金流量的现值} \tag{2-1-8}$$

按静态分析计算的投资回收期较短，决策者可能认为经济效果尚可以接受。但若考虑资金时间价值，用折现法计算出的动态投资回收期，要比用传统方法计算出的静态投资回收期长些，该方案未必能被接受。

【例题 2-1-2】某项目净现金流量如表 2-1-1 所示，则项目的静态投资回收期为多少年？

表 2-1-1 某项目净现金流量表

计算期/年	1	2	3	4	5	6	7
净现金流量/万元	-800	-1 200	400	600	600	600	600
累计净现金流量	-800	-2 000	-1 600	-1 000	-400	200	800

解： 静态投资回收期 =（6 年 - 1 年）+ |-400|/600 年 = 5.67 年

（3）投资回收期指标的优点和不足。投资回收期指标容易理解，计算也比较简便；项目投资回收期在一定程度上显示了资本的周转速度。显然，资本周转速度越快，回收期越短，风险越小，盈利越多。这对那些技术上更新迅速的项目、资金相当短缺的项目、未来情况很难预测而投资者又特别关心资金补偿的项目进行分析是特别有用的。但不足的是投资回收期没有全面考虑投资方案整个计算期内的现金流量，即只间接考虑投资回收之前的效果，不能反映投资回收之后的情况，即无法准确衡量方案在整个计算期内的经济效果。

（4）基准收益率（i_c）的确定。基准收益率也称基准折现率，是企业或行业或投资者以动态的观点所确定的、可接受的投资方案最低标准的收益水平。它表明投资决策者对项目资金时间价值的估价，是投资资金应当获得的最低盈利率水平，是评价和判断投资方案在经济上是否可行的依据。

基准收益率的确定一般以行业的平均收益率为基础，同时综合考虑资金成本、投资风险、通货膨胀以及资金限制等影响因素。对于政府投资项目，进行经济评价时使用的基准收益率是由国家组织测定并发布的行业基准收益率；非政府投资项目，可由投资者自行确定基准收益率。确定基准收益率时应考虑以下因素：

1）资金成本和投资机会成本（i_1）。资金成本是为取得资金使用权所支付的成本。项目投资后所获净收益必须能补偿资金成本，然后才能有收益。因此，基准收益率不应小于资金成本，否则便没有收益。投资的机会成本是指投资者将有限的资金用于除拟建项目以外的其他投资机会所能获得的最好收益。显然，基准收益率应既不低于单位资金成本，也不低于单位投资的机会成本，这样才能使资金得到最有效的利用。这一要求可用下式表达：

$$i_c \geqslant i_1 = \max\{\text{单位资金成本，单位投资机会成本}\} \qquad (2\text{-}1\text{-}9)$$

① 当项目完全由企业自有资金投资时，可参考行业基准收益率；可以理解为一种资金的机会成本。

② 当项目投资由自有资金和贷款组成时，最低收益率不应低于行业基准收益率与贷款利率的加权平均收益率。如果有几种不同的贷款时，贷款利率应为加权平均贷款利率。

2）投资风险（i_2）。在整个项目计算期内，有可能发生难以预料的环境变化，使投资者要冒着一定风险进行决策。因此，在确定基准收益率时，仅考虑资金成本、机会成本因素是不够的，还应考虑风险因素。通常，以一个适当的风险贴补率 i_2 来提高 i_c 值。即以一个较高的收益水平来补偿投资者所承担的风险，风险越大，贴补率越高。为此，投资者自然就要求获得较高的利润，否则，不会去冒风险的。为了限制对风险大、盈利低的项目进行投资，可以采取提高基准收益率的办法来进行投资方案的经济评价。

3）通货膨胀（i_3）。在通货膨胀影响下，各种材料、设备、土地的价格以及人工费都会上升。为反映和评价出拟建项目未来的真实经济效果，在确定基准收益率时，应考虑通货膨胀因素。若项目现金流量是按当年价格预测估算的，则应以年通货膨胀率 i_3 值修正 i_c 值；若项目的现金流量是按基准年不变价格预测估算的，预测结果已排除通货膨胀因素的影响，就不再重复考虑通货膨胀的影响而去修正 i_c 值。

综合以上分析，基准收益率按如下方法确定。

当按当年价格预测项目现金流量时：

$$i_c = (1+i_1)(1+i_2)(1+i_3) - 1 \approx i_1 + i_2 + i_3 \qquad (2\text{-}1\text{-}10)$$

当按不变价格预测项目现金流量时：

$$i_c = (1+i_1)(1+i_2)-1 \approx i_1 + i_2 \qquad (2-1-11)$$

上述近似处理的条件是 i_1、i_2、i_3 均为小数。

总之，资金成本和投资机会成本是确定基准收益率的基础，投资风险和通货膨胀是确定基准收益率必须考虑的影响因素。

3. 净现值

净现值（net present value, NPV）是反映投资方案在计算期内获利能力的动态评价指标。投资方案的净现值是指用一个预定的基准收益率（或设定的折现率）i_c，分别将整个计算期内各年所发生的净现金流量都折现到投资方案开始实施时的现值之和。

视频 2-2
静态、动态
投资回收期

（1）计算公式：

$$NPV = \sum_{t=0}^{n} (CI-CO)_t (1+i_c)^{-t} \qquad (2-1-12)$$

式中：NPV——净现值；

$(CI-CO)_t$——第 t 年的净现金流量（应注意"+""-"号）；

i_c——基准收益率；

n——投资方案计算期。

（2）判别准则。净现值是评价项目盈利能力的绝对指标。

1）当方案的 $NPV \geqslant 0$ 时，说明该方案能满足基准收益率要求的盈利水平，在经济上是可行的；

2）当方案的 $NPV < 0$ 时，说明该方案不能满足基准收益率要求的盈利水平，在经济上是不可行的。

（3）净现值指标的优点与不足。净现值指标考虑了资金的时间价值，并全面考虑了项目在整个计算期内的经济状况；经济意义明确直观，能够直接以金额表示项目的盈利水平；判断直观。但不足之处是，必须首先确定一个符合经济现实的基准收益率，而基准收益率的确定往往是比较困难的；而且在互斥方案评价时，净现值必须慎重考虑互斥方案的寿命，如果互斥方案寿命不等，必须构造一个相同的分析期限，才能进行方案比选。此外，净现值不能反映项目投资中单位投资的使用效率，不能直接说明在项目运营期各年的经营成果。

视频 2-3
净现值

4. 净年值

净年值（net annual value, NAV）又称等额年值、等额年金，是以一定的基准收益率将项目计算期内净现金流量等值换算而成的等额年值。它与前述净现值（NPV）的相同之处是，两者都要在给出基准收益率的基础上进行计算；不同之处是，净现值将投资过程的现金流量换算为基准期的现值，而净年值则是将该现金流量换算为等额年值。由于同一现金流量的现值和等额年值是等价的（或等效的），因此，净现值法与净年值法在方案评价中能得出相同的结论。而在多方案评价时，特别是各方案的计算期不相同时，应用净年值比净现值更为方便。

（1）计算公式。净年值的计算公式为：

$$NAV = \left[\sum_{t=0}^{n} (CI - CO)_t (1 + i_c)^{-t} \right] (A/P, i_c, n) \tag{2-1-13}$$

或

$$NAV = NPV (A/P, i_c, n) \tag{2-1-14}$$

式中：$(A/P, i_c, n)$ 为资本回收系数。

（2）判别准则。由于 $(A/P, i_c, n) > 0$，由式（2-1-14）可知，NAV 与 NPV 总是同为正或同为负，故 NAV 与 NPV 在评价同一个项目时的结论总是一致的，其判别准则是：

1）$NAV \geq 0$ 时，则投资方案在经济上可以接受；

2）$NAV < 0$ 时，则投资方案在经济上应予拒绝。

5. 内部收益率

内部收益率（internal rate of return，IRR）是使投资方案在计算期内各年净现金流量的现值累计等于零时的折现率。即在该折现率时，项目的现金流入现值和等于其现金流出的现值和。

内部收益率容易被人误解为项目初期投资的收益率。事实上，内部收益率的经济含义是投资方案占用的尚未回收资金的获利能力，它取决于项目内部。现举例说明如下：某投资方案的现金流量见表 2-1-2，其内部收益率 $IRR = 20\%$。

表 2-1-2　某投资方案的现金流量表　　　　　单位：万元

第 t 期期末	0	1	2	3	4	5	6
现金流量	-1 000	300	300	300	300	300	307

由于已提走的资金是不能再生息的，因此，设 F_t 为第 t 期期末尚未回收的投资余额 F_0，即是项目计算期初的投资额 A_0。显然，只要在本周期内取得复利利息 $i \times F_{t-1}$，则第 t 期期末的未回收投资余额为：

$$F_t = F_{t-1}(1 + i) + A_t \tag{2-1-15}$$

将 $i = IRR = 20\%$ 代入式（2-1-15），计算出表 2-1-3 所示项目的未回收投资在计算期内的恢复过程。与表 2-1-3 相对应的现金流量图如图 2-1-3 所示。

表 2-1-3　未回收投资在计算期内的恢复过程　　　　　单位：万元

第 t 期末	0	1	2	3	4	5	6
现金流量 A_t	-1 000	300	300	300	300	300	307
第 t 期期初未回收投资 F_{t-1}	—	-1 000	-900	-780	-636	-463.20	-255.840
第 t 期期末的利息 $i \times F_{t-1}$	—	-200	-180	-156	-127.2	-92.64	-51.168
第 t 期期末未回收投资 F_t	-1 000	-900	-780	-636	-463.2	-255.84	0

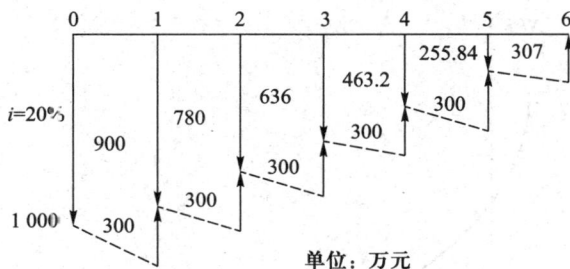

图 2-1-3 未回收投资现金流量示意图

由此可见,项目的内部收益率是项目到计算期期末正好将未收回的资金全部收回来的折现率,是项目对贷款利率的最大承担能力。

上述项目现金流量在计算期内的演变过程可发现,在整个计算期内,未回收投资 F_t 始终为负,只有计算期期末的未回收投资 $F_n = 0$。因此,可将内部收益率定义为:在项目的整个计算期内,如果按利率 $i = i^*$ 计算,始终存在未回收投资,且仅在计算期终了时,投资才恰被完全收回,即:

$$F_t(i^*) \leqslant 0 \ (t = 0, 1, 2, 3, \cdots, n-1) \qquad (2-1-16)$$

$$F_n(i^*) = 0 \ (t = n) \qquad (2-1-17)$$

于是,i^* 便是项目的内部收益率。所以,内部收益率的经济含义就是使未回收投资余额及其利息恰好在项目计算期末完全收回的一种利率,也是项目为其所占有资金(不含逐年已回收可作他用的资金)所提供的盈利率。它不仅受项目初始投资规模的影响,而且受项目计算期内各年净收益大小的影响。

在项目计算期内,由于项目始终处于"偿付"未被收回的投资的状况,内部收益率指标正是项目占用的尚未回收资金的获利能力。它能反映项目自身的盈利能力,其值越高,方案的经济性越好。因此,在工程经济分析中,内部收益率是考察项目盈利能力的主要动态评价指标。

对具有常规现金流量(即在计算期内,开始时有支出而后才有收益,且方案的净现金流量序列的符号只改变一次的现金流量)的投资方案,其净现值的大小与折现率的高低有直接的关系。若已知某投资方案各年的净现金流量,则该方案的净现值就完全取决于所选用的折现率。即净现值是折现率的函数,其表达式如下:

$$NPV(i) = \sum_{t=0}^{n} (CI - CO)_t (1+i)^{-t} \qquad (2-1-18)$$

工程经济中常规投资项目的净现值函数曲线在 $-1 < i < +\infty$(对大多数工程经济实际问题来说是 $0 \leqslant i < +\infty$)内是单调下降的,且递减率逐渐减小,即:随着折现率的逐渐增大,净现值将由大变小,由正变负,NPV 与 i 之间的关系一般如图 2-1-4 所示。

按照净现值的判别准则,只要 $NPV(i) \geqslant 0$,方案或项目就可接受,但由于 $NPV(i)$ 是 i 的递减函数,故折现率定得越高,方案被接受的可能性就越小,显然,i 可以大到使 $NPV(i) = 0$,这时 $NPV(i)$ 曲线与横轴相交,i 达到了其临界值 i^*。可以说,i^* 是净现值判别准则的一个分水岭,i^* 即为内部收益率 IRR,其实质就是使投资方案在计算期内各年净现金流量的现值累计等于零时的折现率。

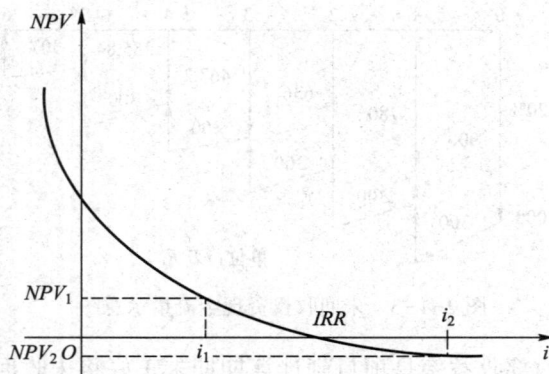

图 2-1-4　净现值函数曲线

（1）计算公式。对常规投资项目，内部收益率就是净现值为零时的收益率，其数学表达式为：

$$NPV(IRR) = \sum_{t=0}^{n} (CI - CO)_t (1 + IRR)^{-t} \qquad (2-1-19)$$

式中：IRR——内部收益率。

由于 IRR 值可达到的项目净现值等于零，则项目的净年值也必为零，故有：

$$NPV(IRR) = NVA(IRR) = 0 \qquad (2-1-20)$$

内部收益率是一个未知的折现率，由式（2-1-19）可知，求方程式中的折现率需解高次方程，不易求解。在实际工作中，一般是通过计算机进行计算，手算时可用试算法确定 IRR。基本原理：首先试用 i_1 计算，若得 $NPV_1 > 0$，再试用 $i_2(i_2 > i_1)$。若 $NPV_2 < 0$，则 $NPV = 0$ 时的 IRR 一定在 i_1 至 i_2 之间，如图 2-1-4 所示。此时，可用内插法求得 IRR 的近似值，其计算公式为：

$$IRR = i_1 + \frac{NPV_1}{NPV_1 + |NPV_2|}(i_2 - i_1) \qquad (2-1-21)$$

为了保证 IRR 的精度，i_1 与 i_2 之间的差距以不超过 2% 为宜，最大不要超过 5%。采用线性内插法计算 IRR 只适用于具有常规现金流量的投资方案。而对于具有非常规现金流量的方案，由于其内部收益率的存在可能不唯一，因而不适用内插法。

（2）判别准则。求得内部收益率 IRR 后，与基准收益率 i_c 进行比较：

若 $IRR \geq i_c$，则投资方案在经济上可以接受；

若 $IRR < i_c$，则投资方案在经济上应予拒绝。

（3）内部收益率指标的优点和不足。内部收益率指标考虑了资金的时间价值以及项目在整个计算期内的经济状况；能够直接衡量项目未回收投资的收益率；不需要事先确定一个基准收益率，而只需要知道基准收益率的大致范围即可。但不足的是内部收益率计算需要大量的与投资项目有关的数据，计算比较麻烦；对于具有非常规现金流量的项目来讲，其内部收益率往往不是唯一的，在某些情况下甚至不存在。

视频 2-4
内部收益率

6. 净现值率

净现值率（$NPVR$）是在 NPV 的基础上发展起来的，可作为 NPV 的一种补充。净现值率是项目净现值与项目全部投资现值之比，其经济含义是单位投资现值所能带来的净现值，是一个考察项目单位投资盈利能力的指标。由于净现值不直接考虑项目投资额的大小，故为考虑投资的利用效率，常用净现值率作为净现值的辅助评价指标。

当对比的两个方案投资额不同时，如果仅以各方案的 NPV 大小来选择方案，可能导致不正确的结论。因为净现值只表明盈利总额，不能说明投资的利用效果。单纯以净现值最大作为方案选优的标准，往往导致评价人趋向于选择投资大、盈利多的方案，而忽视盈利额较多，但投资更少、经济效果更好的方案。为此，可采用净现值的相对指标（单位投资的净现值）——净现值率来进行评价。

（1）计算公式。净现值率（$NPVR$）计算公式如下：

$$NPVR = \frac{NPV}{I_p} \tag{2-1-22}$$

$$I_p = \sum_{t=0}^{m} I_t (P/F, i_c, t) \tag{2-1-23}$$

式中：I_p——投资现值；

    I_t——第 t 年投资额；

    m——建设期年数。

（2）判别准则。若 $NPVR \geqslant 0$，说明投资方案在经济上可接受；若 $NPVR < 0$，说明投资方案在经济上不可行。

7. 偿债能力指标

（1）利息备付率。利息备付率（ICR）也称已获利息倍数，是指投资方案在借款偿还期内的息税前利润（$EBIT$）与当期应付利息（PI）的比值。利息备付率从付息资金来源的充裕性角度反映投资方案偿付债务利息的保障程度。

1）计算公式：

$$ICR = \frac{EBIT}{PI} \tag{2-1-24}$$

式中：$EBIT$——息税前利润；

    PI——计入总成本费用的应付利息。

2）判别准则。利息备付率应在借款偿还期内分年计算，它从付息资金来源的充裕性角度反映企业偿付债务利息的能力，表示企业使用息税前利润偿付利息的保证倍率。利息备付率高，说明利息支付的保证度大，偿债风险小。正常情况下利息备付率应当大于 1，并结合债权人的要求确定。否则，表示企业的付息能力保障程度不足。尤其是当利息备付率低于 1 时，表示企业没有足够资金支付利息，偿债风险很大。参考国际经验和国内行业的具体情况，根据我国企业历史数据统计分析，一般情况下，利息备付率不宜低于 2，而且需要将该利息备付率指标与其他同类企业进行比较，来分析决定本企业的指标水平。

（2）偿债备付率。偿债备付率（$DSCR$）是指投资方案在借款偿还期内各年可用于还本付息的资金（$EBITDA-T_{AX}$）与当期应还本付息金额（PD）的比值。偿债备付率表示可用于还本付息的资金偿还借款本息的保障程度。

1）计算公式：

$$DSCR = \frac{EBITDA - T_{AX}}{PD}$$
（2-1-25）

式中：$EBITDA$——息税前利润加折旧和摊销；

T_{AX}——企业所得税；

PD——应还本付息金额，包括还本金额和计入总成本费用的全部利息。融资租赁成本可视同借款偿还。运营期内的短期借款本息也应纳入计算。

根据国家现行财税制度的规定，偿还贷款的资金来源主要包括可用于归还借款的利润、固定资产折旧、无形资产及其他资产摊销费和其他还款资金来源。如果项目在运营期内有维持运营的投资，可用于还本付息的资金应扣除维持运营的投资。

2）判别准则。偿债备付率应在借款偿还期内分年计算，它表示企业可用于还本付息的资金偿还借款本息的保证倍率。偿债备付率低，说明偿付债务本息的资金不充足，偿债风险大。正常情况偿债备付率应当大于 1，并结合债权人的要求确定。当指标小于 1 时，表示企业当年资金来源不足以偿付当期债务，需要通过短期借款偿付已到期债务。参考国际经验和国内行业的具体情况，根据我国企业历史数据统计分析，一般情况下，偿债备付率不宜低于 1.3。

利息备付率和偿债备付率都是反映本方案在借款偿还期内企业偿债能力的指标，但有时借款偿还期难以确定，此时可以先大致估算出借款偿还期，再采用适宜的方法计算出每年企业需要还本和付息的金额，进而计算利息备付率和偿债备付率指标。此时的借款偿还期只是为估算利息备付率和偿债备付率指标所用，切不可将它与利息备付率和偿债备付率指标并列使用。

（3）资产负债率。资产负债率（$LOAR$）是指投资方案各期末负债总额（TL）与资产总额（TA）的比率。计算公式为：

$$LOAR = \frac{TL}{TA} \times 100\%$$
（2-1-26）

式中：TL——期末负债总额；

TA——期末资产总额。

适度的资产负债率，表明企业经营安全、稳健，具有较强的筹资能力，也表明企业和债权人的风险较小。对该指标的分析，应结合国家宏观经济状况、行业发展前景、企业所处的竞争环境状况等具体条件确定。

视频 2-5
偿债能力
指标

2.1.2 经济效果评价方法

1. 评价方案的类型

运用经济效果评价指标对投资方案进行评价，主要有两个用途：一是对某一方案进行分析，判断该方案在经济上是否可行，对于这种情况，需要选用适当指标并计算指标值，根据判断准则评价其经济性即可；二是对于多方案进行经济上的比选，此时，如果仅计算各种方案的评价指标并作出结论，其结论可能是不可靠的。进行多方案比选时，首先必须了解方案所属的类型,从而按照方案的类型确定适合的评价方法和指标,为最终作出正确的投资决策提供科学依据。

方案类型是指一组备选方案之间所具有的相互关系。方案之间存在着三种关系:独立关系、互斥关系和相关关系。

独立关系,是指各个方案的现金流量是独立的不具相关性,其中任一方案的采用与否与其自己的可行性有关,而与其他方案是否采用没有关系。

互斥关系,是指各个方案之间存在着互不相容、互相排斥的关系,在进行比选时,各个备选方案中只能选择一个,其余的均必须放弃,不能同时存在。

相关关系,是指在各个方案之间,某一方案的采用与否会对其他方案的现金流量带来一定的影响,进而影响其他方案的采用或拒绝。例如,某跨海交通项目考虑两个建设方案,一个是跨海大桥方案 A,另一个是海底隧道方案 B,两个方案都是收费的。此时,任一方案的实施或放弃都会影响另一方案的现金流量。

相关关系有正相关和负相关。若一个项目(方案)的执行虽然不排斥其他项目(方案),但可以使其效益减少,这时项目(方案)之间具有负相关关系,项目(方案)之间的比选可以转化为互斥关系。若一个项目(方案)的执行使其他项目(方案)的效益增加,这时项目(方案)之间具有正相关关系,项目(方案)之间的比选可以采用独立方案比选方法。

在方案评价前,分清方案属于何种类型是非常重要的。因为方案类型不同,其评价方法、选择和判断的尺度就不同。如果方案类型划分不当,会带来错误的评价结果。本章介绍独立关系、互斥关系和可转化为互斥关系的多方案比选。

2. 独立型方案的评价

独立型方案在经济上是否可接受,取决于方案自身的经济性,即方案的经济效果是否达到或超过预定的评价标准或水平。通过计算方案的经济效果指标,并按照指标的判别准则加以检验即可判断方案在经济上是否可行。这种对方案自身的经济性检验称为"绝对经济效果检验"。

(1)应用投资收益率进行评价

1)确定行业的基准投资收益率(R_e);

2)计算投资方案的投资收益率(R);

3)进行判断。当 $R \geq R_e$ 时,表明方案在经济上是可行的。

(2)应用投资回收期进行评价

1)确定行业或投资者的基准投资回收期(P_e);

2)计算投资方案的静态投资回收期(P_t);

3)进行判断。当 $P_t \leq P_e$ 时,表明方案在经济上是可行的。

(3)应用 NPV 进行评价

1)依据现金流量和确定的基准收益率(i_c)计算方案的净现值(NPV);

2)进行判断。当 $NPV \geq 0$ 时,表明方案在经济上是可行的。

(4)应用 IRR 进行评价

计算出内部收益率后,将 IRR 与基准收益率 i_c 进行比较。当 $IRR \geq i_c$ 时,表明方案在经济上是可行的。

3. 互斥型方案的评价

互斥型方案经济效果评价包括两部分内容：一是考察各个方案自身的经济效果，即进行绝对（经济）效果检验；二是考察方案的相对最优性，称为相对（经济）效果检验。进行多方案比选时，要确保所选方案不但可行而且最优，计算方案的经济效果还应考虑不同方案的计算期（寿命）是否相同。

在进行互斥方案相对（经济）效果评价时，一般按投资大小由低到高进行两个方案比选，淘汰较差的方案，以保留的较好方案再与其他方案比较，直至所有的方案都经过比较，最终选出经济性最优的方案。

（1）静态评价方法

互斥方案静态分析常用增量投资收益率、增量投资回收期、年折算成本、综合总成本等评价方法进行相对经济效果的评价。

1）增量投资收益率。增量投资收益率是指增量投资所带来的经营成本上的节约与增量投资之比。

现有甲、乙两个互斥方案，其规模相同或基本相同，如果其中一个方案的投资额和经营成本都为最小时，则该方案就是最理想的方案。但是，实践中往往达不到这样的要求。经常出现的情况是，某一个方案的投资额小，但经营成本却较高；而另一方案则正好相反，其投资额较大，但经营成本却较省。这样，投资大的方案与投资小的方案就形成了增量的投资，但投资大的方案正好经营成本较低，它比投资小的方案在经营成本上又带来了节约。

现设 I_1、I_2 分别为甲、乙方案的投资额，C_1、C_2 为甲、乙方案的经营成本。

如 $I_1 < I_2$，$C_1 > C_2$，则增量投资收益率 $R_{(2-1)}$ 为：

$$R_{(2-1)} = \frac{C_1 - C_2}{I_2 - I_1} \times 100\% \qquad （2-1-27）$$

当得到的增量投资收益率大于基准投资收益率时，则投资额大的方案可行，它表明投资的增量（$I_2 - I_1$）完全可以由经营成本的节约（$C_1 - C_2$）来得到补偿。反之，投资额小的方案为优选方案。

2）增量投资回收期。增量投资回收期是指用经营成本的节约来补偿增量投资的年限。

当各年经营成本的节约（$C_1 - C_2$）基本相同时，其计算公式为：

$$P_{t(2-1)} = \frac{I_2 - I_1}{C_1 - C_2} \qquad （2-1-28）$$

当各年经营成本的节约（$C_1 - C_2$）差异较大时，其计算公式为：

$$（I_2 - I_1） = \sum_{t=1}^{P_{t(2-1)}} （C_1 - C_2） \qquad （2-1-29）$$

当得到的增量投资回收期小于基准投资回收期时，投资额大的方案可行。反之，投资额小的方案为优选方案。

在上述方案比较过程中，如果相比较的两个方案生产规模相同，即年收入相同时，其年经营成本的节约额实质上就是它们的年收益额之差。

3）年折算成本。当互斥方案个数较多时，用增量投资收益率、增量投资回收期进行方案经济比较，要进行两两比较逐个淘汰，比选次数较多。而运用年折算成本法，只需计算各

方案的年折算成本,即将投资额用基准投资回收期分摊到各年,再与各年的年经营成本相加。年折算成本计算公式如下:

$$Z_j = \frac{I_j}{P_e} + C_j \qquad (2-1-30)$$

或

$$Z_j = I_j \cdot i_c + C_j \qquad (2-1-31)$$

式中: Z_j——第 j 个方案的年折算成本;

$\quad I_j$——第 j 个方案的总投资;

$\quad P_e$——基准投资回收期;

$\quad i_c$——基准收益率;

$\quad C_j$——第 j 个方案的年经营成本。

根据年折算成本,选择最小者为最优方案。这与增量投资收益率法的结论是一致的。年折算成本法计算简便,判别准则直观、明确。

4)综合总成本。方案的综合总成本即为方案的投资与基准投资回收期内年经营成本的总和。计算公式如下:

$$S_j = I_j + P_c \cdot C_j \qquad (2-1-32)$$

式中: S_j——第 j 个方案的综合总成本。

显然, $S_j = P_c \cdot Z_j$。改方案的综合总成本即为基准投资回收期内年折算成本的总和。在方案评选时,综合总成本最小的方案即为最优方案。

以上几种互斥方案静态评价方法,虽然概念清晰,计算简便,但主要缺点是没有考虑资金的时间价值,对方案未来时期的发展变化情况,例如,投资方案的使用年限;投资回收以后方案的收益;方案使用年限终了时的残值;方案在使用过程中更新和追加的投资及其效果等未能充分反映。因此,静态评价方法仅适用于方案初评或作为辅助评价方法采用。

(2)动态评价方法

1)计算期相同的互斥方案经济效果的评价。对于计算期相同的互斥方案,常用的经济效果评价方法有以下几种:

① 净现值(NPV)法。对互斥方案评价,首先剔除 $NPV < 0$ 的方案,即进行方案的绝对效果检验;然后对所有 $NPV \geqslant 0$ 的方案比较其净现值,选择净现值最大的方案为最佳方案。

在工程经济分析中,对效益相同(或基本相同),但效益无法或很难用货币直接计量的互斥方案进行比较,常用成本现值(PW)比较替代净现值进行评价。为此,首先计算各备选方案的成本现值 PW ,然后进行对比,以成本现值最低的方案为最佳。其表达式为:

$$PW = \sum_{t=0}^{n} CO_t (1 + i_c)^{-t} = \sum_{t=0}^{n} CO_t (P/F, i_c, t) \qquad (2-1-33)$$

② 增量投资内部收益率(ΔIRR)法。由于内部收益率不是项目初始投资的收益率,而且内部收益率受现金流量分布的影响很大,净现值相同但分布状态不同的两个现金流量,会得出不同的内部收益率。因此,直接根据各互斥方案的内部收益并不一定能选出净现值(基

准收益率下）最大的方案，即 $IRR_{(2)} > IRR_{(1)}$，并不意味着一定有 $IRR_{(2-1)} = \Delta IRR > i_c$。

增量投资内部收益率 ΔIRR 是指两方案各年净现金流量的差额的现值之和等于零时的折现率，其表达式为：

$$\Delta NPV(\Delta IRR) = \sum_{t=0}^{n} (A_1 - A_2)_t (1 + \Delta IRR)^{-t} = 0 \qquad (2\text{-}1\text{-}34)$$

$$\sum_{t=0}^{n} A_{1t} (1 + \Delta IRR)^{-t} = \sum_{t=0}^{n} A_{2t} (1 + \Delta IRR)^{-t} \qquad (2\text{-}1\text{-}35)$$

式中：　　　ΔIRR——增量投资内部收益率；

$A_{1t} = (CI - CO)_{1t}$——初始投资额大的方案年净现金流量；

$A_{2t} = (CI - CO)_{2t}$——初始投资额小的方案年净现金流量。

应用 ΔIRR 法评价互斥方案的基本步骤如下：

a. 计算各备选方案的 IRR_j 分别与基准收益率 i_c 比较。IRR_j 小于 i_c 的方案，即予淘汰。

b. 将 $IRR_j \geq i_c$ 的方案按初始投资额由小到大依次排列。

c. 按初始投资额由小到大依次计算相邻两个方案的增量投资内部收益率 ΔIRR，若 $\Delta IRR \geq i_c$，则说明初始投资额大的方案优于初始投资额小的方案，保留投资额大的方案；反之，若 $\Delta IRR < i_c$，则保留投资额小的方案。直至全部方案比较完毕，保留的方案就是最优方案。

③ 净年值（NAV）法。如前所述，净年值评价与净现值评价是等价的（或等效的）。同样，在互斥方案评价时，只需按方案的净年值的大小直接进行比较即可得出最优可行方案。在具体应用净年值评价互斥方案时常分以下两种情况：

a. 当给出"＋""－"现金流量时，分别计算各方案的等额年值。凡等额年值小于 0 的方案，先行淘汰，在余下方案中，选择等额年值大者为优。

b. 当方案所产生的效益无法或很难用货币直接计量时，即只给出投资和年经营成本或作业成本时，计算的等额年值也为"－"值。此时，可以用等额年成本（annual cost，AC）替代净年值（NAV）进行评价，即通过计算各备选方案的等额年成本（AC），然后进行对比，以等额年成本（AC）最低者为最佳方案。其表达式为：

$$AC = \sum_{t=0}^{n} CO_t (P/F, i_c, t)(A/P, i_c, n) \qquad (2\text{-}1\text{-}36)$$

采用等额年成本（AC）或净年值（NAV）进行评价所得出的结论是完全一致的。

2）计算期不同的互斥方案经济效果的评价。如果互斥方案的计算期不同，必须对计算期作出某种假定，使得方案在相等期限的基础上进行比较，这样才能保证得到合理的结论。

① 净年值（NAV）法。用净年值法进行寿命不等的互斥方案比选，实际上隐含着这样一种假定：各备选方案在其寿命结束时间均可按原方案重复实施或以与原方案经济效果水平相同的方案接续。由于净年值法是以"年"为时间单位比较各方案的经济效果，一个方案无论重复实施多少次，其净年值是不变的，从而使寿命不等的互斥方案之间具有可比性。通过分别计算各备选方案净现金流量的等额年值（NAV）并进行比较，以 $NAV \geq 0$ 且 NAV 最大者为最优方案。

在对寿命不等的互斥方案进行比选时,净年值是最为简便的方法。同时,用等值年金可不考虑计算期的不同,故它也较净现值(NPV)简便,当参加比选的方案数目众多时,更是如此。

② 净现值(NPV)法。净现值(NPV)用于互斥方案评价时,必须考虑时间的可比性,即在相同的计算期下比较净现值(NPV)的大小。常用的方法有最小公倍数法和研究期法。

a. 最小公倍数法(又称方案重复法)。最小公倍数法是以各备选方案计算期的最小公倍数作为方案比选的共同计算期,并假设各个方案均在这样一个共同的计算期内重复进行,即各备选方案在其计算期结束后,均可按与其原方案计算期内完全相同的现金流量系列周而复始地循环下去直到共同的计算期。在此基础上,计算出各个方案的净现值,以净现值最大的方案为最佳方案。

最小公倍数法解决了寿命期不等的方案之间净现值的可比性问题。但这种方法所依赖的方案可重复实施的假定不是在任何情况下都适用的。对于某些不可再生资源开发型项目,或者寿命原本较长的项目,在进行计算期不等的互斥方案比选时,方案可重复实施的假定不再成立,这种情况下就不能用最小公倍数法确定计算期。

b. 研究期法。针对上述最小公倍数法的不足,对计算期不相等的互斥方案,可采用另一种确定共同计算期的方法——研究期法。这种方法是根据对市场前景的预测,直接选取一个适当的分析期作为各个方案共同的计算期。

一般以互斥方案中年限最短或最长方案的计算期作为互斥方案评价的共同研究期。当然也可取所期望的计算期为共同研究期。通过比较各个方案在该研究期内的净现值来对方案进行比选,以净现值最大的方案为最佳方案。

对于计算期短于共同研究期的方案,仍可假定其计算期完全相同地重复延续,也可按新的现金流量序列延续。需要注意的是:对于计算期(或者是计算期加其延续)比共同研究期长的方案,要对其在研究期以后的现金流量余值进行估算,并回收余值。该项余值估算的合理性及准确性,对方案比选结论有重要影响。

【例题 2-1-3】某市城市投资有限公司为改善本市越江交通状况拟定了以下两个投资方案。

方案 1:在原桥基础上加固、扩建。该方案预计投资 40 000 万元,建成后可通行 20 年。这期间每年需维护成本 1 000 万元。每 10 年需进行一次大修,每次大修成本为 3 000 万元,运营 20 年后报废时没有残值。

方案 2:拆除原桥,在原址建一座新桥。该方案预计投资 120 000 万元,建成后可通行 60 年。这期间每年需维护成本 1 500 万元。每 20 年需进行一次大修,每次大修成本为 5 000 万元,运营 60 年后报废时可回收残值 5 000 万元。

不考虑两方案建设期的差异,基准收益率为 6%。资金时间价值系数表见表 2-1-4。

表 2-1-4　资金时间价值系数表

$(P/F, 6\%, n)$	0.558 4	0.311 8	0.174 1	0.097 2	0.054 3	0.030 3
$(A/P, 6\%, n)$	0.135 9	0.087 2	0.072 6	0.066 5	0.063 4	0.061 9

问题：根据两方案的年成本选择最佳方案。（计算结果保留 2 位小数）

解：计算各方案的年成本。

方案 1 的年成本：

$1\ 000$ 万元 $+ 40\ 000$ 万元 $\times (A/P, 6\%, 20) + 3\ 000$ 万元 $\times (P/F, 6\%, 10) \times (A/P, 6\%, 20)$

$= 1\ 000$ 万元 $+ 40\ 000$ 万元 $\times 0.087\ 2 + 3\ 000$ 万元 $\times 0.558\ 4 \times 0.087\ 2$

$= 4\ 634.08$ 万元

方案 2 的年成本：

$1\ 500$ 万元 $+ 120\ 000$ 万元 $\times (A/P, 6\%, 60) + 5\ 000$ 万元 $\times (P/F, 6\%, 20) \times (A/P, 6\%, 60) +$

$5\ 000$ 万元 $\times (P/F, 6\%, 40) \times (A/P, 6\%, 60) - 5\ 000$ 万元 $\times (P/F, 6\%, 60) \times (A/P, 6\%, 60)$

$= 1\ 500$ 万元 $+ 120\ 000$ 万元 $\times 0.061\ 9 + 5\ 000$ 万元 $\times 0.311\ 8 \times 0.061\ 9 + 5\ 000$ 万元 $\times$

$0.097\ 2 \times 0.061\ 9 - 5\ 000$ 万元 $\times 0.030\ 3 \times 0.061\ 9$

$= 9\ 045.21$ 万元

由于方案 1 的年成本小于方案 2 的年成本，故选择方案 1。

2.2　不确定性评价方法

2.2.1　不确定性评价概述

拟投资项目经济评价的基础数据，例如产品产量、售价、成本以及投资等，多来自预测和估算，而预测和估算往往无法做到精确无误。换言之，上述因素往往是变化着的，是不确定的。由于这些因素的不确定性，就必然引起投资方案经济效果的实际值与评价值相偏离，从而给项目投资带来风险。假定某方案的基准收益率 i_c 定为 8%，根据方案基础数据求出的方案财务内部收益率为 10%，由于内部收益率大于基准收益率，因此根据方案判别准则自然认为方案是可行的；但如果凭此就做出决策则是不够的，因为我们还没有考虑到不确定性问题，比如说如果在方案实施的过程中存在投资超支、建设工期拖长、生产能力达不到设计要求、原材料价格上涨、劳务成本增加、产品售价波动、市场需求量变化等，都可能使方案达不到预期的经济效果，导致财务内部收益率下降，甚至发生亏损。当内部收益率下降多于 2%，方案就会变成不可行，则投资方案就会有风险，如果不对不确定事项进行分析，仅凭一些基础数据所做的确定性分析为依据来取舍投资方案，就可能会导致决策的失误。为了分析不确定性因素对经济评价指标的影响，需进行不确定性分析，以估计项目可能承担的风险，确定项目在经济上的可靠性。

1. 产生不确定性问题的原因

产生不确定性问题的原因很多，主要原因有：

（1）所依据的基本数据不足或者统计偏差。

（2）预测方法的局限，预测的假设不准确。

（3）科技进步。科技进步会引起产品和工艺的更新替代，根据原有技术条件和生产水平所估计出的年营业收入、年经营成本等数据就会与实际值发生偏差。

（4）未来经济形势及其他外部影响因素。如政府政策的变化，新的法律、法规的颁布，国际政治经济形势的变化等,均会对投资方案的经济效果产生一定的甚至是难以预料的影响。

（5）无法以定量来表示的定性因素的影响。

2. 不确定性分析的含义

在投资效益分析的基础上,根据拟实施投资方案的具体情况,分析各种内外部条件发生变化或者测算数据误差对投资方案经济效果的影响程度,以估计投资方案可能承担不确定性的风险及其承受能力,确定投资方案在经济上的可靠性,并采取相应的对策把风险减低到最小限度。这种对影响方案经济效果的不确定性因素进行的分析称为不确定性分析。在不确定分析基础上所做的决策,可在一定程度上减少决策失误,提高决策的科学化水平,并有助加强项目的风险管理和控制。

3. 不确定性分析的类型

常用的不确定性分析方法有盈亏平衡分析、敏感性分析和概率分析,三者的选择使用,应综合考虑项目的类型、特点和决策者的要求。盈亏平衡分析只用于财务评价,敏感性分析和概率分析可同时用于财务评价和费用效益分析。

2.2.2 盈亏平衡分析

盈亏平衡分析法又称保本分析法,是指根据项目正常生产年份的产量、成本、产品售价、税金等数据,研究项目成本与收益的平衡关系,从经营保本的角度来估算投资风险的一种方法。

项目盈利和亏损的转折点,称为盈亏平衡点(break even point, *BEP*),也称保本点,在这点上,既不亏损也不盈利。盈亏平衡分析的目的就是要计算出产量、单价、成本等方面的盈亏平衡点,判断投资方案对不确定性因素变化的承受能力,说明技术方案实施的风险大小,为投资决策提供科学依据。

盈亏平衡分析的基本方法是建立利润与成本费用、产量、营业收入、税金之间的函数关系,以便计算盈亏平衡点。根据收入及成本与产量(销售量)之间是否呈线性关系,盈亏平衡分析可分为线性盈亏平衡分析和非线性盈亏平衡分析。投资项目决策分析与评价中一般仅进行线性盈亏平衡分析,本书将主要介绍线性盈亏平衡分析。

1. 线性盈亏平衡分析

线性盈亏平衡分析的基本假设条件:

（1）生产量等于销售量;

（2）生产量变化,单位可变成本不变,从而使总生产成本成为生产量的线性函数;

（3）生产量变化,销售单价不变,从而使销售收入成为销售量的线性函数;

（4）只生产单一产品;或者生产多种产品,但可以换算为单一产品计算。

盈亏平衡分析的基本损益方程式为:

$$利润 = 销售收入(不含税) - 总成本(不含税) - 税金及附加$$

其中:
$$销售收入 = 单位售价(不含税) \times 销量$$
$$总成本(不含税) = 变动成本(不含税) + 固定成本(不含税)$$
$$= 单位变动成本(不含税) \times 产量 + 固定成本(不含税)$$

$$税金及附加 = 单位产品税金及附加 \times 销售量$$

则利润的表达式如下：

$$B = p \cdot Q - C_V \cdot Q - C_F - t \cdot Q \tag{2-2-1}$$

式中：B——利润；

P——单位产品售价（不含税）；

Q——项目设计生产能力或年产量；

t——单位产品税金及附加；

C_V——单位产品变动成本（不含税）；

C_F——固定成本（不含税）。

项目盈亏平衡点（BEP）的表达形式有多种。可以用产销量、年销售额、单位产品售价、单位产品的可变成本等绝对量表示，也可以用某些相对值表示，例如生产能力利用率（盈亏平衡点产销量占项目设计产量的比重）。其中，以产量和生产能力利用率表示的盈亏平衡点应用最为广泛。

当盈亏平衡时，$B = 0$，

则年产量的盈亏平衡点：

$$BEP_Q = \frac{C_F}{P - C_V - t} \tag{2-2-2}$$

营业收入的盈亏平衡点：

$$BEP_R = \frac{PC_F}{P - C_V - t} \tag{2-2-3}$$

盈亏平衡点的生产能力利用率：

$$BEP_Y = \frac{BEP_Q}{Q} = \frac{C_F}{(P - C_V - t)Q} \tag{2-2-4}$$

产品销售价格的盈亏平衡点：

$$BEP_P = \frac{C_F}{Q} + C_V + t \tag{2-2-5}$$

单位产品变动成本的盈亏平衡点：

$$BEP_V = p - t - \frac{C_F}{Q} \tag{2-2-6}$$

尤其需要注意的是，上述用产品销售价格和单位产品变动成本表达的盈亏平衡点的计算公式中均包含了单位产品增值税附加 t，单位产品增值税附加与产品的销售单价和单位可变成本的具体数值相关，并不是一成不变的，实践中往往不能运用上述公式直接计算。

由于单位产品的增值税附加是随产品的销售单价变化而变化的，为了便于分析，将销售收入与增值税附加合并考虑，即可将产销量、成本、收入、利润的关系反映在直角坐标系中，成为线性盈亏平衡分析图，如图 2-2-1 所示。

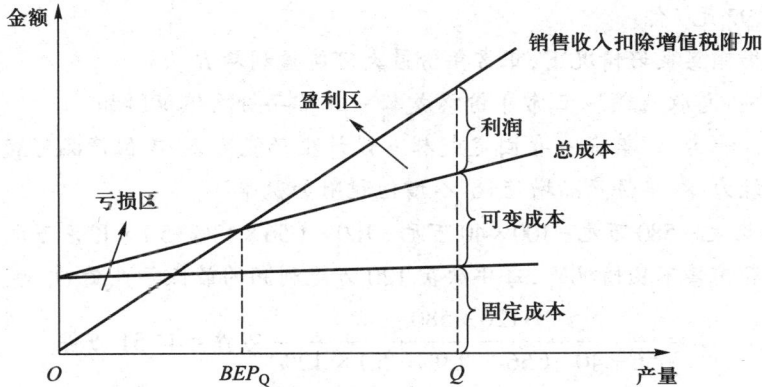

图 2-2-1　线性盈亏平衡分析图

由图 2-2-1 可知,销售收入线与总成本线的交点是盈亏平衡点,表明项目在此产销量下,销售收入扣除增值税及附加后与总成本相等,既没有利润,也不发生亏损。在此基础上,增加销售量,销售收入超过总成本,收入线与成本线之间的距离为利润值,形成盈利区;反之,形成亏损区。

盈亏平衡点反映了投资方案对市场变化的适应能力和抗风险能力。盈亏平衡点越低,项目盈利的可能性越大,对不确定因素变化所带来风险的承受能力就越强。一般用生产能力利用率的计算结果表示投资方案运营的安全程度。根据经验,若 $BEP_Y \leq 70\%$,则投资方案的运营是安全的,或者说投资方案可以承受较大的风险。运用盈亏平衡分析,在方案选择时应优先选择平衡点较低者。

【例题 2-2-1】某新建项目正常年份的设计生产能力为 100 万件某产品,年固定成本为580 万元(不含可抵扣进项税),单位产品不含税销售价预计为 56 元,单位产品不含税可变成本估算额为 40 元。企业适用的增值税税率为 13%,增值税附加税税率为 12%,单位产品平均可抵扣进项税预计为 5 元。

问题:

(1)对项目进行盈亏平衡分析,求用产量表示的盈亏平衡点、盈亏平衡点的生产能力利用率、盈亏平衡点的销售单价。

(2)在市场销售良好情况下,正常生产年份的最大可能盈利额多少?

(3)在市场销售不良情况下,企业欲保证年利润 120 万元的年产量应为多少?

(4)在市场销售不良情况下,企业将产品的市场价格由 56 元降低 10% 销售,则欲保证年利润 60 万元的年产量应为多少?

(5)从盈亏平衡分析角度判断该项目的可行性。

解:(1)$BEP_Q = \dfrac{580}{56 - 40 - (56 \times 13\% - 5) \times 12\%}$ 万件 = 36.88 万件

$BEP_Y = 36.88 \div 100 \times 100\% = 36.88\%$

设盈亏平衡点的销售单价为 P,则

100 万件 $\times P - 580$ 万元 $- 40$ 元/件 $\times 100$ 万件 $- (P \times 13\% - 5$ 元/件$) \times 12\% \times 100$ 万件 $= 0$,可以得出

$BEP_P = 45.92$ 元 / 件

（2）在市场销售良好情况下，正常年份最大可能盈利额 R 为：

R = 正常年份总收益额 − 正常年份总成本 − 正常年份增值税附加

= 设计生产能力 × 单价 − 年固定成本 − 设计生产能力 × 单位产品可变成本 −

设计生产能力 × 单位产品增值税 × 增值税附加税率

= 100×56 万元 − 580 万元 − 100×40 万元 − 100×（56×13% − 5）×12% 万元 = 992.64 万元

（3）在市场销售不良情况下，每年欲获 120 万元利润的最低年产量 Q_1 为：

$$Q_1 = \frac{120 + 580}{56 - 40 - (56 \times 13\% - 5) \times 12\%} \text{ 万件} = 44.51 \text{ 万件}$$

（4）在市场销售不良情况下，为了促销，产品的市场价格由 56 元降低 10% 时，还要维持每年 60 万元利润额的年产量 Q_2 应为：

$$Q_2 = \frac{60 + 580}{50.4 - 40 - (50.4 \times 13\% - 5) \times 12\%} \text{ 万件} = 62.66 \text{ 万件}$$

（5）根据上述计算结果分析如下：

1）本项目产量盈亏平衡点 36.88 万件，而项目的设计生产能力为 100 万件，远大于盈亏平衡产量，项目盈亏平衡产量仅为设计生产能力的 36.88%，表明企业适应市场需求变化的能力较大，并且项目的盈亏平衡价格 45.92 元远小于市场预测价格 56 元，表明企业适应市场价格下降的能力较大，综合分析来看，该项目盈利力和抗风险能力较强。

2）在市场销售良好情况下，按照设计正常年份生产的最大可能盈利额为 992.64 万元；在市场销售不良情况下，只要年产量和年销售量达到设计能力的 44.51%，每年仍能盈利 120 万元；

3）在不利的情况下，单位产品价格即使压低 10%，只要年产量和年销售量达到设计能力的 62.66%，每年仍能盈利 60 万元。所以，该项目获利的机会大。

综上所述，从盈亏平衡分析角度判断该项目可行。

2. 非线性盈亏平衡分析

线性盈亏平衡分析方法简单明了，但该方法在应用中有一定的局限性，主要表现为对投资项目来讲，在实际生产经营过程中，产品的营业收入与销售量之间，成本费用与产量之间，并不一定呈现出线性关系。比如随着项目产品销量的增加，市场上该产品的售价就要下降，因而营业收入与产销量之间是非线性关系；同时，企业增加产量时原材料价格可能上涨，同时要多支付一些加班费、奖金及设备维修费，使产品的单位可变成本增加，从而总成本与产量之间也成非线性关系。在这种情况下进行的盈亏平衡分析称为非线性盈亏平衡分析，其基本原理与线性盈亏平衡分析大致相同，不再赘述。

盈亏平衡分析虽然能够度量项目风险的大小，但并不能揭示产生项目风险的根源，比如虽然我们知道降低盈亏平衡点就可以降低项目的风险，提高项目的安全性，也知道降低盈亏平衡点可采用降低固定成本的方法，但是如何降低固定成本，应该采取哪些可行的方法或通过哪些有利的途径来达到目的，盈亏平衡分析并没有给我们答案，还需要采用其他方法来帮助达到这个目标。

视频 2-6
盈亏平衡
分析

2.2.3　敏感性分析

项目在其建设与生产经营的过程中,由于内外部环境的变化使其投资、价格、成本、产量、工期等因素发生变化,从而与对其所做的预测值(估计值)发生一定的差异。这些差异不可避免地会对项目的经济评价指标产生一定的影响,但这种影响的程度又是各不相同的。有些因素可能仅发生较小幅度的变化,就能引起经济评价指标发生大的变动;而另一些因素即使发生了较大幅度的变化,对经济评价指标的影响也不是太大。前一类因素称为敏感性因素,后一类因素称为非敏感性因素。从评价项目风险的角度出发,应更关注敏感性因素对项目经济评价指标的影响。所谓的敏感性分析是通过分析、预测项目主要因素发生变化时对经济评价指标的影响,从中找出敏感因素,并确定其影响程度,从而为采取必要的风险防范措施提供依据。敏感性分析有单因素敏感性分析和多因素敏感性分析两种。

1. 敏感性分析的步骤

一般敏感性分析可按以下步骤进行。

(1)选定需要分析的不确定因素。在项目计算期内可能发生变化的因素有产品产量(生产负荷)、产品价格、产品成本或主要原材料与动力价格、固定资产投资、建设工期及汇率等。

(2)确定进行敏感性分析的经济评价指标。衡量建设项目经济效果的指标较多,敏感性分析一般只对几个重要的指标进行分析,通常是分析这些因素单独变化或多因素变化对内部收益率或净现值的影响,必要时也可分析对静态投资回收期和借款偿还期的影响。由于敏感性分析是在确定性经济评价的基础上进行的,故选为敏感性分析的指标应与经济评价所采用的指标相一致。

(3)计算因不确定因素变动引起的评价指标的变动值。一般就所选定的不确定因素,设若干级变动幅度(通常用变化率表示)。然后计算与每级变动相应的经济评价指标值,建立一一对应的数量关系,并用敏感性分析图或敏感性分析表的形式表示,见表2-2-1。

表 2-2-1　敏感性分析表

变化因素	变化率					
	−30%	−20%	0%	10%	20%	30%
基准折现率 i_e						
建设投资						
销售价格						
原材料成本						
汇率						

(4)计算敏感度系数并对敏感因素进行排序。敏感度系数是指项目评价指标变化率与不确定性因素变化率之比,可按下式计算:

$$S_{AF} = \frac{\Delta A/A}{\Delta F/F} \tag{2-2-7}$$

式中： S_{AF}——评价指标 A 对不确定性因素 F 的敏感系数；

$\Delta F/F$——不确定性因素 F 的变化率；

$\Delta A/A$——不确定性因素 F 发生 ΔF 变化时，评价指标 A 的相应变化率。

S_{AF} 大于零,表示评价指标与不确定性因素同方向变化； S_{AF} 小于零,表示评价指标与不确定性因素反方向变化。 S_{AF} 绝对值较大者敏感度系数较高。

（5）计算变动因素的临界点。临界点是指投资方案允许不确定因素向不利方向变化的极限值。超过极限,投资方案的经济效果指标将不可行。临界点可用临界点百分比或者临界值分别表示某一变量的变化达到一定的百分比或者一定数值时,投资方案的经济效果指标将从可行转变为不可行。

利用临界点判别敏感因素的方法是一种绝对测定法,投资方案能否接受的判据是各经济效果评价指标能否达到临界值。在一定指标判断标准（如基准收益率）下,对若干不确定性因素中,临界点越低,说明该因素对投资方案经济效果指标影响越大,投资方案对该因素就越敏感。把临界点与未来实际可能发生的变化幅度相比较,就可大致分析该投资方案的风险情况。

在实践中常常把敏感度系数和临界点两种方法结合起来确定敏感因素,敏感系数和临界点分析见表 2-2-2。进行敏感性分析的目的是对不同的投资方案进行选择,一般应选择敏感程度小、承受风险能力强、可靠性大的投资方案。

表 2-2-2   敏感系数和临界点分析表

序号	不确定因素	变化率 /%	内部收益率	敏感度系数	临界点 /%	临界值
	基本方案					
1	产品产量（生产负荷）					
2	产品价格					
3	主要原材料价格					
4	建设投资					
5	汇率					
	……					

2. 单因素敏感性分析

单因素敏感性分析是对单一不确定因素变化对投资方案经济效果的影响进行分析,即假设各个不确定性因素之间相互独立,每次只考察一个因素变动,其他因素保持不变,以分析这个可变因素对经济效果评价指标的影响程度和敏感程度。为找出关键的敏感性因素,通常只进行单因素敏感性分析。

【例题 2-2-2】某项目初始投资 3 000 万元,当年建成并投产,基准收益率为 12%,有关资料见表 2-2-3,试进行敏感性分析。

表 2-2-3 项目基本资料表　　　　　　　　单位：万元

初始投资	年经营收入	年经营成本	寿命 / 年
3 000	9 000	8 000	10

解：（1）以年营业收入、年经营成本和投资为拟分析的不确定因素。

（2）选择项目的净现值为评价指标。

（3）计算项目的净现值为：

$NPV = -3\,000\,万元 + (9\,000\,万元 - 8\,000\,万元)(P/A, 12\%, 10) = 2\,650.2\,万元$

（4）计算年营业收入、年经营成本和投资变化对净现值的影响。

令 x、y 及 z 分别代表初始投资、年营业收入及年经营成本变化的百分数，则项目的净现值分别为：

$NPV = -3\,000\,万元(1+x) + (9\,000\,万元 - 8\,000\,万元)(P/A, 12\%, 10)$

$NPV = -3\,000\,万元 + [9\,000\,万元(1+y) - 8\,000\,万元](P/A, 12\%, 10)$

$NPV = -3\,000\,万元 + [9\,000\,万元 - 8\,000\,万元(1+z)](P/A, 12\%, 10)$

当 x、y、z 分别按 $\pm 5\%$、$\pm 10\%$、$\pm 20\%$ 变化取值时，则可算得相应项目净现值。其结果见表 2-2-4 和图 2-2-2。

表 2-2-4 因素变化对净现值的影响表　　　　　　单位：万元

因素	变化率						
	−20%	−10%	−5%	0	5%	10%	20%
投资	3 250.2	2 950.2	2 800.2	2 650.2	2 500.2	2 350.2	2 050.2
年营业收入	−7 520.2	−2 435.0	107.6	2 650.2	5 192.8	7 735.4	12 820.6
年经营成本	11 690.5	7 170.4	4 910.3	2 650.2	390.1	−1 870.0	−6 390.1

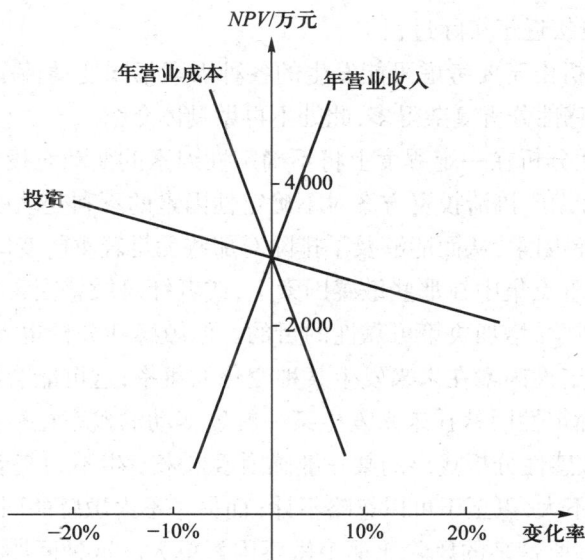

图 2-2-2 单因素敏感性分析图

（5）计算项目对各因素的敏感度系数

$$投资敏感度系数 = \frac{(2\,050.2 - 3\,250.2) \div 2\,650.2}{40\%} \times 100\% = -1.132$$

$$年营业收入敏感度系数 = \frac{[12\,820.6 - (-7\,520.2)] \div 2\,650.2}{40\%} \times 100\% = 19.18$$

$$年经营成本敏感度系数 = \frac{[(-6\,390.1) - 11\,690.5] \div 2\,650.2}{40\%} \times 100\% = -17.056$$

（6）计算不确定因素的临界值

敏感性分析图中,每条斜线与横坐标轴的相交点是该不确定性因素变化的临界点,令 $NPV = 0$,可分别算得 $x = +88.34\%$,$y = -5.21\%$,$z = +5.86\%$,即当投资额增加的幅度超过 88.34% 时,净现值由正变为负,项目变为不可行;当年营业收入减少的幅度超过 5.21% 时,净现值由正变为负,项目变为不可行;当年经营成本增加的幅度超过 5.86% 时,净现值由正变为负,项目变为不可行。

通过敏感度系数和临界点的分析可以看出,年营业收入敏感度系数最大,临界点最低,所以净现值对年营业收入的反应最为敏感。

3. 多因素敏感性分析

多因素敏感性分析是假设两个或两个以上互相独立的不确定性因素同时变化时,分析这些变化的因素对经济效果评价指标的影响程度和敏感程度。

单因素敏感性分析虽然对于投资方案分析中不确定性因素的处理是一种简便易行、具有实用价值的方法。但它在分析某一因素变化时以假定其他因素不变为前提,这种假定条件,在实际经济活动中是很难实现的,因为各种因素的变动都存在着相关性,一个因素的变动往往引起其他因素也随之变动。比如产品价格的变化可能引起需求量的变化,从而引起市场销售量的变化。多因素敏感性分析考虑了这种相关性,弥补了单因素分析的局限性。在对一些有特殊要求的项目进行敏感性分析时,除进行单因素敏感性分析外,还要进行多因素敏感性分析,使之更接近于实际过程。

多因素敏感性分析由于要考虑可能发生的各种因素不同变动情况的多种组合,因此计算起来要比单因素敏感性分析复杂得多,此处不再做具体介绍。

综上所述,敏感性分析在一定程度上将不确定性因素的变动对投资方案经济效果的影响作了定量的描述,有助于搞清投资方案对不确定性因素的不利变动所能容许的风险程度,有助于鉴别何者是敏感因素,从而能够及早排除对那些无足轻重的变动因素的注意力,把进一步深入调查研究的重点集中在那些敏感因素上,或者针对敏感因素制定出管理和应变对策,以达到尽量减少风险、增加决策可靠性的目的。但敏感性分析也有其局限性,敏感性分析没有考虑各种不确定性因素在未来发生某种变化的概率,这可能会影响分析结论的准确性。实际上,各种不确定性因素在未来发生某一幅度变动的概率往往是有所不同的。可能有这样的情况,通过敏感性分析找出的某一敏感因素未来发生不利变动的概率很小,因而实际上所带来的风险并不大,以至于可以忽略不计;而另一不太敏感的因素未来发生不利变动的概率却很大,实际上所带来的风险比那个敏感因素更大。这种问题是敏感性分析所无法解决的,必须借助于概率分析方法。

2.2.4 概率分析

概率分析又称风险分析,是用概率研究预测各种不确定性因素和风险因素的发生对项目评价指标影响的一种定量分析方法。其目的在于确定影响方案投资效果的关键因素及其可能变动的范围,并确定关键因素在此变动范围内的概率,然后计算经济评价指标(一般是项目净现值)的期望值及评价指标可行时的累计概率。概率分析法很多,常用的方法是来计算项目净现值的期望值、均方差及净现值大于或等于零的累计概率。累计概率值越大,说明项目承担的风险越小。根据项目特点和实际需要,有条件时应进行概率分析。

概率分析的一般步骤是:

(1)列出要考虑的各种风险因素,如投资、经营成本、销售价格等。

(2)设想各种风险因素可能发生的状态,即确定其数值发生变化个数。

(3)分别确定各种状态可能出现的概率,并使可能发生状态概率之和等于1。

(4)分别求出各种风险因素发生变化时,方案净现金流量各状态发生的概率和相应状态下的净现值 $NPV^{(j)}$。

(5)求方案净现值的期望值(均值)和均方差。

1)期望值。期望值是在大量重复事件中,随机变量的各种取值与相应概率的加权平均值,也是最大可能取值。随机变量可以分为离散型随机变量和连续型随机变量。离散型随机变量是指事件发生的可能结果是有限的,并且每个结果发生的概率为确定的随机变量;连续型随机变量是指可能的取值在有限的区间内可以有无限多个,且概率总和为1的随机变量。在投资方案经济分析中,任何不确定因素的变化一般为有限次数,可以采用离散型变量的期望值公式计算净现值的期望值,即:

$$E(NPV) = \sum_{j=1}^{k} NPV^{(j)} \times P_j \qquad (2\text{-}2\text{-}8)$$

式中:$E(NPV)$——净现值的期望值;

$\qquad p_j$——j 种状态出现的概率;

$\qquad k$——可能出现的状态数。

2)均方差。均方差用来表示随机变量的离散程度,这种离散程度在一定意义上反映了投资方案风险的大小。均方差越小,说明实际发生的情况与期望值反映的情况越接近,期望值的稳定性也就越高,项目的风险就越小;反之亦然。净现值的均方差计算公式为:

$$\sigma(NPV) = \sqrt{\sum_{j=1}^{k} \left[NPV^{(j)} - E(NPV) \right]^2 \times P_j} \qquad (2\text{-}2\text{-}9)$$

(6)求出方案净现值非负的累计概率。

(7)对概率分析结果作说明。

【例题 2-2-3】已知某方案的净现值及概率如表 2-2-5 所示,试计算该方案净现值的期望值和均方差。

表2-2-5   方案的净现值及概率

净现值/万元	36.2	41.5	46.8	52.3	58.6	64.7
概率	0.1	0.15	0.3	0.2	0.15	0.1

解:(1)计算该方案净现值的期望值

$E(NPV)$=36.2万元×0.1+41.5万元×0.15+46.8万元×0.3+52.3万元×0.2+58.6万元×0.15+64.7万元×0.1=49.61万元

(2)计算该方案净现值的均方差

$\sigma(NPV)$=[0.1×(36.2万元−49.61万元)^2+0.15×(41.5万元−49.61万元)^2+0.3×(46.8万元−49.61万元)^2+0.2×(52.3万元−49.61万元)^2+0.15×(58.6万元−49.61万元)^2+0.1×(64.7万元−49.61万元)^2]$^{1/2}$=8.16万元

这说明该方案最大可能的净现值是49.61万元,实际可能会有8.16万元的偏差。

【例题2-2-4】某投资方案根据经验判断其初始投资和年净收益为离散型随机变量,其估计值及其概率见表2-2-6,项目寿命期10年,基准收益率为10%。试求:(1)方案净现值的期望值;(2)方案净现值大于等于0的概率;(3)方案净现值大于等于50万的概率。

表2-2-6   方案参数估计值及其概率

初始投资		年净收益	
估计值/万元	概率	估计值/万元	概率
120	0.30	20	0.20
150	0.60	28	0.5
175	0.10	34	0.30

解:(1)分别计算每种状态的组合概率及所对应的净现值。根据参数的不同估计值,共有9种组合状态。

以初始投资120万元、年净收益为20万元的情况为例进行计算。

组合概率为投资额概率和年净收益概率两者概率之积,即:

$$0.3×0.2=0.06$$

$$NPV=-120万元+20万元(P/A,10\%,10)=2.89万元$$

依次类推,可以计算出其他组合的数据,计算结果见表2-2-7。

表2-2-7   方案所有组合状态的概率及净现值

组合	投资额/万元	120			150			175		
	年净收入/万元	20	28	34	20	28	34	20	28	34
组合概率		0.06	0.135	0.075	0.15	0.225	0.125	0.06	0.09	0.05
净现值/万元		2.89	52.05	88.92	−27.11	22.05	58.92	−52.11	−2.95	33.92

（2）计算方案净现值的期望值：

$$E(NPV) = 2.89\,万元 \times 0.06 + 52.05\,万元 \times 0.135 + 88.92\,万元 \times 0.075 + (-27.11\,万元) \times$$
$$0.15 + 22.05\,万元 \times 0.225 + 58.92\,万元 \times 0.125 + (-52.11\,万元) \times 0.06 +$$
$$(-2.95\,万元) \times 0.09 + 33.92\,万元 \times 0.05 = 20.43\,万元$$

（3）计算净现值大于等于零的概率：

$$P(NPV \geqslant 0) = 1 - 0.15 - 0.06 - 0.09 = 0.7$$

（4）计算净现值大于等于50万元的概率：

$$P(NPV \geqslant 50) = 0.135 + 0.075 + 0.125 = 0.335$$

结论：该项目净现值的期望值大于零，所以本项目是可行的；又该项目 $P(NPV \geqslant 0) = 0.7$ 以及 $P(NPV \geqslant 50) = 0.335$，说明项目具有较高的可靠性，但获得可观经济效果的可能性较小。

本 章 小 结

本章介绍了工程项目经济评价的指标体系及常用指标，较系统地分析了盈利能力指标和偿债能力指标中各指标的概念、计算方法、经济意义、评价标准和优缺点等，并介绍了根据多方案的类型利用经济评价指标进行多方案比较和选择的方法，通过计算项目方案的经济评价指标并进行多方案的比较为项目决策提供重要的依据。

受各种因素的影响，项目往往存在很多不确定性，所以项目在确定性评价的基础上通常还需要进行不确定性评价。本章系统介绍了盈亏平衡、敏感性分析和概率分析三种不确定分析方法，通过进行项目不确定性评价可以全面分析项目承受风险的情况。

课程思政案例

综合办公楼供暖方案
选择

习 题

一、单项选择题

1. 工程经济效果评价指标中,属于盈利能力分析静态指标的是( )。
   A. 财务净现值
   B. 投资收益率
   C. 借款偿还期
   D. 利息备付率

2. 某项目总投资 2 000 万元,其中债务资金 500 万元,项目运营期内年平均净利润 200 万元,年平均息税 20 万元,则该项目的投资收益率为( )。
   A. 10%
   B. 11%
   C. 13.3%
   D. 14.7%

3. 某投资方案的总投资 1 500 万元,其中债务资金 700 万元,投资方案在正常年份年利润总额 400 万元,所得税 100 万元,年折旧费 80 万元,则该方案的资本金净利润率为( )。
   A. 26.7%
   B. 37.5%
   C. 42.9%
   D. 47.5%

4. 采用投资收益率指标评价投资方案经济效果的缺点是( )。
   A. 考虑了投资收益的时间因素,因而使指标计算较复杂
   B. 虽在一定程度上反映了投资效果的优劣,但仅适用于投资规模大的复杂工程
   C. 只能考虑正常生产年份的投资收益,不能全面考虑整个计算期的投资收益
   D. 正常生产年份的选择比较困难,因而使指标计算的主观随意性较大

5. 某投资方案计算期现金流量表见下表,该投资方案的静态投资回收期为( )年。

年份	0	1	2	3	4	5
净现金流量表 / 万元	−1 000	−500	600	800	800	800

   A. 4.143
   B. 3.125
   C. 3.143
   D. 4.125

6. 在投资方案评价中,投资回收期只能作为辅助评价指标的主要原因是( )。
   A. 只考虑投资回收前的效果,不能准确反映投资方案在整个计算期内的经济效果
   B. 忽视资金具有时间价值的重要性,在回收期内未能考虑投资收益的时间点
   C. 只考虑投资回收的时间点,不能系统反映投资回收之前的现金流量
   D. 基准投资回收期的确定比较困难,从而使方案选择的评价准则不可靠

7. 采用投资回收期指标评价投资方案的经济效果时,其优点是能够( )。
   A. 全面考虑整个计算期内的现金流量
   B. 作为投资方案选择的可靠依据
   C. 在一定程度上反映资本的周转速度
   D. 准确衡量整个计算期内的经济效果

8. 某投资方案的净现金流量见下表,若基准收益率为6%,则该方案的财务净现值为( )万元。

计算器 / 年	0	1	2	3
净现金流量 / 万元	-1 000	200	400	800

  A. 147.52   B. 204.12

  C. 216.37   D. 400.00

9. 某投资方案建设期为1年,第1年年初投资8 000万元,第2年开始盈利,运营期为4年,运营期每年年末净收益为3 000万元,净残值为零。若基准率为10%,则该投资方案的财务净现值和静态投资回收期分别为( )。

  A. 1 510万元和3.67年   B. 1 510万元和2.67年

  C. 645万元和2.67年   D. 645万元和3.67年

10. 采用净现值指标评价投资方法经济效果的优点是( )。

  A. 能够全面反映投资方案中单位投资的使用效果

  B. 能够全面反映投资方案在整个计划期内的经济状况

  C. 能够直接反映投资方案运营期各年的经营成果

  D. 能够直接反映投资方案中的资本调整速度

11. 某投资方案,$FNPV(i_1 = 14\%) = 160$,$FNPV(i_2 = 16\%) = -90$,则$FIRR$的取值范围为( )。

  A. <14%   B. 14%~15%

  C. 15%~16%   D. >16%

12. 为了限制对风险大、盈利低的项目进行投资,在进行项目经济评价时,可以采取提高( )的方法。

  A. 基准收益率   B. 投资收益率   C. 投资报酬率   D. 内部收益率

13. 某项目有甲、乙、丙、丁4个可行方案,投资额和年经营成本见下表。

方案	甲	乙	丙	丁
投资额 / 万元	800	800	900	1 000
年经营成本 / 万元	100	110	100	70

若基准收益率为10%,采用增量投资收益率比选,最优方案为( )方案。

  A. 甲   B. 乙   C. 丙   D. 丁

14. 在单因素敏感性分析中,当产品价格下降幅度为5.91%、项目投资额降低幅度为25.67%、经营成本上升幅度为14.82%时,该项目净现值为0,按净现值对产品价格、投资额、经营成本的敏感程度由大到小排序,依次为( )。

  A. 产品价格——投资额——经营成本

  B. 产品价格——经营成本——投资额

    C. 投资额——经营成本——产品价格

    D. 经营成本——投资额——产品价格

  15. 某建设项目以财务净现值为指标进行敏感性分析的有关数据如下表所示,则该项目的投资额变化幅度的临界点为(　　　　)。

投资额变化幅度	−20%	−10%	0	10%	20%
净现值 / 万元	420	290	160	30	−100

    A. ＋8.13%　　　　　　　　　　　　B. ＋10.54%

    C. ＋12.31%　　　　　　　　　　　　D. ＋16.37%

二、多项选择题

  1. 反映投资方案盈利能力的动态评价指标有(　　　　　　)。

    A. 投资收益率　　　　　　　　　　　B. 内部收益率

    C. 净现值率　　　　　　　　　　　　D. 利息备付率

    E. 偿债备付率

  2. 采用总投资收益率指标进行项目经济评价的不足有(　　　　　　)。

    A. 不能用于同行业同类项目经济效果比较

    B. 不能反映项目投资效果的优势

    C. 没有考虑投资收益的时间因素

    D. 正常生产年份的选择带有较大的不确定性

    E. 指标的计算过于复杂和烦琐

  3. 下列关于投资方案经济效果评价指标的说法中,正确的有(　　　　　　)。

    A. 投资收益率在一定程度上反映了投资效果的优劣

    B. 投资收益率不适用于评价投资规模较大的项目

    C. 净现值能够反映投资方案中单位投资的使用效率

    D. 净现值和内部收益率均考虑了整个计算期的经济状况

    E. 内部收益率不能直接衡量项目未回收投资的收益率

  4. 下列关于投资方案经济效果评价指标的说法中,正确的有(　　　　　　)。

    A. 投资收益率指标计算的主观随意性强

    B. 投资回收期从项目建设开始年算起

    C. 投资回收期指标不能反映投资回收之后的情况

    D. 利息备付率和偿债备付率均应分月计算

    E. 净现值法与净年值法在方案评价中能得出相同的结论

  5. 下列关于投资方案经济效果评价指标的说法中,正确的有(　　　　　　)。

    A. 投资收益率在一定程度上反映了投资效果的优劣

    B. 投资收益率不适用于评价投资规模较大的项目

C. 净现值能够反映投资方案中单位投资的使用效率

D. 净现值和内部收益率均考虑了整个计算期的经济状况

E. 内部收益率不能直接衡量项目未回收投资的收益率

6. 下列关于内部收益率的说法中,正确的有(　　　　　)。

A. 内部收益率是项目初始投资在整个计算期内的盈利率

B. 内部收益率是项目占用尚未回收资金的获利能力

C. 内部收益率的计算简单且不受外部参数影响

D. 内部收益率能够反映投资过程的收益程度

E. 任何项目的内部收益率是唯一的

7. 某常规技术方案当折现率为 10% 时,财务净现值为 360 万元;当折现率为 8% 时,财务净现值为 30 万元,则关于该方案经济效果评价的说法,正确的有(　　　　　)。

A. 内部收益率在 8%~9% 之间

B. 当行业基准收益率为 8% 时,方案可行

C. 当行业基准收益率为 9% 时,方案不可行

D. 当折现率为 9% 时,财务净现值一定大于 0

E. 当行业基准收益率为 10% 时,内部收益率小于行业基准收益率

8. 某技术方案经济评价指标对甲、乙、丙三个不确定因素的敏感度系数分别为 −0.1、0.05、0.09,据此可以得出的结论有(　　　　　)。

A. 经济评价指标对于甲因素最敏感

B. 甲因素下降 10%,方案达到盈亏平衡

C. 经济评价指标与丙因素反方向变化

D. 经济评价指标对于乙因素最不敏感

E. 丙因素上升 9%,方案由可行转为不可行

9. 某工程施工现有两个对比的技术方案,方案 1 需投资 200 万元,年生产成本 120 万元;方案 2 与方案 1 应用环境相同的情形下,需投资 300 万元,年生产成本 100 万元。设基准投资收益率为 10%,采用增量投资收益率法选择方案,正确的有(　　　　　)。

A. 方案 2 与方案 1 相比,增量投资收益率为 10%

B. 方案 2 与方案 1 相比,在经济上可行

C. 当基准投资收益提高为 15% 时,方案 2 优于方案 1

D. 方案 2 比方案 1 投资高出 50%,超过基准收益率,经济上不可行

E. 当基准投资收益率降低为 8% 时,方案 1 优于方案 2

10. 下列条件中,属于线性盈亏平衡分析模型假设条件的有(　　　　　)。

A. 产销量和单位可变成本保持不变

B. 生产量等于销售量

C. 生产多种产品的,可以换算为单一产品计算

D. 产量超过一定规模时,固定成本线性增加

E. 产销量和销售单价不变

三、计算题

某智能大厦的一套设备系统有 A、B、C 三个采购方案,其有关数据见下表,现值系数见本书附录。

项目	方案		
	A	B	C
购置费和安装费 / 万元	520	600	700
年度使用费 /(万元 / 年)	65	60	55
使用年限 / 年	16	18	20
大修周期 / 年	8	10	10
大修费 /(万元 / 次)	100	100	110
残值 / 万元	17	20	25

问题:(1)若各方案年费用仅考虑年度使用费,购置费和安装费,且已知 A 方案和 C 方案相应的年费用分别为 123.75 万元和 126.30 万元,列式计算 B 方案的年成本,并按照年费用法做出采购方案比选。

(2)若各方案年费用需进一步考虑大修费和残值,且已知 A 方案和 C 方案相应的年费用分别为 130.41 万元和 132.03 万元,列式计算 B 方案的年费用,并按照年费用法做出采购方案比选。

(计算结果保留两位小数)

第 2 章习题答案

第 3 章
项目财务评价与国民经济评价

学习目标：
1. 了解财务评价的含义，熟悉财务效益和费用的估算方法；熟悉财务评价的参数和财务评价的内容；掌握相关财务评价报表的编制及计算方法。
2. 了解费用效益分析的含义及进行费用效益分析的必要性；熟悉费用效益分析的研究内容；熟悉费用效益分析与财务评价的关系。

3.1 项目财务评价概述

项目经济评价包括财务评价和国民经济评价。财务评价是在国家现行财税制度和市场价格体系的前提下，从项目的角度出发，计算项目范围内的财务效益和费用，分析项目的盈利能力和清偿能力，评价项目在财务上的可行性。国民经济评价是在合理配置社会资源的前提下，从国家经济整体利益的角度出发，计算项目对国民经济的贡献，分析项目的经济效率、效果和对社会的影响，评价项目在宏观经济上的合理性。财务评价属于微观经济评价，国民经济评价则属于宏观经济评价。

3.1.1 财务效益和费用的估算

财务效益和费用是财务评价的重要基础，其估算的准确性与可靠程度直接影响财务评价结论。

1. 财务效益和费用的构成

项目的财务效益与项目目标有直接的关系，项目目标不同，财务效益包含的内容也不同。

（1）市场化运作的经营性项目,项目目标是通过销售产品或提供服务实现盈利,其财务效益主要是指所获取的营业收入。对于某些国家鼓励发展的经营性项目,可以获得增值税的优惠。按照有关会计及税收制度,先征后返的增值税应记作补贴收入,作为财务效益进行核算。财务评价中应根据国家规定的优惠范围落实是否可采用这些优惠政策。

（2）对于以提供公共产品服务于社会或以保护环境等为目标的非经营性项目,往往没有直接的营业收入,也就没有直接的财务效益。这类项目需要政府提供补贴才能维持正常运转,应将补贴作为项目的财务收益,通过预算平衡计算所需要补贴的数额。

（3）对于为社会提供准公共产品或服务,且运营维护采用经营方式的项目,如市政公用设施、交通、电力等项目,其产出价格往往受到政府管制,营业收入可能基本满足或不能满足补偿成本的要求,有些需要在政府提供补贴的情况下才具有财务生存能力。因此,这类项目的财务效益包括营业收入和补贴收入。

（4）项目所支出的费用主要包括投资、总成本费用和税金等。

2. 财务效益和费用采用的价格

财务评价应采用以市场价格体系为基础的预测价格。在建设期内,一般应考虑投入的相对价格变动及价格总水平变动。在运营期内,若能合理判断未来市场价格变动趋势,投入与产出可采用相对变动价格;若难以确定投入与产出的价格变动,一般可采用项目运营期初的价格;有要求时,也可考虑价格总水平的变动。运营期财务效益和费用的估算采用的价格,应符合下列要求:

（1）效益和费用估算采用的价格体系应一致;

（2）采用预测价格,有要求时可考虑价格变动因素;

（3）对适用增值税的项目,运营期内投入和产出的估算表格可采用不含增值税价格;若采用含增值税价格,应予以说明,并调整相关表格。

3. 财务效益和费用的估算步骤

财务效益和费用的估算步骤应该与财务评价的步骤相匹配。在进行融资前分析时,应先估算独立于融资方案的建设投资和营业收入,然后是经营成本和流动资金。在进行融资后分析时,应先确定初步融资方案,然后估算建设期利息,进而完成固定资产原值的估算,通过还本付息计算求得运营期各年利息,最终完成总成本费用的估算。

4. 财务效益和费用的估算应注意的问题

（1）财务效益和费用的估算应注意遵守现行财务、会计以及税收制度的规定。由于财务效益和费用的识别和估算是对未来情况的预测,经济评价中允许进行有别于财会制度的处理,但要求财务效益和费用的识别和估算在总体上与会计准则及税收制度相适应。

（2）财务效益和费用的估算应遵守"有无对比"的原则。在识别项目的效益和费用时,需注意只有"有无对比"的差额部分才是由于项目建设增加的效益和费用,这样才能真正体现项目投资的净效益。

（3）财务效益和费用的估算范围应体现效益和费用对应一致的原则。即在合理确定的项目范围内,对等地估算财务主体的直接效益以及相应的直接费用,避免高估或低估项目的净效益。

（4）财务效益和费用的估算应根据项目性质、类别和行业特点,明确相关政策和其他依据,选取适宜的方法,进行文字说明,并编制相关表格。

3.1.2　财务评价参数

财务评价参数包括计算、衡量项目的财务费用效益的各类计算参数和判定项目财务合理性的判断参数。

1. 财务基准收益率

财务基准收益率是指项目财务评价中对可货币化的项目费用和效益采用折现方法计算财务净现值的基准折现率,是衡量项目财务内部收益率的基准值,是项目财务可行性和方案比选的主要判据。财务基准收益率反映投资者对相应项目占用资金的时间价值的判断,应是投资者在相应项目上最低可接受的财务收益率。

财务基准收益率的测定应符合下列规定:

(1)在政府投资项目以及按政府要求进行财务评价的项目中采用的行业财务基准收益率,应根据政府的政策导向进行确定。

(2)项目产出物(或服务)价格由政府进行控制和干预的项目,其行业财务基准收益率需要结合国家在一定时期的发展规划、产业政策、投资管理规定、社会经济发展水平和公众承受能力等因素,权衡效率与公平、局部与整体、当前与未来、受益群体与受损群体等得失利弊,区分不同行业投资项目的实际情况,结合政府资源、宏观调控意图、履行政府职能等因素综合测定。

(3)在企业投资等其他各类建设项目的经济评价中参考选用的行业财务基准收益率,应在分析一定时期内国家和行业发展规划、产业政策、资源供给、市场需求、资金时间价值、项目目标等情况的基础上,结合行业特点、行业资本构成情况等因素综合测定。

(4)在中国境外投资的建设项目财务基准收益率的测定,应首先考虑国家风险因素。

(5)投资者自行测定项目的最低可接受财务收益率,应充分考虑项目资源的稀缺性、进出口情况、建设周期长短、市场变化速度、竞争情况、技术寿命、资金来源等,并根据自身的发展战略和经营策略、具体项目特点与风险、资金成本、机会成本等因素综合测定。

国家行政主管部门统一测定并发布的行业财务基准收益率,在政府投资项目以及按政府要求进行经济评价的建设项目中必须采用;在企业投资等其他各类建设项目的经济评价中可参考选用。

2. 计算期

项目经济评价的计算期包括建设期和运营期。建设期是指方案从资金正式投入开始到方案建成投产为止所需要的时间,应参照项目建设的合理工期或项目的建设进度计划合理确定;运营期分为投产期和达产期两个阶段,投产期是指方案投入生产,但生产能力尚未完全达到设计能力时的过渡阶段。达产期是指生产运营达到设计预期水平后的时间。运营期应根据项目特点参照项目的合理经济寿命确定。计算现金流的时间单位,一般采用年,也可采用其他常用的时间单位。

3. 财务评价判断参数

财务评价判断参数主要包括判断项目盈利能力的参数和判断项目偿债能力的参数。

(1)判断项目盈利能力的参数主要包括财务内部收益率($FIRR$)、总投资收益率、项目资本金净利润率等指标的基准值或参考值。

（2）判断项目偿债能力的参数主要包括利息备付率、偿债备付率、资产负债率等指标的基准值或参考值。

国家有关部门（行业）发布的供项目财务评价使用的总投资收益率、项目资本金净利润率、利息备付率、偿债备付率、资产负债率、项目计算期、折旧年限、有关费率等指标的基准值或参考值，在各类项目经济评价中可参考选用。

3.1.3　财务评价的内容

财务评价应在项目财务效益与费用估算的基础上进行。对于经营性项目，财务评价应通过编制财务评价报表，计算相关财务指标，分析项目的盈利能力、债务清偿能力和财务可持续性，判断项目的财务可接受性，明确项目对财务主体及投资者的价值贡献，为项目决策提供依据。对于非经营性项目，财务评价应侧重项目的财务可持续性分析。

盈利能力分析应结合项目运营期内的负荷要求，估算项目营业收入、补贴性收入及各种成本费用，并按相关行业要求提供量价协议、框架协议等支撑材料。通过项目自身的盈利能力分析，评价项目可融资性。

对于使用债务融资的项目，应明确债务清偿测算依据和还本付息资金来源，分析利息备付率、偿债备付率等指标，评价项目债务清偿能力，以及是否增加当地政府财政支出负担、引发地方政府隐性债务风险等情况。

对于政府资本金注入项目，应编制财务计划现金流量表，计算各年净现金流量和累计盈余资金，判断拟建项目是否有足够的净现金流量维持正常运营。对于在项目经营期出现经营净现金流量不足的项目，应研究提出现金流接续方案，分析政府财政补贴所需资金，评价项目财务可持续性。

1. 经营性项目财务评价

财务评价可分为融资前分析和融资后分析，一般宜先进行融资前分析，在融资前分析结论满足要求的情况下，初步设定融资方案，再进行融资后分析。在项目建议书阶段，可只进行融资前分析。融资前分析应以动态分析（考虑资金的时间价值）为主，静态分析（不考虑资金的时间价值）为辅。

（1）融资前分析。融资前动态分析应以营业收入、建设投资、经营成本和流动资金的估算为基础，考察整个计算期内现金流入和现金流出，编制项目投资现金流量表。利用资金时间价值原理进行折现，计算项目投资内部收益率和净现值等指标。融资前分析排除了融资方案变化的影响，从项目投资总获利能力的角度，考察项目方案设计的合理性。融资前分析计算的相关指标，应作为初步投资决策与融资方案研究的依据和基础。

根据分析角度的不同，融资前分析可选择计算所得税前指标和（或）所得税后指标。融资前分析也可计算静态投资回收期指标，用以反映收回项目投资所需要的时间。

（2）融资后分析。融资后分析应以融资前分析和初步的融资方案为基础，考察项目在拟定融资条件下的盈利能力、债务清偿能力和财务可持续性，判断项目方案在融资条件下的可行性。融资后分析用于比选融资方案，帮助投资者做出融资决策。融资后的盈利能力分析应包括动态分析和静态分析。

1）动态分析。包括两个层次：

① 项目资本金现金流量分析，应在拟定的融资方案下，从项目资本金出资者整体的角度，确定其现金流入和现金流出，编制项目资本金现金流量表，利用资金时间价值原理进行折现，计算项目资本金财务内部收益率指标，考察项目资本金可获得的收益水平。

② 投资各方现金流量分析，应从投资各方实际收入和支出的角度，确定其现金流入和现金流出，分别编制投资各方现金流量表，计算投资各方的财务内部收益率指标，考察投资各方可能获得的收益水平。当投资各方不按股本比例进行分配或有其他不对等的收益时，可选择进行投资各方现金流量分析。

2）静态分析。是指不采取折现方式处理数据，依据利润与利润分配表计算项目资本金净利润率和总投资收益率指标。静态盈利能力分析可根据项目的具体情况选做。

盈利能力分析的主要指标包括项目投资财务内部收益率和财务净现值、项目资本金财务内部收益率、投资回收期、总投资收益率、项目资本金净利润率等，可根据项目的特点及财务评价的目的、要求等选用。

财务可持续性分析，首先，应在财务评价辅助表和利润与利润分配表的基础上编制财务计划现金流量表，通过考察项目计算期内的投资、融资和经营活动所产生的各项现金流入和流出，计算净现金流量和累计盈余资金，分析项目是否有足够的净现金流量维持正常运营，以实现财务可持续性。财务可持续性应首先体现在有足够大的经营活动净现金流量。其次，各年累计盈余资金不应出现负值。若出现负值，应进行短期借款，同时分析该短期借款的年份长短和数额大小，进一步判断项目的财务可持续性。短期借款应体现在财务计划现金流量表中，其利息应计入财务费用。为维持项目正常运营，还应分析短期借款的可靠性。

2. 非经营性项目财务评价

对于非经营性项目，财务评价可按下列要求进行：

（1）对没有营业收入的项目，不进行盈利能力分析，主要考察项目的财务可持续性。此类项目通常需要政府长期补贴才能维持运营，应合理估算项目运营期各年所需的政府补贴数额，并分析政府补贴的可能性与支付能力。对有债务资金的项目，还应结合借款偿还要求进行财务可持续性分析。

（2）对有营业收入的项目，财务评价应根据收入抵补支出的程度，区别对待。收入补偿费用的顺序应为：补偿人工、材料等生产经营耗费、缴纳流转税、偿还借款利息、计提折旧和偿还借款本金。有营业收入的非经营性项目可分为下列两类：

1）营业收入在补偿生产经营耗费、缴纳流转税、偿还借款利息、计提折旧和偿还借款本金后尚有盈余，表明项目在财务上有盈利能力和财务可持续性，其财务评价方法与一般项目基本相同。

2）对一定时期内收入不足以补偿全部成本费用，但通过在运行期内逐步提高价格（收费）水平，可实现其设定的补偿生产经营耗费、缴纳流转税、偿还借款利息、计提折旧、偿还借款本金的目标，并预期在中、长期产生盈余的项目，可只进行债务清偿能力和财务可持续性分析。由于项目运营前期需要政府在一定时期内给予补贴，以维持运营，所以应估算各年所需的政府补贴数额，并分析政府在一定时期内可能提供财政补贴的能力。

3.2　财务评价报表的编制

3.2.1　财务评价的基本步骤

财务评价主要是利用有关基础数据,通过财务分析报表,计算财务指标,进行分析科学评价。财务评价的基本步骤如下:

1. 财务评价前的准备

(1)实地调研,熟悉拟建项目的基本情况,收集整理相关信息。

(2)编制部分财务分析辅助报表。包括:建设投资估算表、流动资金估算表、营业收入和增值税金及附加估算表、总成本费用估算表等。

2. 进行融资前分析

融资前分析属于项目投资决策,是不考虑债务融资条件下的财务分析,重在考察项目净现金流量的价值是否大于其投资成本。融资前分析只进行盈利能力分析。融资前分析的基本步骤如下:

(1)编制项目投资现金流量表,计算项目投资内部收益率、净现值和项目投资回收期等指标;

(2)如果分析结果表明项目效益符合要求,再考虑融资方案,继续进行融资后分析;

(3)如果分析结果不能满足要求,可通过修改方案设计完善项目方案,必要时甚至可据此作出放弃项目的建议。

3. 进行融资后分析

融资后分析属于项目融资决策,是以设定的融资方案为基础进行的财务分析,重在考察项目资金筹措方案能否满足要求。融资后分析包括盈利能力分析、清偿能力分析和财务生存能力分析。融资后分析的基本步骤如下:

(1)在融资前分析结论满足要求的情况下,初步设定融资方案;

(2)在已有财务分析辅助报表的基础上,编制项目总投资使用计划与资金筹措表和建设期利息估算表;

(3)编制项目资本金现金流量表,计算项目资本金财务内部收益率指标,考察项目资本金可获得的收益水平;

(4)编制投资各方现金流量表,计算投资各方的财务内部收益率指标,考察投资各方可获得的收益水平。

在项目的初期研究阶段,也可只进行融资前分析。

3.2.2　财务评价报表

1. 还本付息计划表

利息支出的估算包括长期借款利息、流动资金借款利息和短期借款利息三部分,还本付息计划表见表 3-2-1。

(1)长期借款利息是指对建设期间借款余额(含未支付的建设期利息)应在生产期支

付的利息,项目评价中可以选择等额还本付息方式或者等额还本利息照付方式来计算长期借款利息。等额还本付息是在还款期内,每年偿付的本金利息之和是相等的,但每年支付的本金数和利息数均不相等。等额还本利息照付是在还款期内每年等额偿还本金,而利息按年初借款余额和利息率的乘积计算,利息不等,每年偿还的本利和不等。

a. 等额还本付息方式:

$$A = I_c \frac{i(1+i)^n}{(1+i)^n-1} \qquad (3-2-1)$$

式中:　　　　A——每年还本付息额(等额年金);

I_c——还款起始年年初的借款余额(含未支付的建设期利息);

i——年利率;

n——预定的还款期;

$I_c \dfrac{i(1+i)^n}{(1+i)^n-1}$——资金回收系数,可以自行计算或查复利系数表。

其中:每年支付利息 = 年初借款余额 × 年利率

每年偿还本金 = A – 每年支付利息

年初借款余额 = I_c – 本年以前各年偿还的借款累计

b. 等额还本利息照付方式:

设 A_t 为第 t 年的还本付息额,则有:

$$A_t = \frac{I_c}{n} + I_c \times \left(1 - \frac{t-1}{n}\right) \times i \qquad (3-2-2)$$

其中:每年支付利息 = 年初借款余额 × 年利率

即:　　　　第 t 年支付的利息 $= I_c = \left(1 - \dfrac{t-1}{n}\right) \times i \qquad (3-2-3)$

$$每年偿还本金 = \frac{I_c}{n} \qquad (3-2-4)$$

(2)流动资金借款利息。项目评价中估算的流动资金借款从本质上说应归类为长期借款,但目前企业往往有可能与银行达成共识,按期末偿还、期初再借的方式处理,并按一年期利率计息。流动资金借款利息可以按下式计算:

年流动资金借款利息 = 年初流动资金借款余额 × 流动资金借款年利率　　(3-2-5)

财务分析中对流动资金的借款可以在计算期最后一年偿还,也可在还完长期借款后安排。

(3)短期借款。项目评价中的短期借款系指运营期间由于资金的临时需要而发生的短期借款,短期借款的数额应在财务计划现金流量表中得到反映,其利息应计入总成本费用表的利息支出中。短期借款利息的计算同流动资金借款利息,短期借款的偿还按照随借随还的原则处理,即当年借款尽可能于下年偿还。

表 3-2-1　还本付息计划表　　　　　　　　单位:万元

序号	项目	合计	计算期				
			1	2	3	4	…
1	借款1						

续表

序号	项目	合计	计算期				
1.1	期初借款余额						
1.2	当期还本付息						
	其中:还本						
	付息						
1.3	期末借款金额						
2	借款2						
2.1	期初借款余额						
2.2	当期还本付息						
	其中:还本						
	付息						
2.3	期末借款余额						
3	债券						
3.1	期初债务余额						
3.2	当期还本付息						
	其中:还本						
	付息						
3.3	期末债务余额						
4	借款和债券合计						
4.1	期初余额						
4.2	当期还本付息						
	其中:还本						
	付息						
4.3	期末余额						
计算指标	利息备付率/%						
	偿债备付率/%						

注:1. 本表适用于新设法人项目,如有多种借款及债券,必要时应分别列出;

2. 对于既有法人项目,在按有项目范围进行计算时,可根据需要增加项目范围内原有借款的还本付息计算;在计算企业层次的还本付息时,可根据需要增加项目范围外借款的还本付息计算;当简化直接进行项目层次新增借款还本付息计算时,可直接按新增数据进行计算;

3. 本表可另加流动资金借款的还本付息计算。

【**例题 3-2-1**】已知某项目还款额累计为 1 000 万元,分 5 年还清,已知年利率为 6%,求该项目分别采用等额还本付息、等额还本利息照付的方式,计算还款期每年的还本额、付息额和还本付息总额。

解:(1)等额还本付息方式

每年的还本付息总额:

$$A = P\frac{i(1+i)^n}{(1+i)^n-1} = 1\,000\,万元 \times \frac{6\% \times (1+6\%)^5}{(1+6\%)^5-1} = 237.40\,万元$$

还款期各年的还本额付息额和还本付息总额如下表 3-2-2 所示。

表 3-2-2　等额还本付息方式下各年的还款数据表　　　　　单位:万元

年份	1	2	3	4	5
年初借款余额	1 000	822.60	634.56	435.23	223.94
利率	5%	6%	6%	6%	6%
年利息	60	49.36	38.07	26.11	13.46
年还本额	177.40	188.04	199.33	211.29	223.94
年还本付息总额	237.40	237.40	237.40	237.40	237.40
年末借款余额	822.60	634.56	435.23	223.94	0

(2)等额还本利息照付方式

每年的还本额 $A = 1\,000\,万元/5 = 200\,万元$

还款期各年的还本额付息额和还本付息总额如下表 3-2-3 所示。

表 3-2-3　等额还本利息照付方式下各年的还款数据　　　　　单位:万元

年份	1	2	3	4	5
年初借款余额	1 000	800	600	400	200
利率	6%	6%	6%	6%	6%
年利息	60	48	36	24	12
年还本额	200	200	200	200	200
年还本付息总额	260	248	236	224	212
年末借款余额	800	600	400	200	0

2. 总成本费用估算表

根据第 1 章有关内容,经营成本作为投资方案现金流量表中运营期现金流出的主体部分,在完成建设投资和营业收入估算后,就可以估算经营成本,在经营成本的基础上可以计算出总成本费用,见表 3-2-4 和表 3-2-5。

表 3-2-4　总成本费用估算表（生产要素法）　　　　　单位：万元

序号	项目	1	2	3	4	5	…
1	经营成本						
2	折旧费						
3	摊销费						
4	建设投资借款利息						
5	流动资金借款利息						
6	短期借款利息						
7	总成本费用						
	其中可抵扣进项税						

　　注：本表适用于新设法人项目固定资产折旧费的估算，以及既有法人项目的"有项目""无项目"和增量固定资产的估算。当估算既有法人项目的"有项目"固定资产折旧费时，应将新增和利用原有部分固定资产分别列出，并计算折旧费。

表 3-2-5　总成本费用估算表（生产成本加期间费用法）　　　　　单位：万元

序号	项目	合计	计算期				
			1	2	3	4	…
1	生产成本						
1.1	直接材料费						
1.2	直接燃料及动力费						
1.3	直接工资及福利费						
1.4	制造费用						
1.4.1	折旧费						
1.4.2	修理费						
1.4.3	其他制造费						
2	管理费用						
2.1	无形资产摊销						
2.2	其他资产摊销						
2.3	其他管理费用						
3	财务费用						
3.1	利息支出						
3.1.1	长期借款利息						
3.1.2	流动资金借款利息						

序号	项目	合计		计算期		
3.1.3	短期借款利息					
4	营业费用					
5	总成本费用合计（1+2+3+4）					
5.1	其中：可变成本					
5.2	固定成本					
6	经营成本（5-1.4.1-2.1-2.2-3.1）					

注：1. 本表适用于新设法人项目与既有法人项目的"有项目""无项目"和增量总成费用的估算；

2. 生产成本中的敏感折旧费、修理费指生产性设施的固定资产折旧费和修理费；

3. 生产成本中的工资和福利费指生产性人员工资和福利费，车间或分厂管理人员工资和福利费可在制造费用中单独列项或含在其他制造费中；

4. 本表其他管理费用中含管理设施的折旧费、修理费以及管理人员的工资和福利费。

3. 项目投资现金流量表

该表不分投资资金来源，以全部投资作为计算基础，反映投资方案在整个计算期（包括建设期和运营期）内现金的流入和流出，用以计算全部投资所得税前及所得税后财务内部收益率、财务净现值及投资回收期等评价指标，考察项目全部投资的盈利能力，为各个投资方案（不论其资金来源及利息多少）进行比较建立共同基础。其现金流量表构成见表3-2-6。注意，这里所指的"所得税"是根据息税前利润（计算时其原则上不受融资方案变动的影响，即不受利息多少的影响）乘以所得税税率计算的，称为"调整所得税"，以区别于按照税后利润计算的所得税。

表3-2-6 投资现金流量表 单位：万元

序号	项目	合计	1	2	3	4	5	…
1	现金流入							
1.1	经营收入（不含销项税额）							
1.2	销项税额							
1.3	补贴收入							
1.4	回收固定资产余值							
1.5	回收流动资金							
2	现金流出							
2.1	建设投资（不含建设期利息）							
2.2	流动资金							

续表

序号	项目	合计	1	2	3	4	5	...
2.3	经营成本（不含进项税额）							
2.4	进项税额							
2.5	税金及附加							
2.6	维持运营投资							
3	所得税前净现金流量（1-2）							
4	累计税前净现金流量							
5	调整所得税							
6	所得税后净现金流量（3-5）							
7	累计税后净现金流量							

计算指标：   所得税前   所得税后

投资财务内部收益率 /%：

投资财务净现值 /%：

投资回收期：

注：1. 本表适用于新设法人项目与既有法人项目的增量和"有项目"的现金流量分析；

2. 调整所得税为以息税前利润为基数计算的所得税,区别于"利润与利润分配表""项目资本金现金流量表"和"财务计划现金流量表"中的所得税。

4. 项目资本金现金流量表

该表从投资者角度出发,以投资者的出资额作为计算基础,把借款本金偿还和利息支付作为现金流出,用以计算自有资金财务内部收益率、财务净现值等评价指标,考察项目自有资金的盈利能力。资本金现金流量表构成见表 3-2-7。

表 3-2-7   资本金现金流量表 单位：万元

序号	项目	合计	1	2	3	4	5	...
1	现金流入							
1.1	经营收入（不含销项税额）							
1.2	销项税额							
1.3	补贴收入							
1.4	回收固定资产余值							
1.5	回收流动资金							
2	现金流出							
2.1	投资方案资本金							

续表

序号	项目	合计	1	2	3	4	5	...
2.2	借款本金偿还							
2.3	借款利息支付							
2.4	经营成本（不含进项税额）							
2.5	进项税额							
2.6	税金及附加							
2.7	所得税							
2.8	维持运营投资							
3	净现金流量							

计算指标：
资本金财务内部收益率

注：1. 项目资本金包括用于建设投资、建设期利息和流动资金的资金；
   2. 本表适用于新设法人项目与既有法人项目"有项目"的现金流量分析。

5. 投资各方现金流量表

投资各方现金流量表是分别从投资方案各个投资者的角度出发，以投资者的出资额作为计算的基础，用以计算投资方案投资各方财务内部收益率。投资各方现金流量表构成见表 3-2-8。一般情况下，投资方案投资各方按股本比例分配利润和分担亏损及风险，因此，投资各方的利益一般是均等的，没有必要计算投资各方的财务内部收益率。只有投资方案投资者中各方有股权之外的不对等的利益分配时，投资各方的收益率才会有差异，此时常常需要计算投资各方的财务内部收益率，以看出各方收益是否均衡，或者其非均衡性是否在一个合理的水平，有助于促成投资方案中投资各方在合作谈判中达成平等互利的协议。

表 3-2-8　投资各方现金流量表

序号	项目	合计	计算期				
			1	2	3	4	...
1	现金流入						
1.1	实分利润						
1.2	资产处置收益分配						
1.3	租赁费收入						
1.4	技术转让或使用收入						
1.5	其他现金流入						
2	现金流出						

续表

序号	项目	合计	计算期				
			1	2	3	4	…
2.1	实缴资本						
2.2	租赁资产支出						
2.3	其他现金流出						
3	净现金流量（1-2）						

计算指标：

投资各方财务内部收益率/%：

注：本表可按不同投资方分别编制。投资各方现金流量表中现金流入是指出资方因该投资方案的实施将实际获得的各种收入；现金流出是指出资方因该投资方案的实施将实际投入的各种支出。表中科目应根据投资方案具体情况调整。

1. 实分利润是指投资者由投资方案获取的利润；

2. 资产处置收益分配是指对有明确的合营期限或合资期限的投资方案，在期满时对资产余值按股比或约定比例的分配；

3. 租赁费收入是指出资方将自己的资产租赁给投资方案使用所获得的收入，此时应将资产价值作为现金流出，列为租赁资产支出科目；

4. 技术转让或使用收入是指出资方将专利或专有技术转让或允许该投资方案使用所获得的收入。

6. 财务计划现金流量表

财务计划现金流量表反映投资方案计算期各年的投资、融资及经营活动的现金流入和流出，用于计算累计盈余资金，分析投资方案的财务生存能力。财务计划现金流量表构成见表3-2-9。

表3-2-9 财务计划现金流量表   单位：万元

序号	项目	合计	1	2	3	4	5	6	…
1	经营活动净现金流量								
1.1	现金流入								
1.1.1	营业收入								
1.1.2	补贴收入								
1.1.3	其他流入								
1.2	现金流出								
1.2.1	经营成本								
1.2.2	税金及附加								
1.2.3	所得税								

续表

序号	项目	合计	1	2	3	4	5	6	...
1.2.4	其他流出								
2	投资活动净现金流量								
2.1	现金流入								
2.2	现金流出								
2.2.1	建设投资								
2.2.2	维持运营投资								
2.2.3	流动资金								
2.2.4	其他流出								
3	筹资活动净现金流量								
3.1	现金流入								
3.1.1	项目资本金投入								
3.1.2	建设投资借款								
3.1.3	流动资金借款								
3.1.4	债券								
3.1.5	短期借款								
3.1.6	其他流入								
3.2	现金流出								
3.2.1	各种利息支出								
3.2.2	偿还债务本金								
3.2.3	应付利润								
3.2.4	其他流出								
4	净现金流量								
5	累计盈余资金								

7. 利润与利润分配表

该表反映项目计算期内各年的利润总额、所得税及税后利润的分配情况,用以计算投资利润率和资本金利润率等指标。利润与利润分配表构成见表 3-2-10。

表 3-2-10   利润与利润分配表

序号	项目	1	2	3	4	5	...
1	营业收入						
2	总成本费用						
3	增值税						
3.1	销项税						
3.2	进项税						
4	增值税附加						
5	补贴收入						
6	利润总额						
7	弥补以前年度亏损						
8	应纳税所得额						
9	所得税						
10	净利润						
11	期初未分配利润						
12	可供分配利润						
13	法定盈余公积金						
14	可供投资者分配利润						
15	应付投资者各方股利						
16	未分配利润						
16.1	用于还款未分配利润						
16.2	剩余利润						
17	息税前利润						
18	息税折旧摊销前利润						

注:1. 净利润 = 该年利润总额 − 应纳所得税额 × 所得税率,式中:应纳所得税额 = 该年利润总额 − 弥补以前年度亏损;

2. 可供分配利润 = 净利润 + 期初未分配利润,式中:期初未分配利润 = 上年度期末的未分配利润;

3. 可供投资者分配利润 = 可供分配利润 − 法定盈余公积金;

4. 法定盈余公积金 = 净利润 × 10%,法定盈余公积金累计额为资本金的 50% 以上的,可不再提;

5. 应付各投资方的股利 = 可供投资者分配利润 × 约定的分配比例(亏损年份不计取);

6. 未分配利润一部分用于偿还本金,另一部分作为企业的积累。

$$未分配利润 = 可供投资者分配利润 − 应付各投资方的股利$$

式中:未分配利润按借款合同规定的还款方式,编制等额还本、利息照付的利润与利润分配表时,可能会出现以下两种情况:

a. 未分配利润 + 折旧费 + 摊销费 ≤ 该年应还本金,则该年的未分配利润全部用于还款,不足部分为该年的资金亏损,并需用临时借款来弥补偿还本金的不足部分;

b. 未分配利润 + 折旧费 + 摊销费 > 该年应还本金。则该年为资金盈余年份,用于还款的未分配利润按以下公式计算:

$$该年用于还款的未分配利润 = 该年应还本金 − 折旧费 − 摊销费$$

3.3 财务评价综合案例

某拟建工业项目,建设期2年,运营期6年。根据市场需求和同类项目生产情况,计划投产当年生产负荷达到90%,投产后第二年及以后各年均为100%。

该项目拟生产3种产品,产品价格采用预测的投产期初价格(不含增值税销项税额,以下简称不含税价格),其中,产品A年销量320 000 t,单价2 100元/t;产品B年销量160 000 t,单价2 735元/t,产品C年销量54 600 t,单价3 700元/t。编制M项目的营业收入估算表。

该项目没有消费税应税产品。根据项目具体情况,税金及附加费率为10%(包括城市维护建设税5%、教育费附加3%及地方教育附加2%)。投入和产出的增值税率为13%(水、产品B除外,为9%)。可抵扣增值税进项税额已估算为25 682万元。试估算该项目的税金及附加。(已知:生产运营期内满负荷运营时,外购原材料费用28 600万元,外购辅助材料费用1 100万元,外购煤、电、其他动力费用10 670万元、外购新鲜水1 890万元)

该项目建设投资为261 300万元,其中固定资产费用207 856万元,无形资产费用5 600万元(其中场地使用权为2 300万元),其他资产费用600万元,预备费20 956万元,可抵扣增值税进项税25 682万元,已编制的总成本费用估算表如表3-3-1所示。项目计算期为8年,其中建设期2年,运营期6年。建设期内建设投资分年投入比例为第1年50%、第2年50%。满负荷流动资金为10 258万元,投产第1年流动资金估算为9 576万元。计算期末将全部流动资金回收。

生产运营期内满负荷运营时,销售收入131 162万元(对于制造业项目,可将营业收入记作销售收入),经营成本60 867万元,其中原材料、辅助材料和燃料动力等可变成本44 922万元,以上均以不含税价格表示。

满负荷运营时的销项税额为15 300.7万元,进项税额为5 418.2万元,税金附加按增值税的10%计算,企业所得税率25%。

折旧年限6年,净残值率为3%,按年限平均法折旧。

设定所得税前财务基准收益率12%,所得税后财务基准收益率10%。

(1)识别并计算各年的现金流量,编制项目投资现金流量表(现金流量按年末发生计)。

(2)计算项目投资财务内部收益率和财务净现值(所得税前和所得税后),并由此评价项目的财务可行性。

(3)计算项目静态投资回收期(所得税前和所得税后),并由此评价项目的财务可行性。

该项目初步融资方案为:用于建设投资的项目资本金95 200万元,建设投资借款164 225万元,年利率6%.计算的建设期利息9 854万元(采用项目资本金支付建设期利息,利率按单利计算)。流动资金的30%来源于项目资本金,70%为流动资金借款。以投资者整体要求的最低可接受收益率13%作为财务基准收益率。已编制的项目资本金现金流量表如表3-3-2所示,并试根据该表计算项目资本金财务内部收益率,并评价项目资本金的盈利能力是否满足要求。

编制该项目的利润表(不包括利润分配部分),并计算息税前利润、总投资收益率和项目资本金净利润率指标。项目总投资为 281 412 万元,项目资本金为 108 114 万元。

表 3-3-1 总成本费用估算表   单位:万元

序号	项目	运营期					
		3	4	5	6	7	8
	生产负荷	90%	100%	100%	100%	100%	100%
1	外购原材料	25 740	28 600	28 600	28 600	28 600	28 600
2	外购辅助材料	990	1 100	1 100	1 100	1 100	1 100
3	外购燃料	6 534	7 260	7 260	7 260	7 260	7 260
4	外购动力	4 815	5 350	5 350	5 350	5 350	5 350
5	职工薪酬	2 821	2 821	2 821	2 821	2 821	2 821
6	修理费	7 656	7 656	7 656	7 656	7 656	7 656
7	其他费用	7 272	8 080	8 080	8 080	8 080	8 080
7.1	其中:其他营业费用	2 351	2 612	2 612	2 612	2 612	2 612
8	经营成本 (1+2+3+4+5+6+7)	55 828	60 867	60 867	60 867	60 867	60 867
9	折旧费	38 584	38 584	38 584	38 584	38 584	38 584
10	摊销费	716	716	716	716	716	596
11	利息支出	9 854	8 441	6 944	5 356	3 674	1 891
12	总成本费用合计 (8+9+10+11)	104 982	108 608	107 111	105 523	103 841	102 058
	其中,可变成本 (1+2+3+4+7.1)	40 430	44 922	44 922	44 922	44 922	44 922
	固定成本 (5+6+7-7.1+9+10+11)	64 552	63 686	62 189	60 601	58 919	57 136

表 3-3-2 项目资本金现金流量表   单位:万元

序号	项目	建设期		运营期					
		1	2	3	4	5	6	7	8
	生产负荷			90%	100%	100%	100%	100%	100%

续表

序号	项目	建设期		运营期					
		1	2	3	4	5	6	7	8
1	现金流入			131 816.7	146 462.7	146 462.7	146 462.7	146 462.7	165 904.7
1.1	营业收入			118 046	131 162	131 162	131 162	131 162	131 162
1.2	销项税额			13 770.7	15 300.7	15 300.7	15 300.7	15 300.7	15 300.7
1.3	回收资产余值								9 184
1.4	回收流动资金								10 258
2	现金流出	50 029	55 025	100 223.4	105 525.2	108 895.2	116 716	117 136	124 793
2.1	项目资本金	50 029	55 025	2 856	204				
2.2	长期借款本金偿还			23 543	24 956	26 453	28 041	29 723	31 506
2.3	流动资金借款本金偿还								7 181
2.4	借款利息支付			9 854	8 441	6 944	5 356	3 674	1 891
2.5	经营成本			55 828	60 867	60 867	60 867	60 867	60 867
2.6	进项税额			4 876.4	5 418.2	5 418.2	5 418.2	5 418.2	5 418.2
2.7	增值税					2 977.3	9 882.5	9 882.5	9 882.5
2.8	增值税附加					297.7	988.3	988.3	988.3
2.9	维持运营投资								

续表

序号	项目	建设期		运营期					
		1	2	3	4	5	6	7	8
2.10	所得税			3 266	5 639	5 938	6 163	6 583	7 059
3	净现金流量	−50 029	−55 025	31 593.3	40 937.5	37 567.5	29 746.7	29 326.7	41 111.7

解:

1.

M 项目营业收入估算表见表 3-3-3。

表 3-3-3   M 项目营业收入估算表   单位：万元

序号	项目	年销量 /t	单价 / （元 /t）	运营期					
				3	4	5	6	7	8
	生产负荷	100%		90%	100%	100%	100%	100%	100%
	营业收入合计	534 600		118 046	131 162	131 162	131 162	131 162	131 162
1	产品 A	320 000	2 100	60 480	67 200	67 200	67 200	67 200	67 200
2	产品 B	160 000	2 735	39 384	43 760	43 760	43 760	43 760	43 760
3	产品 C	54 600	3 700	18 182	20 202	20 202	20 202	20 202	20 202

2.

应纳税金及附加估算表见表 3-3-4。

表 3-3-4   应纳税金及附加估算表   单位：万元

序号	项目	运营期					
		3	4	5	6	7	8
	生产负荷	90%	100%	100%	100%	100%	100%
1	消费税	0	0	0	0	0	0
2	增值税						
2.1	产出销项税额	13 770.7	15 300.7	15 300.7	15 300.7	15 300.7	15 300.7
	产品 A	7 862.4	8 736	8 736	8 736	8 736	8 736
	产品 B	3 544.6	3 938.4	3 938.4	3 938.4	3 938.4	3 938.4
	产品 C	2 363.7	2 626.3	2 626.3	2 626.3	2 626.3	2 626.3
2.2	运营投入进项税额	4 876.4	5 418.2	5 418.2	5 418.2	5 418.2	5 418.2

续表

序号	项目	运营期					
		3	4	5	6	7	8
	外购原材料	3 346.2	3 718	3 718	3 718	3 718	3 718
	外购辅助材料	128.7	143	143	143	143	143
	外购煤、电、其他原动力	1 248.4	1 387.1	1 387.1	1 387.1	1 387.1	1 387.1
	外购新鲜水	153.1	170.1	170.1	170.1	170.1	170.1
2.3	抵扣增值税进项税额	8 894.3	9 882.5	6 905.2			
2.4	应纳增值税			2 977.3	9 882.5	9 882.5	9 882.5
3	税金附加			297.7	988.3	988.3	988.3
3.1	城市维护建设税			148.9	494.1	494.1	494.1
3.2	教育费附加			89.3	296.5	296.5	296.5
3.3	地方教育附加			59.5	197.7	197.7	197.7

计算说明:

(1)计算期第3年应纳增值税=当年销项税额-当年进项税额-以前年度待抵扣进项税余额(可抵扣增值税进项税额)=13 770.7万元-4 876.4万元-25 682万元=-16 787.7万元<0,因此应纳增值税为0(也即当年仅能抵扣增值税进项税额8 894.3万元)。

(2)计算期第4年应纳增值税=15 300.7万元-5 418.2万元-(25 682万元-8 894.3万元)=-6 905.2万元<0,因此应纳增值税为0(也即当年仅能抵扣增值税进项税额9 882.5万元)。

(3)计算期第5年应纳增值税=15 300.7万元-5 418.2万元-(25 682万元-8 894.3万元-9 882.5万元)=2 977.3万元

(4)计算期第6~8年应纳增值税=15 300.7万元-5 418.2万元=9 882.5万元

3.

(1)第1年年末现金流量

现金流入:0

现金流出:建设投资261 300万元×50%=130 650万元

(2)第2年年末现金流量

现金流入:0

现金流出:建设投资130 650万元

(3)第3年年末现金

现金流入:

① 销售收入：118 046 万元

② 销项税额：13 770.7 万元

现金流出：

① 流动资金：9 576 万元

② 经营成本：55 828 万元

③ 进项税额：4 876.4 万元

④ 应纳增值税：0

⑤ 税金及附加：0

⑥ 调整所得税：要计算调整所得税，必须先计算折旧和摊销，再计算出息税前利润。

先算折旧（融资前，固定资产原值不含建设期利息）和摊销。

固定资产折旧：

固定资产原值 = 固定资产费用 + 预备费 = 207 856 万元 + 20 956 万元 = 228 812 万元

年折旧率 =（ 1−3% ）/6 = 16.166 7%

年折旧额 = 228 812 万元 × 16.166 7% = 36 991 万元

摊销：无形资产中场地使用权按 50 年平均摊销

年场地使用权摊销 = 2 300 万元 /50 = 46 万元

其他无形资产摊销按 6 年平均摊销

年其他无形资产摊销 =（ 5 600 万元 − 2 300 万元 ）/6 = 550 万元

其他资产 600 万元按 5 年平均摊销

年其他资产摊销 = 600 万元 /5 = 120 万元

年摊销合计 = 550 万元 + 46 万元 + 120 万元 = 716 万元

再算息税前利润（ *EBIT*，该 *EBIT* 不受建设期利息影响，与利润表下附的 *EBIT* 数值不同 ）：

息税前利润 = 销售收入 − 经营成本 − 折旧 − 摊销 − 税金及附加 = 118 046 万元 − 55 828 万元 − 36 991 万元 − 716 万元 − 0 = 24 511 万元

最后算调整所得税：

调整所得税 = 息税前利润 × 所得税率 = 24 511 万元 × 25% = 6 128 万元

（4）第 4 年年末现金流量

现金流入：

① 销售收入：131 162 万元

② 销项税额：15 300.7 万元

现金流出：

① 流动资金增加额：10 258 万元 − 9 576 万元 = 682 万元

② 经营成本：60 867 万元

③ 进项税额：5 418.2 万元

④ 应纳增值税：0

⑤ 税金及附加：0

⑥ 调整所得税：

息税前利润 = 131 162 万元 − 60 867 万元 − 36 991 万元 − 716 万元 − 0 = 32 588 万元

调整所得税 = 32 588 万元 × 25% = 8 147 万元

（5）第 5 年年末现金流量

现金流入：

① 销售收入：131 162 万元

② 销项税额：15 300.7 万元

现金流出：

① 流动资金增加额：0

② 经营成本：60 867 万元

③ 进项税额：5 418.2 万元

④ 应纳增值税：2 977.3 万元

⑤ 增值税附加：297.7 万元

⑥ 调整所得税：

息税前利润 = 131 162 万元 − 60 867 万元 − 36 991 万元 − 716 万元 − 297.7 万元 = 32 290.3 万元

调整所得税 = 32 290.3 万元 × 25% = 8 072.6 万元

（6）第 6、7 年年末现金流量

现金流入：

① 销售收入同第 5 年

② 销项税额同第 5 年

现金流出：

① 流动资金增加额：0

② 经营成本：60 867 万元

③ 进项税额：5 418.2 万元

④ 应纳增值税：9 882.5 万元

⑤ 税金及附加：988.3 万元

⑥ 调整所得税：

息税前利润 = 131 162 万元 − 60 867 万元 − 36 991 万元 − 716 万元 − 988.3 万元 = 31 599.7 万元

调整所得税 = 31 599.7 万元 × 25% = 7 900 万元

（7）第 8 年年末现金流量

现金流入：

① 销售收入同第 4~7 年

② 销项税额同第 4~7 年

③ 回收资产余值，包括回收固定资产余值和回收无形资产余值

固定资产余值 = 固定资产原值 × 净残值率 = 228 812 万元 × 3% = 6 864 万元（融资前）

无形资产余值（场地使用权余值）= 2 300 万元 − 2 300 万元 /50×6 = 2 024 万元

两者相加为 8 888 万元

④ 回收流动资金 10 258 万元

现金流出：

所得税前现金流出同第 6~7 年

调整所得税：

因其他资产 550 万元之前 5 年已经摊销完,本年不再摊销,摊销减少 120 万元,摊销合计为 596 万元。

息税前利润=131 162 万元−60 867 万元−36 991 万元−596 万元−988.3 万元=31 720 万元

调整所得税 = 31 720 万元 × 25% = 7 930 万元

项目投资现金流量表见表 3-3-5。

表 3-3-5　项目投资现金流量表　　　　　单位:万元

序号	项目	建设期		运营期					
		1	2	3	4	5	6	7	8
	生产负荷			90%	100%	100%	100%	100%	100%
1	现金流入			131 816.7	146 462.7	146 462.7	146 462.7	146 462.7	165 608.7
1.1	营业收入			118 046	131 162	131 162	131 162	131 162	131 162
1.2	销项税额			13 770.7	15 300.7	15 300.7	15 300.7	15 300.7	15 300.7
1.3	回收资产余值								8 888
1.4	回收流动资金								10 258
2	现金流出	130 650	130 650	70 280.4	66 967.2	69 560.2	77 156	77 156	77 156
2.1	建设投资	130 650	130 650						
2.2	流动资金			9 576	682				
2.3	经营成本			55 828	60 867	60 867	60 867	60 867	60 867
2.4	进项税额			4 876.4	5 418.2	5 418.2	5 418.2	5 418.2	5 418.2
2.5	应纳增值税					2 977.3	9 882.5	9 882.5	9 882.5

续表

序号	项目	建设期		运营期					
		1	2	3	4	5	6	7	8
2.6	增值税附加					297.7	988.3	988.3	988.3
2.7	维持运营投资								
3	所得税前净现金流量	−130 650	−130 650	61 536.3	79 495.5	76 902.5	69 306.7	69 306.7	88 452.7
4	累计税前净现金流量	−130 650	−261 300	−1 999 763.7	−120 268.2	−43 365.7	25 941	95 247.7	183 699.7
5	调整所得税			6 128	8 147	8 072.6	7 900	7 900	7 930
6	所得税后净现金流量	−130 650	−130 650	55 408.3	71 348.5	68 830	61 406.7	61 406.7	80 522.7
7	累计税后净现金流量	−130 650	−261 300	−205 891.7	−134 543.2	−65 713.2	−4 306.5	57 100.2	137 622.9

所得税前指标：

$FNPV(i=12\%)$

$= -130\,650$ 万元 $\times (1.12)^{-1} - 130\,650$ 万元 $\times (1.12)^{-2} + 61\,536.3$ 万元 $\times (1.12)^{-3} + 79\,495.5$ 万元 $\times (1.12)^{-4} + 76\,902.5$ 万元 $\times (1.12)^{-5} + 69\,306.7$ 万元 $\times (1.12)^{-6} + 69\,306.7$ 万元 $\times (1.12)^{-7} + 88\,452.7$ 万元 $\times (1.12)^{-8} = -130\,650$ 万元 $\times 0.892\,9 - 130\,650$ 万元 $\times 0.797\,2 + 61\,536.3$ 万元 $\times 0.711\,8 + 79\,495.5$ 万元 $\times 0.635\,5 + 76\,902.5$ 万元 $\times 0.567\,4 + 69\,306.7$ 万元 $\times 0.506\,6 + 69\,306.7$ 万元 $\times 0.452\,3 + 88\,452.7$ 万元 $\times 0.403\,9 = 19\,328$ 万元

$FIRR$ 计算

采用人工试算法，$FNPV(i=14\%) = 3\,688$ 万元 > 0，$FNPV(i=15\%) = -3\,318$ 万元 < 0

$$FIRR = 14\% + \frac{3\,688}{3\,688 + 3\,318} \times (15\% - 14\%) = 14.53\%$$

所得税前财务内部收益率大于设定的基准收益率12%，所得税前财务净现值（$i_c = 12\%$）大于0，项目财务收益是可以接受的。

所得税后指标：

$FNPV(i=10\%)$

$= -130\ 650$ 万元 $\times(1.1)^{-1} - 130\ 650$ 万元 $\times(1.1)^{-2} + 55\ 408.3$ 万元 $\times(1.1)^{-3} +$ $71\ 348.5$ 万元 $\times(1.1)^{-4} + 68\ 830$ 万元 $\times(1.1)^{-5} + 61\ 406.7$ 万元 $\times(1.1)^{-6} + 61\ 406.7$ 万元 $\times(1.1)^{-7} + 80\ 522.7$ 万元 $\times(1.1)^{-8} = -130\ 650$ 万元 $\times 0.909\ 1 - 130\ 650$ 万元 $\times 0.826\ 4 + 55\ 408.3$ 万元 $\times 0.751\ 3 + 71\ 348.5$ 万元 $\times 0.683\ 0 + 68\ 830$ 万元 $\times 0.620\ 9 + 61\ 406.7$ 万元 $\times 0.564\ 5 + 61\ 406.7$ 万元 $\times 0.513\ 2 + 80\ 522.7$ 万元 $\times 0.466\ 5 = 10\ 089$ 万元

采用人工试算法，$FNPV(i=11\%)=1\ 968$ 万元 >0，$FNPV(i=12\%)=-5\ 558$ 万元 <0，

$$FIRR = 11\% + \frac{1\ 968}{1\ 968 + 5\ 558} \times (12\% - 11\%) = 11.26\%$$

所得税后，财务内部收益率大于设定的财务基准收益率 10%，所得税后财务净现值（$i_c=10\%$）大于 0，项目财务收益是可以接受的。

所得税前静态投资回收期：

$$P_t = 6 - 1 + \frac{|-43\ 365.7|}{69\ 306.7} = 5.63$$

所得税前，静态投资回收期小于设定的基准投资回收期 7 年，项目能在要求的时间内收回投资，是可行的。

所得税后静态投资回收期：

$$P_t = 7 - 1 + \frac{|-4\ 306.5|}{61\ 406.7} = 6.07$$

所得税后，静态投资回收期小于设定的基准投资回收期 7 年，项目能在要求的时间内收回投资，是可行的。

4. 项目资本金 $FIRR$ 计算

已编制的项目资本金现金流量表，采用人工试算法，经计算，$NPV(i=20\%)=928$ 万元 >0，$NPV(i=21\%)=-1\ 366$ 万元 <0，

$$IRR = 20\% + \frac{928}{928 + 1\ 366}(21\% - 20\%) = 20.4\%$$

项目资本金财务内部收益率大于要求的财务基准收益率（最低可接受收益率）13%，说明项目资本金获利水平超过了要求，从项目权益投资者整体角度看，在该融资方案下财务效益是可以接受的。

5. M 项目利润表部分数据见表 3-3-6。

表 3-3-6   M 项目利润表部分数据   单位：万元

序号	项目	运营期					
		3	4	5	6	7	8
	生产负荷	90%	100%	100%	100%	100%	100%
1	营业收入	118 046	131 162	131 162	131 162	131 162	131 162

续表

序号	项目	运营期					
		3	4	5	6	7	8
2	增值税附加			297.7	988.3	988.3	988.3
3	总成本费用	104 982	108 608	107 111	105 523	103 841	102 058
4	补贴收入						
5	利润总额	13 064	22 554	23 753.3	24 650.7	26 332.7	28 235.7
6	弥补以前年度亏损						
7	应纳税所得额	13 064	22 554	23 753.3	24 650.7	26 332.7	28 235.7
8	所得税	3 266	5 639	5 938	6 163	6 583	7 059
9	净利润	9 798	16 915	17 815.3	18 487.7	19 749.7	21 176.7
10	息税前利润	22 918	30 995	30 697.3	30 006.7	30 006.7	30 126.7

运营期 6 年内,年平均息税前利润为 29 125 万元

运营期内平均净利润为 17 324 万元

项目总投资为 281 412 万元,项目资本金为 108 114 万元

$$总投资收益率 = \frac{29\ 125}{281\ 412} \times 100\% = 10.35\%$$

$$项目资本金净利润率 = \frac{17\ 324}{108\ 114} \times 100\% = 16.02\%$$

3.4 国民经济评价

项目的国民经济评价,采用费用效益分析方法或者费用效果分析方法。对于项目效果难以进行货币量化,在项目效益一定的情况下,应采用费用效果分析的方法计算项目寿命周期费用现值,选择费用最低的项目方案。本书仅讨论费用效益分析方法。

3.4.1 费用效益分析的必要性

费用效益分析的理论基础是新古典经济学有关资源优化配置的理论。从经济学的角度看,经济活动的目的是通过配置稀缺经济资源用于生产产品和提供服务,尽可能满足社会需要。当经济体系功能发挥正常,社会消费的价值达到最大时,就认为是取得了"经济效率",达到了帕累托最优。在现实经济中,依靠两种基本机制来实现这种目的。一是市场定价机制,通过此种机制,厂商对由市场供求水平决定的价格作出反应,并据此从事自利的经济活动;二是政府部门通过税收补贴、政府采购、货币转移支付,以及为企业运行制定法规等,进行资源配置的决策活动,从而影响社会资源的配置状态。

在完全竞争的完善的市场经济体系下,竞争市场机制能对经济资源进行有效配置,产出品市场价格将以货币形态反映边际社会效益,而投入品的市场价格就反映边际社会机会成本。利润最大化自然会导致资源的有效配置,财务分析与费用效益分析的结论一致,不需单独进行费用效益分析。

在现实经济中,由于市场本身的原因及政府不恰当的干预,都可能导致市场配置资源的失灵,市场价格难以反映建设项目的真实经济价值,客观上需要通过费用效益分析来反映建设项目的真实经济价值,判断投资的经济合理性,为投资决策提供依据,利于宏观上合理配置国家有限的资源。

费用效益分析是市场经济体制下政府对公共项目进行分析评价的重要方法,是市场经济国家政府部门干预投资活动的重要手段;在现行的投资体制下,国家对项目的审批和核准重点放在项目的外部效果、公共性方面,费用效益分析强调从资源配置经济效率的角度分析项目的外部效果,通过费用效益分析及费用效果分析的方法判断建设项目的经济合理性,是政府审批或核准项目的重要依据。

下列类型项目应进行费用效益分析:

1)自然垄断项目。对于电力、电信、交通运输等行业的项目,存在着规模效益递增的产业特征,企业一般不会按照帕累托最优规则进行运作,从而导致市场配置资源失效。

2)公共产品项目,即项目提供的产品或服务在同一时间内可以被共同消费,具有“消费的非排他性”(未花钱购买公共产品的人不能被排除在此产品或服务的消费之外)和“消费的非竞争性”特征(一人消费一种公共产品并不以牺牲其他人的消费为代价)。由于市场价格机制只有通过将那些不愿意付费的消费者排除在该物品的消费之外才能得以有效运作,因此市场机制对公共产品项目的资源配置失灵。

3)具有明显外部效果的项目。外部效果是指一个个体或厂商的行为对另一个个体或厂商产生了影响,而该影响的行为主体又没有负相应的责任或没有获得应有报酬的现象。产生外部效果的行为主体由于不受预算约束,因此常常不考虑外部效果带来承受者的损益情况。这样,这类行为主体在其行为过程中常常会低效率甚至无效地使用资源,造成消费者剩余与生产者剩余的损失及市场失灵。

4)对于涉及国家控制的战略性资源开发及涉及国家经济安全的项目,往往具有公共性、外部效果等综合特征,不能完全依靠市场配置资源。

视频 3-1
费用效益分析的必要性

5)政府对经济活动的干预,如果干扰了正常的经济活动效率,也是导致市场失灵的重要因素。

3.4.2　费用效益分析的研究内容

费用效益分析的研究内容主要是识别国民经济效益与成本,计算和选取影子价格,运用社会折现率,编制费用效益分析报表,计算经济内部收益率、经济净现值等费用效益分析指标并进行方案比选。费用效益分析则只作盈利能力分析,不作清偿能力分析。费用效益分析可在直接识别估算经济费用和经济效益的基础上,利用表格计算相关指标;也可在财务分析的基础上将财务现金流量转换为经济效益与费用流量,利用表格计算相关指标。

影子价格是指依据一定原则确定的,能够反映投入物和产出物真实经济价值,反映市场供求状况,反映资源稀缺程度,使资源得到合理配置的价格。影子价格是根据国家经济增长的目标和资源的可获性来确定的。如果某种资源数量稀缺且用途广泛,则其影子价格就高。如果这种资源的供应量增多,其影子价格就会下降。某种资源的影子价格不是一个固定的数值,它随着经济结构的变化而变化。进行费用效益分析时,项目的主要投入物和产出物价格,原则上都应采用影子价格。确定影子价格时,根据国家发展和改革委员会和建设部联合发布的《建设项目经济评价方法与参数》(第三版),对于投入物和产出物,首先要区分为市场定价货物、政府调控价格货物、非市场定价货物和特殊投入物(由于土地、人力资源和自然资源的特殊性,将它们归类为特殊投入物)这四大类别,然后根据投入物和产出物对国民经济的影响分别处理。影子价格是优化配置社会资源、衡量产品社会价值的价格尺度,是一种理论上的虚拟价格,不是实际的市场交易价格,不能用于商品交换。在工程项目的费用效益分析中,用影子价格来代替市场价格进行费用与效益的计算,可消除在市场不完善的条件下由于市场价格失真可能导致的评价结论不能真实地反映项目经济价值的问题。

视频 3-2
影子价格

社会折现率是用以衡量资金时间价值的重要参数,代表社会资金被占用应获得的最低收费率,并用作不同年份价值换算的折现率。社会折现率是费用效益分析中经济内部收益率的基准值。适当的折现率有利于合理分配建设资金,指导资金投向对国民经济贡献大的项目,调节资金供需关系,促进资金在短期和长期建设项目之间的合理调配。根据对我国国民经济运行的实际情况、投资收益水平、资金供求状况、资金机会成本以及国家宏观调控等因素综合分析,根据国家发展和改革委员会和建设部联合发布的《建设项目经济评价方法与参数》(第三版),目前社会折现率测定值为8%。

1. 经济净现值(*ENPV*)

经济净现值是反映项目对国民经济净贡献的绝对指标。它是指用社会折现率将项目计算期内各年的净效益流量折算到建设期初的现值之和。其表达式为:

$$EBPV = \sum_{t=0}^{n}(B-C)_t(1+i_s)^{-t} \qquad (3-4-1)$$

式中: i_s——社会折现率。

经济净现值等于或大于零表示国家为拟建项目付出代价后,可以得到符合社会折现率的社会盈余,或除得到符合社会折现率的社会盈余外,还可以得到以现值计算的超额社会盈余,这时就认为项目从经济资源配置的角度可以被接受。

2. 经济内部收益率(*EIRR*)

经济内部收益率是反映项目对国民经济净贡献的相对指标。它是项目在计算期内各年经济净效益流量的现值累计等于零时的折现率。其表达式为:

$$\sum_{t=0}^{n}(B-C)_t(1+EIRR)^{-t}=0 \qquad (3-4-2)$$

式中: *B*——效益流入量;

    C——费用流出量;

(*B-C*)$_t$——第 *t* 年的净效益流量;

    n——计算期。

经济内部收益率等于或大于社会折现率表明项目资源配置的经济效率或对国民经济的净贡献达到或超过了要求的水平,这时应认为项目是可以考虑接受的。

3.4.3   费用效益分析与财务评价的关系

费用效益分析和财务评价均为投资决策提供科学的依据,两者之间是相互联系的,既有区别又有共同之处。

1. 费用效益分析与财务评价的联系

(1)财务评价是费用效益分析的基础。大多数的费用效益分析是在项目财务评价的基础上进行的,任何一个项目财务评价的数据资料都是项目费用效益分析的基础。

(2)大型工程项目中,费用效益分析是财务评价的前提。项目国民经济效益的可行性与否决定了大型工程项目的最终可行性,它是决定大型项目决策的先决条件和主要依据之一。

因此,在进行项目投资决策时,既要考虑项目的财务评价结果,更要遵循使国家与社会获益的费用效益分析原则。

2. 费用效益分析与财务评价的共同之处

(1)评价方法相同。它们都是经济效果评价,都要寻求以最小的投入获取最大的产出;都要进行项目费用和效益的估算,分析项目的现金流量,计算项目的内部收益率、净现值等盈利性指标评价工程项目的经济效果。

(2)评价的基础工作相同。两种分析都要在完成产品需求预测、工艺技术选择、投资估算、资金筹措方案等可行性研究内容的基础上进行。

(3)评价的计算期相同。

3. 费用效益分析与财务评价的区别

(1)两种评价所在的层次不同。财务评价是在项目的层次上,从项目经营者、投资者、未来债权人的角度,分析项目在财务上能够生存的可能性,分析各方的实际收益或损失,分析投资或贷款的风险及收益。费用效益分析则是从全社会的角度分析项目的费用和效益。这时项目的有些收入和支出,从全社会的角度考虑,不能作为社会费用或收益,例如,税金和补贴、银行贷款利息。

(2)费用和效益的划分范围不同。财务评价只根据项目直接发生的财务收支,计算项目的费用和效益;费用效益分析以工程项目耗费国家资源的多少和项目给国民经济带来的收益来界定项目的费用与效益,包括直接产生的费用和效益及间接产生的费用和效益,无论最终是由谁来支付和获取,都要视为该项目的费用与效益。例如,某水电站建设项目除直接的基建开支、移民开支等直接费用外,农牧业还会因土地淹没而遭受一定的损失(间接费用);而该工程除发电、防洪灌溉和供水等直接效益外,还必然带来养殖业和水上运动的发展,以及旅游业的增进等间接效益。

(3)财务评价与费用效益分析所使用价格体系有可能不同。在分析项目的费用与效益时,财务评价使用实际的市场预测价格。费用效益分析则采用一套专用的影子价格体系。

(4)两种评价采用的评价标准和参数不同。项目财务评价的主要标准和参数是净利润、财务净现值、财务基准收益率等,而费用效益分析分析的主要标准和参数是净收益、经济净现值、社会折现率等。财务基准收益率依行业的不同而不同,而社会折现率则全国各行业各地区都是一致的。

（5）评价内容不同。财务评价主要有盈利能力分析和清偿能力分析两个方面,而费用效益分析则只作盈利能力分析,不作清偿能力分析。

基于我国的基本国情,项目评价后的取舍应以费用效益分析的结论为主。对于财务评价结论和费用效益分析结论都可行的项目,可予以通过;反之应予否定,对于费用效益分析结论不可行的项目,一般应予否定;对那些费用效益评价结论可行,财务评价结论不可行但确实是国计民生所必需的建设项目,应重新考虑方案,必要时国家和有关部门可考虑给予优惠政策或进行补贴,使其在财务方面变成可行而加以实施。

本 章 小 结

工程项目财务评价和国民经济评价是可行性研究的核心内容。本章阐述了财务评价的含义,介绍了财务效益与费用的构成、价格的选定、估算步骤及应注意的问题;介绍了在财务效益与费用估算的基础上不同类型的项目财务评价的内容和方法。对于经营性项目,通过融资前分析和融资后分析,计算相关财务指标,分析项目的盈利能力、债务清偿能力和财务可持续性;对于非经营性项目,财务评价应侧重项目的财务可持续性分析。本章还详细介绍了财务评价中一些主要财务报表的编制和计算方法。

国民经济评价是项目经济评价的重要组成部分。本章阐述了国民经济评价的含义,论述了费用效益分析的必要性,说明了费用效益分析与财务评价的关系,介绍了费用效益分析的研究内容。

课程思政案例

某家庭的购房换房故事

习　题

一、单项选择题

1. 可据以计算累计盈余资金,分析技术方案财务生存能力的现金流量表是(　　)。
    A. 财务计划现金流量表
    B. 投资各方现金流量表
    C. 资本现金流量表
    D. 投资现金流量表
2. 利润表中反映的内容不包括(　　)。
    A. 营业利润的各项要素
    B. 利润(或亏损)总额的各项要素
    C. 净利润分配的各项要素
    D. 主营业务利润的各项要素

二、多项选择题

1. 下列费用项目中,属于投资现金流量表中现金流出项的是(　　)。
    A. 建设投资
    B. 流动资金
    D. 借款本金偿还
    C. 借款利息支付
    E. 经营成本
2. 下列财务计划现金流量表的项目中,属于筹资活动现金流量的有(　　)。
    A. 建设投资借款
    B. 补贴收入
    C. 流动资金借款
    D. 支付股利
    E. 维持运营投资

三、问答题

1. 财务基准收益率的测定应符合哪些规定?
2. 融资前分析计算的经济评价指标有哪些?
3. 费用效益分析与财务评价有什么联系和区别?

四、计算题

某企业投资新建一项目,生产一种市场需求较大的产品。项目的基础数据如下:

(1)项目建设投资估算为 1 600 万元(含可抵扣进项税 112 万元),建设期 1 年,运营期 8 年。建设投资(不含可抵扣进项税)全部形成固定资产,固定资产使用年限为 8 年,残值率 4%,按直线法折旧。

(2)项目流动资金估算为 200 万元,运营期第 1 年年初投入,在项目的运营期末全部回收。

(3)项目资金来源为自有资金和贷款,建设投资贷款利率为 8%(按年计息),流动资金贷款利率为 5%(按年计息)。建设投资贷款的还款方式为运营期前 4 年等额还本、利息照付方式。

（4）项目正常年份的设计产能为 10 万件，运营期第 1 年的产能为正常年份产能的 70%。目前市场同类产品的不含税销售价格约为 65~75 元 / 件。

（5）项目资金投入、收益及成本等基础测算数据见下表。

（6）该项目产品适用的增值税税率为 13%，增值税附加综合税率为 10%，所得税税率为 25%。

单位：万元

序号	项目	年份					
		1	2	3	4	5	6~9
1	建设投资 其中：自有资金 贷款本金	1 600 600 1 000					
2	流动资金 其中：自有资金 贷款本金		200 100 100				
3	年产销量 / 万件		7	10	10	10	10
4	年经营成本 其中：可抵扣进项税		210 14	300 20	300 20	300 20	330 20

问题：（1）列式计算项目的建设期贷款利息及年固定资产折旧额。

（2）若产品的不含税销售单价确定为 65 元 / 件，列式计算项目运营期第 1 年的增值税、税前利润，所得税，税后利润。

（3）项目运营后期（建设期贷款偿还完成后），考虑到市场成熟后产品价格可能下降，产品单价拟在 65 元的基础上下调 10%，列式计算运营后期正常年份的资本金净利润率。

（注：计算过程和结果数据有小数的，保留两位小数）

第 3 章习题答案

第4章
价值工程与设备更新分析

学习目标:

1. 熟悉价值工程的内涵;掌握提高产品价值的途径;了解价值工程的特点;熟悉价值工程的工作程序;掌握价值工程对象选择的方法;掌握功能分析和评价的方法;熟悉价值工程在项目方案评选中的应用。

2. 熟悉设备磨损的类型及补偿方式;了解设备更新的概念和更新方案的比选原则;熟悉设备自然寿命、技术寿命和经济寿命的基本概念;掌握设备经济寿命的确定方法;熟悉以经济寿命为依据的设备更新方案的比选方法。

4.1 价值工程

4.1.1 价值工程的原理

1. 价值工程的内涵

价值工程(value engineering, VE)是以提高研究对象价值为目的,通过有组织的创造性工作,寻求用最低的寿命周期成本,可靠地实现使用者所需功能的一种管理技术。价值工程的研究对象泛指一切为实现功能而发生费用的事物,如产品、工程、服务或其组成部分等,下文以产品为例进行分析。

价值工程涉及价值、功能和寿命周期成本三个基本要素。

(1) 价值(value)

价值工程中所述的"价值"是指研究对象所具有的功能与获得该功能的全部成本的比值。设研究对象(如产品、工程、服务或其组成部分等)的功能为 F,其成本为 C,价值为 V,

则可利用下式表示其价值：

$$V = \frac{F}{C} \qquad\qquad (4-1-1)$$

式中：V——研究对象的价值；

F——研究对象的功能；

C——研究对象的成本，即周期寿命成本。

（2）功能（function）

价值工程中的功能是对象能满足某种需求的一种属性，是使用价值的具体表现形式，即产品所担负的职能或者产品所具有的性能。根据功能的不同特性，可将其从不同的角度进行分类：

1）按功能的重要程度分类。产品的功能一般可分为基本功能和辅助功能两类。基本功能就是要达到这种产品的目的所必不可少的功能，是产品的主要功能，如果不具备这种功能，这种产品就失去其存在的价值，如室内间壁墙的基本功能是分隔空间。辅助功能是为了更有效地实现基本功能而附加的功能，是次要功能，如墙体的隔声、隔热就是墙体的辅助功能。

2）按功能的性质分类。产品的功能可分为使用功能和美学功能。使用功能是从功能的内涵反映其使用属性，是一种动态功能。美学功能是从产品的外观反映其艺术属性，是一种静态的外观功能。建筑产品的使用功能一般包括可靠性、安全性和维修性等，其美学功能一般包括造型、色彩、图案等。有的产品应突出其使用功能，例如，地下电缆、地下管道等；有的应突出其美学功能，例如，塑料墙纸、陶瓷壁画等。

3）按用户的需求分类。产品的功能可分为必要功能和不必要功能。必要功能是指用户所要求的功能以及与实现用户所需求功能有关的功能，使用功能、美学功能、基本功能、辅助功能等均为必要功能；不必要功能是不符合用户要求的功能，又包括三类：多余功能、重复功能和过剩功能。不必要功能必然产生不必要的成本，这不仅增加了用户的经济负担，而且还浪费资源。因此，功能分析是为了可靠地实现必要功能。

4）按功能的量化标准分类。产品的功能可分为过剩功能和不足功能。过剩功能是指某些功能虽属必要，但满足需要有余，在数量上超过了用户要求或标准功能水平。不足功能是相对于过剩功能而言的，表现为产品整体功能或零部件功能水平在数量上低于标准功能水平，不能完全满足用户需要。

总之，用户购买产品，其目的不是为了获得产品本身，而是通过购买该产品来获得其所需要的功能。因此，价值工程中的功能，一般是指必要功能。同时，价值工程要求将功能定量化，即将功能转化为能够与成本直接相比的量化值。

（3）寿命周期成本（life cycle cost）

产品在整个寿命周期过程中所发生的全部费用，称为寿命周期成本，由生产成本和使用及维护成本组成。生产成本是指用户购买产品的成本，包括产品的科研、实验、设计、生产、销售等成本及税金等；而使用及维护成本是指用户在使用过程中支付的各种成本的总和，包括使用过程中的能耗成本、维修成本、人工成本、管理成本等，有时还包括报废拆除所需成本（扣除残值）。

在一定范围内，产品的生产成本和使用及维护成本存在此消彼长的关系。随着产品功

能水平提高,产品的生产成本 C_1 增加,使用及
维护成本 C_2 降低;反之,产品功能水平降低,
其生产成本降低,但使用及维护成本会增加。
因此,当功能水平逐步提高时,寿命周期成本
$C = C_1 + C_2$,呈马鞍形变化,如图 4-1-1 所示。
寿命周期成本为最小值 $C_{\min}$ 时,所对应的功能
水平是从成本考虑的最适宜功能水平。

价值工程中对降低成本的考虑,是要综合
考虑生产成本和使用及维护成本的下降,兼顾
生产者和使用者的利益,以最低的寿命周期成
本,可靠地实现所研究对象的功能,来获取最
佳的综合经济效益。

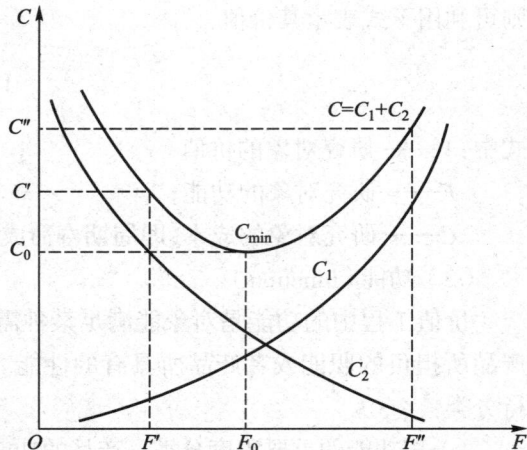

图 4-1-1   产品功能与成本的关系图

2. 提高产品价值的途径

开展价值工程的目的是提高所研究对象的价值,那么如何来提高对象的价值呢? 价值
工程的基本原理是 $V = F/C$,不仅深刻地反映出产品价值与产品功能和实现此功能所耗成本
之间的关系,也为如何提高价值提供了有效途径。提高产品价值的途径有以下 5 种:

(1)在提高产品功能的同时,又降低产品成本,这是提高价值最为理想的途径。但对生
产者要求较高,往往要借助科学技术的突破、生产工艺的改进才能实现。

(2)在产品成本不变的条件下,通过提高产品的功能,提高利用资源的效果或效用,达
到提高产品价值的目的。

(3)在保持产品功能不变的前提下,通过降低产品的寿命周期成本,达到提高产品价值
的目的。

(4)产品功能有较大幅度提高,产品成本有较少提高。

(5)在产品功能略有下降、产品成本大幅降低的情况下,也可以达到提高
产品价值的目的。在某些情况下,为了满足购买力较低的用户需求,或一些注
重价格竞争而不需要高档的产品,适当生产价廉的低档品,也能取得较好的经济
效益。

视频 4-1
提升价值
的途径

3. 价值工程的特点

价值工程具有以下特点:

(1)价值工程的目标是提高产品价值,以最低的寿命周期成本,使产品具备其所必须具
备的功能。因此,价值工程不是单纯地降低成本,也不是盲目地按照自己主观愿望来设计和
生产产品,而是以满足用户要求为前提,以最低的寿命周期成本使产品实现应有的必要功能
和质量。

(2)价值工程的核心是对产品进行功能分析。用户向生产企业购买产品,是要求生产
企业提供这种产品的功能,而不是产品的具体结构(或零部件)。因此,在开展价值工程中,
不是分析其结构,而是分析其功能。通过对功能进行系统分析,找出存在的问题,提出更好
的方案或方法来实现功能,从而达到提高产品价值的目的。

(3)价值工程是一项致力于提高对象价值的创造性活动。价值工程强调不断改革和创

新,开拓新构思和新途径,获得新方案,创新功能载体,提高产品的技术经济效益。

（4）价值工程是以集体智慧开展的有计划、有组织的管理活动。价值工程是贯穿于产品整个寿命周期的系统方法,从产品研究、设计到原材料的采购、生产制造以及摊销和维修,都有价值工程的工作可做,而且涉及面广,需要多部门和各种专业人员相互配合,运用各方面的知识,发挥集体智慧。因此,必须依靠有组织的、集体的努力来完成。

（5）价值工程侧重于在产品的研究与设计阶段开展工作,寻求技术上的突破。虽然在产品形成的各个阶段,都可应用价值工程提高产品或对象的价值,但在不同阶段进行价值工程活动,其经济效果的提高幅度却大不相同。产品的设计图纸一旦完成并投入生产后,产品的价值就已基本确定,这时再进行价值工程活动就变得更加复杂,其技术经济效果大幅下降。因此,价值工程活动更侧重在产品的研究、设计阶段,以寻求技术突破,取得最佳的综合效果。

视频 4-2 价值工程的特点

4.1.2 价值工程的工作程序和方法

1. 工作程序

价值工程的工作程序一般可分为准备、分析、创新、实施与评价四个阶段。其工作步骤实质上就是针对产品功能和成本提出问题、分析问题和解决问题的过程,见表 4-1-1。

表 4-1-1 价值工程的工作程序

工作阶段	工作步骤	对应问题
一、准备阶段	对象选择 组成价值工程工作小组 制订工作计划	（1）价值工程的研究对象是什么? （2）围绕价值工程对象需要做哪些准备工作?
二、分析阶段	收集整理资料 功能定义 功能整理 功能评价	（3）价值工程对象的功能是什么? （4）价值工程对象的成本是什么? （5）价值工程对象的价值是什么?
三、创新阶段	方案创造 方案评价 提案编写	（6）有无其他方法可以实现同样功能? （7）新方案的成本是什么? （8）新方案能满足功能要求吗?
四、方案实施与评价阶段	方案审批 方案实施 成果评价	（9）如何保证新方案的实施? （10）价值工程活动的效果如何?

2. 价值工程的对象选择

价值工程是就某个具体对象开展的有针对性的分析评价和改进,有了对象才有分析的内容和目标。价值工程的对象选择过程就是逐步收缩研究范围、寻找目标、确定主攻方向的过程。正确选择研究对象是价值工程成功的第一步,能起到事半功倍的效果。一般来说,选择价值工程的对象需遵循以下原则:

1）从设计方面看,对工程结构复杂、性能和技术指标差距大、工程量大的部位进行价值工程活动,可使工程结构、性能、技术水平得到优化,从而提高工程价值。

2)从施工方面看,对量多面广、关键部位、工艺复杂、原材料和能源消耗高、废品率高的部品部件,特别是量多、成本比重大的部品部件,只要成本能下降,所取得的经济效果就大。

3)从成本方面看,选择成本高于同类产品、成本比重大的,如材料费、管理费、人工费等。

价值工程对象选择的方法有多种,不同的方法适宜于不同的价值工程对象,应根据具体情况选用适当的方法,以取得较好的效果。常用的方法有以下几种。

1)因素分析法。又称经验分析法,是一种定性分析方法,依据分析人员经验作出选择,简便易行。因素分析法的缺点是缺乏定量依据,在分析人员经验不足时准确程度降低。为了提高分析的准确程度,可以选择技术水平高、经验丰富、熟悉业务的人员参加,并且要发挥集体智慧,共同确定对象。

2)ABC分析法。又称重点选择法,是指应用数理统计分析的方法来选择对象。这种方法由意大利经济学家帕累托提出,其基本原理为"关键的少数和次要的多数",抓住关键的少数可以解决问题的大部分。通常将累计频率曲线的累计百分数分为三级,与此对应的因素分为三类:A类因素对应于频率0~80%,是主要因素;B类因素对应于频率80%~90%,是次要因素;C类因素对应于频率90%~100%,是一般因素。该方法的优点是抓住重点,突出主要矛盾,在研究对象种类比较多时常用它进行主次分类,以便略去"次要的多数",抓住"关键的少数",卓有成效地开展工作。价值工程运用这种方法进行对象选择时,是将研究对象的成本构成进行逐项统计,将每一种研究对象占所有对象总成本的比重从高到低排列出来,计算出累计频率后分成A、B、C三类,找出数量少成本比重大的对象,作为价值工程的重点分析对象。

【例题4-1-1】在某设备工程中,设备部件构成和现有的成本基本情况见表4-1-2,试应用ABC分析法确定哪些设备部件需要作为价值工程的分析对象。

表4-1-2　设备部件构成和现有的成本基本情况

序号	部件名称	件数	部件单件成本/万元	序号	部件名称	件数	部件单件成本/万元
1	A	3	6.00	6	F	3	4.00
2	B	1	60.00	7	G	2	4.50
3	C	2	59.00	8	H	8	0.75
4	D	1	20.00	9	I	2	1.00
5	E	1	100.00	10	J	10	0.20

解: 该设备各组成部件ABC分类的计算过程和结果如表4-1-3所示。结果说明,A类零部件的件数之和占总件数的12%,而成本之和却占总成本的80%,是影响该设备的关键部件,降低成本的潜力较大,故应将A类部件作为价值工程的研究对象。

表 4-1-3　部件成本分析表

| 序号 | 部件名称 | 件数 | 累计 | | 各部件总成本/万元 | 累计 | | 分类 |
			件数	所占比例/%		金额	所占比例/%	
1	C	2	2	6	118	118	34	A 类
2	E	1	3	9	100	218	63	
3	B	1	4	12	60	278	80	
4	D	1	5	15	20	298	86	B 类
5	A	3	8	24	18	316	91	
6	F	3	11	33	12	328	95	
7	G	2	13	39	9	337	97	C 类
8	H	8	21	64	6	343	98	
9	I	2	23	70	2	345	99	
10	J	10	33	100	2	347	100	
合计		33			347			

ABC 分析法抓住成本比重大的零部件或工序作为研究对象,有利于集中精力重点突破,取得较大效果,同时简便易行,因此,广泛为人们所采用。但在实际工作中,有时由于成本分配不合理,造成成本比重不大但用户认为功能重要的对象可能被漏选或排序推后。

3）价值指数法。根据价值的表达式 $V = F/C$,在产品成本已知的基础上,将产品功能定量化,就可以计算产品价值。在应用该法选择价值工程的对象时,应当综合考虑价值指数偏离 1 的程度和改善幅度,优先选择 $V < 1$ 且改进幅度大的产品或零部件。

【例题 4-1-2】 某机械制造厂生产四种型号的推土机,各种型号推土机的主要技术参数及相应的成本费用见表 4-1-4 所列。试运用价值指数法选择价值工程对象。

表 4-1-4　推土机主要技术参数及相应成本

产品型号	A	B	C	D
技术参数/（100 m³/台班）	1.50	1.60	1.65	1.30
成本费用/（百元/台班）	1.35	1.20	1.32	1.50
价值指数	1.11	1.33	1.25	0.86

解： 价值指数计算见表 4-1-4 所列。由表 4-1-4 可见,挖土机 D 应作为价值工程对象。

价值指数法一般适用于产品功能单一、可计量,产品性能和生产特点可比的系列产品或零部件的价值工程对象选择。

4）百分比分析法。通过分析某种成本或资源对企业的某个技术经济指标的影响程度大小（百分比）来选择价值工程对象。

【例题 4-1-3】某企业有五种产品,它们各自的年成本和年利润占公司年总成本和年利润总额的百分比见表 4-1-5 所列,试采用百分比法确定价值工程的研究对象。

表 4-1-5 成本和利润百分比

产品名称	A	B	C	D	E	合计
年成本 / 万元	120	180	80	150	160	690
年成本占年总成本百分比 /%	17.4	26.1	11.6	21.7	23.2	100
年利润 / 万元	40	70	25	80	60	275
年利润占年利润总额百分比 /%	14.5	25.5	9.1	29.1	21.8	100
年利润百分比 / 年成本百分比	1.2	1.02	1.27	0.75	1.06	
排序	2	4	1	5	3	

解:计算各产品年利润百分比和年成本百分比的比值并排序,结果见表 4-1-5,很显然,产品 D 应作为价值工程的重点分析对象。

百分比法的优点是当企业在一定时期要提高某些经济指标且拟选对象数目不多时,具有较强的针对性和有效性。缺点是不够系统和全面,有时为了更全面、更综合地选择对象,百分比法可与经验分析法结合使用。

3. 功能分析

功能分析是价值工程活动的核心和基本内容。它通过分析信息资料,用动词和名词的组合方式简明正确地表达各对象的功能,明确功能特性要求,并绘制功能系统图,从而弄清楚产品各功能之间的关系。功能分析主要包括功能定义、功能整理等内容。通过功能分析,可以准确掌握用户的功能要求。

（1）功能定义

功能定义就是以简洁的语言对产品的功能加以描述。这里要求描述的是“功能”,而不是对象的结构、外形或材质。功能定义通常用一个动词和一个名词来描述,不宜太长,以简洁为好。动词是功能承担体发生的动作,而动作的对象就是作为宾语的名词。例如,建筑物基础的功能是“承受荷载”,这里基础是功能承担体,“承受”是表示功能承担体（基础）发生动作的动词,“荷载”则是作为动词宾语的名词。

（2）功能整理

在进行功能定义时,只是把认识到的功能用动词加名词列出来,但因实际情况很复杂,这种表述不一定都很准确和有条理,因此,需要进一步加以整理。功能整理是用系统的观点将已经定义了的功能加以系统化,找出各局部功能相互之间的逻辑关系,并用图表形式表达,以明确产品的功能系统,从而为功能评价和方案构思提供依据。功能整理的主要任务就是建立功能系统图,功能系统图是按照一定的原则和方式,将定义的功能连接起来,从单个到局部,再从局部到整体而形成的一个完整的功能体系。其一般形式如图 4-1-2 所示。

在图 4-1-2 中,从整体工程 F 开始。由左向右逐级展开,在位于不同级的相邻两个功能之间,左边的功能(上级)是右边功能(下级)的目标,而右边的功能(下级)是左边功能(上级)的手段。

4. 功能评价

通过功能定义和功能整理只定性地明确了对象所具有的功能,还不能确定出哪一个功能区域或零部件应该改进,这正是功能评价要解决的问题,功能评价是整个价值工程活动的中心环节。

功能评价是指在功能分析的基础上,根据功能系统图,对各功能进行定量评价,寻找出功能与成本在量上不匹配的具体改进目标的过程。

目前,常用的功能评价方法有两大类:一类是相对值计算法,即功能系数法;另一类是绝对值计算法,即功能成本法。

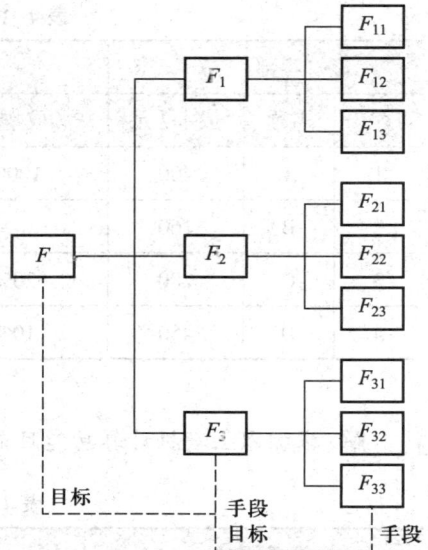

图 4-1-2　功能系统图

（1）功能系数法

功能系数法又称相对值法。在功能系数法中,功能的价值用价值指数来表示,它是通过评定各功能的重要程度,用功能系数来表示其功能重要程度的大小,然后将功能系数与相对应的成本指数进行比较,得出该功能的价值指数,从而确定改进对象。其表达式如下:

$$价值系数(V)=功能系数(F)/成本系数(C) \qquad (4-1-2)$$

式中,功能系数是指各功能在整体功能中所占的比重,又称功能评价系数、功能重要度系数;成本系数是指评价功能的目前成本在全部成本中所占的比率。

功能系数法的特点是用归一化数值来表达功能程度的大小,以便使系统内部的功能与成本具有可比性,由于评价对象的功能水平和成本水平都用它们在总体中所占的比率来表示,这样就可以方便地应用式（4-1-2）定量地表达评价对象价值的大小。因此,在功能系数法中,价值系数是作为评定对象功能价值的指标。

1）成本系数的计算

成本系数可按下式计算:

$$成本系数 = 功能目前成本 / 全部成本 \qquad (4-1-3)$$

在计算功能目前成本时,需根据已有的成本核算资料,将产品或零部件目前成本换算成功能的目前成本。具体地讲,当一个零部件只有一个功能时,该零部件的成本就是它本身的功能成本;当一项功能要由多个零部件共同实现时,该功能的成本就等于这些零部件的功能成本之和;当一个零部件具有多项功能或同时与多项功能有关时,就需要将零部件成本分摊给各项有关功能,至于分摊的方法和分摊的比例,可根据具体情况决定。

【例题 4-1-4】某产品具有 $F_1 \sim F_4$ 共 4 项功能,且由四种零部件来实现,每一零部件的成本资料及对实现功能所起作用的比重经专家确定后的结果见表 4-1-6,试计算各功能的目前成本。

表 4-1-6　某产品功能与成本资料表

零部件			功能			
序号	名称	成本 / 元	F_1（成本比重）	F_2（成本比重）	F_3（成本比重）	F_4（成本比重）
1	A	400	100%			
2	B	160		40%		60%
3	C	280	20%	40%	40%	
4	D	450	10%	30%	40%	20%

解：根据以上数据计算功能目前成本，计算结果见表 4-1-7。

表 4-1-7　功能目前成本计算表

零部件			功能			
序号	名称	成本 / 元	F_1（成本比重）	F_2（成本比重）	F_3（成本比重）	F_4（成本比重）
1	A	400	400			
2	B	160		64		96
3	C	280	56	112	112	
4	D	450	45	135	180	90
合计		1 290	501	311	292	186

2）功能系数的计算

功能系数的计算是一个定性与定量相结合的过程，其关键是评定功能分值。功能分值的评定是在科学的评分原则的指导下，按用户要求应该达到的功能程度，采用适当的评分方法，评定各功能应有的分值。主要方法有："01"评分法、"04"评分法、直接评分法、环比评分法等。

① "01"评分法（也称强制确定法，forced decision method，简称 FD 法）

评价两个功能的重要性时，将各功能一一对比，重要者得 1 分，不重要者得 0 分，功能自己与自己相比不得分，用 "×" 表示，为了避免不重要的功能得 0 分，可将各功能累计得分加 1 分进行修正，用修正后的总分分别去除各功能累计得分即得到功能重要性系数。

例如，某个产品有 5 个功能，某一评价人员采用"01"评分法确定功能评价系数的过程见表 4-1-8 所列。

表 4-1-8　"01"法功能评价系数表

功能	F_1	F_2	F_3	F_4	F_5	得分	修正得分	功能评价系数
F_1	×	0	1	1	1	3	4	4/15 = 0.267
F_2	1	×	1	1	1	4	5	5/15 = 0.333

续表

功能	F_1	F_2	F_3	F_4	F_5	得分	修正得分	功能评价系数
F_3	0	0	×	0	1	1	2	2/15 = 0.133
F_4	0	0	1	×	1	2	3	3/15 = 0.200
F_5	0	0	0	0	×	0	1	1/15 = 0.067
合计						10	15	1.000

一般由 5~15 名熟悉研究对象的专家进行评价。如果有 10 名评价人员参加评定,要将 10 个人的功能评价系数进行汇总,计算其平均功能评价系数。

② "04" 评分法

"04" 评分法是对 "01" 评分法的改进,它更能反映功能之间的真实差别。采用 "04" 评分法对评价对象进行一一比较时,分为四种情况:

a. 非常重要的功能得 4 分,很不重要的功能得 0 分;

b. 比较重要的功能得 3 分,不太重要的功能得 1 分;

c. 两个功能重要程度相同时各得 2 分;

d. 自身对比不得分。

最后用各功能得分除以功能总得分即为功能系数。

【例题 4-1-5】某项目征集到若干设计方案,经筛选后对其中较为出色的四个设计方案作进一步的技术经济评价。有关专家决定从五个方面(分别以 F_1~F_5 表示)对不同方案的功能进行评价,各专家对该四个方案的功能满足程度分别打分,某一评价人员认为: F_2 和 F_3 同样重要,F_4 和 F_5 同样重要,F_1 相对于 F_4 很重要,F_1 相对于 F_2 较重要,其确定功能系数的过程见表 4-1-9。

表 4-1-9 "04" 法功能系数表

功能	F_1	F_2	F_3	F_4	F_5	得分	功能系数
F_1	×	3	3	4	4	14	14/40 = 0.350
F_2	1	×	2	3	3	9	9/40 = 0.225
F_3	1	2	×	3	3	9	9/40 = 0.225
F_4	0	1	1	×	2	4	4/40 = 0.100
F_5	0	1	1	2	×	4	4/40 = 0.100
合计						40	1.000

③ 直接评分法

直接评分法是请 5~15 名对研究对象熟悉的专家对各部分的功能直接打分的方法。评价时规定总分标准,每个参评人员对各部分功能的评分之和必须等于总分。例如,某个产品有 5 个功能,评价人员规定总分标准为 10 分,则功能评价系数计算见表 4-1-10 所列。

表 4-1-10　直接评分法功能系数计算表

功能	评价人员										各功能得分	功能系数
	1	2	3	4	5	6	7	8	9	10		
F_1	3	3	2	2	3	3	1	2	3	2	24	0.24
F_2	2	2	2	2	3	2	2	2	2	2	21	0.21
F_3	4	3	4	4	3	4	4	3	4	4	37	0.37
F_4	0	1	1	0	0	0	1	0	1	1	5	0.05
F_5	1	1	1	2	1	1	2	3	0	1	13	0.13
合计	10	10	10	10	10	10	10	10	10	10	100	1.0

④ 环比评分法

环比评分法又称 DARE 法。这是一种通过确定各因素的重要性系数来评价和选择创新方案的方法。具体做法如下：根据各评价对象的功能重要性程度，按上高下低原则排序；从上至下按倍数比较相邻两个评价对象；令最后一个评价对象得分为 1，按上述各对象之间的相对比值计算其他对象的得分。示例如表 4-1-11 所示。

表 4-1-11　环比评分法功能系数计算表

功能	功能评价		
	相对比值	得分	功能系数
F_1	$F_1/F_2 = 1.5$	9.0	0.47
F_2	$F_2/F_3 = 2.0$	6.0	0.32
F_3	$F_3/F_4 = 3.0$	3.0	0.16
F_4		1.0	0.05
合计		19.0	1.00

环比评分法适用于各个评价对象有明显的可比关系，能直接对比，并能准确地评定功能重要性程度比值的情况。

3）确定功能改进目标

当确定了成本系数和功能系数，就可以根据式（4-1-2）计算功能的价值系数，进而确定功能改进目标。

a. $V = 1$。此时评价对象的功能比重与成本比重大致平衡，匹配合理，可以认为功能的目前成本是比较合理的，不需改进。

b. $V < 1$。此时评价对象的成本比重大于其功能比重，表明相对于系统内的其他对象而言，目前所占的成本偏高。应将其列为改进对象，改善方向主要是降低成本。

c. $V > 1$。此时评价对象的成本比重小于其功能比重。出现这种结果的原因可能有三

视频 4-3
确定功能
重要性系
数的方法

个：第一个原因是目前成本偏低,不能满足评价对象实现其应具有的功能的要求,致使对象功能偏低,这种情况应列为改进对象,改善方向是增加成本;第二个原因是对象目前具有的功能已经超过了其应该具有的水平,也即存在过剩功能,这种情况也应列为改进对象,改善方向是降低功能水平;第三个原因是对象在技术、经济等方面具有某些特殊性,在客观上存在着功能很重要但需要耗费的成本却很小的情况,这种情况一般就不必列为改进对象了。

【例题 4-1-6】 某产品有 4 项功能,其功能评价系数已通过表 4-1-11 的环比评分法确定,其现实成本见表 4-1-12 所列,试确定该产品的功能改进目标。

解: 该产品的成本系数、价值系数、功能改善优先次序见表 4-1-12 所列。

表 4-1-12　价值指数计算表

功能①	功能系数②	现实成本③	成本系数④＝③/1 129	价值系数⑤＝②/④	功能改善目标⑥
F_1	0.47	562	0.498	0.94	
F_2	0.32	298	0.264	1.21	
F_3	0.16	153	0.136	1.18	
F_4	0.05	116	0.103	0.49	√
合计	1.00	1 129			

（2）功能成本法

功能成本法又称为绝对值法,是指找出实现功能的最低成本作为功能的目标成本(又称功能评价值),以功能目标成本为基准,通过与功能目前成本的比较,求出两者的比值(价值系数)和两者的差异值(改善期望值),确定功能改进目标的方法。其表达式为:

$$价值系数(V)=功能评价值(F)/功能目前成本(C) \tag{4-1-4}$$

1）功能目前成本的计算

功能目前成本的计算在前面功能系数法中已做介绍。

2）功能评价值的计算

功能评价值(目标成本)是指可靠地实现用户要求功能的最低成本。确定功能评价值的方法较多,仅介绍功能重要性系数评价法。

功能重要性系数评价法是一种根据功能重要性系数确定功能评价值的方法。可按照前面介绍的方法("01"评分法、"04"评分法、直接评分法、环比评分法)确定功能重要性系数,在此基础上各功能评价值的确定分为以下两种情况:

① 新产品设计。一般在产品设计之前已初步设计了目标成本。因此,在功能重要性系数确定之后,就可将新产品设定的目标成本按已有的功能重要性系数加以分配计算,求得各个功能区的功能评价值,即目标成本。如某新产品设计有 4 项功能,已通过前面的环比评分法确定了功能重要性系数,预计总目标成本为 800 元,则分摊结果如表 4-1-13 所示。

表 4-1-13   新产品功能评价计算表

功能 （1）	功能重要性系数 （2）	功能评价值 F/元 （3）=（2）×800
F_1	0.47	376
F_2	0.32	256
F_3	0.16	128
F_4	0.05	40
合计	1.00	800

② 既有产品的改进设计。既有产品的改进设计如果重新先确定了产品总目标成本，可将总目标成本按已有的功能重要性系数加以分配计算，求得各个功能区的功能评价值，即目标成本；如果没有重新先确定总目标成本，则应以目前成本为基础确定功能评价值。因为既有产品要改进设计，说明现实成本原已分配到各功能区中去的比例不一定合理，这就需要根据改进设计中新确定的功能重要性系数重新分配既有产品的原有成本。从分配结果看，各功能区新分配成本与原分配成本之间有差异。正确分析和处理这些差异，就能合理确定各功能区的功能评价值，求出产品功能区的目标成本。

如某既有产品有 4 项功能，各功能现实成本和功能重要性系数及目标成本确定结果见表 4-1-14。在表中第（3）栏是将产品的目前成本 $C=500$ 元按改进设计方案的新功能重要性系数重新分配给各功能区的结果。此分配结果可能有三种情况：

a. 功能新分配的成本等于目前成本，则以目前成本为功能评价值，如 F_3。

b. 新分配成本小于目前成本，则以新分配的成本作为功能评价值，如 F_2。

c. 新分配的成本大于目前成本，这种情况比较复杂，要做具体分析。可能功能重要性系数定高了，可做进一步调整，再确定功能评价值；可能因为目前成本投入太少而不能保证必要功能，可以适当提高一些；如果不属于上述两种情况，可能目前成本很理想，就可以用目前成本作为功能评价值，如 F_1 就是这样处理的。

表 4-1-14   既有产品功能评价值计算表

功能	功能目前 成本 C/元	功能重要 性系数	根据产品目前成本和功能 重要性系数重新分配的功能 成本/元	功能评价值 F（或 目标成本）/元	成本降低幅度 ΔC（$C-F$）/元
	（1）	（2）	（3）=（2）×500	（4）	（5）
F_1	130	0.47	235	130	—
F_2	200	0.32	160	160	40
F_3	80	0.16	80	80	—
F_4	90	0.05	25	25	65
合计	500	1.00	500	395	105

3）确定功能改进目标

当确定了功能目前成本和功能评价值,就可以根据式（4-1-4）计算功能的价值系数和改善幅度,进而确定功能改进目标,见表4-1-15。

表 4-1-15　功能评价值与价值系数计算表

功能	功能重要性系数 ①	功能评价值 ②＝目标成本×①	目前成本 ③	价值系数 ④＝②/③	改善幅度 ⑤＝③－②
A					
B					
C					
…					
合计					

一般来说,采用功能成本法所计算出的价值系数主要有以下三种结果:

a. $V=1$。此时功能评价值等于功能目前成本。这表明评价对象的功能目前成本与实现功能所必需的最低成本大致相当,说明评价对象的功能价值为最佳,一般无需改进。

b. $V<1$。此时功能目前成本大于功能评价值。表明评价对象的目前成本偏高,这时,一种可能是由于存在着过剩的功能,另一种可能是功能虽无过剩,但实现功能的条件或方法不佳,以致实现该功能的成本大于功能的实际需要。这两种情况都应列入功能改进的范围,并且以剔除过剩功能及降低目前成本为改进方向。

c. $V>1$。此时功能目前成本低于功能评价值。表明评价对象的功能目前成本低于实现该功能所应投入的最低成本,有可能是评价对象功能不足,没有达到用户的功能要求,应适当增加成本,提高功能水平。如果评价对象目前的低成本确实满足了用户对该功能的要求,则不必将其列为功能改进对象。

【例题4-1-7】某设计院承担了某项目的设计任务,为控制成本,拟对选定的设计方案进行价值工程分析。专家组选取了四个主要功能项目并进行了功能项目评价,确定的功能评价系数及四个功能项目的目前成本见表4-1-16,其目标总成本拟限定在17 700万元。

问题:

（1）计算该设计方案中各功能项目的目标成本、成本指数、价值指数和目标成本降低额,将计算结果填写在表4-1-16中。

（2）确定功能改进顺序。（计算结果留三位小数）

表 4-1-16　目标成本、成本指数、价值指数和目标成本降低额计算表

功能	功能评价系数	目前成本/万元	目标成本/万元	成本指数	价值指数	目标成本降低额 ΔC/万元
A	0.35	6 500	6 195	0.341	1.026	305
B	0.21	3 940	3 717	0.206	1.019	223

续表

功能	功能评价系数	目前成本/万元	目标成本/万元	成本指数	价值指数	目标成本降低额 ΔC/万元
C	0.26	5 280	4 602	0.277	0.939	678
D	0.18	3 360	3 186	0.176	1.023	174
合计	1.00	19 080	17 700	1.000	4.007	

解：（1）各功能项目的目标成本、成本指数、价值指数和目标成本降低值计算结果见表4-1-16。

（2）优先改进功能价值低、成本降低额 ΔC 大的功能，成本降低额从大到小排序为 C、A、B、D。

5. 方案创造及评价

（1）方案创造

方案创造是从提高对象的功能价值出发，在正确的功能分析和评价的基础上，针对应改进的具体目标，通过创造性的思维活动，提出能够可靠地实现必要功能的新方案。从价值工程实践来看，方案创造是决定价值工程成败的关键。

（2）方案评价

在方案创造阶段提出的设想和方案是多种多样的，能否付诸实施，就必须对各个方案的优缺点和可行性进行分析、比较、论证和评价，并在评价过程中进一步完善有希望的方案。方案评价包括概略评价和详细评价两个阶段。其评价内容都包括技术评价、经济评价、社会评价以及在三者基础上进行的综合评价。方案经过评价，不能满足要求的就淘汰，有价值的就保留。

6. 方案实施与评价

在方案实施过程中，应该对方案的实施情况进行检查，发现问题及时解决。方案实施完成后，要进行总结评价和验收。

4.1.3 价值工程在工程项目方案评选中的应用

价值工程除了应用于寻求提高研究对象价值的方案，也可以应用于方案评价，既可在多方案中选择价值较高的方案，也可选择价值较低的对象作为改进对象。

【例题 4-1-8】 某市城市投资有限公司为改善本市越江交通状况拟定了两个投资方案，两方案的年成本分别为 4 634.08 万元和 9 045.21 万元。该公司聘请专家对越江大桥应具备的功能进行了深入分析，认为从 F_1、F_2、F_3、F_4、F_5 共 5 个方面对功能进行评价。F_1 和 F_2 同样重要，F_4 和 F_5 同样重要，F_1 相对于 F_4 很重要，F_1 相对于 F_3 较重要。专家对两个方案的 5 个功能的评分结果见表4-1-17。

表 4-1-17 方案功能得分表

功能项目	方案1	方案2
F_1	6	10

续表

功能项目	方案 1	方案 2
F_2	7	9
F_3	6	7
F_4	9	8
F_5	9	9

问题:(1)计算各功能的权重。(权重计算结果保留3位小数)

(2)若采用价值工程方法对两方案进行评价,分别列式计算两方案的成本指数(以年成本为基础)、功能指数和价值指数,并根据计算结果确定最终应入选的方案。(计算结果保留三位小数)

解:(1)根据背景资料所给出的条件,各功能指标权重的计算结果见表4-1-18。

表 4-1-18 各功能权重计算表

	F_1	F_2	F_3	F_4	F_5	得分	权重
F_1	×	2	3	4	4	13	0.325
F_2	2	×	3	4	4	13	0.325
F_3	1	1	×	3	3	8	0.200
F_4	0	0	1	×	2	3	0.075
F_5	0	0	1	2	×	3	0.075
合计						40	1.000

(2)计算各方案的成本指数、功能指数和价值指数,并根据价值指数选择最佳方案。

① 计算各方案成本指数

方案 1:$C_1 = 4\,634.08/(4\,634.08 + 9\,045.21) = 0.339$

方案 2:$C_2 = 9\,045.21/(4\,638.08 + 9\,045.21) = 0.661$

② 计算各方案功能指数

a. 各方案综合得分

方案 1:$6 \times 0.325 + 7 \times 0.325 + 6 \times 0.200 + 9 \times 0.075 + 9 \times 0.075 = 6.775$

方案 2:$10 \times 0.325 + 9 \times 0.325 + 7 \times 0.200 + 8 \times 0.075 + 9 \times 0.075 = 8.850$

b. 各方案功能指数

方案 1:$F_1 = 6.775/(6.775 + 8.850) = 0.434$

方案 2:$F_2 = 8.850/(6.775 + 8.850) = 0.566$

③ 计算各方案价值指数

方案 1:$V_1 = F_1/C_1 = 0.434/0.339 = 1.280$

方案 2:$V_2 = F_2/C_2 = 0.566/0.661 = 0.856$

由于方案 1 的价值指数大于方案 2 的价值指数,故应选择方案 1。

4.2   设备更新分析

随着科学技术进步的速度加快、市场竞争日趋激烈,设备的技术、经济寿命不断缩短,选择适当的时间、合理的方式进行设备更新成为工程经济活动中的一项重要工作。

4.2.1   设备磨损及补偿方式

1. 设备磨损的类型

设备购置后,在使用或闲置过程中都会发生磨损。设备磨损按产生的原因不同,可分为两大类、四种形式。

(1)有形磨损(又称物质磨损)

1)设备在使用过程中,在外力的作用下实体产生的磨损、变形、精度降低和损坏,称为第一种有形磨损,该种磨损的程度与使用强度和使用时间有关。

2)设备在闲置或封存过程中受自然力的作用而产生的实体磨损,如生锈、腐蚀、老化等,称为第二种有形磨损,该种磨损与闲置时间和所处环境有关。

有形磨损特别是第一种有形磨损,其磨损是比较有规律的,磨损过程可以分为三个阶段:初期磨损阶段、正常磨损阶段和剧烈磨损阶段。

上述两种有形磨损都造成设备的性能、精度、生产率等的降低,使得设备的运行成本和维修成本增加,反映了设备使用价值的降低。

(2)无形磨损(又称经济磨损、精神磨损)

设备无形磨损是由于技术进步,出现性能更完善、生产效率更高的新设备或是相同结构设备重置价值下降,而使原有形设备发生贬值,有以下两种形式。

1)第一种无形磨损是设备的技术结构和性能没有变化,由于技术进步,设备制造工艺不断改进,社会劳动生产率水平的提高,同类设备的再生产价值降低,致使原设备相对贬值。其后果只是现有设备原始价值部分贬值,设备本身的技术特性和功能即使用价值并未发生变化,故不会影响现有设备的使用。因此,不产生提前更换现有设备的问题。

2)第二种无形磨损是由于科学技术的进步,不断创新出结构更先进、性能更完善、效率更高、耗费原材料和能源更少的新型设备,使原有设备相对陈旧落后,其经济效益相对降低而发生贬值。第二种无形磨损的后果不仅是使原有设备价值降低,而且由于技术上更先进的新设备的发明和应用会使原有设备的使用价值局部或全部丧失,这就产生了是否用新设备代替现有陈旧落后设备的问题。

有形和无形两种磨损都引起设备原始价值的贬值。不同的是,遭受有形磨损的设备特别是有形磨损严重的设备,在修理之前,常常不能工作;而遭受无形磨损的设备,并不表现为设备实体的变化和损坏,即使无形磨损很严重,其固定资产物质形态却可能没有磨损,仍然可以使用,只不过继续使用它在经济上是否合算,需要分析研究。

(3)设备的综合磨损

设备的综合磨损是指同时存在有形磨损和无形磨损的损坏和贬值的综合情况。对任何特定的设备来说,这两种磨损必然同时发生和互相影响。某些方面的技术要求可能加快设备有形磨损的速度,例如高强度、高速度、大负荷技术的发展,必然使设备的物质磨损加剧。同时,某些方面的技术进步又可提供耐热、耐磨、耐腐蚀、耐振动、耐冲击的新材料,使设备的有形磨损减缓,但是其无形磨损加快。

2. 设备磨损的补偿方式

设备发生磨损后,需要进行补偿,以恢复设备的生产能力。补偿分局部补偿和完全补偿。设备有形磨损的局部补偿是修理,设备无形磨损的局部补偿是现代化改装。设备有形磨损和无形磨损的完全补偿是更新。设备大修理是更换部分已磨损的零部件和调整设备,以恢复设备的生产功能和效率为主;设备现代化改造是对设备的结构作局部的改进和技术上的革新,如增添新的、必需的零部件,以增加设备的生产功能和效率为主;更新是对整个设备进行更换。

视频 4-4
设备磨损
的类型

4.2.2　设备更新方案的比选原则

1. 设备更新的概念

设备更新是对旧设备的整体更换,就其本质来说,可分为原型设备更新和新型设备更新。原型设备更新就是用结构相同的新设备去更换有形磨损严重而不能继续使用的旧设备。这种更新主要是解决设备的损坏问题,不具有更新技术的性质。新型设备更新是以结构更先进、技术更完善、效率更高、性能更好、能源和原材料消耗更少的新型设备来替换技术上陈旧、经济上不宜继续使用的旧设备。通常所说的设备更新主要是指后一种。

通常优先考虑更新的设备是:

(1)设备损耗严重,大修后性能、精度仍不能满足规定工艺要求的;

(2)设备耗损虽在允许范围之内,但技术已经陈旧落后,能耗高、使用操作条件不好、对环境污染严重,技术经济效果很不好的;

视频 4-5
设备更新
的概念

(3)设备役龄长,大修虽然能恢复精度,但经济效果上不如设备更新的。

2. 设备更新方案的比选原则

确定设备更新必须进行技术经济分析。设备更新方案比选的基本原理和评价方法与互斥性投资方案比选相同。但在实际设备更新方案比选时,应遵循如下原则:

(1)不考虑沉没成本。沉没成本是既有企业过去投资决策发生的、非现在决策能改变(或不受现在决策影响)、已经计入过去投资成本回收计划的成本。在进行设备更新方案比选时,原设备的价值应按目前实际价值计算,而不考虑其沉没成本。例如,某设备 6 年前的原始成本是 90 000 元,目前的账面价值是 40 000 元,现在的市场价值仅为 26 000 元。在进行设备更新分析时,旧设备往往会产生一笔沉没成本,即:

$$沉没成本 = 设备账面价值 - 当前市场价值$$

或

$$沉没成本 = (设备原值 - 历年折旧费) - 当前市场价值$$

则本例旧设备的沉没成本为 14 000 元(= 40 000 元 - 26 000 元),是过去投资决策发生的而与现在更新决策无关。目前该设备的价值等于市场价值 26 000 元。

(2)逐年滚动比较。该原则是指在确定最佳更新时机时,应首先计算比较现有设备的剩余经济寿命和新设备的经济寿命,然后利用逐年滚动计算方法进行比较。

如果不遵循这些原则,方案比选结果或更新时机的确定可能发生错误。

4.2.3 设备更新时机的确定方法

设备更新时机取决于设备使用寿命的效益或成本的高低。

1. 设备寿命

（1）设备的自然寿命

又称物质寿命,是指设备从投入使用开始,直到因物质磨损严重而不能继续使用、报废为止所经历的全部时间。它主要是由设备的有形磨损所决定的。随着设备使用时间的延长,设备不断老化,维修所支出的成本也逐渐增加,从而出现恶性使用阶段,即经济上不合理的使用阶段,因此,设备的自然寿命不能成为设备更新的估算依据。

（2）设备的技术寿命

又称有效寿命,是指设备从投入使用到因技术落后而被淘汰所延续的时间,也即指设备在市场上维持其价值的时间。例如一台电脑,即使完全没有使用过,其功能也会被更为完善、技术更为先进的电脑所取代,此时其技术寿命可以认为等于零。技术寿命主要是由设备的无形磨损所决定的,一般比自然寿命要短,而且科学技术进步越快,技术寿命越短。所以,在估算设备寿命时,必须考虑设备技术寿命期限的变化特点及制约或影响其使用的因素。

（3）设备的经济寿命

经济寿命是指设备从投入使用开始,到继续使用在经济上不合理而被更新所经历的时间。它是由设备维护成本的提高和使用价值的降低决定的。设备使用年限越长,所分摊的设备年资产消耗成本越小。但是随着设备使用年限的增加,一方面需要更多的维修费维持原有功能;另一方面设备的操作成本及原材料、能源耗费也会增加,年运行时间、生产效率、质量将下降。因此,年资产消耗成本的降低,会被年度运行成本的增加或收益的下降所抵消。在整个变化过程中存在着某一年份,设备年平均使用成本最低,经济效益最好,如图 4-2-1 所示,在 N_0 年时,设备年平均使用成本达到最低值。从开始使用到其年平均使用成本最小（或年盈利最高）的使用年限 N_0 为设备的经济寿命。所以,设备的经济寿命就是由经济观点（即成本观点或收益观点）确定的设备更新的最佳时刻。

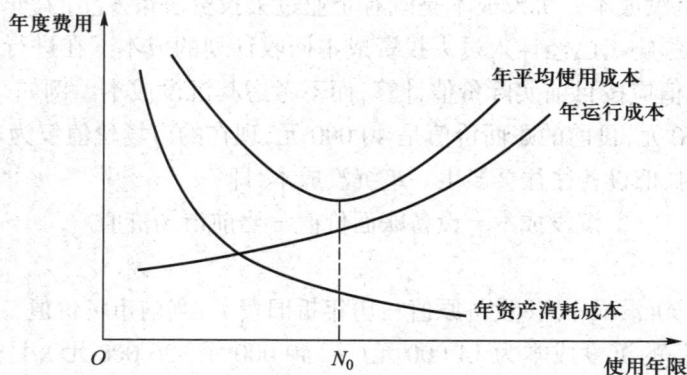

图 4-2-1 设备年度成本曲线

2. 设备经济寿命的确定

（1）设备经济寿命的确定原则

确定设备经济寿命的原则是：使设备在经济寿命内平均每年净收益（纯利润）达到最大；使设备在经济寿命内一次性投资和各种经营成本总和达到最小。

（2）设备经济寿命的确定方法

确定设备经济寿命的方法可以分为静态模式和动态模式两种。本书仅介绍静态模式下设备经济寿命的确定方法。

静态模式下设备经济寿命的确定方法，就是在不考虑资金时间价值的基础上计算设备年平均使用成本 C_N，使 C_N 为最小的就是设备的经济寿命。

$$\bar{C}_N = \frac{P - L_N}{N} + \frac{1}{N}\sum_{t=1}^{N} C_t \qquad (4-2-1)$$

式中：C_N——N 年内设备的年平均使用成本；

　　　P——设备目前实际价值，如果是新设备包括购置费和安装费，如果是旧设备包括旧设备现在的市场价值和继续使用旧设备追加的投资；

　　　C_t——第 t 年的设备运行成本，包括人工费、材料费、能源费、维修费、停工损失、废次品损失等；

　　　L_N——第 N 年年末的设备净残值。

在式（4-2-1）中，$\frac{P-L_N}{N}$ 为设备的平均年度资产消耗成本，而 $\frac{1}{N}\sum_{i=1}^{N} C_i$ 为设备的平均年度运行成本。

在式（4-2-1）中，如果使用年限 N 为变量，则当 N_0 为经济寿命时，应满足 C_N 最小。

【例题 4-2-1】某设备目前实际价值为 90 000 元，有关统计资料见表 4-2-1，求其经济寿命。

表 4-2-1　设备有关统计资料　　　　　　　　　　单位：元

继续使用年限 t/年	1	2	3	4	5	6	7
年运行成本	15 000	17 500	21 000	27 000	35 000	42 000	51 000
年末残值	45 000	22 500	10 000	5 800	3 000	3 000	3 000

解：由统计资料可知，该设备在不同使用年限时的年平均成本如表 4-2-2 所示。

表 4-2-2　设备在不同使用年限时的静态年平均成本　　　　　　　　　　单位：元

使用年限 N/年	资产消耗成本 （$P-L_N$）	平均年资产消耗成本 （3）=（2）/（1）	年度运行成本 C_i	运行成本累计 $\sum C_i$	平均年度运行成本 （6）=（5）/（1）	年平均使用成本 C_N （7）= （3）+（6）
（1）	（2）	（3）	（4）	（5）	（6）	（7）
1	45 000	45 000	15 000	15 000	15 000	60 000
2	67 500	33 750	17 500	32 500	16 250	50 000

续表

使用年限 N/年 (1)	资产消耗成本 ($P-L_N$) (2)	平均年资产消耗成本 (3)=(2)/(1)	年度运行成本 C_i (4)	运行成本累计 $\sum C_i$ (5)	平均年度运行成本 (6)=(5)/(1)	年平均使用成本 C_N (7)=(3)+(6)
3	80 000	26 667	21 000	53 500	17 833	44 500
4	84 200	21 050	27 000	80 500	20 125	41 145
5	87 000	17 400	35 000	115 500	23 100	40 500
6	87 000	14 500	42 000	157 500	26 250	40 750
7	87 000	12 428	51 000	208 500	29 785	42 213

由计算结果可以看出,该设备在使用 5 年时,其年平均使用成本 40 500 元为最低。因此,该设备的经济寿命为 5 年。

用设备的年平均使用成本估算设备的经济寿命的过程是:在已知设备现金流量的情况下,逐年计算出从寿命 1 年到 N 年全部使用期的年平均使用成本,从中找出年平均使用成本的最小值及其所对应的年限,从而确定设备的经济寿命。

由于设备使用时间越长,设备的有形磨损和无形磨损越加剧,从而导致设备的维护修理成本增加越多,这种逐年递增的成本称为设备的低劣化。用低劣化数值表示设备损耗的方法称为低劣化数值法。如果每年设备的劣化增量是均等的(表示为 λ),每年劣化呈线性增长。则可以简化经济寿命的计算,即

$$N_0 = \sqrt{\frac{2(P-L_N)}{\lambda}} \qquad (4-2-2)$$

式中:N_0——设备的经济寿命;

λ——设备的低劣化值。

【例题 4-2-2】设有 2 台设备,目前实际价值 $P = 10\ 000$ 元,预计残值 $L_N = 1\ 180$ 元,第一年的设备运行成本 $Q = 800$ 元,每年设备的劣化增量是均等的,年劣化值 $\lambda = 360$ 元,求该设备的经济寿命。

解: 设备的经济寿命 $N_0 = \sqrt{\dfrac{2 \times (10\ 000 - 1\ 180)}{360}}$ 年 = 7 年

3. 设备更新时机的确定

设备更新方案的比选就是对新设备方案与旧设备方案进行比较分析,也就是决定现在马上购置新设备、淘汰旧设备,还是至少保留使用旧设备一段时间,再用新设备替换旧设备。在静态模式下进行设备更新方案比选时,可按如下步骤进行:

(1)计算新旧设备方案不同使用年限的静态年平均使用成本和经济寿命。

(2)确定设备更新时机。

设备更新即便在经济上是有利的,却也未必应该立即更新,还包括更新时机选择的问题:

（1）如果旧设备继续使用 1 年的年平均使用成本低于新设备的年平均使用成本，即

$$\bar{C}_N(旧) < \bar{C}_N(新)$$

此时，不更新旧设备，继续使用旧设备 1 年。

（2）当新旧设备方案出现

$$\bar{C}_N(旧) > \bar{C}_N(新)$$

此时，应更新现有设备。

总之，以经济寿命为依据的更新方案比较，使设备都使用到最有利的年限来进行分析。

本 章 小 结

价值工程是提高研究对象价值的一种技术经济方法，是提高经济效益的有效途径，是一种提高企业竞争力的科学管理方法。本章阐述了价值工程的内涵，介绍了提高产品价值的 5 种途径，强调了价值工程的特点；介绍了价值工程的一般工作程序，并按照价值工程的实施过程系统介绍了价值工程对象选择的方法，功能分析的方法，功能评价的方法，方案创新与评价方法及方案实施与评价方法。

设备是企业生产的重要物质条件，设备更新的经济分析是为了确定一套正在使用的设备应何时和应怎样用更经济的设备替代。本章介绍了设备磨损的类型及补偿方式，阐述了设备更新的概念和更新方案的比选原则。设备寿命包括物理寿命、技术寿命和经济寿命，在工程经济分析中，经济寿命是一个关键概念，设备经济寿命决定了设备的更新时机，本章介绍了设备经济寿命的确定方法，明确了以经济寿命为依据的设备更新方案的比选方法。

课程思政案例

"国家体育场"可活动
屋盖去除的价值分析

习　题

一、单项选择题

1. 在价值工程活动中,描述某一个产品零部件"是干什么用的",属于（　　）。

　　A. 产品功能分析　　　　　　　　　B. 产品结构分析

　　C. 对象选择　　　　　　　　　　　D. 产品设计

2. 关于价值工程中功能的价值系数的说法,正确的是（　　）。

　　A. 价值系数越大越好

　　B. 价值系数大于 1 表示评价对象存在多余功能

　　C. 价值系数等于 1 表示评价对象的价值为最佳

　　D. 价值系数小于 1 表示现实成本较低,而功能要求较高

3. 某产品的功能现实成本为 5 000 元,目标成本为 4 500 元,该产品分为三个功能区,各功能区的重要性系数和现实成本见下表。

功能区	功能重要性系数	功能现实成本 / 元
F_1	0.34	2 000
F_2	0.42	1 900
F_3	0.24	1 100

则应用价值工程时,优先选择的改进对象依次为（　　）。

　　A. $F_1-F_2-F_3$　　　　　　　　　B. $F_1-F_3-F_2$

　　C. $F_2-F_3-F_1$　　　　　　　　　D. $F_3-F_1-F_2$

4. 可以采用大修理方式进行补偿的设备磨损是（　　）。

　　A. 不可消除性有形磨损　　　　　　B. 第一种无形磨损

　　C. 可消除性有形磨损　　　　　　　D. 第二种无形磨损

5. 某技术方案有三个投资者共同投资,若要比较三个投资者的财务内部收益率是否均衡,则适宜采用的现金流量表是（　　）。

　　A. 投资现金流量表　　　　　　　　B. 资本金现金流量表

　　C. 投资各方现金流量表　　　　　　D. 财务计划现金流量表

二、多项选择题

1. 价值工程中,不符合用户要求的功能成为不必要功能,包括（　　　）。

　　A. 辅助功能　　　　　　　　　　　B. 多余功能

　　C. 重复功能　　　　　　　　　　　D. 次要功能

E. 过剩功能

2. 价值工程活动中功能评价前应完成的工作有（　　　　　）。

A. 设计方案优化　　　　　　　　B. 方案创造

C. 方案评价　　　　　　　　　　D. 功能整理

E. 功能定义

3. 下列各种情形中,会导致原有设备产生无形磨损的有（　　　　　）。

A. 设备部件在使用过程中自然老化

B. 设备在使用过程中损坏

C. 由于科技进步出现效率更高的新型设备

D. 设备在闲置过程中,被腐蚀造成精度降低

E. 同类型设备市场价格明显降低

4. 关于设备技术寿命的说法,正确的有（　　　　　）。

A. 设备的技术寿命是指设备年平均维修成本最低的使用年限

B. 设备的技术寿命一般长于设备的自然寿命

C. 设备的技术寿命受产品质量和精度要求的影响

D. 设备的技术寿命主要是由设备的有形磨损决定

E. 一般情况下,科学技术进步越快,设备的技术寿命越短

5. 关于确定设备经济寿命的说法,正确的有（　　　　　）。

A. 使设备在自然寿命期内一次性投资最小

B. 使设备的经济寿命与自然寿命、技术寿命尽可能保持一致

C. 使设备在经济寿命期平均年净收益达到最大

D. 使设备在经济寿命期年平均使用成本最小

E. 使设备在可用寿命期内总收入达到最大

三、计算题

1. 某房地产公司对其公寓项目的开发征集到若干设计方案,经筛选后对其中较为出色的四个设计方案作进一步的技术经济评价。有关专家决定从五个方面（分别以 $F_1 \sim F_5$ 表示）对不同方案的功能进行评价,并对各功能的重要性达成以下共识:"F_2 和 F_3 同样重要,F_4 和 F_5 同样重要,F_1 相对于 F_4 很重要,F_1 相对于 F_2 较重要";此后,各专家对该四个方案的功能满足程度分别打分,其结果见下表。

据成本工程师估算,A、B、C、D 四个方案的每平方米造价分别为 1 420 元、1 230 元、1 150 元、1 360 元。

功能	方案功能得分			
	A	B	C	D
F_1	9	10	9	8
F_2	10	10	8	9

续表

功能	方案功能得分			
	A	B	C	D
F_3	9	9	10	9
F_4	8	8	8	7
F_5	9	7	9	6

问题:

(1)计算各功能指标的权重。

(2)用价值指数法选择最佳设计方案。

2. 某工程 A、B、C、D 四个分部工程的目前成本分别为 864 万元、3 048 万元、2 512 万元和 1 576 万元,目标成本降低总额为 320 万元。试计算各分部工程的目标成本及其可能降低的额度,并确定各分部工程功能的改进顺序。(将计算结果填入下表中,成本指数和价值指数的计算结果保留三位小数)

分部工程	功能指数	目前成本 / 万元	成本指数	价值指数	目标成本 / 万元	成本降低额 / 万元
A	0.1	864				
B	0.4	3 048				
C	0.3	2 512				
D	0.2	1 576				
合计	1.0	8 000				

第 4 章习题答案

第 5 章

项目管理概述

学习目标:

1. 掌握项目的概念和特征;掌握项目生命周期的概念、特征与阶段划分;了解项目利益相关者的概念与组成。
2. 熟悉管理的内涵;掌握项目管理的基本概念和特点,了解其在组织中的重要性,以及对项目成功的影响。
3. 熟悉项目管理的五个过程和十个职能领域;了解项目生命周期与项目管理过程组的联系和区别。
4. 熟悉项目组合管理的内涵与优势;了解敏捷项目管理的内涵、常用框架与优势。

5.1 项目

5.1.1 项目的概念

项目来源于人类有组织活动的分化。随着人类的发展,有组织的活动逐步分化为两种类型:

(1)连续不断、周而复始的活动,人们称之为"作业(或运作)"(operations),如企业日常生产产品的活动。

(2)临时性、一次性的活动,人们称之为"项目"(projects),如企业的技术改造活动、一项环保工程的实施等。

项目和作业是企业发展过程中密切相关的两类活动。企业的创立本身就是一个项目的开始,它通过一个新建设项目使企业形成了提供某种产品或服务的能力,以满足市场或顾客的需要,从而获取盈利并得以生存和发展,并在此基础上重复作业。经过一段时间的运作之后,由于企业设备老化陈旧或环境及市场变化等原因,企业原有的设备可能已无法生产出高品质的产品或者原有的产品或服务可能已不适应市场需求,企业因此可能无法生存或发展下去,这时就又需要通过设备的大修改造项目、新产品开发项目或企业的改扩建项目来使企业恢复原有的生产能力或上升到一个新的生产能力水平。在企业的整个发展过程中,总是如此不断地重复着项目与作业的交替过程,作业导致企业的量变,项目使得企业出现了质变,是企业跳跃式发展的动力。总之,作业是维持企业日常的运转,并不能促进企业的发展,而项目则是企业发展的载体。

项目与作业最重要的不同点是一次性、独特性,两个极端的例子是一款新型冰箱的研发与一款冰箱的批量生产,前者无可以完全照搬的先例,后者每天重复的是大体相同的内容。项目与作业的主要区别,见表 5-1-1。

表 5-1-1　项目与作业的主要区别

序号	项目	作业
1	暂时的(temporary)	重复进行(repetitive)
2	独特的(unique)	持续不断(ongoing)
3	宣布目标实现时,结束	确定一组新目标,继续

例如,青岛胶东国际机场航站楼一期项目,外形像个大"海星",面积为 $4.78 \times 10^5 \ m^2$,近机位 73 组。该设计不仅是为了视觉效果,更是注重旅客出行体验,减少旅客安检后到登机口的步行距离。连续曲面将五个指廊与大厅融为一体,实现大集中与单元式的合理平衡,成为国内首个采用集中式单体五指廊造型的航站楼。依据建设目标,青岛胶东国际机场 2025 年年旅客吞吐量将达到 3 500 万人次,货邮吞吐量 $5 \times 10^5 \ t$,飞机起降 30 万架次,高峰小时航班起降 104 架次。按照总体工作计划,青岛胶东国际机场 2015 年开建,总工期为五年,2020 年竣工验收。工程以 2025 年为目标年,工程总投资约 381.75 亿元。从以上案例可以看出,项目是在限定条件下,为完成特定目标要求的一次性任务。

许多项目管理专家和标准化组织都试图用简单通俗的语言对项目进行抽象性概括和描述。较典型的有:

(1)国际标准《质量管理——项目管理质量指南(ISO 10006)》对项目的定义为:"由一组有起止时间的、相互协调的受控活动所组成的特定过程,该过程要达到符合规定要求的目标,包括时间、成本和资源的约束条件。"

(2)美国项目管理协会(PMI)的《项目管理知识体系指南(PMBOK® 指南)》(第七版)对项目的定义为:"项目是为创造独特的产品、服务或结果而进行的临时性工作。"

(3)国际项目管理协会(IPMA)的项目管理知识体系(ICB 4.0)中对项目的定义为:"项目是一种独特的、临时的、多学科的有组织的活动,通过这些活动得到预定义的、商定的要求和约束范围内的可交付成果。"

综合上述,国内项目管理学者给出如下定义:项目是一项特殊的将被完成的有限任务,它是一个组织为实现既定的目标,在一定的时间、人力和其他资源的约束条件下,所开展的满足一系列特定目标、有一定独特性的一次性活动。其中包含以下三层含义:

（1）项目是一项有待完成的任务，有特定的环境与要求。这一点明确了项目自身的动态概念，即项目是指一个过程，而不是指过程终结后所形成的成果。例如，人们把一个新机场的建设过程称为一个项目，而不把机场本身称为一个项目。

（2）在一定的组织机构内，利用有限资源（人力、物力、财力等）在规定的时间内完成任务。任何项目的实施都会受到一定的条件约束，这些条件是来自多方面的，如环境、资源、理念等。这些约束条件成为项目管理者必须努力促其实现的项目管理的具体目标。在众多的约束条件中，质量（功能）、进度、成本是项目普遍存在的三个主要约束条件。

（3）任务要满足一定性能、质量、数量、技术指标等目标要求。项目是否实现，能否交付用户，必须达到事先规定的目标要求。功能的实现、质量的可靠、数量的饱满、技术指标的稳定是任何可交付项目必须满足的要求，项目合同对于这些均具有严格的约定。

视频 5-1
项目的概念

5.1.2 项目的特征

1. 临时性

项目的临时性表明项目工作或项目工作的某一阶段会有明确的开始也会有结束，当项目的目的已经达到，或者已经清楚地看到项目目的不会或不能达到时，或者项目的必要性已不复存在并已终止时，则该项目即达到了它的终点。临时性不一定意味着时间短，许多项目都要进行好几年。但是，临时性一般不适用于项目所产生的产品、服务或成果，大多数项目是为了得到持久的结果。项目还经常会产生比项目本身更久远的、事先想到或未曾预料到的社会和环境后果。

2. 独特性

这一属性是"项目"得以从人类有组织的活动中分化出来的根源所在，是项目一次性属性的基础。每个项目都有其特别的地方，没有两个项目是完全相同的。在有风险存在的情况下，项目就其本质而言，不能完全程序化，项目经理之所以被人们强调得很重要，是因为他们有许多例外情况要处理。每个项目都是独一无二的，都要创造出独特的成果，而不是在标准化的生产线上或根据标准化的服务流程产出与过去相同的成果。尽管各项目之间存在一些相似或者重复的元素，但是这些元素并不能改变项目的独特性本质。

3. 目标性

人类有组织的活动都有其目的性，项目作为一类特别设立的活动，也有其明确的目标。项目目标一般由成果性目标与约束性目标组成。其中，成果性目标是指生产或开发出满足客户要求的产品、系统、服务或成果等。比如，我们组织一次旅游项目，那么完成旅客的整个旅游行程就是这个项目的成果性目标。因此，很多时候成果性目标是项目的来源，同时也被看作项目的最终目标，用以主导项目的整个过程；约束性目标通常又称限制条件，它是实现成果性目标的客观条件、人为约束条件的统称，是项目实施过程中必须遵循的条件，是项目实施过程中管理的主要目标。比如，扩建一个货运码头，总成本为5 000万元，"5 000万元"就是约束性目标，类似的我们想要开发一个医院的信息系统，须在一年内完成，那么"一年"也是一个约束性目标。

同时，美国项目管理协会（PMI）在《项目管理知识体系指南（PMBOK® 指南）》（第七版）的相关地方直接或间接地指出了项目具有渐进明细性和价值导向性。

（1）渐进明细性

项目的渐进明细性是指应该随时间的推移和情况的明了，而对项目目标和项目计划进行逐渐细化。通过渐进明细，项目的可操作性会大大提高，成功的可能性也就会大大提高。诸如项目的目标、项目的计划以及项目产品的功能等，都是需要渐进明细的。

（2）价值导向性

做项目的最终目的是要创造出一定的价值。价值是指某种事物的作用、重要性或实用性，是项目的最终成功指标和驱动因素。价值可以是有形（如增加的利润）或无形（如提高的声誉）的。项目的价值可以表示为对发起组织或接收组织的财务贡献，也可以是对所取得的公共利益的测量，例如，社会收益或客户从项目结果中所得到的收益。有的价值是在做项目的同时实现的，例如，承包商做项目的同时就赚取了利润。有的价值是只有通过与其他项目的配合才能实现的，例如，本项目所开发的软件必须与其他项目所开发的硬件相配合才能真正发挥作用。有的价值则是必须通过项目成果的特定运营才能实现的，例如，建成的生产线只有付诸运营，才能发挥作用。

5.1.3　项目生命周期

1. 项目生命周期的阶段划分

项目经理或组织可以把每一个项目划分成若干个阶段，以便有效地进行管理控制，并与实施该项目组织的日常运作联系起来。这些项目阶段合在一起称为项目生命周期。

项目生命周期确定了将项目的开始和结束连接起来的阶段。从项目生命周期的一个阶段转到另一个阶段通常是某种形式的技术交接或成果交接。一般地，前一阶段产生的可交付成果通常要接受是否已经完成和准确的审查，在验收之后才能开始下一阶段的工作。但如果认为对可能的风险可以接受的话，则后一阶段可以在前一阶段交付成果通过验收之前开始。

项目生命周期的定义可以帮助我们区分项目开始到结束时的哪些行动包括在项目范围之内，哪些则不应包括在内。这样，就可以用项目生命周期的定义把项目和项目实施组织的日常运作业务联系在一起。

项目生命周期的阶段划分，不同的行业领域会有所不同。一般划分阶段的首要标志是项目工作的相同性。一般情况下，相同性质的项目工作会划分在同一个项目阶段中，而不同性质的项目工作会划分在不同的项目阶段中。第二个标志是项目阶段成果（项目产出物）的整体性，即一个项目阶段的全部工作应该能够生成一个自成体系的标志性成果。这种阶段性成果既是这个项目阶段的输出，也是下一个项目阶段的输入，或者是整个项目的终结。

一个具体的项目可以根据项目所属专业领域的特殊性、项目的工作内容等因素划分成不同的项目阶段。但对于一般意义上的项目而言，一般都会经历概念阶段（conceive）、规划阶段（develop）、实施阶段（execute）、收尾阶段（finish）这四个阶段，如图5-1-1所示。

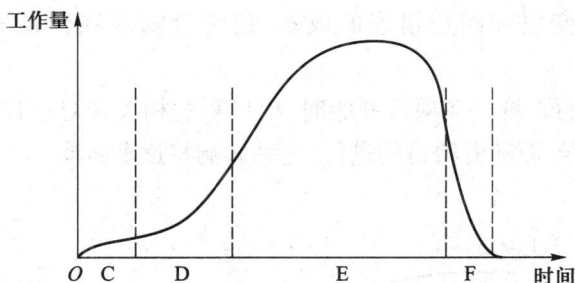

图 5-1-1　一般意义上项目生命周期阶段划分

C——概念阶段。此阶段提出并确定项目是否可行,进行项目投资决策。

D——规划阶段。此阶段对决策立项的项目进行系统的规划。

E——实施阶段。此阶段依据规划启动实施项目工作。

F——结束阶段。此阶段处理项目结束的有关工作。

此处仅对概念阶段的主要工作进行介绍。明确需求、策划项目,确立目标,提出项目建议书和进行可行性研究(如有)是概念阶段较为重要的内容。需求识别是项目概念阶段的首要工作,只有需求明晰,才能准确把握意图,规划出好的项目,但是需求识别是一个过程,开始时可能只是一种朦胧的念头。通过项目策划对项目进行定义,提出项目发展目标,构建项目整体框架,使原来模糊、复杂的项目变得清晰、明确。项目策划包括项目构思、项目选定、项目建议书,复杂的工程项目还需要进行可行性研究。项目构思就是提出实施项目的各种各样的实施设想,寻求满足客户需求的项目最佳方案。项目选定就是从可供实施的备选方案中选择最佳的方案来满足客户的需求,选择在现实中可行的、投入少、收益大的项目方案。项目建议书是拟上项目单位提出的具体的项目建议文件,是专门对拟建项目提出的框架性的总体设想。可行性研究是在项目建议书被批准后,对项目在技术上和经济上是否可行所进行的科学分析和论证。

在项目生命周期各种理论中,项目生命周期四阶段的观点广泛被人们接受。但在不同的行业中,项目的生命周期会有所不同,一个具体的项目可以根据项目所属专业领域的特殊性和项目的工作内容等因素来进行项目阶段的划分。比如,按照软件开发项目的特点,其项目生命周期可以划分为需求分析、系统设计、系统开发、系统测试和运行维护的五个阶段;而按照建设工程项目的特点,一般则可以将项目分成前期决策、设计、施工及验收移交四个阶段。这种基于不同领域项目的阶段划分方式是项目生命周期在实际工作中的具体应用。

2. 项目生命周期的特征

无论项目生命周期经历几个阶段,一般都具有以下几个特征:

(1)项目资源投入的变动性。成本与人力投入在开始时较低,在工作执行期间逐渐增加,如图 5-1-2 所示。

(2)项目风险的变动性。项目开始时风险最大,如图 5-1-2 所示。在项目的整个生命周期中,随着决策的制定与可交付成果的验收,风险会逐步降低。

(3)项目变更成本随项目的进行会出现急剧增长性。在不显著影响成本和进度的前提下,相关方改变项目产品最终特性的能力在项目开始时最大,并随项目进展而减弱。

图 5-1-2 表明,做出变更和纠正错误的成本,通常会随着项目越来越接近完成而显著增高。

（4）利益相关者的影响。在项目开始时,项目利益相关者对项目产品最终特性和项目最后成本的影响力最强,而随着项目的进行,这种影响将逐渐减弱。

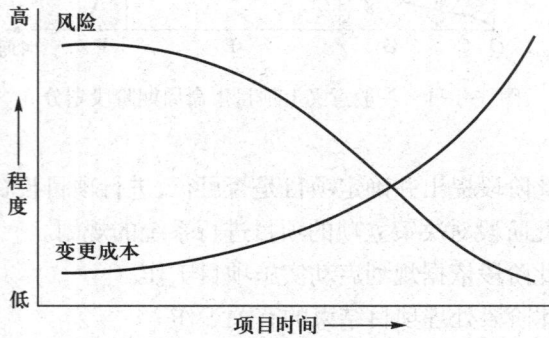

图 5-1-2　随时间变化的变量影响

5.1.4　项目利益相关者

项目利益相关者,又称为项目干系人,是指能影响项目、项目集或项目组合的决策、活动或成果的个人、群体或组织,以及会受或自认为会受它们的决策、活动或成果影响的个人、群体或组织。

项目利益相关者包括个人、群体和组织参见图 5-1-3。本书仅选取部分利益相关者的内涵进行解释。

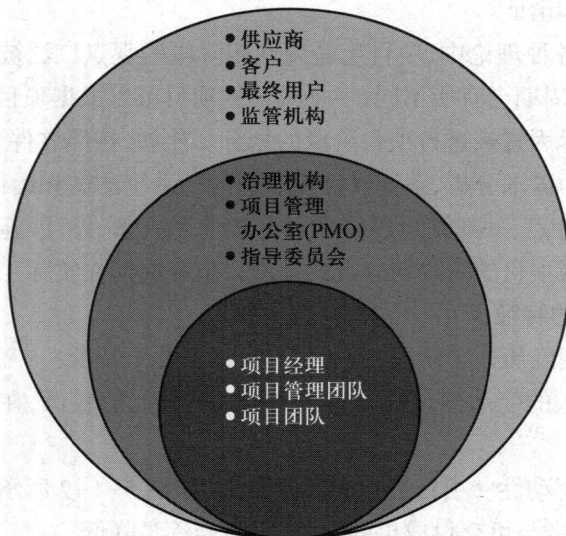

图 5-1-3　项目利益相关者示例

（1）项目经理。项目经理是对保证按时、按照预算、按照工作范围以及按所要求的性能水平完成项目全面负责的人，项目经理的作用对于项目的成功非常重要。

（2）项目管理团队。项目管理团队是指完成项目工作的团队及直接参与项目管理活动的团队成员。

（3）项目管理办公室。项目管理办公室（project management office，PMO）是组织中专门管理"项目管理"的常设职能部门，是随着项目管理特别是项目化管理的发展而发展起来的一个新概念。

（4）客户。可能是个人，一个组织，也可能是由两个或更多的人组成的一个团体，或是对同一项目结果具有相同需求的许多组织。一般客户提出需求向被委托人提交需求建议书之时，就是项目诞生之始。客户既是项目结果的需求者，也是项目实施的资金提供者。客户是项目交付成果的最终使用者，在一些情况下，客户是订购并支付资金的人，例如建设建筑物、住宅或公路时；在其他情况下，客户是购买由项目开发出来以及后来由公司生产出来产品的人。

（5）供应商。即为项目的承约商提供原材料、设备、工具等物资设备的商人。

一个项目可能有为数不多的利益相关者，也可能有数百万个潜在利益相关者。项目的不同阶段可能有不同的利益相关者，项目利益相关者在参与项目时的责任与权限大小各不相同，而随着项目的开展，利益相关者的影响、权力或利益可能会发生变化。置责任与权限于不顾的利益相关者可能会严重影响项目的目标，同样，忽视利益相关者的项目经理也会对项目的结果造成破坏性影响。项目管理团队必须弄清楚谁是利益相关者，确定他们的要求和期望，然后根据他们的要求对其影响尽力加以管理，以确保项目取得成功。有效地让利益相关者参与项目有如下几个步骤，如图 5-1-4 所示。

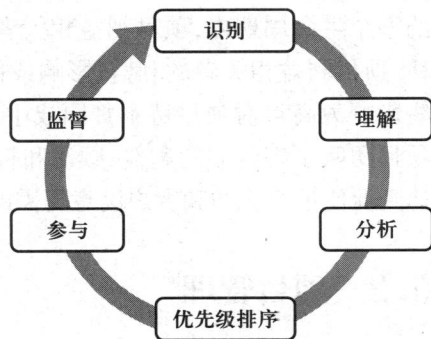

图 5-1-4　有效地驾驭利益相关者参与

（1）识别

在组建项目团队之前，可以进行高层级的利益相关者识别。详细的利益相关者识别会对初始工作渐进明细化，并且这是贯穿整个项目的一项活动。有些利益相关者很容易识别，如客户、发起人、项目团队、最终用户等，但其他利益相关者在与项目没有直接联系时可能难以识别。

（2）理解和分析

一旦识别了利益相关者，项目经理和项目团队就应努力了解利益相关者的感受、情绪、信念和价值观。这些因素可能会导致项目成果面临更多挑战或机会。它们也可能会迅速变化，因此，了解和分析利益相关者是一项持续进行的行动。

对利益相关者进行分析时会考虑到如下几个方面，例如：权力、态度、期望、影响程度、与项目的邻近性和在项目中的利益等，这些信息有助于项目团队考虑可能影响利益相关者的动机、行动和行为的相互作用。除了单个分析之外，项目团队还应考虑利益相关者之间如何互动，因为他们通常结成联盟，而这些联盟有助于或会阻碍项目目标的实现。

（3）优先级排序

在许多项目中,项目团队所涉及的利益相关者太多,这些利益相关者无法全部直接或有效地参与。项目团队可以根据自己的分析完成对利益相关者优先级的初始排序。作为利益相关者优先级排序参与的一种方法,项目团队通常会聚焦于权力和利益最大的利益相关者。随着在整个项目期间各种事件不断发生,项目团队可能需要根据新的利益相关者或利益相关者环境的不断变化而重新进行优先级排序。

（4）参与

争取利益相关者参与需要与利益相关者协作,通过向他们介绍项目启发其需求、管理期望、解决问题、谈判、优先级排序、处理难题,并做出决策。争取利益相关者参与需要运用软技能,如积极倾听和人际关系技能冲突管理,以及创建愿景等领导技能。

（5）监督

在整个项目期间,随着新的利益相关者被识别和一些其他利益相关者的退出,利益相关者将发生变化。随着项目的进展,一些利益相关者的态度或权力可能会发生变化。除了识别和分析新的利益相关者外,还要有机会评估当前的参与策略是否有效或是否需要调整。因此,在整个项目期间对利益相关者参与的数量和有效性要进行监督。

项目利益相关者会以积极或消极的方式直接或间接影响项目及其绩效或成果。在项目的整个生命周期内,项目利益相关者可能会参与进来,也可能会退出。此外,随着时间的推移,项目利益相关者的利益、影响或作用可能也会有所变化。让项目利益相关者（特别是那些影响力高且对项目持不赞同或中立观点的项目利益相关者）积极主动地参与进来,以便项目团队了解他们的利益、顾虑和权利。然后,项目团队通过有效的项目利益相关者分析,达到促使项目成功和客户满意所需的程度。

5.2　项目管理

5.2.1　管理的内涵

现代经营管理之父法国的亨利·法约尔认为管理活动包含五个要素:计划、组织、指挥、协调和控制。其中,计划就是探索未来和制定行动方案;组织就是建立物质组织和社会组织两部分;指挥就是使人员发挥作用;协调就是连接、联合、调和所有的活动和力量;控制就是注意一切是否按已制定的规章和下达的命令进行。

管理是由如下多个环节组成的过程,如图 5-2-1 所示。

（1）提出问题。

（2）筹划——提出解决问题的可能的方案,并对多个可能的方案进行分析。

（3）决策。

（4）执行。

（5）检查。

这些组成管理的环节就是管理的职能。管理的职能在一些文献中也有不同的表述,但其内涵是类似的。

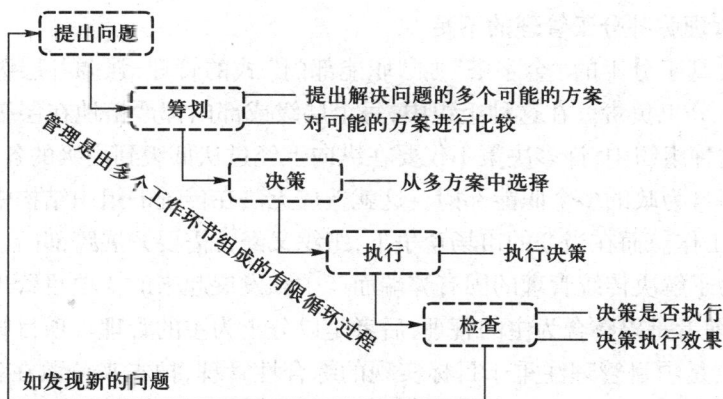

图 5-2-1　管理职能

5.2.2　项目管理的概念

项目的临时性、独特性和跨专业性决定了项目的过程和成果都充满不确定性,决定了无法用传统的分工负责式管理来做项目。如果用传统管理的分工负责来做项目,就必然因缺乏整合而导致各种问题。项目管理的诞生正是为了解决传统管理不适合用来管理项目的问题。关于项目管理的定义,人们从不同的角度进行了描述。

（1）将管理学中对"管理"的定义进行拓展,则"项目管理"就是以项目作为对象的管理,即通过计划、组织、指挥、协调和控制等职能,设计和保持一种良好的环境,使项目参加者在项目组织中高效率地完成既定的项目任务。

（2）国际标准《质量管理——项目管理质量指南（ISO 10006）》对项目管理的定义是:"项目管理包括在项目过程中对项目的各方面进行策划、组织、监测和控制等活动,以达到项目目标。"

（3）美国项目管理协会（PMI）的《项目管理知识体系指南（PMBOK® 指南）》（第七版）对项目管理的定义是:"项目管理就是将知识、技能、工具与技术应用于项目活动,以满足项目的需求。"

综合上述,国内项目管理学者给出如下定义:项目管理就是以项目为对象的系统管理方法,通过临时性的专门的柔性组织,对项目进行高效率的计划、组织、指导和控制,以实现项目全过程的动态管理和项目目标的综合协调与优化。

视频 5-2
项目管理
的概念

5.2.3　组织需要项目管理

1. 职能管理与项目管理并存

每一个组织都需要同时采用职能管理和项目管理,以便用项目管理来弥补传统管理的不足。例如,早在 1998 年,华为技术有限公司就在《华为基本法》中明确规定:"公司的高速增长目标和高技术企业性质,决定了必须在新技术、新产品、新市场和新领域方面不断提出新的项目。而这些关系公司生存与发展的、具有一次性跨部门特征的项目,靠已有的职能管理系统按例行的方式管理是难以完成的,必须实行跨部门的团队运作和项目管理。因此,项目管理应与职能管理共同构成公司的基本管理方式。"

2. 以整合管理弥补分工管理的不足

传统管理是基于分工的"金字塔"加"职能部门"式的管理,强调各层级和各部门在既定的规章制度下分工负责。在这种组织中,每个层级或部门都严格地在层级或部门边界内开展工作。在这种组织中,许多决策不仅要在纵向上经过从低级到高级的各管理层,而且要在横向上经过各自为政的多个职能部门。这就造成无法在传统的组织结构中有效地开展跨部门、跨专业的工作。而在当今的市场竞争下,组织又经常需要开展跨部门、跨专业的工作。项目管理正是为了解决传统管理的固有弊端而产生和发展起来的。项目管理与传统管理的最大区别就是,前者是以整合为主的管理,后者是以分工为主的管理。项目管理与传统管理相比其最大特点是项目管理注重于目标实现的综合性管理,把本来分散在各管理层次(纵向)和各职能部门(横向)中的相关人员整合成一个项目团队,来完成项目任务。

3. 以横向管理弥补纵向管理的不足

项目管理与传统管理的另一个主要区别是,前者是横向式管理,主要依靠大家之间的平等合作来完成工作任务;而后者是纵向式管理,主要通过上级对下级的指挥、命令和控制,下级对上级的服从、执行和汇报,来保证工作任务的完成。

传统管理适用于在比较稳定的环境下开展重复性的且比较单一的工作,而不适合用来解决新颖的、复杂的、需多部门配合的问题。在当今日益激烈的市场竞争中,客户对产品和服务的要求越来越高,越来越需要综合性的一揽子解决方案。横向式管理特别有利于集中各部门、各专业的力量为客户提供一揽子解决方案。

5.2.4　项目管理的特点

项目管理是针对项目的特点而形成的一种管理方式,因而其适用对象是项目,特别是大型的和比较复杂的项目;鉴于项目管理的科学性和高效性,有时人们会将重复性"运作"中的某些过程分离出来,加上起点和终点当作项目来处理,以便于在其中应用项目管理的方法,这实际上就是运作管理的项目化管理。项目管理是一种成功实现目标的良好方法,同时也是一种科学控制过程的有效手段,还是一种教给人们系统做事的方法。具体来讲,其特点表现在以下几个方面。

1. 项目管理的全过程始终带有系统工程的思想

项目是由相互作用的要素组成的系统。项目管理把项目看成一个完整的系统,依据系统论"整体－分解－综合"的原理,可将项目分解为许多责任单元,由责任者分别按要求完成目标,然后汇总、综合成最终的成果;同时,项目管理把项目看成一个有完整生命周期的过程,强调部分对整体的重要性,促使管理者不要忽视其中的任何阶段以免造成总体的效果不佳甚至失败。

2. 项目管理的组织具有特殊性

项目组织具有临时性、柔性化、扁平化和跨职能部门等特征,更加强调协调和沟通,项目管理的组织也因此具有特殊性,项目管理组织的突出特点是项目本身作为一个组织单元,围绕项目来组织资源,有了"项目组织"的概念。

3. 项目管理强调基于团队管理的个人负责制

由于项目系统管理的要求,需要集中权力以控制工作正常进行,因而项目的实施通常是通过一个临时的团队去实现,要求团队高效率地协作共同去完成一项任务,所以项目经理在团队管理中是一个关键角色。

4. 项目管理的方式是目标管理

以项目方式实现的任何任务,必须具有明确的目标和约束。因此,项目管理是一种基于目标导向的管理方式,同时也是一种多层次的目标管理方式。由于项目往往涉及的专业领域十分宽广,而项目管理者也无法成为每一个专业领域的专家,对某些专业虽然有所了解但不可能像专门研究者那样深刻。因此,项目管理者只能以综合管理者的身份,向被授权的人员讲明应承担工作的责任和意义,协商确定目标以及时间、成本、工作标准的限定条件,具体的工作则由被授权者独立处理。一般而言,设计目标系统时通常要遵循"SMART"原则,具体内涵见表 5-2-1。

表 5-2-1 精准的项目目标

要求	内涵
具体(specific)	目标清晰明了,没有什么不明确的因素——为什么要做,为什么重要,谁参与了,结果是什么。确保所有的利益相关者都能理解你的目标
可衡量(measurable)	需要明确的标准来衡量实现目标的进度,否则你无法确定是否完成了目标。标准可以是数量、质量、频率、成本和/或完成期限
可实现(attainable)	目标必须是可以实现的。如果目标不可实现,目标的设定就毫无意义,并且会让那些为之努力的人失去动力。要自问一下是否有足够的资源来完成目标,以及团队是否能够真正完成所要求的任务
相关性(relevant)	目标必须能够产生对你和你的组织有重要性的结果。以结果为基础的目标将激励你的团队去实现目标,并激励其他利益相关者支持项目
时限(time-based)	目标需要设置期限。设置截止日期可以帮助你的团队把精力集中在那些关键的时间点上。一定要考虑最后是否会影响项目结束期限

5. 成功项目管理的目标是"利益相关者的满意"

现代项目管理所强调的是全面的项目管理,所追求的不仅仅是项目的进度、成本及质量目标的完成,而是需要创造一种环境,以满足不同利益相关者的需求。"利益相关者的满意"成为了现代项目管理成功的唯一衡量标准。

5.2.5 项目管理的过程及职能领域

1. 项目管理的五个过程

过程是指为了生成具体结果(可度量结果,如产品、成果或服务)而开展的相互联系的一系列行动和活动的组合。一个项目的过程分为两种类型:一是项目的实现过程,它是指人们为创造项目的产出物而开展的各种业务活动所构成的整个过程,该过程是面向项目产品的过程,称为项目过程,一般由项目生命周期表述,并因应用领域不同而不同;二是项目的管理过程,它是指在项目实现过程中,人们开展项目的计划、决策、组织、协调、沟通、激励和控制等方面活动所构成的过程。不同项目的实现过程一般有着相同或相类似的项目管理过程。在一个项目的过程中,项目管理过程和项目实现过程从时间上是相互交叉和重叠的,从作用上是相互制约、相互影响的。

　　一般而言,项目管理过程是由五种不同的项目管理的具体过程(或阶段/活动)构成的,这五种项目管理的具体过程构成了一个项目管理过程的循环"开始(启动)—计划(规划)—执行—控制(监控)—结束(收尾)",一个项目管理过程循环中所包含的具体过程如图 5-2-2 所示,图中经过扩展的循环可以用于过程组内及其之间的相互关系中。

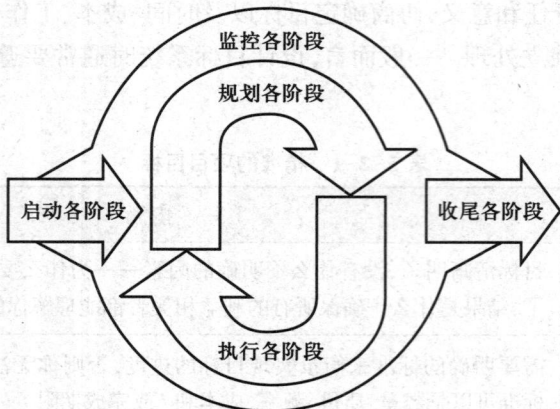

图 5-2-2　项目管理过程及其循环

　　(1)开始过程

　　开始过程又称启动过程,处于一个项目管理过程循环的首位。它所包含的管理活动内容有:确定并核准项目或项目阶段,即定义一个项目或项目阶段的工作与活动,决策一个项目或项目阶段的开始与否,或决策是否将一个项目或项目阶段继续进行下去等。

　　(2)计划过程

　　计划过程又称规划过程,就是确定和细化目标,并为实现项目要达到的目标和完成项目要解决的问题范围规划必要的行动路线。其所包含的管理活动内容有:拟订、编制和修订一个项目或项目阶段的工作目标、任务、工作计划方案和管理计划,范围规划、进度计划、资源供应计划、成本计划、风险规划、质量规划以及采购规划等。

　　(3)执行过程

　　执行过程就是将人与其他资源进行结合,具体实施项目管理计划。其所包含的管理活动内容有:组织协调人力资源及其他资源,组织协调各项任务与工作,实施质量保证,进行采购,激励项目团队完成既定的各项计划,生成项目产出物等。

　　(4)控制过程

　　控制过程又称监控过程,就是定期测量并监视绩效情况,发现偏离项目目标和项目管理计划之处,采取相应的纠正措施以保证项目目标的实现。其所包含的管理活动内容有:制定标准、监督和测量项目工作的实际情况、分析差异和问题、采取纠偏措施,整体变更控制、范围核实与控制、进度控制、成本控制、质量控制、团队管理、利益相关者管理、风险监控以及合同管理等。

（5）结束过程

结束过程又称收尾过程,就是正式验收项目产出物(产品、服务或成果),并有序地结束项目或项目阶段。其所包含的管理活动内容有:制定项目或项目阶段的移交与接受条件,完成项目或项目阶段成果的移交,项目收尾和合同收尾,使项目或项目阶段顺利结束等。

在一个项目的实现过程中,即项目生命周期的任何一个阶段,都需要开展上述项目管理过程循环中的各项管理活动。因此,项目管理的五个具体过程是在项目阶段中不断循环发生的,如图5-2-2所示。

（6）项目生命周期与项目管理过程的联系和区别

项目生命周期与项目管理过程组的联系主要体现为以下两点:第一,它们的起点都是项目的开始时间,终点都是项目的结束时间;第二,项目管理过程组会在项目生命周期的各阶段重复进行。例如,在建设项目中,可行性研究阶段需要经历从启动、规划、执行到监控和收尾等五大过程组,详细设计阶段也需要经历从启动到收尾的五大过程组,依次类推(图5-2-3)。这种情况下,项目生命周期的每个阶段就相当于一个子项目。可以说,项目生命周期相当于螺栓,项目管理过程相当于螺母;螺母需要从螺栓的一端出发向另一端旋转,直到到达另一端,标志着项目关闭。

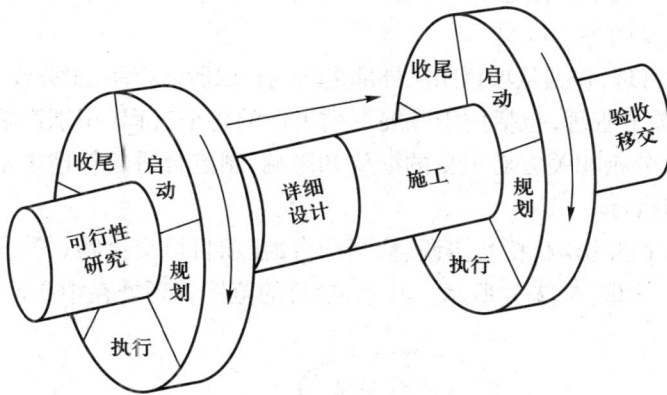

图5-2-3 项目生命周期与项目管理过程的联系

从上文的讨论中,可以概括出项目生命周期与项目管理过程之间的主要区别,见表5-2-2。

表5-2-2 项目生命周期与项目管理过程的区别

项目生命周期	项目管理过程组
按技术工作划分阶段	按管理工作划分过程组
每阶段产出技术成果,涉及技术工作交接	每个过程组产出管理成果,涉及管理工作交接
阶段之间常尾首相接,特殊情况可部分交叉	各过程组交叉并循环,并非严格按先后顺序
每个阶段可看作子项目	可在项目生命周期的各阶段重复进行
不同类型项目,阶段划分差别大	所有项目的过程组都完全一样

2. 项目管理的十个职能领域

项目管理的十个职能领域是基于美国项目管理协会（PMI）的《项目管理知识体系指南（PMBOK® 指南）》（第七版）所包括内容划分的，它将项目管理的工作内容划分为十大职能领域的活动过程，包括：

（1）项目整合管理，包括为识别、定义、组合、统一和协调各项目管理过程组的各个过程和活动而开展的过程与活动。

（2）项目范围管理，包括确保项目做且只做所需的全部工作以成功完成项目的各个过程。

（3）项目进度管理，包括为管理项目按时完成所需的各个过程。

（4）项目成本管理，包括为使项目在批准的预算内完成而对成本进行规划、估算、预算、融资、筹资、管理和控制的各个过程。

（5）项目质量管理，包括把组织的质量政策应用于规划、管理、控制项目和产品质量要求，以满足相关方的期望的各个过程。

（6）项目资源管理，包括识别、获取和管理所需资源以成功完成项目的各个过程。

（7）项目沟通管理，包括为确保项目信息及时且恰当地规划、收集、生成、发布、存储、检索、管理、控制、监督和最终处置所需的各个过程。

（8）项目风险管理，包括规划风险管理、识别风险、开展风险分析、规划风险应对、实施风险应对和监督风险的各个过程。

（9）项目采购管理，包括从项目团队外部采购或获取所需产品、服务或成果的各个过程。

（10）项目相关方管理，包括用于开展下列工作的各个过程：识别影响或受项目影响的人员、团队或组织，分析相关方对项目的期望和影响，制定合适的管理策略来有效调动相关方参与项目决策和执行。

这些活动过程相互影响、相互协调、恰当配合，在项目可交付物（产品、服务或成果）实现过程中进行权衡，如图 5-2-4 所示。其中，项目的范围管理处在中心位置，凸显其为其他

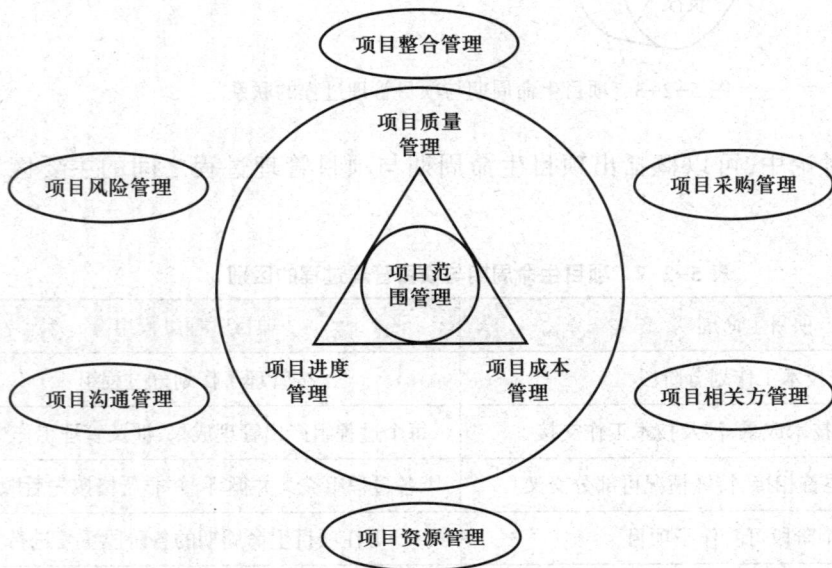

视频 5-3 项目管理的十个职能领域

图 5-2-4　项目管理的十个职能领域

管理职能所提供的基础性支撑作用,是保障项目进度、成果、质量等项目目标实现的关键。成本、进度、质量是"铁三角",项目花多长时间、用多大代价,最终达到什么要求,是绝大多数项目在进行管理时不得不面对的约束条件,三者关系处理的好坏往往能够决定项目管理的成败。最后,整合管理是项目管理有别于强调分工负责的传统管理的根本之处,是项目管理的本质,是项目管理的出发点和归宿。

5.3　项目组合管理与敏捷项目管理

5.3.1　项目组合管理

1. 项目组合管理的内涵

项目组合是指为实现战略目标而组合在一起管理的项目、项目集、子项目组合和运营工作。项目组合管理是指为了实现战略目标而对一个或多个项目组合进行的集中管理。项目组合管理的重点是确保项目组合与组织的目标保持一致,并且通过评估项目组合组件来优化资源分配。项目组合中的项目集或项目不一定彼此依赖或直接相关。例如,以"投资回报最大化"为战略目标的某基础设施公司,可以把油气、供电、供水、道路、铁路和机场等项目归并成一个项目组合。在这些归并的项目中,组织又可以把相互关联的项目作为项目组合来管理。所有供电项目归类成供电项目组合,同理,所有供水项目归类成供水项目组合。然而,如果组织的项目是设计和建造发电站并运营发电站,这些相互关联的项目可以归类成一个项目集。这样的话,供电项目集和类似的供水项目集就是该基础设施公司项目组合中的基本组成部分。合理地进行项目组合管理,能够使企业的技术和财务资源得到有效地配置和利用,进而提高企业的创新效率和市场竞争力。

2. 项目组合管理的优势

（1）核心能力的培养和提升。在资源有限的条件下,往往导致许多企业选择一些快速的、容易的、低成本的项目。通常这些项目又是不重要的,如一些产品的改进和延伸。而那些能够产生实际竞争优势的、带来重大创新的重要项目则没有受到重视,从而导致有利于核心能力培养和发展的真正好项目缺乏人力和资金。而通过有效的项目组合,应用组织学习手段,将不同项目的技术知识整合起来,形成节点知识或新的知识联结方式,以培养、拓展和强化企业的核心能力。

（2）与企业经营战略相匹配。项目组合管理能保证在不同类型、不同经营领域和市场的项目之间的成本分配与经营战略相符,实现与企业经营战略相匹配。

（3）组合价值最大化。项目管理合理分配资源可以使企业在一些战略目标（如长期盈利能力、投资回收期、成功的可能性等）的组合价值最大化。组合管理能产生比单一资源单独使用更大的效益,使资源在企业的不同阶段的配置更为合理,可以分散或降低风险,有利于企业发展过程各环节的一体化,降低交易成本,能够根据项目各自的优势对企业活动进行合理分工。

可见,合理地进行项目组合管理,能够使企业的技术和财务资源得到有效配置和利用,进而提高企业的创新效率和市场竞争力。因此,企业有必要把注意力

视频 5-4
项目组合
管理

放在组合管理上,特别是资源如何在项目之间合理分配,使企业获得持久的竞争能力。

5.3.2　敏捷项目管理

1. 敏捷项目管理的内涵

所谓敏捷,是一种通过创造变化和响应变化在不确定和混乱的环境中取得成功的能力。而敏捷项目管理是指在项目活动中运用敏捷的理念,配合专门的知识、技能、工具和方法,使项目能够在有限资源限定条件下,实现或超过设定的需求和期望的过程。

从本质上来说,敏捷项目管理是一种理念,并基于这种理念进行不断实践、在不确定和混乱的环境中取得项目成功,同时将这些实践总结提炼为团队稳定的解决方案。如今,项目管理在很多行业领域中得到了广泛应用,不同的行业背景也为项目管理提出了不同的要求,越来越多的项目的管理过程需要更灵活、更积极地去响应客户的需求。因此,很多项目管理者希望利用敏捷项目管理这种灵活多变以及不断迭代的思想,可以在不影响价值、质量和商业规则的前提下实现所有项目目标。

2. 敏捷项目管理常用框架

在诸多管理框架中,Scrum 仍然是运用最广泛的敏捷框架,Scrum 本身是橄榄球比赛的一个术语,英文意思是橄榄球中的列阵争球。从近年发布的敏捷年度状态报告统计的结果来看,在诸多管理框架中,Scrum 仍然是运用最广泛的敏捷框架,Scrum 和 Scrum 与其他方法的混合使用占比约 80%。Scrum 团队合作、快速迭代、自组织和持续改进。Scrum 最初被用于软件开发项目的管理方法,现在则已经被广泛应用于其他领域,例如制造业、市场营销和医疗保健等。

Scrum 是一种迭代的增量化过程,用于产品开发或工作管理。是一种可以集合各种开发实践的经验化过程框架。Ken Schwaber 在《Scrum 指南》中阐述了 Scrum 的具体定义,即 Scrum 是一个轻量的框架,它通过提供针对复杂问题的自适应解决方案来帮助人们、团队和组织创造价值。

对于 Scrum 的执行而言,往往涉及三个角色。

（1）开发团队（team）

敏捷项目管理开发团队规模通常较小,但包含产品、设计、前端、后端、测试等多角色,是实际价值的产出者。

（2）产品负责人（product owner, PO）

产品负责人是产品样貌的主导者,负责决定产品功能以及功能开发的优先顺序。

（3）敏捷专家（scrum master, SM）

敏捷专家是团队的敏捷教练,负责在团队中促进 Scrum 实践的采用,帮助团队解决问题,确保 Scrum 流程的顺畅进行。

对于 Scrum 的执行,还需要有五种重要的活动支撑。

（1）冲刺（sprint）

指一个预定时间段内,团队要完成的一系列任务的集合。每个冲刺通常持续 1~4 周,时间段是固定的,团队需要在该时间段内完成所有任务并交付可用的成果。

（2）冲刺计划会议（sprint planning meeting）

冲刺计划会议的主要目的是完成产品待办列表的目标,设计一个有弹性的计划来引导开发过程,规划要做什么事和如何做这些事。在会议上,团队讨论要实现的目标、确定要完成的任务、评估任务的复杂程度和时间,以及制定完成任务的计划和策略。

（3）每日站会（daily standup meeting）

团队成员每天进行短暂的站立会议,讨论进展情况、遇到的问题和下一步的计划。该会议需要非常简短和精练,因为不希望会议举行得太久,所以采取站会的方式,通常只持续15 min 左右,旨在确保团队成员了解彼此的工作并保持沟通。

（4）冲刺评审会议（sprint review）

团队在冲刺评审会议中向客户展示已完成的任务,并根据反馈进行后续的规划。该会议是团队和客户之间的沟通渠道,可以让客户了解产品的实际进展情况,并提供反馈和建议。如果功能结果未能让客户满意,项目损失的也仅是一个冲刺周期的时间。

（5）冲刺回顾会议（retrospective meeting）

团队在冲刺回顾会议中回顾过去的冲刺,找出改进的机会,并在下一个冲刺中实施。该会议旨在促进团队的学习和持续改进,以便更好地满足客户需求,提高产品质量和团队效率。

3. 敏捷项目管理的优势

敏捷项目管理作为新兴的项目管理模式,简化了烦琐的流程和文档管理,主张团队内部的面对面沟通和交流。以 Scrum 为代表,简单、持续集成、不断交付、价值优先、拥抱变化的原则在面对时刻变化的市场经济和不断发展的技术时变得非常方便。

敏捷项目管理的优势主要有:

（1）专注于如何在最短的时间内实现最有价值的部分。

（2）每隔一两周或者一个月,就可以看到实实在在的可以上线的产品。

（3）团队按照商业价值的高低先完成高优先级的产品功能并自主管理,凝结了团队智慧创造出最好的方法,因而提高效率。

（4）能够在开发进程中不断检查,并做出相应调整,便于快速发现问题,促使团队和组织持续改进。

视频 5-5
敏捷项目
管理

本 章 小 结

基于项目的工作在当今社会中变得越来越普遍,项目管理的重要性开始不断显现。本章以项目的概念与特征为切入点,介绍了项目生命周期的概念、特征与阶段划分,分析了项目利益相关者的组成以及不同利益相关者的需求和期望;在此基础上,将项目管理的内涵逐步展开,继而深入分析了项目管理的五个过程和十个职能领域。

传统项目管理理论在面对当前越来越复杂的外部环境时遇到了很多新的挑战,比如项目的种类和客户需求的变化越来越多,项目管理流程越来越烦琐,企业提升核心竞争力的诉求越来越迫切等。为应对这些挑战,一些新的管理理念和方法开始出现,项目组合管理和敏捷项目管理就是其中的代表。本章针对这两种新的管理理念,分别分析了它们各自的内涵与优势,以点带面,介绍了当前背景下,项目管理理念发展的一些新思路、新方法和新动向。

课程思政案例

新冠疫情下的方舱
医院项目

习 题

一、单项选择题

1. 项目临时性的含义是指( )。
    A. 项目的持续时间很短　　　　　　　B. 项目有确定的开始和结束时间
    C. 项目在未来一个不确定的时间结束　D. 项目可以在任何时间取消

2. 确定项目是否可行是在( )完成的。
    A. 概念阶段　　　　　　　　　　　　B. 规划阶段
    C. 实施阶段　　　　　　　　　　　　D. 收尾阶段

3. 随着项目生命周期的进展,资源的投入( )。
    A. 逐渐变小　　　　　　　　　　　　B. 逐渐变大
    C. 先变小再变大　　　　　　　　　　D. 先变大再变小

4. 下列表述正确的是( )。
    A. 与其他项目阶段相比,项目收尾阶段与启动阶段的成本投入较少
    B. 与其他项目阶段相比,项目启动阶段的成本投入是较多的
    C. 项目从开始到结束,其风险是不变的
    D. 项目开始时,风险最低,随着任务的逐项完成,风险逐渐增多

5. 应对项目可交付成果负主要责任的是( )。
    A. 质量经理　　　　　　　　　　　　B. 高级管理层
    C. 项目经理　　　　　　　　　　　　D. 项目班子中的某个人

二、多项选择题

1. 下列属于项目的是(　　　　)。
   A. 举办一场婚礼　　　　　　　　B. 开发一种新的软件系统
   C. 提供金融服务　　　　　　　　D. 举办奥运会
   E. 管理一个公司

2. 项目的生命周期阶段中过程比较缓慢的是(　　　　)。
   A. 启动　　　　B. 规划　　　　C. 执行　　　　D. 收尾　　　E. 监控

3. 关于项目管理的特点,说法正确的是(　　　　)。
   A. 项目管理的体制是个人负责制
   B. 项目管理组织专门化
   C. 项目管理的方式是目标管理
   D. 项目管理的过程贯穿着系统工程的思想
   E. 项目管理的目标是让利益相关者满意

4. 项目的利益相关者可定义为(　　　　)。
   A. 与项目直接有关的个人和组织
   B. 使用项目产品的个人和组织
   C. 利益受项目执行过程或完成结果影响的个人和组织
   D. 任何项目可能涉及的个人和组织
   E. 与项目间接有关的个人和组织

三、思考题

1. 举例说明什么是项目。结合该具体项目分析项目的特征与属性。

2. 什么是项目管理? 项目管理的原则体现在哪些方面?

3. 查阅北京大兴国际机场项目资料,谈谈对项目与项目管理的认识。

4. 以粤港澳大湾区城际轨道线路(如广珠城际、广佛城际等)为例,识别项目的利益相关者,并分析利益相关者的需求和期望。

第 5 章习题答案

第6章

项目策划与范围管理

学习目标:

1. 掌握项目策划的定义和作用,熟悉项目前期策划的内容与方法,了解项目前期策划应注意的两类问题。
2. 理解项目范围管理的内涵,掌握项目范围管理的概念,了解确定项目范围的影响因素;熟悉包括项目范围定义、项目范围确认和项目范围变更控制在内的项目范围管理过程。
3. 掌握工作分解结构的概念及作用,熟悉编制工作分解结构的步骤;了解项目工作责任矩阵的概念与编制程序。

6.1 项目策划

6.1.1 项目策划的定义与作用

1. 项目策划的定义

项目策划是指将建设意图转换为定义明确、系统清晰、目标具体且具有策略性运作思路的高智力系统活动。项目策划是项目管理的前提,没有策划的项目管理,将会陷入管理事务的盲目和被动之中,没有科学管理作支撑的项目策划也将会成为纸上谈兵,缺乏实用价值。工程项目策划主要包括项目系统构思策划(建设前期)、项目管理策划(建设期间)和项目运营策划(建成后)。

2. 项目策划的作用

(1)构思项目系统框架。项目策划的首要任务是根据建设意图进行项目的定义和定位,全面构想一个待建项目系统。在项目定义和定位明确的前提下,需要提出项目系统框架,进行项目功能分析,确定项目系统组成。例如,要新建一所学校,其系统构成应包括建设教学楼、实验室、办公楼、食堂、体育设施,以及必要的教师宿舍、学生集体宿舍和浴室等其他生活设施。通过策划项目系统框架,应使项目的基本设想变为具体而明确的建设内容和要求。

(2)奠定项目决策基础。在通常情况下,项目的投资决策是建立在可行性研究基础之上的,而项目可行性研究不仅包含建设方案,而且需要充分考虑项目所赖以生存和发展的社会经济环境和市场。建设方案的产生,并不是由投资主体的主观愿望和某种意图的简单构想就能完成的,必须通过专家的总体策划和若干重要细节的策划(如项目定位、系统构成、目标设定及管理运作等的具体策划)并进行可能性和可操作性的分析,才能使建设方案建立在可运作的基础上。也只有在此基础上,才会使项目可行性研究所提供的结论具有可实现性。例如,项目融资方案、项目建设总进度目标等都对项目可行性研究结论产生重要影响,如果仅是从理想条件出发作出决定,在此条件下的可行性研究所得出的结论虽很乐观,但在项目实施过程中却不能按预想的融资方案运作,不能按预想总进度目标开展建设,项目实施的实际结果可能会与原来的可行性研究结论相悖。因此,只有经过科学、缜密的项目策划,才能为可行性研究和项目决策奠定客观而具有运作可能性的基础。

(3)指导项目管理工作。由于项目策划需要密切结合具体项目系统的整体特征,不仅把握和揭示项目系统总体发展的条件和规律,而且深入到项目系统构成的各个层面,还要针对各个阶段的发展变化对项目管理的运作方案提出系统的、具有可操作性的构想,因此,项目策划将直接成为指导项目实施和项目管理的基本依据。

6.1.2 项目前期策划的内容

项目策划是一个系统的、有步骤的过程。策划之所以按步骤进行,主要是为了使做出的策划条理清晰、简明易懂,能够更好地用来指导项目的实施过程。其内容包括以下几个方面。

(1)项目构思和选择。项目构思就是寻找项目机会,要根据市场行情、社会发展、人们偏好等方面选择能够产生较高回报的投资项目。有时,会产生多个构思,这需要上层管理者深思熟虑后,根据项目情况和组织现状,择优而取。

(2)项目目标设计。在选择某个项目后,就需要对项目进行全面、系统的调查研究,收集统计资料,评价现状,预测未来。根据研究结果,确定实施此项目所要达到的预期具体目标。项目的具体目标是指项目建设要达到的直接效果。不同性质项目的具体目标也是不同的。具体目标主要有:

1)效益目标

效益目标指项目要实现的经济效益、社会效益、环境效益、生态效益的目标值。对于经营性项目,其效益目标主要是对投资收益的具体目标值。如某工业项目确定其效益目标值为:项目投资所得税后财务内部收益率达到9%,项目资本金财务内部收益率达到11%;对于公共基础设施项目,其效益目标主要是指满足客观需要的程度或提供服务的范围。又如某城市水厂的效益目标主要是满足城东区所有单位及20万居民的供水需求;对于环境治理项目,其效益目标主要是指环境治理的效果。某城市水环境综合治理工程的效益目标主要是使城市污水处理率从36%提高到80%,并使河道水体达到符合旅游景观水质标准。

2）规模目标

规模目标指对项目建设规模确定的目标值。如某城市轨道交通 1 号线项目确定其建设规模为全长 28.7 km（其中高架线 20.8 km，地下线 7.9 km），设车站 22 座（其中高架车站 14 座，地下车站 8 座）和一个车辆基地等。

3）功能目标

功能目标指对项目功能的定位。例如，企业投资项目可供选择的功能目标有：

① 扩大生产规模，降低单位产品成本。

② 向前延伸，生产所需原材料，降低产品成本和经营风险。

③ 向后延伸，延长产品生产链，提高产品附加值。

④ 利用先进技术设备，提高产品的技术含量和质量。

企业必须根据本企业的总体发展战略与规划、主要经营方向以及国家经济社会发展规划、产业政策和技术政策、资源政策和环境政策的要求，研究确定建设项目的功能目标。

4）市场目标

市场目标指对项目产品（或服务）目标市场市场占有份额的确定。

例如，某光缆生产企业扩建光纤拉丝生产线项目，其宏观目标是推动我国光纤网络建设，促进我国信息产业发展，加速实现光纤的国产化，减少国家外汇支出；其具体目标：效益目标是项目投资所得税后财务内部收益率达到 15%，6 年回收全部投资；规模目标是年产单模光纤 120 万芯公里；功能目标是降低生产成本和提高竞争力，提高企业的财务效益，减少企业的经营风险；市场目标是 95% 以上的产品留作企业自用。

（3）项目定义。当明确项目目标后，就需要对项目进行定义。项目定义就是对项目性质、用途、范围、构成和其他的基本内容的描述，是对项目目标的详细说明。

（4）项目建议书。项目建议书是对项目目标、情况、问题、项目定义等工作的说明和细化，同时是后续工作的指标和依据。在项目建议书里，项目目标被转化成具体详细的项目任务。

（5）项目可行性研究。可行性研究的主要目的是考察项目工作能否实现项目目标及实现的程度如何，其结果也将作为项目决策的依据。可行性研究的基本要求有：

1）预见性。可行性研究不仅应对历史、现状资料进行研究和分析，更重要的是应对未来的市场需求、投资效益或效果进行预测和估算。

2）客观公正性。可行性研究必须坚持实事求是，在调查研究的基础上按照客观情况进行论证和评价。

3）可靠性。可行性研究应认真研究确定项目的技术经济措施，以保证项目的可靠性，同时也应否定不可行的项目或方案，以避免投资损失。

4）科学性。可行性研究必须应用现代科学技术手段进行市场预测、方案比选与优化等，运用科学的评价指标体系和方法来分析评价项目的财务效益、经济效益和社会影响等，为项目决策提供科学依据。

5）合规性。可行性研究必须符合相关法律、法规和政策，必须重视生态文明、环境保护和安全生产，充分考虑与建设和谐社会和美丽生活相适应。

（6）项目评价与决策。得出可行性报告后，就需要对项目进行财务、国民经济和环境等

方面的评价,考察项目能否满足这些方面的要求。最后,根据可行性研究和评价结果,对项目进行决策。项目决策应遵循的原则有:

1)科学决策原则

① 方法科学。项目决策要以科学的精神,采用经验判断、数学分析和试验等方法,运用先进的技术经济手段和多种专业知识,通过定性分析与定量分析相结合,实事求是地研究客观情况,采用多种可验证的方法得出结论。

② 依据充分。项目决策必须全面准确地掌握有关资料信息,符合国家和项目所在地的经济和社会发展规划以及产业政策、土地利用、环境保护、资源利用、能源节约、税收、投资等政策,符合有关技术、经济、工程方面的规范、标准等要求。

③ 数据可靠。项目决策要坚持实事求是,一切从实际出发,尊重事实,在调查研究的基础上,甄别数据合理性,保证数据来源可靠、计算口径一致和评价指标可比,保证分析结论的真实可靠。

2)民主决策原则

① 专家论证。无论是企业投资项目还是政府投资项目,在决策过程中根据需要可聘请项目相关领域的专家进行分析论证,以优化和完善建设方案。

② 独立咨询。决策者在决策过程中通常可委托有信誉、有能力的咨询机构对投资项目进行独立的调查、分析、研究和评价,提出咨询意见和建议,以帮助决策者正确决策。

③ 公众参与。对于政府投资项目和企业投资的重大项目,特别是关系社会公共利益的建设项目,在项目决策过程中采取多种公众参与形式,广泛征求各个方面的意见和建议,以使决策符合社会公众的利益诉求。

3)效益(效果)最大化原则

对于企业投资项目必须遵循市场规律,从提高企业市场竞争能力,实现经济效益、环境效益、生态效益和社会效益四者统一的社会责任目标出发,进行项目决策;对于政府投资的非经营性项目,社会效益和生态环境效益应为决策优先考虑的目标,主要满足社会需求和社会公共利益。

4)风险责任原则

按照"谁投资、谁决策、谁受益、谁承担风险"的要求,完善项目决策的责任制度、健全政府投资责任追究制度。对于采用直接投资和资本金注入等方式的政府投资项目,政府要审批项目建议书和可行性研究报告,政府可委托相应咨询机构或组织专家提供决策咨询,据此进行投资决策,并承担决策责任;企业投资项目可由企业自主决策。对极少数关系国家安全和生态安全、涉及全国重大生产力布局、战略性资源开发和重大公共利益等项目,政府应从维护社会公共利益角度进行核准。

5)可持续发展原则

为确保项目建设和经营的持续增长发展,必须牢固树立以人为本、创新、协调、绿色、开放、共享的发展理念,贯彻落实节约资源和保护环境的基本国策,像对待生命一样对待生态环境,要求项目建设不能超越当地或区域范围内的资源和环境的承载力。在企业投资项目核准和政府投资项目审批中,可持续发展原则已成为投资主管部门项目审批、核准和备案的重要条件,遵循行业准入制度要求,按照负面清单,严守生态红线,严格把控备案、核准、审批项目的合规性。

（7）项目管理策划。就项目的管理问题进行策划，形成项目管理规划等文件，例如，进行项目组织策划、项目实施过程策划等内容。

由于项目策划是按步骤进行的，因此策划内容就是策划的过程。

6.1.3 项目策划的方法

项目策划有多种方法，但每种方法只能解决整个项目的某些方面。要想得出完整、全面、准确、可靠的策划，必须综合运用各种方法。

（1）以科学为依据的策划方法。这要求策划人员对收集到的零散资料进行整理、归类，使其系统化，从对项目的个别性和特殊性的认识上升到共同性和一般性的认识。通过使用分类比较、归纳演绎和数理统计等科学方法，可以揭开问题的表面现象，让策划人员认识到项目的内在本质和发展规律，使项目的本来面貌浮出水面。

（2）以经验为手段的策划方法。有时，仅仅依靠分析统计数据的科学方法很难看出项目的本质和规律，这可能是因为数据不完整或不准确。很多时候，策划人员需要依靠自身的经验或专家的经验主观地认识项目。经验虽然是一种主观认识，但它大多是建立在对以往类似项目总结和概括的基础上，有其合理准确的一面，在策划过程中，有较高的利用价值。

（3）以规范为标准的策划方法。很多项目，如建筑工程项目，其设计、施工等工作，都有统一的规范要求。这些规范是本行业历经多年的经验总结，具有高度的普遍性和广泛的适用性。因此，在对这些行业内的项目策划时，一定要遵守规范要求，这样不仅能够节省时间，还能够在较大程度上保证项目策划的准确性和可靠性。

（4）系统的策划方法。项目策划过程是一个复杂、庞大的工作体系，只依靠一种方法恐怕很难做出完整、准确的策划。因此，在实际策划过程中，要做到具体问题具体分析，多种方法综合运用，相互检验其结果，寻求最准确、最合理的方法，以保证后续工作的顺利开展和项目的圆满完成。

6.1.4 项目前期策划应注意的问题

项目前期策划对项目的影响很大，一旦前期策划没有做好，所导致的损失将不可估量。一般而言，项目前期策划的投入较少，但对项目的影响最大。项目前期策划还应注意如下两个问题。

（1）在整个过程中必须不断地进行环境调查，并对环境发展趋向进行合理的预测。

项目环境是指对项目有影响的所有外部因素的总和，它们构成项目的边界条件。项目都处在一个经常迅速变化的环境中。环境对项目有重大影响，主要体现在：

1）环境决定着对项目的需求，决定着项目的存在价值。

2）环境决定着项目的技术方案和实施方案的可行性以及它们的优化。

3）环境是产生风险的根源。

项目环境调查是为项目的目标设计、可行性研究、决策、设计和计划、控制服务的。项目环境调查内容包括：政治环境，经济环境，法律环境，自然条件，项目基础设施、场地周围交通运输，项目各参加者（合作者）的情况等。

（2）在整个过程中有一个多重反馈的过程,要不断地进行调整、修改、优化,甚至放弃原定的构思、目标或方案。

6.2　项目范围管理

6.2.1　项目范围管理的内涵

1. 项目范围管理的概念

范围包括产品范围和项目范围两个方面。产品范围指在项目的可交付成果中将要包括的性能;项目范围,即项目的工作范围,为交付具有规定特性与功能的产品、服务或结果而必须完成的工作。产品范围决定项目范围,项目范围为产品范围服务。只有先弄清楚产品范围,才能弄清楚项目范围;只有项目范围做到位,才能全面实现产品范围。例如,某沿海道路建设项目,为了使道路具备汽车通行和行人通行的功能,就需要在中间修汽车道,在两边修人行道,在汽车道与人行道之间修绿化隔离带以及人行道外边修防护栏杆。如果把人行道外边的防护栏杆省略不做,就意味着项目范围没有做到位,自然就会影响到人行道功能(产品范围)的发挥。

项目范围管理是指确保项目完成全部规定所要做的工作,而且仅仅完成规定要做的工作,从而成功达到项目目标的管理过程。即在满足项目使用功能的条件下,对项目应该包括哪些具体的工作进行定义和控制。旨在确保做且只做所需要的全部工作,既不多余又不遗漏。如果遗漏,就会影响项目产品、服务或成果的功能的实现;如果多余,就会浪费资源,使一些资源失去用来做更有价值的事的机会。项目管理是一次性的任务,没有范围管理就没有明确的管理对象,就没有明确的职责界限,也就没有办法保证目标实现。项目范围管理主要包括项目范围定义、项目范围确认和项目范围变更控制等内容。

视频 6-1
项目范围管理的概念

2. 确定项目范围的影响因素

（1）项目的总目标、项目的环境条件和上层系统对项目的制约条件决定项目的总体范围。

（2）项目的过程责任决定项目的工作范围。项目的目标须经历项目实施的各个阶段,形成项目工作。

（3）项目实施和管理的其他责任决定项目的工作范围。有些项目的工作或活动是由其他责任产生的。例如按照《中华人民共和国环境保护法》,需要采取环境保护的措施,以及对周边建筑物的保护措施。有些项目工作是为实施过程服务的,不作为最终可交付的成果,如在项目过程中临时设施的搭设等。

3. 项目范围管理的作用

确定了项目范围也就定义了项目的工作边界,明确了项目的目标和主要的项目可交付成果。项目的可交付成果往往又被划分为较小的、更易管理的不同组成部分。因此,确定项目范围对项目管理来说可以产生如下作用:

（1）项目的范围是确定项目费用、时间和资源计划的前提条件和基准。项目的工作边界定义清楚了,项目的具体工作内容明确了,就为项目所需的费用、时间和资源的估计打下了基础。项目范围是项目计划的基础,项目范围确定了,就为项目计划和控制确定了基准。

（2）有助于分清项目责任,对项目任务的承担者进行考核和评价。项目范围的确定也就确定了项目的具体工作任务,为进一步分派任务、考核和评价打下了基础。

（3）项目范围是项目实施控制的依据。正确地确定项目范围对项目成功非常重要,如果要做哪些事情都不清楚,所谓的在规定的时间、成本和质量之下完成任务就是没有任何依据的。确定项目范围是很重要的,又是相当困难的。对软件开发项目、科研项目等软项目,确定项目范围就更为困难。

6.2.2　项目范围管理过程

1. 项目范围定义

项目范围定义就是把项目的主要可交付成果划分为较小的、更易管理的许多组成部分（即项目可交付成果）,最终定义和界定项目产出物范围的项目管理活动。项目范围定义的目的在于明确界定项目产出物和项目可交付成果及其各种约束条件等。项目范围定义给出的项目范围界定是下一步开展项目工作分解的依据,也是进行项目成本、项目时间和项目资源管理的基础之一。

项目范围分解实际上是一项对项目范围定义后给出的项目工作范围进行进一步细化和分解的项目范围管理工作,这一工作最主要的内容是对定义出的项目工作范围进行全面的分解,最终给出项目工作分解结构和项目工作分解结构词典等项目范围分解的文件。

项目工作分解结构描述了人们所要完成的项目工作范围,可以使人们能够清楚地知道整个项目要干什么工作和项目的可交付成果是通过开展哪些工作而生成的。所以,项目分解的核心内容是给出项目工作分解结构,尤其是明确项目工作分解结构中最下层的项目工作包。

2. 项目范围确认

项目范围确认是利益相关者对已完成的项目范围与相应的可交付成果正式验收的过程,即项目利益相关者最终认可和接受项目范围的过程。

在项目范围确认工作中,要对范围定义的工作结果进行审查,确保项目范围包含了所有的工作任务。项目范围确认可以针对一个项目的整体范围进行确认,也可以针对某个项目阶段的范围进行确认。项目范围确认要审核项目范围界定工作的结果,确保所有的、必需的工作都包括在项目工作分解结构中,而一切与实现目标无关的工作均不包括在项目范围中,以保证项目范围的准确。

核实项目范围包括审查可交付成果,确保每一项结果都令人满意。如果项目提前终止,则项目范围核实过程应当查明并记载完成的水平与程度。范围确认不同于质量控制,只表示业主是否接受完成的工作成果,质量控制一般先于范围确认进行,但两者也可以同时进行。

3. 项目范围变更控制

（1）范围变更原因

几乎没有一个项目能够自始至终按计划执行,时常会由于项目干系人的各种原因或外

部环境的变化引起项目范围的变化。造成范围变更的原因有很多,一般有以下几种情况:

1）项目的外部环境,如政府颁布新的法律法规、政策等。

2）客户引起的变更。例如,IT 项目中客户要求修改工作范围和需求等,这类变更代表着对最初项目范围的变更,将会对项目的进度、费用产生影响。

3）项目团队引起的变更。该类变更往往是增值变更。例如,项目实施过程中,项目团队发现项目设计方案不合理,提出设计变更建议;主动采用新工艺、新材料、新技术,以便提高项目产品的性价比。

4）在制定范围计划时存在失误或遗漏而引起的变更。在项目计划过程中,忽略了某些环节而引起的变更。例如,在建造房屋时,客户未将安装下水道列入工作范围,则应进行范围变更。

5）应对风险的变更。例如,地质条件的变化使得原先的设计方案不能满足要求则需要进行设计变更;罕见暴雨延缓了项目实施过程,则需进行进度变更。

项目执行过程中,上述原因均会导致项目范围的变化,范围的变化又会使得项目目标发生改变。项目变更控制就是针对项目范围发生的变化,采取相应的策略和方法进行处置,纠正计划与实施中产生的偏差,确保项目目标最终实现的过程。

（2）范围变更控制的基本要求

项目变更控制的目的并不是控制变更的发生,而是对变更进行管理,确保项目能够有序地进行,实践中对处于动态环境的项目变更进行有序的控制应遵循以下基本要求。

1）谨慎对待变更请求。对任何一方提出的变更请求,其他各方都应谨慎对待。确需变更时按照约定的变更方式、过程等进行。例如,承约方对客户提出的变更,在未对这种变更可能会对项目的工期、费用产生何种影响做出判断前,就不能随便同意变更。而应估计变更对项目进度和费用的影响程度,并在变更实施前得到客户的同意。客户同意了对项目进度和费用的修改建议后,所有额外的任务、修改后的工期估计、原材料和人力资源费用等均应列入计划。工作中应区分每个范围变更究竟是强制性的（如适应法律的变化）,还是非强制性的（如采用新技术）;对于非强制性的范围变更,要尽量避免。

2）制定变更计划。无论何种原因引起的变更,都必须对项目计划涉及的范围、预算和进度等进行修改。一旦这些变更被相关方同意,就应形成一个新的基准计划。

3）变更的实施。变更计划确定后,应采取有效措施加以实施,以确保范围变更达到既定的效果。其步骤如下:

① 明确界定范围变更的目标。范围变更的目的是适应项目变化的要求,实现项目预期的目标。这就要求明确范围变更的目标,并围绕着该目标进行变更,做到有的放矢。

② 优选变更方案。变更方案的不同影响着项目目标的实现,一个好的变更方案将有利于项目目标的实现,而一个不好的变更方案则会对项目产生不良影响。这就存在着变更方案的优选问题。

③ 做好变更记录。范围变更的控制是一个动态过程,它始于项目的变化,而终于范围变更的完成。在这一过程中,拥有充分的信息、掌握第一手资料是做出合理变更的前提条件。这就需要记录整个变更过程,而记录本身就是范围变更控制的主要内容。

④ 及时发布变更信息。范围变更最终要通过项目团队成员实现,所以范围变更方案一旦

确定以后,应及时将变更的信息和方案公布,使项目团队成员能够掌握和领会变更方案,以调整自己的工作方案,朝着新的方向去努力。同样,变更方案实施以后,也应通报实施效果。

在项目执行过程中,要特别注意可能出现的范围蔓延,即项目范围以一种不易察觉的方式逐渐发生变化,等到察觉时项目范围已经发生了实质性、与范围基准的重大偏离。在实际工作中,很容易发生范围蔓延,因为范围蔓延往往出自项目利益相关者的良好愿望,如客户要求采用不断出现的新技术、团队成员想要维护客户等。项目利益相关者可能错误地认为让项目团队多做一些事情会增加项目的价值,他们没有想到反而会降低项目的价值。随意增加哪怕是一小件工作,也可能给整个项目带来不小的干扰,更何况一件件新增小工作的积累将会使项目变得完全不符合既定的计划。任何未经批准的项目范围变更都是不允许的。为了尽早发现项目范围的偏离,就需要及时对照项目范围基准对范围的实际情况进行检查。日常的检查工作由项目团队自行开展,可交付成果形成时或阶段结束时的检查工作,则应该由项目团队和主要项目利益相关者联合进行。

6.2.3　项目工作分解结构

1. 工作分解结构概念及作用

工作分解结构(work breakdown structure, WBS)是为实现项目目标、创建可交付成果而对需要实施的全部工作范围的层级分解。通过对项目工作的逐层分解,把项目工作(高层级的可交付成果)分解成较小的、便于管理的组成部分(较小的可交付成果),每下降一个层次都代表对项目工作的更加详细的定义。工作分解结构每条分支最底层的细目(没有任何子细目的细目),被称为工作包。它是一种在项目全范围内分解和定义各层次工作包的方法,主要应用于项目的范围管理,是项目管理中最有用的工具之一。常见的表达形式有树型结构图和项目结构分析表。

进行工作分解是非常重要的工作,它在很大程度上决定项目能否成功。如果项目工作分解得不好,在实施的过程中难免要进行修改,可能会打乱项目的进程,造成返工、延误时间、增加成本等。工作分解结构在项目管理中主要有如下作用:

(1)保证项目结构的系统性和完整性,促使人们周全地考虑项目范围,分解结果代表被管理的项目范围和组成部分,防止遗漏或多列某些内容。这是项目结构分解最基本的要求。

(2)通过结构分解,使项目的形象透明,是项目干系人之间沟通的基础性文件,使项目利益相关者对项目的范围有清晰一致的认识。从而方便观察、了解和控制整个项目过程,同时可以分析可能存在的项目目标的不明确性。

(3)是编制项目进度计划、资源计划、成本计划、质量计划等的基础。项目的进度、资源、成本和质量都应该层层落实到工作分解结构的每个要素上。

(4)是进行项目组织设计的依据之一。需要把工作分解结构的每个要素都安排给项目团队中的某个人或部门来完成。

(5)是进行项目执行和监控的重要依据。应该依据工作分解结构以及在此基础上形成的项目计划,开展项目执行并监控项目执行情况。

(6)是考核项目是否完工的依据。应该依据工作分解结构所确定的可交付

视频 6-2
工作分解
结构

成果清单,来考核项目执行是否已经完成所要求的全部可交付成果,从而判断项目是否已经完成。

2. 编制工作分解结构的步骤

（1）识别项目的主要组成部分

1）问题：实现项目目标需要完成哪些主要工作？

2）技巧：可以按照项目生命周期的阶段、项目主要交付成果、功能划分。

3）层次：在 WBS 中处于第二层上,并在结构图形上标示出来。

（2）判断

1）在已经分解的基础上,判断能否快速方便地估算各个组成部分各自所需的成本和时间,以及责任分配的可能性与合理性。

2）如果不可以,则进入第三个步骤；如果可以,则进入第四个步骤。

（3）识别更小的组成部分

1）要完成当前层次上各个部分的工作,需要做哪些更细的工作？

2）这些工作是否可行？是否可核查？

3）它们之间的先后顺序是怎样的？

4）在 WBS 上标示出第三、四层。

5）判断能否快速方便地估算该层的各个组成部分各自所需的成本和时间,以及责任分配的可能性与合理性。如果不可以,则继续第三步；如果可以,则进入第四步。

（4）检查工作。可从三个方面检查分解结果的正确性,一是必要和充分性检查,二是完整和模糊性检查,三是可计划和控制性检查（分配工期、预算、资源和责任人）。具体可按以下四个步骤进行：

1）如果不进行这一层次的工作,上一层次的各项工作能否完成？

2）完成了该层的所有工作,上一层次的工作就一定能完成吗？

3）根据检查,对当前层的工作进行增加、删除或者修改,或者对上一层次的工作进行适当的整理。

4）本层各项工作的内容、范围和性质是否都已经明确？如果回答肯定,则需要写出相应的范围说明书,该说明书就是工作包的范围说明书；如果否定,则需要进行必要的修改和补充。

3. 编制 WBS 的方法

1）基于功能（系统）的分解结构,如图 6-2-1 所示。

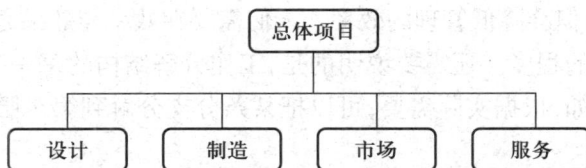

图 6-2-1　基于功能（系统）的分解结构

2）基于成果（系统）的分解结构，如图 6-2-2 所示。

图 6-2-2　基于成果（系统）的分解结构

3）基于工作过程的分解结构，如图 6-2-3 所示。

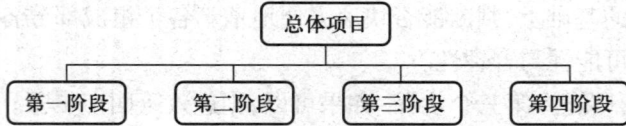

图 6-2-3　基于工作过程的分解结构

工作分解结构实例如图 6-2-4。

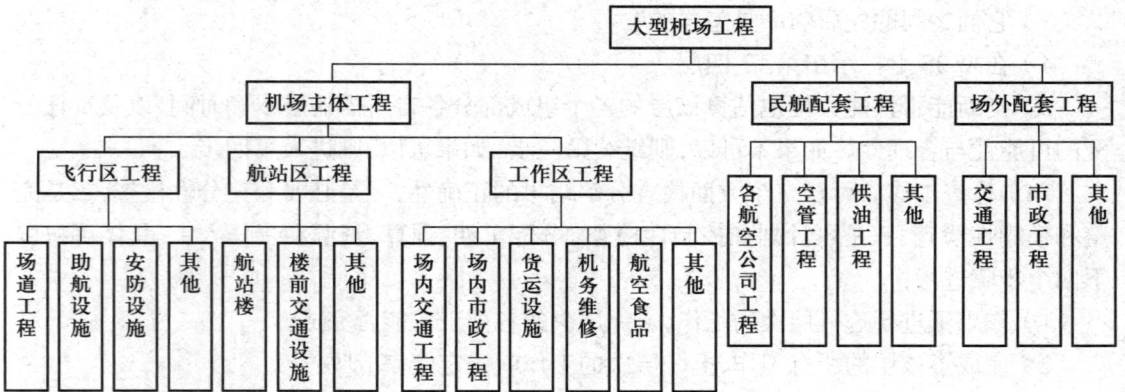

图 6-2-4　大型机场工程工作分解结构实例图

任何项目也并不是只有唯一正确的 WBS，如同一个项目按照产品的组成部分或根据生产过程分解就能做出两种不同的 WBS。没有好坏之分，更没有对错之分，只是基于不同的考虑而编制出的不同的工作分解结构。一个常见的问题可能是：工作分解结构究竟应该详细到什么程度？虽然没有绝对的标准，但可以从两个方面来判断：一是工作分解结构底层的每一个细目应该可以由一个团队成员或一个小组负责；二是工作分解结构底层的每一个细目都可以作为收集范围、进度、成本和质量等信息的最小工作单元。分解得越详细，就越有利于提高管理的效果，但会降低管理的效率。人们需要在效率与效果之间进行权衡，防止把工作分解到管不过来的程度。还需要说明的是，工作分解结构的每一条分支并不一定要分解到相同的层次。例如，根据实际需要，可以把某条分支分解到第 3 层，而把另一条分解到第 4 层或第 5 层。

4. 项目工作分解的基本原则

工作分解结构是为项目的计划和实施控制服务的，是计划和控制的主要对象，应遵循以下原则：

（1）在各层次上保持项目内容上的完整性，不能遗漏任何必要的组成部分。

（2）一个项目单元只能从属于某一个上层单元，不能同时交叉属于两个上层单元。如果发生这种情况，则可能在上层分解时界面不清楚。

（3）相同层次的项目单元应有相同的性质。例如，某一层次是按照实施的过程进行分解的，则该层次的单元均应表示实施过程。

（4）项目单元应能区分不同的责任者和不同的工作内容，项目单元应有较高的整体性和独立性，单元之间的工作责任、界面应尽可能明确，这样就会方便项目目标和责任的分解和落实，方便进行成果评价和责任的分析。

（5）分解的合理性还应体现在：

1）能方便地应用工期、质量、成本等管理方法和手段，方便项目目标的跟踪和控制。

2）符合计划和控制所能达到的程度。

3）分解出的项目结构应有一定的弹性（包括编码），应能方便地扩展项目的范围、内容和变更项目的结构。

5. 工作分解结构词典的建立

在编制出工作分解结构之后，紧接着就要编制工作分解结构词典（以下简称"WBS词典"），对工作分解结构中的每一个细目进行解释。WBS词典是工作分解结构必不可少的配套文件。工作分解结构相当于名词汇编，WBS词典则相当于名词解释，用来说明每一个细目究竟是什么、应该做成什么样子。

WBS词典中究竟应该包括哪些内容，应该详细到什么程度，没有统一的标准，应视项目的具体需要而定。如果项目工作是比较常规的，且团队成员很熟悉这些工作，那么WBS词典就可以非常简单，对每个细目的解释也许只需要一两句话；反之，WBS词典就应该比较详细。WBS词典通常包括：编码、工作包描述（内容）、成本预算、时间安排、质量标准或要求、责任人或部门或外部单位（委托项目）、资源配置情况、其他属性等，表6-2-1是一个WBS词典的示例。

表6-2-1　WBS词典示例

工作包	111 场道工程	所属控制账户	1110 飞行区工程
负责单位	某机场集团公司	协助单位	机场建设指挥部
具体解释	机场场道设施是保障航空器起降、滑行和停放的地面设施，场道主要位于飞行区内		
工作内容	完成跑道、停止道、净空道、升降道、滑行道、跑道端安全区、机坪建设工作后进行验收		
开工/完工日期	2016年9月，2019年6月		
质量控制方法	设计内容满足规范要求；PDCA循环法；用合同方式进行界面管理；优化施工组织设计，规范施工程序；建设单位加强质量监督管理		
进度控制方法	要求不同层次进度计划之间和同层次进度计划之间相互配合一致，并且均须服从于总进度计划，形成指导整个机场工程有序实施的进度计划系统		
成本控制方法	提升概预算水平；将施工中实际发生的各种消耗和支出严格控制在成本计划范围内；严格审查各项费用是否符合标准；计算实际成本和计划成本之间的差异并进行分析；消除施工中的损失浪费现象		
负责人签字			

6. 工作分解结构编码设计

对每个项目单元进行编码是现代信息化管理的要求。为了便于计算机数据处理,在项目初期应进行编码设计,建立整个项目统一的编码体系,确定编码规则和方法,并在整个项目中使用。这是项目管理规范化的基本要求,也是项目管理集成化的前提条件。

通过给每个项目单元以唯一的不重复的数字或字母标识,使它们互相区别。编码能够标识项目单元的特征,使人及计算机可以方便地"读出"这个项目单元的信息,如属于哪个项目、功能面、专业工程系统和实施阶段等。在项目管理过程中网络分析,成本管理以及数据的储存、分析、统计,均依靠编码识别。编码设计对整个项目的计划、控制和管理系统的正常运行都很关键。

项目的编码一般按照项目工作分解结构图,采用"父码+子码"的方法编制。如项目编码为 1,则属于本项目次层子项目的编码是在项目的编码后加子项目的标识码,即为 11、12、13、14,如此等等,而子项目 11 的分解单元分别用 111、112、113 等表示。从一个编码中能"读"出它所代表的信息,如 1121 表示项目"1"的子项目"1",功能面"2",工作包"1"。工作分解构编码示例如图 6-2-5 所示。

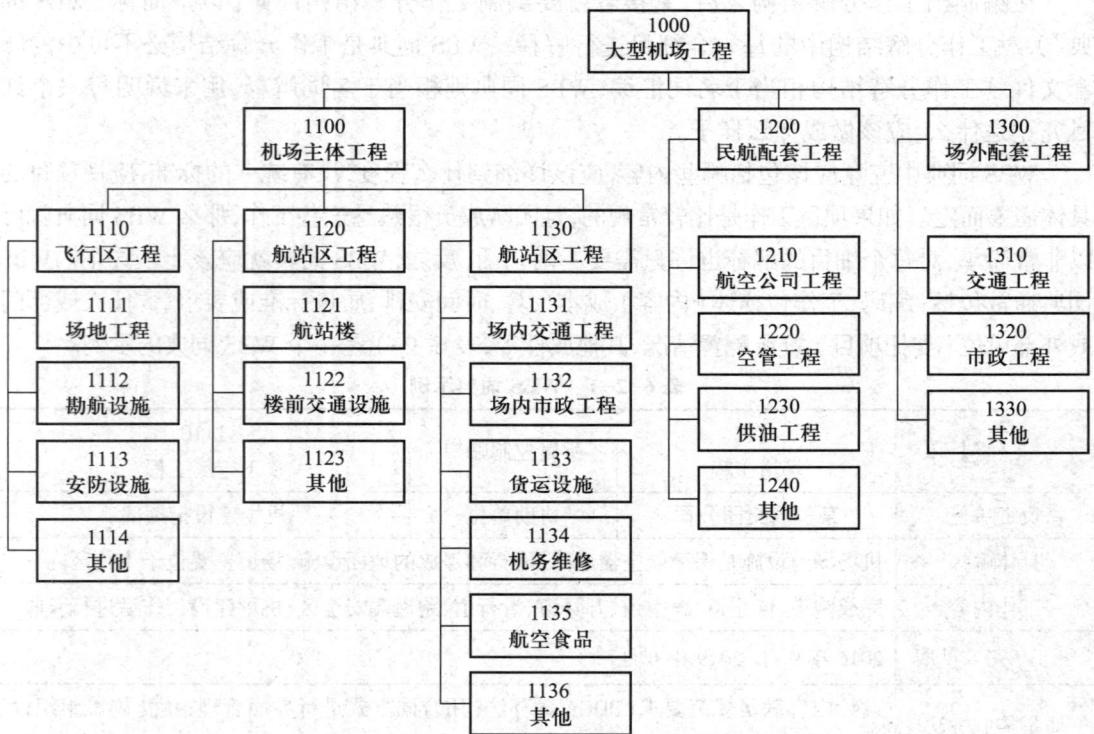

图 6-2-5   WBS 编码示例图

6.2.4   项目工作责任分配矩阵

在编制出工作分解结构之后,需要运用责任分配矩阵为工作分解结构中的每个细目指定唯一责任点,即对该细目的完成承担最终责任的某个部门或个人,并同时指定承担不同的协助责任的其他相关部门或个人。

1. 责任分配矩阵的概念

责任分配矩阵在工作分解结构的基础上建立，是一种将所分解的工作任务落实到项目有关部门或个人，并明确表示出他们在组织工作中的关系、责任和地位的一种方法和工具。责任分配矩阵是一种矩阵图，一般以组织单元为行，工作单元为列；矩阵中的符号表示项目有关部门或个人在每个工作单元中的参与角色或责任。在较大的项目上，可以有多个责任分配矩阵。较高层次的责任分配矩阵，是把较大的工作分配给一个个的部门；较低层次的责任分配矩阵，则是把很具体的工作分配给一个个的个人。因此，责任矩阵可以使用在 WBS 的任何层次。

责任分配矩阵明确表示出每项工作由谁负责、由谁具体执行，并且明确了每个人在整个项目中的地位。责任分配矩阵还系统阐明了个人与个人之间的相互关系，能使组织或个人充分认识到在与他人配合当中应承担的责任，从而能够充分、全面地认识到自己的全部责任。

责任分配矩阵是一种非常简单又实用的工具，不仅使每一个人或小组都明白自己对相关工作的责任，而且使每一个人或小组都能看到项目工作分配的全局。从行来看，你能看到与某一个工作有关的所有人或小组；从列来看，你能看到与每一个人或小组有关的所有工作。在项目实施的过程中，如果某项活动出现了错误，就很容易从责任分配矩阵中找出该活动的负责人或小组和具体执行人或小组，并且还可以针对某个子项目或某个活动分别制定不同规模的责任分配矩阵。

视频 6-3
工作责任
分配矩阵

2. 责任分配矩阵的制定

责任分配矩阵是一种展示项目资源在各个工作包中的任务分配的表格，目前应用已非常广泛。

责任分配矩阵的编制程序为：

（1）确定工作分解结构中所有层次最低的工作包，将其填在责任分配矩阵列中。

（2）确定所有项目参与者，填在责任矩阵的标题行中。

（3）针对每一个具体的工作包，指派个人或组织对其负全责。

（4）针对每一个具体的工作包，指派其余的职责承担者。

（5）检查责任矩阵，确保所有参与者都有责任分配，同时所有的工作包都已经确定了合适的责任承担人。

表 6-2-2 就是一个简单的，以 RACI 形式表现的房屋建设项目的责任分配矩阵的例子。其中职责分为四种类型，R 表示具体执行；A 表示所有者、签字确认者；C 表示咨询顾问；I 表示活动相关、需要被通知者或提供协助者。

表 6-2-2　RACI 责任分配矩阵

WBS 要素	工程管理部	安全质量部	计划合约部	综合事务部	场务后勤部门	指挥中心
1111 场地工程	R	C	I	I		A
1112 勘航设施	R	C	I	I		A

续表

WBS 要素	工程管理部	安全质量部	计划合约部	综合事务部	场务后勤部门	指挥中心
1113 安防设施	C	R	I	I		A
1114 其他	I	I	I	R	C	A
1121 航站楼	R	C	I	I		A
1122 楼前交通设施	R	C	I	I		A
1123 其他	I	I	I	R	C	A
1131 场内交通工程	R	C	I	I	I	A
1132 场内市政工程	R	C	I	I	I	A
1133 货运设施			C	I	R	A
1134 机务维修			C	I	R	A
1135 航空食品			C	I	R	A
1136 其他	I	I	I	R	C	A
1210 航空公司工程	R	C	I	I		A
1220 空管工程			C	I	R	A
1230 供油工程			C	I	R	A
1240 其他	I	I	I	R	C	A
1310 交通工程	R	C	I	I	I	A
1320 市政工程	R	C	I	I	I	A
1330 其他	I	I	I	R	C	A

　　RACI 矩阵,是一种比较常用的责任分配矩阵,但不是唯一的一种。人们也可以根据项目的具体需要,用其他形式来表现责任分配矩阵。在 RACI 矩阵中,对任何一项工作(WBS 要素)都只能出现一个 A,即唯一的最终责任点。

　　在较大的项目上,可以有多个责任分配矩阵。较高层次的责任分配矩阵,是把较大的工作分配给一个个的部门;较低层次的责任分配矩阵,则是把很具体的工作分配给一个个的个人。也就是说,责任分配矩阵的应用不局限于针对工作分解结构中的要素。

本 章 小 结

　　项目策划是项目管理的前提，没有策划的项目管理将会陷入管理事务的盲目性和被动之中。本章首先阐明了项目策划的定义和作用，继而具体介绍了项目前期策划的内容和方法，指出了项目前期策划过程中应注意的问题。项目范围管理的主要目标在于确保项目做且只做所需要的全部工作，项目范围管理的内容主要包括项目项目范围定义、项目范围确认和项目范围变更控制等内容，其中范围定义是其中的基础性过程，项目范围定义给出的项目范围界定是下一步开展项目工作分解的依据，也是进行项目成本、项目时间和项目资源管理的基础之一。工作分解结构则是项目范围定义过程中最常用的工具之一，本章说明了这一工具的概念和作用，介绍了其编制步骤、方法和基本原则，最后介绍了项目工作责任分配矩阵的概念和编制程序。

课程思政案例

超级工程——港珠澳大
桥成就举世瞩目

习　　题

　　1. 何为项目策划？项目策划的作用有哪些？

　　2. 项目前期策划的内容有哪些？

　　3. 项目范围管理的作用有哪些？

　　4. 工作分解结构在项目管理中主要有哪些作用？

　　5. 项目工作分解的基本原则有哪些？

　　6. 结合自己所学的专业，选取项目进行工作结构分解，并进行 WBS 编码和工作责任分配。

第 7 章

项目组织管理

学习目标:

1. 了解项目组织的概念与特点,熟悉项目组织策划的内容和原则,掌握工程项目不同承发包方式的概念和特点。
2. 掌握三种常见的项目组织形式及其优缺点,并能够按照具体情况合理选择适用的项目组织形式。
3. 了解项目经理的责任与权力,熟悉项目经理需要具备的素质与能力。
4. 熟悉项目团队的概念,了解项目团队组建的步骤,了解项目团队的学习与激励方式。

7.1 项目组织管理概述

7.1.1 项目组织的概念与特点

1. 项目组织的概念

"组织"作为名词时是指有意识形成的职务或职位的结构。通过组织把生产要素(人员、材料、设备、技术和资金)有效地整合起来以实现组织目标。组织实际上是专业分工与协作的必然产物。专业分工有利于提高员工在某一方面的专业技能,从而提高工作效率和效果;但是稍微复杂一点的工作又需要多个专业的相互协调和配合,在共同目标下相互协调的一群人比单一个人能够更有效地完成比较复杂的工作任务,这便产生了组织。例如,一般一个企业从上到下、从左到右会确定若干纵向、横向的职务或职位,而这些职务或职位之间并不是孤立的,为了实现组织目标之间存在相互联系,从而形成组织结构。

一个项目一旦确立,首先就要面临两个问题:一是必须确定项目与公司的关系,即项目的组织结构;二是必须确定项目内部的结构和团队建设。从项目管理的角度来说,项目组织是指由一组个体成员为实现具体的项目目标而组织的协同工作的队伍。一般来说,几乎所有的项目都需要一个团队来完成,因而就必须建立项目组织,以便更加高效地完成项目目标。

2. 项目组织的特点

（1）项目组织的临时性

由于项目是一次性的,而项目的组织是为项目的实施服务的,因此项目终结了,其组织的使命也就完成了。项目组织与项目一样,也具有生命周期。项目组织的临时性,是其区别于企业组织的一大特点,对项目组织的运行、参加者的组织行为、团队建设和沟通管理影响深远。

（2）项目组织的柔性化和扁平化

所谓柔性即是可变的。项目的组织打破了传统的固定建制的组织形式,通常没有明显的组织边界,而是根据项目生命周期各个阶段的具体需要适时地调整组织的配置,以保障组织的高效、经济运行。

项目是一次性的事业,面临较大的风险,处理问题要有较大的灵活性和较快的反应速度。这就要求要尽量缩短组织中的信息传递路线,减少决策层次,实现员工之间的充分沟通和信息共享。同时,项目组织中的成员大多是各方面的专家,受教育程度较高,工作能力较强,对工作自主性的要求也较高。对于风险迅速响应和专家级的成员,纵向式管理就明显不适用。

（3）项目组织强调协调和沟通

由于项目具有较高的不确定性和风险性特征,因此需要组织内部进行大力协作和充分沟通,发挥集体的智慧,以减少突发性问题带来的影响。

（4）项目组织跨职能部门

项目经常是跨专业的,而项目经理不可能在所有领域都是专家,必须充分依靠专家的作用。项目需要多领域专业人员的协作和分工,其成员一般来自多个部门或单位,因此需要充分的横向协调。

7.1.2 项目组织策划的内容和原则

项目组织策划是指由某一特定的个人或群体按照一定的工作规则,组织各类相关人员,为实现某一项目目标而进行的,体现一定功利性、社会性、创造性和时效性的活动。

1. 项目组织策划的内容

（1）组织结构策划

项目管理的组织结构存在几类基本模式,项目管理组织结构策划就是以这几种基本模式为基础,根据项目实际环境情况分析,应用其中一种基本组织形式或多种基本组织形式组合设计而成。

（2）任务分工策划

在组织结构策划完成后,应对各单位部门或个体的主要职责进行分工。项目管理任务分工是对项目组织结构的说明和补充,将组织结构中各单位部门或个体的职责进行细化扩展,它也是项目管理组织策划的重要内容。项目管理任务分工体现组织结构中各单位部门或个体的职责任务范围,从而为各单位部门或个体指出工作的方向,将多方向的参与力量整合到同一个有利于项目开展的合力方向。

（3）管理职能分工策划

管理职能分工与任务分工一样也是组织结构的补充和说明,体现在对于一项工作任务,组织中各任务承担者管理职能上的分工,与任务分工一起统称为组织分工,是组织结构策划的又一项重要内容。

（4）工作流程策划

项目管理涉及众多工作,其中就必然产生数量庞大的工作流程。例如,依据建设项目管理的任务,项目管理工作流程可分为投资控制、进度控制、质量控制等管理工作流程等,每一流程组又可随工程实际情况细化成众多子流程。

2. 项目组织策划的原则

项目组织策划原则是结合项目特性而产生的组织策划的指导思想,是项目组织构思过程中必须遵循的工作原则。项目组织策划的原则主要包括以下几方面:

（1）目标统一原则

任何一个项目都有其特定的任务和目标,项目的各个参与方从属于不同组织,具有不同的利益和不同的目标,但要使一个组织高效运转,各个参与方必须有统一的目标。

（2）整体性原则

项目管理组织策划时需要以系统论的思想来指导。项目组织是一个由若干子系统组成的总系统,在组织策划时对于部门设置、层级关系管理跨度、授权范围等都应从全局性出发,使项目组织形成一个有机整体。

（3）统一指挥原则

项目的独特性、约束性和成果不可挽回性要求项目管理应有统一指挥,项目组织也应遵循这个原则。

（4）责权利平衡原则

在项目管理组织策划中,对项目成员委以重任的同时,应明确责任,给予必要的权力并享有相应的利益,这是充分调动各级管理部门和管理人员工作积极性的重要手段。

（5）分工协作原则

分工有利于专业化水平提高,责任划分明确,是提高工作效率的有效手段。协作是组织内部门之间、个人之间的协调配合。组织中各部门不可能脱离其他部门单独运行,必须与其他部门之间相互协作、相互配合,才能实现项目目标。因而,项目管理组织策划时要做到分工合理,协作明确。

（6）集权与分权相结合原则

要想保证项目的有效管理,必须把该集中的权力集中起来,该授予的权力授予下去。这样不但能使高层领导把工作重心放在项目的战略性、方向性的大问题上,而且能够充分发挥下属的积极性和创造性,以保证管理效率的提高。

（7）管理幅度合适原则

管理幅度是指一个管理者直接指挥和监督的下属的数目;管理层次是指一个组织从最基层到最高层的权力层次数目。在组织规模一定的情况下,管理幅度和管理层次成反比。

管理幅度和管理层次的反比关系大小,决定了组织结构从扁平到锥形(金字塔形)的变化。扁平结构的组织,管理幅度较大,管理层次较少;锥形结构则相反。在扁平化的组织中,纵向的信息传递路线短,信息传递过程中的失真程度较低,组织的反应速度较快和适应性较强,员工的工作自主权较大,有利于发挥他们的主观能动性。扁平化组织的缺点是,不利于管理者对下级进行充分、有效的监督和指挥;如果员工素质差、工作能力差,就比较容易出现失控状态。扁平化的组织对员工的素质要求很高。锥形组织的优缺点与扁平化组织相反。项目组织策划时也要设定适当的管理幅度和管理层级,这也是建立高效率项目组织机构的基本条件。

(8)弹性原则

项目管理组织应该随着项目的进展,所涉及范围的大小,子项目的多少以及所需专业领域的不同,对项目组织机构进行动态的调整。其弹性还表现在部门的弹性、岗位的弹性以及职务的弹性等。

7.1.3　工程项目承发包方式

对一个具体的工程项目,其承发包方式(即 WBS 中活动的发包组合方式)是非常多的。在现代工程项目中,不同的工程承发包模式,对于工程实施的管理导向是不同的,例如,施工合同条件下是过程控制导向,而工程总承包合同条件下是功能或结果导向的。不同类型的承发包模式具有各自优点、缺点和适用条件。

1. 分阶段分专业工程平行承发包

即业主将设计、设备供应和土建、安装、装饰等任务分别委托给不同的承包商,各承包商分别与业主签订合同,对业主负责(图 7-1-1),各承包商之间没有合同关系。又称为设计 – 招标 – 建造(design-bid-build, DBB)模式。

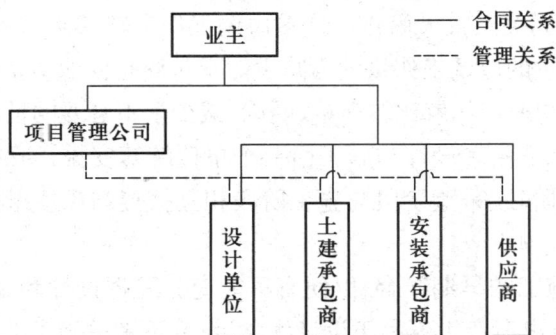

图 7-1-1　平行承发包模式

分阶段分专业工程平行承发包方式的特点如下:

(1)业主有大量的管理工作,管理太细;需要对出现的各种工程问题作中间决策;需多次招标;项目计划必须周全、准确、细致,需要严格地实施控制,因此在项目前期需要比较充裕的时间。

(2)业主必须负责各承包商之间的协调,确定他们的工作范围和责任界限,对各承包商之间互相干扰造成的问题承担责任,在整个项目的责任体系中会存在着责任"盲区"。例如,由于设计单位拖延造成施工现场图纸延误,土建和设备安装承包商向业主提出工期和费用索赔,而设计单位又不承担,或承担很少的赔偿责任。

(3)设计和施工分离。设计不管施工,缺乏对施工的指导和咨询,而施工单位对设计没有发言权,设计单位和施工承包商对技术方案的优化和创新的积极性都不高。

(4)在大型工程项目中,业主将面对很多承包商(包括设计单位、供应单位、施工单位),直接管理承包商的数量太多,管理跨度太大,容易造成项目协调的困难,造成项目中的混乱和失控现象,最终导致总投资的增加和工期的延长。

(5)工程项目的实施是按顺序进行,一个阶段结束后,后一个阶段才能开始。因此,该模式的工程建设周期长。

(6)业主可以分阶段进行招标,通过协调和组织管理加强对工程的干预。同时各承包商的工程范围容易确定,责任界限比较清楚。承包商之间,以及设计、工程承包、供应商之间存在着一定的制衡,如各专业设计、设备供应、专业工程施工之间存在制约关系。

因此,业主必须具备较强的项目管理能力,当然也可以委托项目管理公司进行工程管理。长期以来,我国的工程项目多数采用这种承发包方式。

2. 工程总承包模式

工程总承包是指总承包商按照与业主签订的合同,对工程设计、采购、施工或者设计、施工等阶段实行总承包,并对工程的质量、安全、工期和造价等全面负责的工程建设组织实施方式。工程总承包是国际通行的建设项目组织实施方式,自《国务院办公厅关于促进建筑业持续健康发展的意见》(国办发〔2017〕19 号)中明确提出加快推行工程总承包发布以来,在国内也呈明显上升趋势。

工程总承包方式的特点如下:

(1)合同关系简单,组织协调工作量小,责任明确,业主承担风险较低。业主只与总承包商签订一个合同,合同关系大大简化。许多协调工作量转移到总承包单位内部及其与分包单位之间,这就使业主的协调工作量大为减少。承包商是向业主负责的唯一责任方,在这种情况下,业主的管理沟通工作就比较简单、明确,减少了不必要的扯皮和争端。

(2)缩短建设周期。由于设计与施工由一个单位统筹安排,使两个阶段能够有机地融合,一般都能做到设计阶段、采购阶段与施工阶段相互搭接与深度融合,因此对进度目标控制有利。

(3)促进设计与施工的早期结合,以便有可能充分发挥设计和施工双方的优势。有效地避免了设计与施工分离所产生不利于设计优化、设计不考虑施工的可行性、施工者按图施工等弊端,有利于优化设计、节省投资、提高项目价值。

(4)一般采用总价合同,利于投资控制。能够最大限度地调动承包商设计与施工的统筹考虑,可以提高项目的经济性,从价值工程或全寿命费用的角度可以取得明显的经济效果,但这并不意味着总承包的价格必然低,这是由于承包商责任大、风险高,因此承包商在承接总包工程时会考虑管理投入成本、利润和风险等因素,工程总承包合同的工程造价水平可能偏高。

(5)业主择优选择承包商范围小,招标发包工作难度大。但是有利于发挥承包商的技术和管理优势,促进企业做优做强,推动产业转型升级,服务于国家的"一带一路"倡议。

（6）业主主要是通过EPC合同对EPC承包商进行监管,对工程实施过程参与程度低,控制力度较低;业主一般不能直接参与设计分包和施工分包商的选择,对设计效果缺乏控制力,质量控制难度大。

（7）对承包商的要求很高,承包商承担的风险较大。对业主来说,承包商资信风险很大,必须加强对承包商的宏观控制,选择资信好、实力强、适应全方位工作的承包商。承包商不仅需要具备各专业工程施工力量,而且需要很强的设计能力、管理能力和供应能力,甚至需要很强的项目策划和融资能力。由于业主不提供具体的施工图纸,所供资料较粗略,设计构想与施工方案不确定,或者频繁变化,由此造成实际工程量与预估有较大差异,承包商势必承担较大的风险。

工程总承包主要有设计、采购、施工（EPC）总承包（如图7-1-2所示）和设计、施工（DB）总承包（如图7-1-3所示）两种方式。

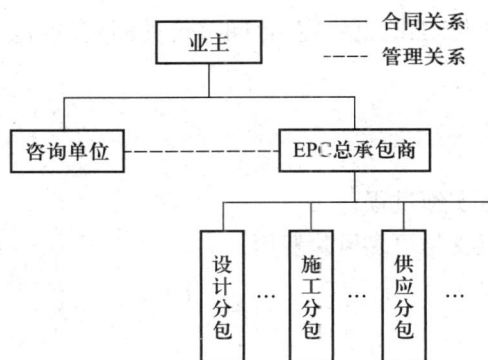

图7-1-2 EPC总承包模式   图7-1-3 DB总承包模式

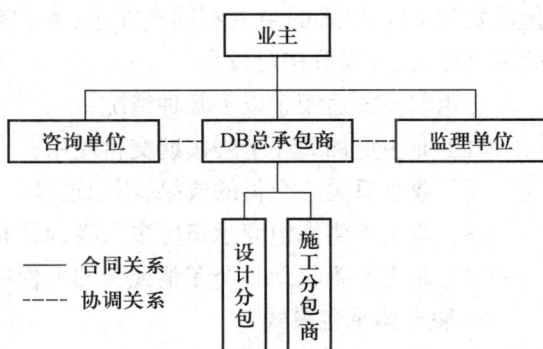

在符合有关法律法规政策的前提下,总承包商可以将部分设计、施工、供应工作分包出去。

通过分析FIDIC合同条件,设计、采购、施工总承包（EPC）和设计、施工总承包（DB）的不同之处主要体现在六个方面,两种模式对比如表7-1-1所示。

表7-1-1 设计、采购、施工总承包（EPC）和设计、施工总承包（DB）对比分析

序号	不同之处	设计、采购、施工总承包（EPC）	设计、施工总承包（DB）
1	承包范围不同	承包内容包括工艺装置和工艺设备的采购安装等内容	包括设计、施工两项工作内容,不包括工艺装置和工艺设备的采购安装等
2	业主管控不同	业主采用松散的监督机制,没有控制权,故极少干预EPC项目的实施	业主采用严格的控制机制,委托工程师对总承包人进行全过程监督管理
3	管理模式不同	业主管理或指派业主代表,不设立工程师,被授予的权力较小	业主指派工程师进行管理,一般为独立公平执行职务的咨询工程师
4	设计范围不同	设计工作重,可以包括方案设计、初步设计和施工图设计	设计任务较轻,大多只包括施工图设计,仍以施工任务为主

续表

序号	不同之处	设计、采购、施工总承包（EPC）	设计、施工总承包（DB）
5	风险分配不同	较多风险分配给承包人，投标人需更多负责与工程有关现场水文地下及其他条件的数据，并审查和评价这些数据和风险	各方之间平衡地分配风险
6	适用领域不同	更广泛应用于以大型装置或工艺过程为核心的工业建设领域	多见于基础设施和房建项目

交钥匙（turnkey）总承包模式是设计、采购、施工工程总承包商向两头扩展延伸而形成的业务和责任范围更广的总承包模式，其中总承包商不仅承包工程项目的建设实施任务，而且提供建设项目前期筹划、方案选择、可行性研究和运营准备工作的综合服务。交钥匙总承包模式与 EPC 模式的主要不同点在于：承包范围更大，工期更稳定，合同总价更固定，承包商风险更大，合同价相对较高。

交钥匙模式适用于以下几种情况：

（1）业主更加关注工程按期交付使用；

（2）业主只关心交付的成果，不想过多介入项目实施过程；

（3）业主希望承包商承担更多风险，而同时愿意支付更多风险费用；

（4）业主希望收到一个完整配套的工程项目。

3. 联合体承包模式

当工程项目规模巨大或技术复杂，以及承包市场竞争激烈，由一家公司总承包有困难时，可以由几家公司联合起来成立联合体（joint venture，JV）去竞争承揽工程建设任务，以发挥各公司的特长和优势。联合体通常由一家或几家公司发起，经过协商确定各自投入联合体的资金份额、机械设备等固定资产及人员数量等，签署联合体协议，建立联合体组织机构，产生联合体代表，以联合体的名义与建设单位签订工程承包合同。

采用联合体承包模式的特点：

（1）对建设单位而言，与总分包模式相同，合同结构简单，组织协调工作量小，而且有利于工程造价和建设工期的控制。

（2）对联合体而言，可以集中各成员单位在资金、技术和管理等方面的优势，克服单一公司力不能及的困难，不仅可增强竞争能力，而且也可增强抗风险能力。

4. 政府和社会资本合作（PPP）模式

政府和社会资本合作（public-private partnership，PPP）模式是政府和社会资本在风险分担、利益共享的基础上建立并维持长期的合作伙伴关系，通过发挥各自的优势及特长，最终为公众提供质量更高、效果更好的公共产品及服务的一种项目投融资方式。政府和社会资本合作模式是在基础设施及公共服务领域建立的一种长期合作关系。通常模式是由社会资本承担设计、建设、运营、维护基础设施的大部分工作，并通过"使用者付费"及必要的"政府付费"获得合理投资回报；政府部门负责基础设施及公共服务价格和质量监管，以保证公共利益最大化。

根据《关于印发政府和社会资本合作模式操作指南（试行）的通知》（财金〔2014〕113号）的规定：投资规模较大、需求长期稳定、价格调整机制灵活、市场化程度较高的基础设施及公共服务类项目，适宜采用政府和社会资本合作模式。政府和社会资本合作（PPP）模式涉及的行业可分为能源、交通运输、水利建设、生态建设和环境保护、市政工程、片区开发、农业、林业、科技、保障性安居工程、旅游、医疗卫生、养老、教育、文化、体育、社会保障、政府基础设施、其他等 19 个一级行业。政府和社会资本合作（PPP）模式不但可以用于新建项目，而且也可以在存量、在建项目中使用。

政府和社会资本合作（PPP）的运作方式有很多种。根据财政部《政府和社会资本合作模式操作指南（试行）》，政府和社会资本合作（PPP）项目运作方式主要包括委托运营、管理合同、建设－运营－移交、建设－拥有－运营、转让－运营－移交和改建－运营－移交等。具体运作方式的选择主要由收费定价机制、项目投资收益水平、风险分配基本框架、融资需求、改扩建需求和期满处置等因素决定。

5. Partnering 模式

Partnering 模式于 20 世纪 80 年代中期首先在美国出现，到 20 世纪 90 年代中后期，其应用范围逐步扩大到英国、澳大利亚、新加坡、中国香港等国家和地区，近年来日益受到工程管理界的重视。Partnering 一词看似简单，但要准确地译成中文却比较困难。我国有学者将其译为伙伴关系或合作关系。

Partnering 模式的主要特征：

（1）出于自愿。Partnering 协议并不仅仅是建设单位与承包单位之间的协议，而需要工程建设参与各方共同签署，包括建设单位、总承包单位、主要的分包单位、设计单位、咨询单位、主要的材料设备供应单位等。参与 Partnering 模式的有关各方必须是完全自愿，而非出于任何原因的强迫。

（2）Partnering 协议不是法律意义上的合同。Partnering 协议与工程合同是两个完全不同的文件。在工程合同签订后，工程建设参与各方经过讨论协商后才会签署 Partnering 协议。该协议并不改变参与各方在有关合同中规定的权利和义务，主要用来确定参与各方在工程建设过程中的共同目标、任务分工和行为规范。

（3）高层管理的参与。由于 Partnering 模式需要参与各方共同组成工作小组，要分担风险、共享资源，因此，高层管理者的认同、支持和决策是关键因素。

（4）信息的开放性。Partnering 模式强调资源共享，信息作为一种重要的资源，对于参与各方必须公开。同时，参与各方要保持及时、经常和开诚布公的沟通，在相互信任的基础上，要保证工程造价、进度、质量等方面的信息能被参与各方及时、便利地获取。

值得指出的是，Partnering 模式不是一种独立存在的模式，它通常需要与工程项目其他组织模式中的某一种结合使用。

7.2　项目组织结构

项目组织的形式对于项目最终的成败有很大影响，常见的项目组织形式有：职能式组织结构、项目式组织结构和矩阵式组织结构。

7.2.1　职能式组织

职能式组织形式是按职能以及职能的相似性来划分部门,这种组织形式属于纵向划分组织结构,如图 7-2-1 所示。在这种组织形式中,各职能部门在自己职能范围内独立于其他职能部门进行工作,各职能人员接受相应的职能部门经理或主管的领导。

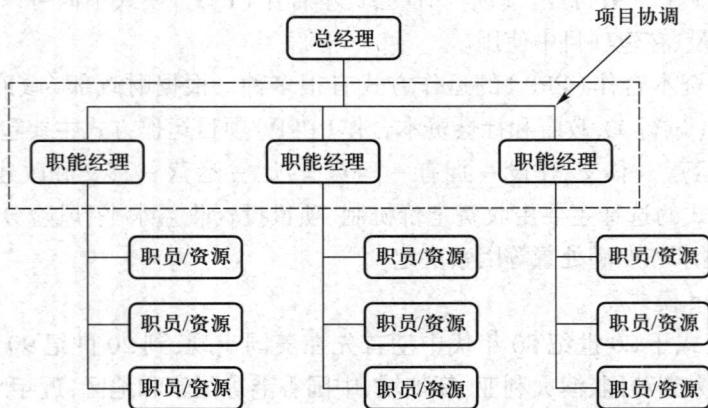

图 7-2-1　职能式组织

采用职能式组织形式的企业在进行项目工作时,各职能部门需要根据项目的情况承担本职能范围内的工作。每个职能部门只有唯一的一个上级领导或上级部门,即上下级呈现直线型的领导与被领导的权责关系,一级服从一级,上级工作部门在所管辖的范围内对直接下级具有直接的指挥权。也就是说企业主管根据项目任务需要从各职能部门抽调人员及其他资源组成项目实施小组。例如,开发新产品可能要从营销、设计及生产部门各抽调一定数量的人员形成开发小组,当项目进行时,设计人员只对设计部门经理(职能经理)负责,生产部门经理无权对设计人员下达命令。

这样的组织界限并不十分明确,由于他们并没有脱离原来的职能部门,项目实施的工作多数属于兼职工作性质,小组成员既要完成项目工作又需完成本职能部门的任务。这样的项目组织的另一特点是没有明确的项目经理,当涉及职能部门之间的项目事务和问题时,各种职能的协调只能由处于职能部门顶部的主管或经理来协调。例如,一个开发新产品的项目,若营销人员与设计人员发生矛盾,只能由营销部门经理与设计部门经理来协调处理,同样各部门调拨给项目实施组织的人员及资源也只能由各部门经理决定。

1. 职能式组织的优点

(1)有利于企业技术水平的提升。由于职能式组织是以职能的相似性划分部门的,同一部门的人员可以交流经验及共同研究,有利于专业人才专心致志钻研本专业领域理论知识,有利于积累经验、提高业务水平。同时这种结构为项目实施提供了强大的技术支持,当项目遇到困难时,问题所属职能部门可以联合攻关。

(2)资源利用的灵活性与低成本。在职能式组织形式中,项目实施组织中的人员或其他资源仍归职能部门领导,因此职能部门可以根据需要分配所需资源,当某人从某项目退出或闲置时,部门经理可以安排他到另一个项目去工作,可以降低人员及资源的闲置成本。

（3）有利于从整体协调企业活动。由于每个部门或部门经理只能承担项目中本职能范围的责任，并不承担最终成果的责任，而每个部门经理都直接向企业主管负责，因此，要求企业主管要从全局出发进行协调与控制。有学者认为该组织形式"提供了在上层加强控制的手段"。这种从整体上对组织的控制，有利于企业的长远发展和稳定性。

2. 职能式组织的缺点

（1）协调的难度加大。由于职能的差异性及本部门的局部利益，每个职能部门经理容易从本部门的角度去考虑问题，而且项目经理和部门经理之间存在许多交叉，当发生部门间冲突时，部门经理之间很难进行协调。项目不是全部工作，这会影响企业整体目标的实现。

（2）项目组成员责任淡化。由于项目实施组织成员只是临时从职能部门抽调而来，有时工作的重心还在职能部门，因此很难树立积极承担项目责任的意识。尽管说在职能范围内承担相应责任，但是职能部门的工作方式常常是面向本部门的活动，而项目是由各部门组成的有机系统，必须有人对项目总体承担责任，职能式组织不能保证项目责任的完全落实。

（3）对环境适应性差。在职能式组织形式中，客户不是项目活动关心的焦点，对客户要求的响应比较迟缓和艰难。如果项目处于多变的环境中，而职能式组织很难快速依据客户的需求来对各种资源进行协调，从而降低了客户的满意度。

视频 7-1
职能式组织

职能式组织适合公司的内部需要协调的工作较少、规模较小的项目。

7.2.2 项目式组织

项目式组织形式是按项目划归所有资源，属于横向划分组织结构。即每个项目有完成项目任务所必需的所有资源，每个项目的实施组织有明确的项目经理，责任明确，对上直接接受企业主管或大项目经理领导，对下负责本项目资源的运用以完成项目任务。每个项目之间相互独立。项目式组织形式如图 7-2-2 所示。

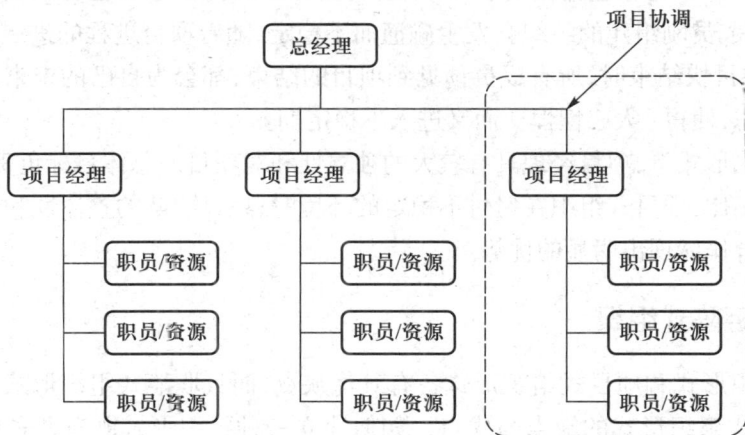

图 7-2-2　项目式组织

如某企业有 A、B、C 三个项目，企业主管按项目 A、B、C 的需要获取并分配人员及其他资源，形成三个独立的项目组 A、项目组 B、项目组 C，项目结束以后项目组织随之解散。这种组织形式适用于规模大、项目多的公司。

1. 项目式组织的优点

（1）目标明确及统一指挥。项目式组织是基于某项目而组建的,圆满完成项目任务是项目组织的首要目标,而每个项目成员的责任及目标也是通过对项目总目标的分解而获得的。项目成员只受项目经理领导,不会出现多头领导的现象。

（2）有利于项目控制。由于项目式组织按项目划分资源,项目经理在项目范围内具有绝对的控制权,因此从项目角度讲有利于项目进度、成本、质量等方面的控制与协调,项目经理不需要通过职能部门经理的协调才能达到对项目的控制。

（3）有利于全面型人才的成长。项目实施涉及计划、组织、指挥、协调与控制等多种职能,因此,项目式组织形式提供了全面型管理人才的成长之路,从管理小项目的小项目经理,经过管理大中型项目的项目经理,成长为管理多项目的项目群经理,直至最后成长为企业的主管。另外,一个项目中拥有不同才能的人员,人员之间的相互交流学习也为员工的能力开发提供了良好的场所。

2. 项目式组织的缺点

（1）机构重复及资源闲置。项目式组织形式按项目所需来设置机构及获取相应的资源,会使每个项目有自己的一套机构,一方面是完成项目任务的必需,另一方面是企业从整体上进行项目管理之必要,这就造成了人员、设施、技术、设备等的重复设置。同时,在包括人员在内的资源使用方面,每种资源项目都要拥有,当这些资源闲置时,其他项目也很难利用这些资源,造成闲置成本较大。

（2）不利于企业专业技术水平的提高。项目式组织并没有给专业技术人员提供同行交流与互相学习的机会,往往只注重于项目所需的技术水平,因此不利于形成专业人员钻研本专业业务的氛围。

（3）不稳定性。项目的一次性特点使得项目式组织形式随项目的产生而建立,也随项目的结束而解体。从企业整体角度上看,企业的资源及结构会不断地发生变化。而在项目组织内部,由新成员刚组建的组织会发生碰撞而不稳定,随着项目进程的进展而进入相对的稳定期;但在项目快结束时,所有成员预见到项目的结束,都会为自己的未来而做出相应的考虑,使得"人心惶惶",而又进入不稳定期。

在这种组织形式下,项目经理具有较大的独立性和对项目的总体目标负责。同职能式组织相比,项目式组织在对付不稳定的环境时,项目团队的整体性和各类人才的紧密合作体现出明显的优势。

视频 7-2
项目式组织

7.2.3　矩阵式组织

职能式组织形式和项目式组织形式各有其优缺点,而且职能式组织形式的优点与缺点正好对应项目式组织形式的缺点与优点。如何建立一种组织形式既有两种组织形式的优点,又能避免两种组织形式的缺点呢? 矩阵式组织形式较好地解决了这一问题。矩阵式组织形式的特点是将按照职能划分的纵向部门与按照项目划分的横向部门结合起来,构成类似矩阵的管理系统,在组织资源合理配置与利用方面显示出强大的优越性。

当很多项目对有限资源的竞争引起对职能部门的资源的广泛需求时,矩阵管理就是一个有效的组织形式。传统的职能组织在这种情况下无法适应的主要原因是：职能组织无力对包含大量职能之间相互影响的工作任务提供集中、持续和综合的关注与协调。因为在职能组织中，组织结构的基本设计是按职能专业化分工的，不可能期望职能部门经理会不顾他在自己的职能部门中的利益和责任，或者完全打消职能中心主义的念头，使自己能够把项目作为一个整体，对职能之外的项目各方面也加以专心致志的关注。

在矩阵式组织形式中，项目经理在项目活动的"什么"和"何时"方面，即内容和时间方面对职能部门行使权力，而各职能部门负责人决定"如何"支持。每个项目经理要直接向最高管理层负责，并由最高管理层授权。而职能部门则从另一方面来控制，对各种资源做出合理的分配和有效的控制调度。职能部门负责人既要对他们的直线领导负责，也要对项目经理负责。

1. 矩阵式组织的几种形式

根据横向划分和纵向划分相结合的强弱程度，矩阵式项目组织又可以分为强矩阵组织、弱矩阵组织和平衡矩阵组织。

（1）强矩阵组织。图7-2-3是一种典型的矩阵式组织，常被称为强矩阵组织。这种组织形式是在原有职能式组织形式的基础上，由组织最高领导者任命对项目全权负责的项目经理，项目经理直接对最高领导者负责，或者在组织中增设与职能部门同一层级的项目管理部门，项目管理部门再按照不同的项目委任项目经理，直接对最高领导者负责。在强矩阵组织中资源均由职能部门所有和控制，每个项目经理根据项目需要向职能部门借用资源。各项目是一个临时性组织，一旦项目任务完成后就解散。各专业人员又回到各职能部门再执行别的任务。项目经理向项目管理部门经理或总经理负责，他领导本项目内的一切人员，通过项目管理职能，协调各职能部门派来的人员完成项目任务。强矩阵式组织形式对实施大型、复杂项目比较有利。

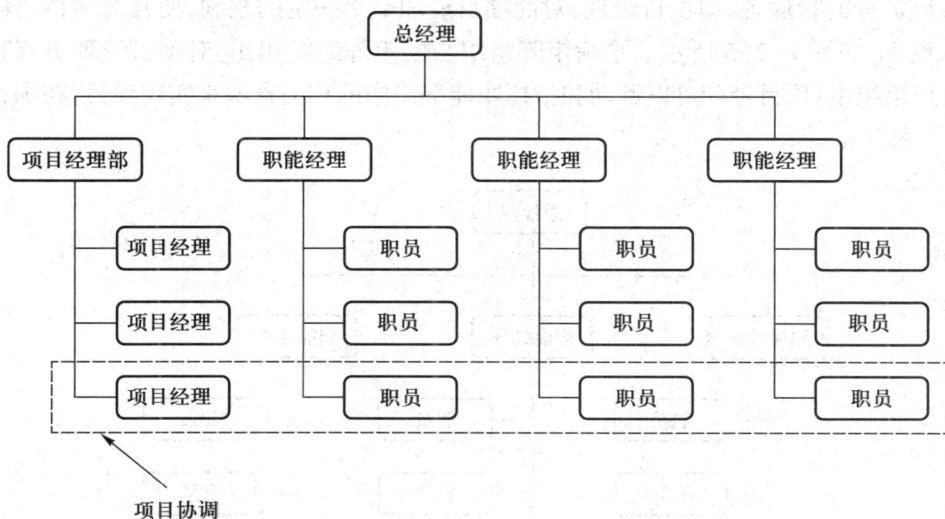

图7-2-3 强矩阵组织结构示意图

（2）弱矩阵组织。弱矩阵组织（图7-2-4）基本上保留了职能式组织的主要特征，但是为了更好地实施项目，建立了相对明确的项目管理团队，这样的项目管理团队由各职能部门下属的职能人员所组成，这样针对某一个项目就有对项目总体负责的项目管理人员。但这种组织形式并没有明确对项目目标负责的项目经理,即使有项目负责人,其角色只不过是一个项目协调者或项目监督者,而不是真正意义上的项目管理者,项目人员的唯一直接领导还是各自职能部门的负责人。对项目管理而言,弱矩阵式组织优于项目的职能式组织,但是由于项目化特征较弱,当项目涉及各职能部门且产生矛盾时,因为没有强有力的项目经理,各职能部门的项目人员很可能会过多地从本部门的利益出发来处理问题。

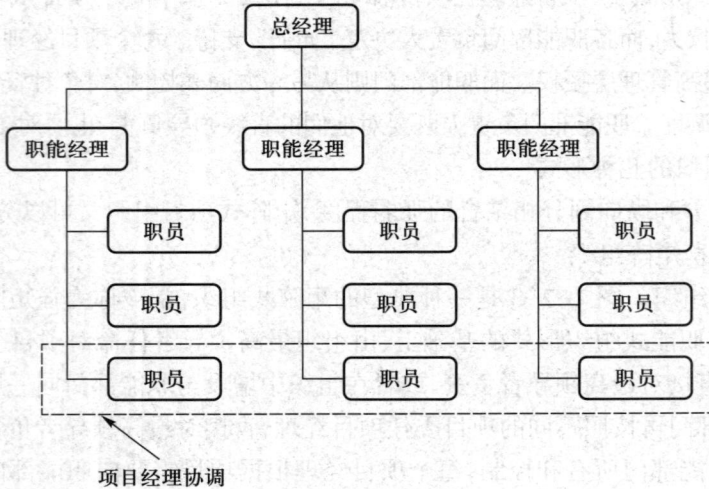

图 7-2-4　弱矩阵组织结构示意图

（3）平衡矩阵组织。平衡矩阵组织又称中矩阵组织,是为了加强对项目的管理而对弱矩阵组织形式的改进;与弱矩阵组织的区别是从职能管理部门参与本项目的人员中选出一位对项目负责的管理者,即项目经理,对此项目经理赋予一定的权利,使其对项目总体与项目目标负责,如图 7-2-5 所示。平衡矩阵组织与弱矩阵组织相比,对项目管理更有利。在平衡矩阵组织中,项目经理可以调动和指挥职能部门中的相关资源来实现项目,在项目上享有一定的权利。

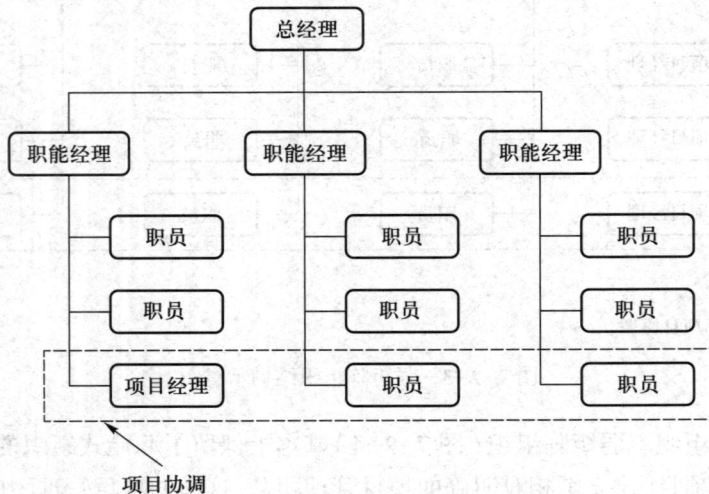

图 7-2-5　平衡矩阵组织结构示意图

该组织形式不仅有利于项目的综合管理,也有利于各管理职能部门的横向联系与协调。各种矩阵式组织结构中,项目经理与职能经理的权限变化趋势如下。

1)强矩阵组织形式:项目经理的权利 > 职能部门经理的权利。

2)弱矩阵组织形式:项目经理的权利 < 职能部门经理的权利。

3)平衡矩阵组织形式:项目经理的权利 = 职能部门经理的权利。

2. 矩阵式组织形式的优缺点

（1）矩阵式组织的优点

1)强调了项目组织是所有有关项目活动的焦点。

2)项目经理拥有对拨给的人力、资金等资源相对独立的控制权,每个项目都可以相对独立地制定策略和方法。

3)职能组织中专家的储备提供了人力利用的灵活性,对所有计划可按需要的相对重要性使用专门人才。

4)由于交流渠道的建立和决策点的集中,对环境的变化及项目的需要能迅速地做出反应。

5)当指定的项目不再需要时,项目人员有其职能归宿,大都返回原来的职能部门。他们对于项目完成后的奖励与鉴定有较高的敏感,为个人指出了职业的努力方向。

6)由于关键技术人员能够为各个项目所共用,充分利用了人才资源,使项目成本降低,又有利于项目人员的成长和提高。

7)通过内部的检查和平衡,以及项目组织与职能组织间的经常性协商,可以得到时间、成本及运行的较好平衡。

（2）矩阵式组织的缺点

1)职能式组织与项目式组织间的平衡需要持续地进行监视,以防止双方互相削弱对方。

2)在开始制定政策和方法时,需要花费较多的时间和劳动量。

3)每个项目都是独立进行的,容易产生重复性劳动。

4)对时间、成本及运行参数的平衡必须加以监控,以保证不因时间和成本而忽视技术运行。

5)双重领导的存在,容易产生责任不明确,多头指挥的现象。

项目的组织形式对于项目的管理实施具有一定的影响,然而任何一种组织形式都有其优点和缺点,有其适用的场合,没有一种形式能适用于所有场合,即使是在同一个项目的寿命周期内。所以,项目管理组织在项目生命周期内为适应不同发展阶段的不同突出要求而加以改变也是很自然的事。项目应围绕工作来组织,工作变了,项目组织的范围也应跟着改变,在实际工作中必须注意这一点。一般来讲,职能式组织有利于提高效率,项目式结构有利于取得效果。矩阵式组织兼具两者优点,但也带来某些不利因素。例如,各个项目可能在同一个职能部门中争夺资源;一个成员有两个直接领导,既难相处,也难管理。

视频 7-3
矩阵式组织

7.2.4   项目组织形式的选择

即使是对一个有经验的管理者来说,正确选择项目组织形式也是一件非常困难的事情,往往需要管理者凭借一定的管理经验,按照具体情况来进行合理选择。因此,选择项目组织形式需要管理者充分考虑项目的具体特征、各种组织形式的特点以及公司自身实际情况后,综合研判做出最合适的选择。

1. 项目组织形式选择的标准

项目组织形式选择应充分考虑组织在不同维度的特点,各项目组织形式的特点具体见表 7-2-1。

表 7-2-1   各项目组织形式的特点

	职能式	矩阵式			项目式
		弱矩阵式	平衡矩阵式	强矩阵式	
沟通	困难	较困难	一般	容易	容易
项目经理管理权限	很少	有限	一般	大	全权管理
资源分配效率	差	一般	较好	很好	好
对环境的适应性	差	一般	较好	高	好
组织的稳定性	差	一般	较好	高	好
对客户的注重程度	很不重视	一般	高	很高	很高

从上表可以看到,前面介绍的三种主要组织结构形式,即职能式、项目式、矩阵式在不同层面上所具备的特点。基于这样的一系列特点,将项目组织形式选择的标准总结如下:

(1)项目自身情况。

(2)企业组织状况、同时进行或者实施的项目的数量,及其在本项目中承担的任务范围。

(3)应采用高效率、低成本的项目组织形式,能使各方面有效地沟通,各方面责权利关系明确,能够进行有效的项目控制。

(4)决策简便、快速。

(5)不同的组织结构可用于项目生命周期的不同阶段,即项目组织在项目期间应不断改变。

2. 项目组织形式选择的影响因素

在具体的项目中,选择哪一种组织形式没有统一的参考模板。一般是管理者充分考虑各种组织结构特征、企业自身情况、项目实际情况等因素后进行选择。因此,在选择项目组织形式时,需要了解哪些因素制约着项目组织形式的选择。

表 7-2-2 列出了 10 项反映项目性质、特征的因素,它们基本上从各个方面描述了项目的情况,每种特性的评价分为三个等级或种类,各等级或种类对应着与其适应的三种项目组织形式之一。

表 7-2-2　影响项目组织形式选择的关键因素

组织形式 / 影响因素	职能式	矩阵式	项目式
不确定性	低	中	高
技术	标准	复杂	新
复杂程度	低	中等	高
持续时间	短	中等	长
规模	小	中等	大
重要性	低	中等	高
用户	各种各样	中等	单一
对内部依赖性	低	中等	高
对外部依赖性	高	中等	低
时间限制性	弱	中等	强

　　一般来说，职能式项目组织形式在理论及实践上都不是理想的组织形式。但如果项目的规模较小，主要工作又集中在某个重点部门、不同职能部门间的影响很小时，职能式项目组织形式的选择不失为一种考虑。

　　如果一个公司中包括多个相似项目，如多个建筑项目，则应选择项目式项目组织形式。另外，长期的、大型的、重要的和复杂的项目，当需要充分发挥组织团队的高效率、高速度及高创造性时，更应采用项目式项目组织形式。

　　如果一个项目需要利用多个职能部门的资源而且技术比较复杂，但又不需要技术人员全职为项目工作，这时，矩阵式项目组织形式是最好的选择，特别是当几个项目需要同时共享这些人员时。实践中，矩阵式项目组织形式因其广泛的结构变化范围而得到广泛的应用。

7.3　项目经理

7.3.1　项目经理概述

　　项目经理是由执行组织委派，领导项目团队实现项目目标的个人。项目经理是企业法定代表人在项目上的一次性授权管理者和责任主体，是项目管理的第一负责人，在项目团队中具有核心作用，是项目团队对外的唯一责任点。

　　项目经理全面负责项目管理工作，履行多种职能，如负责调配资源、合理组织实施、全面履行合同，控制工期、质量、成本等，实现项目目标。项目经理责任制是我国项目管理的创新成果，是项目管理成功的保证。其本质是以制度的方式强调项目经理在项目管理中的核心地位。万一项目失败，高级管理层不会找别人承担责任，只会找项目经理。如果觉得高级管理层对项目的要求很不合理，项目经理可以在接受任务之前，与他们进行协商。项目经理一旦接受了具有既定要求的任务，就必须在既定的要求内完成。因此，要明确项目经理和法定代表人及组织管理层的关系,通过项目管理目标责任书赋予项目经理必要的责、权、利,大力提高项目经理的能力和素质。

7.3.2   项目经理的责任和权力

1. 项目经理的责任

项目经理的责任就是通过一系列的领导及管理活动,使项目的目标成功实现并使项目利益相关者都满意。具体来说,就是在规定的范围、进度、成本和质量等约束条件下完成项目可交付成果,可以粗略地分为对于所属上级组织的责任及对于所领导项目小组的责任。

（1）项目经理对于所属上级组织的责任

对所属上级组织的责任包括资源的合理利用,及时、准确地通信联系,认真负责地管理工作。项目经理对所属上级组织的责任主要表现在以下几个方面:

1）保证项目目标符合上级组织的目标。项目往往从属于更大的组织,项目与组织的其他工作一起配合协调完成组织的目标,因此,项目目标的确定、目标的分解以及计划制定、实施的全过程都要有利于总目标的实现。

2）充分利用并保管上级分配给项目的资源。组织的资源是有限的,保证资源的有效利用是任何管理者的目的。项目不仅要充分、有效利用上级分配给项目的资源,使资源的效能得到最大程度发挥,而且还要从企业总体角度出发优化资源的使用。如企业往往不止一个项目,如何使资源在一个项目内部及项目间有效利用是项目经理的责任。

3）及时与上级就项目进展情况进行沟通。项目与上级组织目标的实现息息相关,及时将项目的进展信息,如进度、成本、质量等向上级汇报,企业就可以从宏观角度进行项目群管理,同时可以取得上级对本项目的各方面的支持。

（2）项目经理对所管项目的责任

项目经理对所管项目应承担的责任具体表现在以下两个方面:

1）对项目的成功与否负有主要责任。

2）保证项目的完整性,使其不受在项目中有合法性的当事人不同要求的影响。

（3）项目经理对项目团队的责任

项目经理对项目团队的责任主要表现在以下几个方面:

1）项目经理有责任为项目组成员提供良好的工作环境与氛围。

2）项目经理有责任对项目团队成员进行绩效考评。

3）由于项目团队是一个临时的集体,项目经理在激励其成员时还应考虑他们的将来,让他们在项目完成之后有一个好的归属。

（4）项目经理的岗位职责

由于项目所处行业、规模、复杂度各异,很难给出一个统一、详细的职位描述。项目经理的岗位职责取决于项目经理与项目执行组织所签订的服务合同,主要包括以下几个方面:

1）确保项目目标实现,保证委托方满意。这一项基本职责是检查和衡量项目经理管理成败、水平高低的基本标志。

2）制定项目阶段性目标和项目总体控制计划。项目总目标一经确定,项目经理的职责之一就是将总目标分解,划分出主要工作内容和工作量,确定项目阶段性目标的实现标志,如形象进度控制点等。

3）组织精干的项目管理班子。这是项目经理管好项目的基本条件，也是项目成功的组织保证。

4）及时决策。项目经理需亲自决策的问题包括实施方案、人事任免奖惩、重大技术措施、设备采购方案、资源调配、进度计划安排、合同及设计变更、索赔等。

5）履行合同义务，监督合同执行，处理合同变更。项目经理以合同当事人的身份，运用合同的法律约束手段，把项目各方统一到项目目标和合同条款上来。

视频 7-4
项目经理
的责任

2. 项目经理的权力

要承担完成项目可交付成果的责任，项目经理自然就需要有相应的权力。项目经理权力的大小取决于项目在纽织中的地位以及项目组织结构形式。对于企业项目管理来说，主要取决于项目的重要性和项目的规模。一般来说，项目经理的权力表现在以下三个方面。

（1）项目团队的组建权。项目团队的组建权包括两个方面：一是项目经理班子或者管理班子的组建权，二是项目团队成员的选择权。建立一支高效、协同的项目团队是保证项目成功的另一关键因素。这包括：项目经理班子人员的选择、考核和聘用，团队队员的选拔、考核、激励、处分甚至辞退等。

（2）财务决策权。实践证明，拥有财务权并使其个人的得失和项目的盈亏联系在一起的人能够较周详地顾及自己的行为后果。因此，项目经理必须拥有与该角色相符的财务决策权，否则项目难以展开。一般来讲，这一权力包括：1）分配权，有权决定项目团队成员的利益分配，包括计酬方式、分配方案细则；2）制定奖罚制度；3）成本控制权，在财务制度允许的范围内拥有成本支出和报销的权力，如聘请法律顾问、技术顾问、管理顾问的成本支出，索赔等的营业外支出。

（3）项目实施控制权。在项目实施过程中，由于资源的配置可能与项目计划有所出入，有时项目实施的外部环境会发生一定的变化，这使项目实施的进度无法与预期同步，这就要求项目经理要根据项目总目标，将项目的进度和阶段性目标与资源和外部环境平衡起来，作出相应的决策以便对整个项目进行有效的控制。

优秀的项目经理，既是好的项目管理者，也是好的领导者。美国社会心理学家约翰·弗伦奇和伯特伦·瑞文关于权力的五种来源的理论，同项目管理理论相结合，可演化归纳项目经理的五种权力来源，见图 7-3-1。

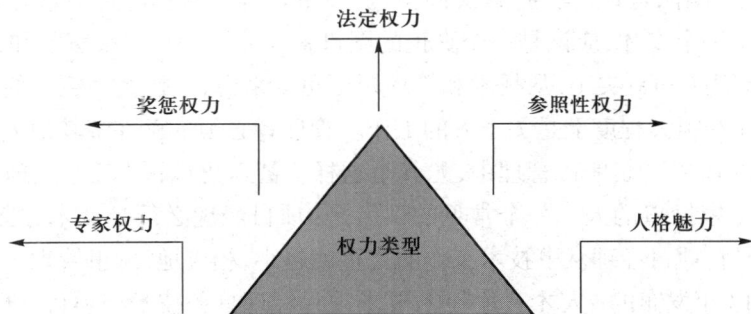

图 7-3-1　项目经理的五种权力来源

（1）法定权力。法定权力来源于组织的任命,项目经理的法定权力来自上层组织授予项目经理动用资源和管理项目团队的权力,项目结束后,项目经理的法定权力也相应被解除。

（2）奖惩权力。奖惩权力包括奖赏和处罚两个方面的权力。它基于法定权力,对他人实施物质与精神的奖励与惩罚,以达成领导者或组织的目标,如加薪、晋升、授予荣誉。奖惩权力不仅限于物质上的、有形的奖励,还包括精神上的激励,如表扬与批评。这是所有领导者的一项重要权力,它能体现领导力的艺术。

（3）专家权力。专家指的是一个人是某个行业或专业领域的意见领袖,是技术上的权威,是大咖级的人物,当人们遇到专业问题时,都愿意倾听他的意见。专家权力与法定权力相对应,它不需要依赖任何的职位和外在的任命,它的影响力来自个人的专业可信度。苏格拉底有一句名言:无论什么情况下,人们总是愿意服从那些他们认为最棒的人。那么,什么是最棒的人? 当一个人生病的时候,会服从医生的指示;当人们打官司的时候,最愿意听从律师的意见;当人们下棋或做运动时,最愿意听从教练或其他高手的建议。这便是专家的影响力。项目经理如何积累自己的项目经验,不断构建自己的专家权力,也是领导力的一个重要方面。

（4）人格魅力。魅力表现为外在和内在两个方面。内在的魅力即人格魅力。人格魅力表现出来的最大特质是奉献,是牺牲,是让别人变得伟大,这是人格魅力的内在本质。人格魅力对项目经理的成功而言也是至关重要的。

（5）参照性权力。参照性权力是借用他人的力量来提升自己的影响力。越是在没有权力的情况下,一个好的领导者,一个优秀的项目经理,越懂得借用他人的力量。例如,项目经理请公司的领导或其他有影响力的重要人物参加项目的启动会,这便是一种参照性权力的运用。

项目经理应该减轻对法定权力和奖惩权力的依赖,这一点,对每个人都有启发。例如,每个人都应该努力培养和利用自己的专家权力、参照性权力和人格魅力,而尽量淡化对法定权力的追求和依赖。只有专家权力、参照性权力和人格魅力,才是真正属于自己的,才是陪伴终生的权力。

视频 7-5
项目经理
的权力

7.3.3　项目经理的素质与能力要求

由于项目管理本质上是跨专业、跨职能的,所以项目经理必须具备多方面的素质与能力,如领导、技术、团队建设、沟通、解决冲突、资源整合等。项目经理应该在更大程度上是一个通才而不是一个专才,应该是一个真正的图钉式人才——具有很宽的知识面（图钉帽）及很强的整合能力（图钉尖）。从技术和管理两个角度来说,项目经理更多的是从事管理工作。而管理工作在很大程度上是关于人的工作。管理者必须依靠许多其他人来完成靠个人不能有效完成的任务。在项目管理中,尤其是这样。甚至可以说"项目经理自己不做事",因为他是组织专家做事的人。一个常见的误区是:项目经理必须是技术方面的专家,越是大型、复杂的项目,项目经理从事技术工作的比重就越小,相应地,从事管理工作的比重就越大。PMI 在 2013 年发布的"人才三角"中,要求项目经理具备技术型项目管理技能、领导力技能,以及战略和商务管理技能。技术型项目管理技能是指掌握和应用一定的行业技术和项目管理技术,例如,编制项目进度计划的技术。领导力技能是指能够指导和激励团队成员去达成目标,例如,运用人际关系技能。战略和商务管理技能是指掌握和应用一定的战略和商务管理知识,去取得高级管理人员和职能部门人员的支持,例如,了解组织的战略目标和运营目标。掌握了项目管理技术,项目经理就能够亲自做事;具备了领导力,就能够组织别人做事;具备了战略和商务管理知识,就能够明确项目管理与战略管理及商务管理的关系,就能够通过与高级管理人员和职能管理人员的合作来为组织创造价值。实践证明,并不是任何人都可以成为合格的项目经理,项目及项目管理的特点要求项目经理具备相应的素质与能力才能完成项目任务。

（1）良好的道德素质

人的道德观决定人行为处事的准则。项目经理必须具备良好的道德品质。这种道德品质大致可以分为:对社会的道德品质、个人行为的道德品质。

（2）健康的身体素质

项目管理的工作负荷要求项目经理要有良好的身体素质。一个庞杂的大规模的项目,从项目计划的制定到执行过程中冲突的解决都需要项目经理参与,这样大的工作负荷没有健康的身体素质是不行的。健康的身体素质不仅仅指生理素质,也指心理素质。

（3）专业知识能力

项目经理需要掌握如下两方面的知识:项目所在领域的相关专业知识、管理方面知识。

（4）积极的创新能力

由于项目的一次性特点,使项目不可能有完全相同的以往经验可以参照,加上激烈的市场竞争要求项目经理必须具备一定的创新能力。

（5）综合管理能力

从技术和管理两个角度来说,项目经理更多的是从事管理工作。而管理工作在很大程度上是关于人的工作。

1）决策能力。一个项目从开始到结束会出现各种各样的问题,如项目的确定、方案的选择等。项目中会有各种各样的决策问题要求用不同的决策方法解决,因此项目经理必须具有很强的决策能力。

2）计划能力。项目经理要在一定约束下达到项目目标,必须有细致、周密的计划,对项目从开始到结束有一个系统的安排。而计划的制定是在项目经理的领导与参与下进行的。同时,项目经理应懂得如何运用计划去指导项目工作。

3）组织能力。项目经理的组织能力是指设计团队的组织结构,配备团队成员以及确定团队工作规范的能力。所以,这要求拥有较高的组织能力的项目经理,一方面能建立科学、高效、精干的组织结构;另一方面能了解团队成员的心理需要,善于做人的工作,使参加项目的成员为实现项目目标而积极、主动地工作。

4）领导能力。为了能够使整个团队中的每位成员都能最大程度发挥自身能力,每一个项目经理都应该找到最可能获得成功的领导方式,找出最适合项目经理个性的领导和沟通方式。

5）协调能力。项目经理的协调能力是指正确处理项目内外各方面关系、解决各种矛盾的能力。一方面,项目经理要有较强的能力协调团队中各部门、各成员的关系,全面实现目标;另一方面,项目经理要能够协调项目与社会各个方面的关系,尽可能地为项目的运行创造有利的外部环境,减少或避免各种不利因素对项目的影响,争取项目获得最大范围的支持。在协调能力中,对项目经理最重要的是沟通能力。

6)信息能力。项目经理必须具备一定的信息能力,即项目经理要掌握企业内部和外部环境所发生的变化,及时调整战略战术;要能够综合分析各种信息,将其传达给内部各部门;要能代表本企业向上级汇报和向有关部门通报情况。

7)系统的思维能力。系统的思维能力要求项目经理具有分析和综合能力,具有从整体上把握问题的系统思维能力。在运用系统的概念与观点分析处理问题时,把研究的对象作为一个整体来分析。既要注意整体中各部分的相互联系和相互制约关系,又要注意各要素间的协调配合,服从整体优化的要求。要综合考察系统的运动和变化,以保证科学地分析和解决问题。

8)激励能力。项目经理的激励能力就是调动团队成员积极性的能力。项目团队成员有其自身的需求,项目经理要进行需求分析,制定并实施系统的激励与约束制度,对员工的需求进行管理,调动团队成员的工作积极性,从而有效地完成团队任务。

(6)丰富的项目管理经验

项目管理是实践性很强的学科,项目管理的理论方法是科学,但是如何把理论方法应用于实践却是一门艺术。通过不断的项目及项目管理实践,项目经理会增加他对项目及项目管理的悟性,而这种悟性是通过运用理论知识与项目实践的反省而得来的。丰富的项目管理经验不能只局限在相同或相似的项目领域中,而要不断地变换所从事的项目类型,这样才能成为卓越的项目管理专家。

(7)人际关系技能

项目经理的人际关系技能就是与团队内外、上下、左右人员打交道的能力。在项目中经常使用的人际关系技能包括情商、决策和冲突管理等。

1)情商。情商是识别我们自己和他人的情绪的能力。这些信息用于指导思维和行为。对个人感受的认可、对他人的感受体现同理心以及采取适当行动的能力是有效沟通、协作和领导力的基石。由于项目由人实施,且为人实施,因此在项目团队环境中,情商(了解自己并有效维持与他人的工作关系的能力)至关重要。

2)决策。项目经理和项目团队每天都要做出许多决策。有些决策对于项目成果而言可能无关紧要,例如团队去哪里聚餐,而其他决策则会产生非常大的影响,例如使用什么样的开发方法、使用哪种工具或选择哪个供应商。拥有决策权的主体,无论是项目经理还是项目团队,都会根据所提出的分析并在考虑到干系人期望的情况下做出决策。项目团队决策通常遵循发散/汇聚模式,通常是让干系人分别参与进来,以避免资深的或有魅力的干系人对其他干系人产生不当影响,参与制定一套广泛的备选解决方案或方法。然后,项目团队汇聚在一起确定一个首选的解决方案。这样做的目的是快速做出决策,同时以包容和尊重的方式吸收团队多样化的知识。

3)冲突管理。项目在动态环境中运行,面临着许多相互排斥的制约因素,包括预算、范围、进度和质量,这可能会导致冲突。通常,人们都希望避免冲突,但并非所有冲突都是负面的。处理冲突的方式既可能导致更多的冲突,也可能产生更好的决策和更出色的解决方案。

应在冲突已超出有益辩论的范畴而升级之前加以解决,这可带来更好的成果。以下方法可能会有所帮助:

① 沟通时要开诚布公且对人要表现出尊重。由于冲突可能会引起焦虑,因此必须保持安全的环境来探索冲突的根源。没有安全的环境,人们就会停止沟通。确保言语、语调和肢体语言不具有威胁性。

② 聚焦于问题,而不是针对人。之所以会发生冲突,是因为人们对情况有不同看法。应做到对事不对人。重点是解决问题,而不是指责。

③ 聚焦于当前和未来,而不是过去。保持聚焦于当前的情况,而不是过去的情况。如果以前发生过类似的事情,那么旧事重提不会解决当前的问题。事实上,它会进一步加剧当前的冲突情况。

④ 一起寻找备选方案。冲突造成的损害可以通过寻找解决办法和替代方案来加以修复。这样还可以建立更具建设性的关系。这种做法会使冲突进入更有利于解决问题的空间,人们可以共同努力,形成创造性的替代方案。

7.4　项目团队

7.4.1　项目团队的概念与组建

1. 项目团队的概念

项目团队是支持项目经理执行项目工作,以实现项目目标的一组人员。或者说团队就是指为了达到某一确定目标,由分工与合作及不同层次的权力和责任构成的人群。团队的概念包含以下含义:

（1）团队必须具有明确的目标。任何团队都是为目标而建立和存在的,目标是团队存在的前提。

（2）没有分工与合作就不能称为团队。分工与合作的关系是由团队目标确定的。

（3）团队要有不同层次的权力与责任。这是由于分工之后,就要赋予每个人相应的权力和责任,以便于实现团队目标。

与一般团队比较,项目团队具有四大关键特性,即目标性、临时性、开放性和多样性。目标性是指项目团队的最终目标非常明确,就是要交出所要求的可交付成果。临时性是由于项目是临时的,项目团队也是临时的,有明确的成立时间和解散时间。开放性是指项目团队的边界是开放而非封闭的,主要体现在:强调凡是对项目有用的人,都是项目团队成员,看得见的团队是显性团队,看不见的团队是隐性团队;在项目生命周期的不同阶段,主要项目相关方会发生变化,显性团队的成员也会发生变化。多样性是由于项目往往是跨专业的、跨部门的,项目团队通常具有多样性。

2. 项目团队的组建

项目团队的组建是指获取完成项目工作所需的人力资源。一般按照以下步骤进行。

（1）进行项目工作分析。该项工作可以通过工作分解结构（WBS）及其工作说明得到。

（2）在工作分析的基础上,了解和定义完成项目各项工作都需要何种角色,这些角色都需要具备哪些技能,何时需要这些角色。

（3）从人力资源信息系统中了解企业有哪些人具备担任这些角色所必需的技能,有哪些人有过类似的经验,有哪些人有合适的时间能够担任这些角色。在此基础上,预选项目组成员。

（4）对这些预选出的成员进行人气 / 性格、团队角色和谐性分析。团队成员之间性格和角色分配上的和谐性能够弥补许多激励方面的不足。

（5）进行角色分工,初步确定项目团队成员。

（6）判断团队与项目客户及其他利益相关者的性格或人气和谐性。因为项目很少能由项目团队单独完成,它的成功一般需要利益相关者之间的配合。如果初步确定的项目团队成员能够与客户及其他利益相关者在性格或人气方面具有较高的和谐性,或他们拥有的技能能够弥补那些性格或人气方面的不足,就可以将其确定为项目团队成员。否则,就需要返回第三步重新进行选择。

视频 7-6
项目团队
的组建

7.4.2　项目团队的发展与建设

1. 项目团队的发展

项目团队会经历不同的发展阶段。了解团队在发展过程中所处的阶段有助于项目经理为项目团队及其成长提供支持。下文介绍的塔克曼阶梯模型说明了项目团队如何经历不同的阶段成为高绩效项目团队。

布鲁斯·塔克曼将团队发展的阶段表述为形成阶段、震荡阶段、规范阶段和成熟阶段。后来塔克曼又增加了第五个阶段——解散阶段。

（1）形成阶段。项目团队成员首先聚到一起。成员可以相互了解对方的姓名、在项目团队中的地位、技能组合以及其他相关背景信息。这可能发生在开工会议上。

（2）震荡阶段。项目团队成员会运用各种方法谋取在团队中的地位。在这个阶段,人们的个性、优点和弱点开始显现出来。当人们试图弄明白如何共事时,可能会出现一些冲突或斗争。震荡可能会持续一段时间,也可能会相对较快地结束。

（3）规范阶段。项目团队开始作为一个集体运行。此时,项目团队成员知道他们在团队中的地位,以及他们与所有其他成员的关系和互动方式。他们开始合作。随着工作的进展,可能会遇到一些挑战,但这些问题会很快得到解决,项目团队也会采取行动。

（4）成熟阶段。项目团队高效运行。这是成熟的项目团队阶段。合作一段时间的项目团队能够产生协同效应。通过合作,项目团队成员可以完成更多工作,并生产出高质量的产品。

（5）解散阶段。项目团队完成工作,然后解散,去处理其他事务。如果项目团队建立了良好的关系,一些项目团队成员可能会对离开项目团队感到难过。

此模型中的项目团队文化开始于形成阶段,并会在其余的发展阶段不断演进。虽然此模型显示了一个线性进展的过程,但项目团队可能会在这些阶段之间来回反复。此外,并非所有项目团队都能达到成熟阶段,有些甚至无法达到规范阶段。

2. 项目团队的建设

建设项目团队的目标包括（但不限于）:

（1）提高团队成员的知识和技能，以提高他们完成项目可交付成果的能力，并降低成本、缩短工期和提高质量；

（2）提高团队成员之间的信任和认同感，以提高士气、减少冲突和增进团队协作；

（3）创建富有生机、凝聚力和协作性的团队文化，从而：① 提高个人和团队生产率，振奋团队精神，促进团队合作；② 促进团队成员之间的交叉培训和辅导，以分享知识和经验；③ 提高团队参与决策的能力，使他们承担起对解决方案的责任，从而提高团队的生产效率，获得更有效和高效的成果。

7.4.3　项目团队的学习与激励

1. 项目团队的学习

项目团队可能会定期开会，以确定他们未来在哪些方面可以做得更好（经验教训），以及他们如何在即将到来的迭代中对过程提出质疑（回顾）和做出改进。工作方式会不断演变，以产生更好的成果。由于项目是临时性的，一旦项目完成，大部分知识就会丢失。关注知识转移对组织而言非常有用，因为它不仅能提供项目所要实现的价值，而且能使组织从项目运行的经验中获得知识。

（1）知识管理

在项目期间会有大量的学习。有些学习是针对具体项目的，例如完成特定工作的更快方式。有些学习可以与其他项目团队分享以改进项目成果，例如可以减少缺陷的质量保证方法。还有其他学习可以在整个组织中分享，例如培训用户如何使用新的软件应用程序。

（2）显性知识和隐性知识

在整个项目期间，项目团队会开发并分享显性知识。显性知识可以使用文字、图片或数字轻松地进行编辑。例如，达成新过程的步骤是可以记录的显性知识。可以使用信息管理工具（如手册、登记册、网络搜索和数据库）将人员与信息连接起来，以便传递显性知识。

另一种知识是隐性知识。隐性知识由经验、见解和实践知识或技能组成。隐性知识难以表达，因为它无法进行编辑。通过将需要相关知识的人与拥有这些知识的人连接起来，可以分享隐性知识。这可以通过人际交往、访谈、工作跟随、论坛讨论、研讨会或其他类似方法来实现。

（3）优胜基准

团队可以从理论上学习，也可从实践中学习，而优胜基准（Benchmarking）就是一种学习方法，最早应用于企业的学习。优胜基准就是对产生最佳绩效的、行业最优的经营管理实践的探索，也就是以行业中的领先团队为标准或参照，通过资料收集、分析比较、跟踪学习等一系列规范化程序，改进绩效，赶上并超过竞争对手，成为市场中的领先。项目团队采用此法有利于提高项目团队竞争力，有助于项目的顺利完成。

根据优胜基准对象所处的领域可以将其划分为四种类型，即内部优胜基准、竞争优胜基准、行业优胜基准以及最优优胜基准。内部优胜基准以本项目团队内部某优秀操作为优胜基准的对象；竞争优胜基准以竞争对手为优胜基准对象；行业优胜基准是以与本项目团队相关的行业中的优势项目团队为优胜基准对象；最优优胜基准在选择优胜基准对象时，不在意对象之间在业务、产品等方面的相同或相似，而将优胜基准的注意力聚焦于工作过程，不管优胜基准对象所从事的行业与自己相似度如何,只要其处理业务过程相似且具有优势地位就可以作为学习的对象。

2. 项目团队的激励

激励理论是从分析人的动机和需求出发的,人们会受到不同事物的激励,当受到激励时会表现得更好。了解能激励项目团队成员和其他干系人的因素,有助于对向个人提供的奖励进行裁剪,从而促使他们更有效地参与。有大量模型可以说明人们是如何受到激励的。下文描述了四种模型,但它们只是可用模型中的一小部分。

(1)保健因素和激励因素

弗雷德里克·赫茨伯格研究了工作中的激励因素。他认为,工作中的满意和没有满意源于被称为激励因素的状况。激励因素包括与工作内容相关的事项,例如成就、成长和进步。激励因素不足会导致没有满意。充分的激励因素会促成满意。

Herzberg 还确定了与工作相关的保健因素,例如公司政策、薪资和物理环境。如果保健因素不足,就会导致不满意。但即使这些措施非常充分,也不会促成满意。

(2)内在动机与外在动机

丹尼尔·平克指出,虽然薪资等外在奖励在某种程度上是激励因素,但一旦某人的工作得到公平报酬,外在奖励的动力就不复存在。对于复杂而富有挑战性的工作,例如项目的大部分工作,内在激励因素的持续时间更长、效果更好。平克识别了三种内在动机:自主、专精和目的。

① 自主。自主是指引自己生活的愿望。这与确定如何、在何处和何时完成工作的能力是一致的。自主包括灵活的工作时间、在家工作以及自我选择和自我管理的项目团队。

② 专精。专精是指能够有所提高和表现出色。出色地开展工作、学习和实现目标是专精的几个方面。

③ 目的。目的是指能产生影响的需要。了解项目愿景以及工作如何有助于实现这一愿景,可使人们感觉自己正在产生影响。

(3)需要理论

戴维·麦克莱兰的模型表明,所有人都是由成就需要、权力需要和归属需要驱动的。每种“需要”的相对优势取决于个人的经验和文化背景。

成就。受成就(例如实现目标)激励的人,能被具有挑战性但合理性的活动和工作所激励。

权力。受权力激励的人喜欢组织、激励和领导他人。他们被增加的职责所激励。

归属。受归属激励的人会寻求认可和归属感。他们能被成为团队一员所激励。

(4)X 理论、Y 理论和 Z 理论

道格拉斯·麦格雷戈设计了 X 理论和 Y 理论,它们代表着一系列员工激励和相应的管理风格。这些理论后来进行了扩展,形成了 Z 理论。

X 理论。该模型范围的 X 方面假设个人之所以工作,完全是为了获得收入。他们没有什么抱负,也不以目标为导向。这种管理风格通常出现在生产或劳动密集型环境中,或者出现于存在多层级管理的环境中。

Y 理论。该模型范围的 Y 方面假设个人有将工作做好的内在动机。相应的管理风格具有更加个性化的教练特点。管理者鼓励创造和讨论。这种管理风格经常出现于富有创造性的环境和知识工作者的环境。

Z 理论。亚伯拉罕·马斯洛版本的 Z 理论从超验维度看待工作；在工作中，个人的动机是自我实现、价值观和更强的使命感。在这种情境下，最佳的管理风格是一种可培养洞察力、具有意义的管理风格。

威廉·乌奇版本的 Z 理论侧重于通过创造关注员工及其家人福利的终身工作来激励员工。这种管理方式旨在提高生产率、士气和满意度。

根据上述的常用激励理论，在项目团队中可以采取如下激励方式和手段：

① 物质激励和荣誉激励。

② 参与激励和制度激励。比如，可以参与决策或高层次的活动，通过制度提供行为规范和评价标准。

③ 目标激励和环境激励。比如，在项目执行过程中达到某个项目里程碑后的团队成员的聚会庆祝，以及为团队成员提供优雅舒适的工作环境。

④ 榜样激励和情感激励。为员工举办生日庆祝会和节日拜访员工等，增强团队成员的满足感。

本 章 小 结

一个项目一旦确立，首先就要面临两个问题：一是必须确定项目与公司的关系，即项目的组织结构；二是必须确定项目内部的结构和团队建设。本章首先引出了项目组织的概念和特点，介绍了项目组织策划的内容和原则，阐述了工程项目的几种承发包模式。继而重点介绍了项目的三种组织结构形式，勾勒出了它们各自的样貌并了解了它们的优缺点，为实际工作中组织结构形式的选择奠定了基础。项目团队的建设过程中，项目经理的作用至关重要，因此本章介绍了项目经理的责任和权力，明确了项目经理的素质与能力要求，阐述了在项目经理的带领下，一个好的项目团队是怎样建立起来并逐步发展壮大的。

课程思政案例

川航 3U8633 航班紧急
迫降事件中的英雄机组

习　题

1. 项目组织策划的原则有哪些？
2. 简述常见承发包模式的特点。
3. 设计、采购、施工总承包（EPC）和设计、施工总承包（DB）主要有哪些不同之处？
4. 职能式组织、项目式组织与矩阵式组织分别有哪些优缺点？
5. 根据塔克曼阶梯模型，项目团队发展分为哪些阶段？
6. 结合项目经理的责任和权力，谈谈你对项目经理应具有的素质和能力的认识。

第8章

项目进度管理

学习目标：
1. 了解项目进度管理的内涵，熟悉活动持续时间确定和逻辑关系分析。
2. 掌握项目进度管理的方法和工具，例如网络计划技术、甘特图、里程碑计划等。

8.1 项目进度管理概述

8.1.1 项目进度管理的内涵

在全面分析项目的工作内容、工作程序、持续时间和逻辑关系的基础上编制进度计划，力求使拟定的计划具体可行、经济合理，并在计划实施过程中，通过采取有效措施，为确保预定进度目标的实现而进行的组织、指挥、协调和控制（包括必要时对计划进行调整）等活动，称为项目进度管理。项目进度管理包括两大部分内容，即项目进度计划的编制和项目进度计划的控制。

项目进度计划是表达项目中各项工作、工序的开展顺序、开始及完成时间及相互衔接关系的计划。通过进度计划的编制，使项目实施形成一个有机整体。项目进度计划系统是由多个相互关联的进度计划组成的系统，它是项目进度控制的依据。根据项目进度控制不同的需要和用途，业主方和项目各参与方可以构建多个不同的项目进度计划系统。由不同深度的进度计划构成的计划系统，包括：① 总进度计划；② 项目子系统进度计划；③ 项目子系统中的单项工程进度计划等。由不同功能的进度计划构成的计划系统，包括：① 控制性进度计划；② 指导性进度计划；③ 实施性进度计划等。由不同项目参与方的进度计划构成的计划系统，包括：① 业主方编制的整个项目实施的进度计划；② 设计进度计划；③ 施工和设备

视频 8-1
项目进度
管理的基
本概念

安装进度计划；④ 采购和供货进度计划等。

项目进度计划的编制，就是要在工作分解结构的基础上，列出为完成项目而必须进行的所有活动，然后分析这些活动之间的逻辑关系和各自所需要的工期，制定出项目进度计划。由于各种进度计划编制所需要的必要资料是在项目进展过程中逐步形成的，因此项目进度计划系统的建立和完善也有一个过程，它是逐步形成的。在工程项目进度计划系统中各进度计划或各子系统进度计划编制和调整时必须注意其相互间的联系和协调。进度计划编制的工具主要包括横道图、里程碑计划图和网络计划技术等。

项目进度计划的控制是指制定项目进度计划以后，在项目实施过程中，对实施进展情况进行的检查、对比、分析、调整，以确保项目进度计划总目标得以实现的活动。在项目实施过程中，必须经常检查项目的实际进展情况，并与项目进度计划进行比较。如果实际进度与计划进度相符，则表明项目完成情况良好，进度计划总目标的实现有保证。如果实际进度已偏离了计划进度，则应分析产生偏差的原因和对后续工作及项目进度计划总目标的影响，找出解决问题的办法和避免进度计划总目标受影响的切实可行措施，并根据这些办法和措施，对原项目进度计划进行修改，使之符合现在的实际情况并保证原项目进度计划总目标得以实现。然后再进行新的检查、对比分析、调整，直至项目最终完成。

8.1.2　逻辑关系分析和活动持续时间确定

1. 活动逻辑关系分析

项目中所含工作之间的先后关系称为逻辑关系。

有了活动清单和属性，就需要通过活动排序弄清楚活动之间的逻辑关系。例如，哪些活动必须一项接一项做（先后顺序关系），哪些活动可以同时做（并行关系）。在资源许可的情况下，把可以同时进行的活动同时进行，就可以缩短项目工期。

活动之间的逻辑关系有两种基本类型：先后顺序和并行。有先后顺序的活动必须一项一项地依次进行，如在房屋建设项目中，"浇基础""砌墙壁"和"搭屋顶"这三项活动（图 8-1-1）。并行的活动是可以同时进行的活动，如在墙壁砌完后的"安装门"和"安装窗"（如果有至少两个工人）（图 8-1-2）。

图 8-1-1　先后进行的活动

图 8-1-2　并行进行的活动

具体而言,活动之间有四种逻辑关系:

(1)完成到开始关系,即 finish to start(FS)。紧后活动在紧前活动完成之后才能开始。例如,混凝土浇捣成型后,至少需要 7d 养护才能拆模,所以有 7d 的时间滞后量(图 8-1-3)。用公式表示为:FS+7d。

(2)完成到完成关系,即 finish to finish(FF)。紧后活动在紧前活动完成之后才能完成。例如,在管道建设项目中,在最后一段管槽开挖完之后,才能完成全部的埋管工作;又假定最后一段埋管需要 3d 时间(图 8-1-4)。用公式表示为:FF+3d。

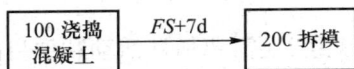

图 8-1-3 活动之间的完成到开始关系

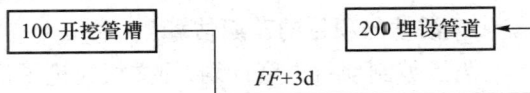

图 8-1-4 活动之间的完成到完成关系

(3)开始到开始关系,即 start to start(SS)。紧后活动在紧前活动开始之后才能开始。例如,在基坑排水开始 1d 后,可以开挖基坑,挖土过程中排水不间断进行,故不必等第一项工作全部结束即可开始第二项工作(图 8-1-5)。用公式表示为:SS+1d。

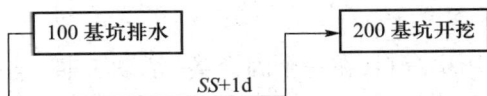

图 8-1-5 活动之间的开始到开始关系

(4)开始到完成关系,即 start to finish(SF)。紧前活动开始后,紧后活动才可以结束或者必须结束。例如,值班人员换班,第二班的人开始值班之后,第一班的人才可以下班。又如,项目有两项活动需要使用同一种从其他公司租赁的施工机械,其租期是固定的(如10d),那么第一项活动开始以后 10d,第二项活动必须结束(图 8-1-6);否则施工机械无法按时归还。用公式表示为:SF+10d。

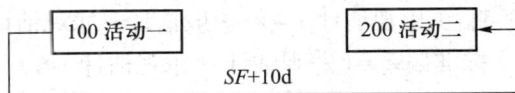

图 8-1-6 活动之间的开始到完成关系

搭接时距还可能有最大值、最小值定义,例如:按规定基坑挖土完成后,最多在 2d 内必须开始做垫层,以防基坑土反弹和其他不利因素影响施工质量(图 8-1-7a);墙面粉刷后至少需 10d 后才能上油漆(图 8-1-7b)。

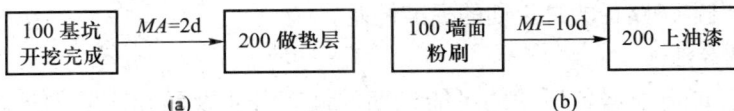

(a)   (b)

图 8-1-7 搭接时距最大值、最小值

需要注意的是,在完成到开始、完成到完成及开始到开始这三种逻辑关系中,紧前活动的完成或开始只是紧后活动的开始或完成的必要条件,但不是充分条件。要开始或完成紧后活动,还要具备其他条件。

逻辑关系又分为工艺关系和组织关系两类。生产性工作之间由工艺过程决定的、由活动的内在性质所决定的先后顺序关系称为工艺关系,通常不能改变。例如,只有在编程工作完成之后,才能开始对程序的测试工作;工作之间由于组织安排需要或资源(劳动力、原材料、施工机具等)调配需要而规定的先后顺序关系称为组织关系,可以优化。例如,可以先做活动 A 后做活动 B,也可以先做活动 B 后做活动 A。

2. 活动与项目的工期估算

为了编制项目进度计划,前文仅讨论了活动之间的逻辑关系,还需要估计活动和项目的工期。工期估算有几种常用的方法:类比估算法、参数估算法、三点估算法、模拟估算法。

（1）类比估算法

类比估算法是指根据以前类似活动或项目的实际工期,凭经验来推测当前活动或项目的工期。如果当前的活动或项目与过去的活动或项目实质性相似,而且估算人员富有经验,那么类比估算法也不失为一种比较有效的方法。类比估算法其实是一种由专家来进行主观判断的方法。

（2）参数估算法

参数估算法是指根据历史资料,在一个因变量(活动工期)与一个或几个自变量(影响活动工期的因素)之间建立某种统计关系,并据此预测因变量的值。线性回归分析是最典型的参数估算,用公式表示为:

$$y = a + bx_1 + cx_2 \qquad (8\text{-}1\text{-}1)$$

使用参数估算,必须先找出会影响活动工期的一个或几个关键因素,并获取大量的历史资料。只要找出了这些相关的变量,随后的分析与估算就不再需要估算者的经验了。

（3）三点估算法

三点估算法是指估算三种可能的工期,然后加权平均,得出活动的平均工期和标准偏差。常用的公式包括:

$$期望工期 = (乐观估计 + 4 \times 一般估计 + 悲观估计)/6 \qquad (8\text{-}1\text{-}2)$$
$$标准偏差 = (悲观估计 - 乐观估计)/6 \qquad (8\text{-}1\text{-}3)$$
$$方差 = [(悲观估计 - 乐观估计)/6]^2 \qquad (8\text{-}1\text{-}4)$$

式中:期望工期指有 50% 的可能性能在该工期内完工;乐观估计指在各种条件都很好的情况下,活动所需要的最短工期;一般估计指在比较正常的情况下,活动所需要的工期;悲观估计指在各种条件都很差的情况下,活动所需要的最长工期;标准偏差指悲观与乐观估计之间的离散程度,表示活动的风险的大小;方差指标准偏差的平方,用于计算整条路径的总工期的标准偏差。由于各活动的标准偏差不能相加,就只能把各活动的方差相加,再把方差和开平方,得出整条路径的总工期的标准偏差。

（4）模拟估算法

模拟估算法是指根据各活动的可能工期的概率分布及活动之间的逻辑关系,在计算机上模拟项目实施很多次(甚至成千上万次),并最终画出项目可能工期的概率分布图

（图 8-1-8）。如果说三点估算法考虑了三种可能性，那么模拟估算法则要考虑许多种可能性。常用的模拟估算法是蒙特卡罗模拟法。模拟估算法一般只用来对整个项目进行模拟，而不用来对每个活动进行模拟。例如，对某项目进行 700 次模拟，得到表 8-1-1 的结果。表 8-1-1 的结果用图形来表示，就是图 8-1-8。

表 8-1-1　蒙特卡罗模拟结果表

工期/周	8	9	10	11	12	13	14	15	16	17	18	19	20
累计出现次数	7	42	93	133	161	189	266	420	595	623	558	686	700
累计概率/%	1	6	14	19	23	27	38	60	85	89	94	98	100

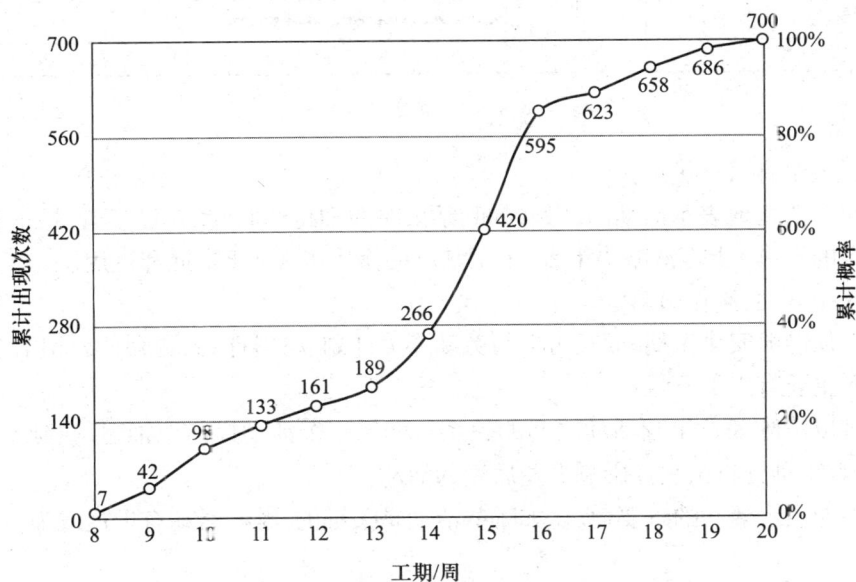

图 8-1-8　蒙特卡罗模拟结果图

8.2　项目进度管理方法与工具

8.2.1　横道图与里程碑计划图

1. 横道图

横道图，也称为甘特图、条线图，由美国人甘特提出，经长期应用与改进，已成为一种被广泛应用的进度计划表示方法。甘特图是一个二维平面图，横维表示进度或活动时间，纵维表示工作包内容，图中的横道线显示了每项工作的开始时间和结束时间，横道线的长度表示了该项工作的持续时间。甘特图的时间维决定着项目计划粗略的程度，根据项目计划的需要，可以以小时、天、周、月等作为度量项目进度的时间单位。如图 8-2-1 所示。

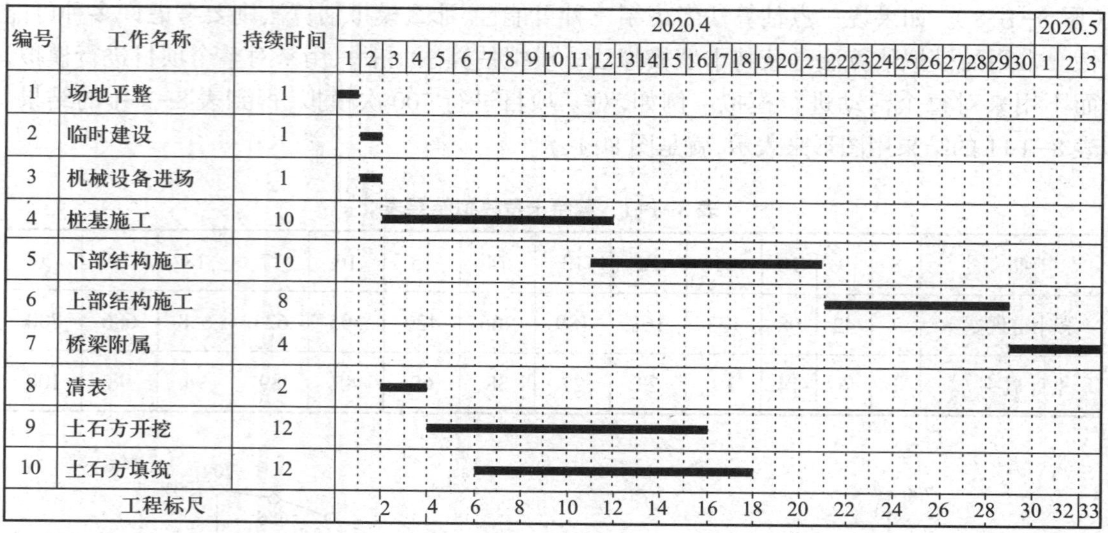

编号	工作名称	持续时间	2020.4（1 2 3 4 5 6 7 8 9 10 11 12 13 14 15 16 17 18 19 20 21 22 23 24 25 26 27 28 29 30）	2020.5（1 2 3）
1	场地平整	1	第1天	
2	临时建设	1	第2天	
3	机械设备进场	1	第2天	
4	桩基施工	10	第2～12天	
5	下部结构施工	10	第11～21天	
6	上部结构施工	8	第21～29天	
7	桥梁附属	4		第29～33天
8	清表	2	第2～4天	
9	土石方开挖	12	第4～16天	
10	土石方填筑	12	第6～18天	
工程标尺			2 4 6 8 10 12 14 16 18 20 22 24 26 28 30	32 33

图 8-2-1　横道图示意图

横道图主要有以下优点：

（1）能够清楚地表示活动的开始时间、结束时间和持续时间，一目了然，易于理解，并能够为各层次的人员（上至战略决策者，下至基层的操作工人）所掌握和运用。

（2）使用方便，制作简单。

（3）不仅能够安排工期，而且可以与劳动人力计划、材料计划、资金计划相结合。

横道图主要有以下不足：

（1）难以清晰表达工程活动之间的关系。如果一个活动提前或推迟，或延长持续时间，很难分析出它会影响哪些后续的活动。

（2）不能表示活动的重要性，比如哪些活动是关键的，哪些活动有推迟或拖延的余地。

视频 8-2
横道图

2. 里程碑计划图

里程碑计划是以项目中某些重要事件的完成或开始时间点作为基准所形成的计划，是一个战略计划或项目框架。它显示了项目为达到最终目标而必须经过的条件或状态序列。项目的里程碑事件通常是项目的重要阶段或重要工程活动的开始或结束，是项目生命期中关键的事件。里程碑事件通常与项目的阶段结果相联系，作为项目的控制点、检查点和决策点。里程碑事件作为完成阶段性工作的标志，在项目管理中具有重要意义。首先，对一些复杂的项目，需要逐步逼近目标，里程碑事件产出的中间"交付物"是每一步逼近的结果，也是控制的对象。如果没有里程碑事件，中间想知道"他们做的怎么样了"是很困难的。其次，可以降低项目风险。通过早期评审可以提前发现需求和设计中的问题，降低后期修改和返工的可能性。再次，人在工作时一般有"前松后紧"的习惯，而里程碑事件则强制规定在某时间做什么，从而能够合理分配工作，细化管理。

对于项目的高层管理者，掌握项目的里程碑事件的安排对进度管理是十分重要的。他们确定进度目标、审查进度计划、进度控制就是以项目的里程碑事件为对象。里程碑计划图如图 8-2-2 所示。

视频 8-3
项目里程
碑计划

编号	里程碑计划	2022年										2023年				
		3	4	5	6	7	8	9	10	11	12	1	2	3	4	5
1	施工准备完成	▲ 3月4日														
2	基础工程完成		▲ 5月1日													
3	主体工程完成									▲ 11月3日						
4	水电安装工程完成											▲ 1月1日				
5	装饰工程完成													▲ 3月15日		
6	竣工验收														▲ 4月15日	

图 8-2-2 里程碑计划图

8.2.2 双代号网络图

网络计划技术是用网络计划对任务的工作进度进行安排和控制,以保证实现预定目标的科学的计划管理技术。网络计划是在网络图上加注工作的时间参数等而编制成的进度计划。网络计划技术既是一种科学的计划方法,又是一种有效的科学管理方法。这种方法不仅能完整地揭示一个项目所包含的全部工作以及它们之间的关系,而且还能根据数学原理,应用最优化技术,揭示整个项目的关键工作并合理地安排计划中的各项工作。

按照《工程网络计划技术规程》(JGJ/T 121—2015),我国常用的工程网络计划类型包括:双代号网络计划、双代号时标网络计划、单代号网络计划和单代号搭接网络计划。

1. 双代号网络图的概念

双代号网络图由箭线、节点、线路三个基本要素所组成,其中每一项工作都用一根箭线和两个节点来表示,"双代号"即由此而来。如图 8-2-3 所示。

（1）箭线。在双代号网络中,箭线表示工作,箭尾表示工作的开始,箭头表示工作的完成。工作通常可以分为两种:

图 8-2-3 双代号网络图

1）需要消耗时间和资源的工作。这类工作称为实工作,在网络图中用实箭线表示,一般在箭线的上方标出工作的名称,在箭线的下方标出工作的持续时间。

2）既不消耗时间,也不消耗资源的工作。这类工作称为虚工作,在网络图中用虚箭线表示。虚工作是虚设的,只表示相邻工作之间的逻辑关系。

（2）节点。网络图中在箭线的发出和交会处画上圆圈,用以标志该圆圈前面工作的结束和允许后面工作的开始,该圆圈就称为节点。节点的主要作用是连接箭线。

根据节点所在位置,节点可分为三种类型:

1）起点节点。网络图中的第一个节点称为起点节点,它意味着一个项目或任务的开始。起点节点只有一个。

2）终点节点。网络图中的最后一个节点称为终点节点,它意味着项目或任务的完成。

3）中间节点。网络图中的其他节点称为中间节点。

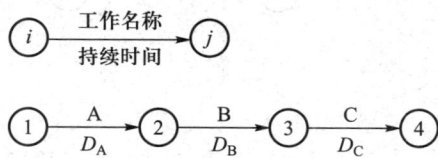

根据节点所在箭线的位置,节点可分为:

1)箭尾节点。位于箭线尾部的节点。

2)箭头节点。位于箭线头部的节点。

在网络图中,就一个节点来说,可能有许多箭线通向该节点,这些箭线就称为内向箭线或内向工作;若由同一个节点发出许多箭线,这些箭线称为外向箭线或外向工作。

节点的时间内涵:不同类型的节点具有不同的时间内涵。起点节点标志着整个网络计划和相关工作开始的时刻;终点节点标志着整个网络计划和相关工作完成的时刻;箭尾节点标志着相应工作开始的时刻,箭头节点标志着相应工作结束的时刻;中间节点标志着内向工作的完成和外向工作开始的时刻。

根据工作活动的先后顺序,工作可以分为紧前工作、紧后工作和平行工作。在网络图中,相对于某工作而言,紧排在该工作之前的工作称为该工作的紧前工作。在网络图中,相对于某工作而言,紧排在该工作之后的工作称为该工作的紧后工作。在双代号网络图中,工作与其紧前、紧后工作之间可能有虚工作存在。在网络图中,相对于某工作而言,可以与该工作同时进行的工作即为该工作的平行工作。紧前工作、紧后工作及平行工作是工作之间逻辑关系的具体表现,只要能根据工作之间的工艺关系和组织关系明确其紧前或紧后关系,即可据此绘出网络图,它是正确绘制网络图的前提条件。例如,在图8-2-4中,工作A是工作B、C的紧前工作,工作H、I是工作E的紧后工作,工作B、C是平行工作。

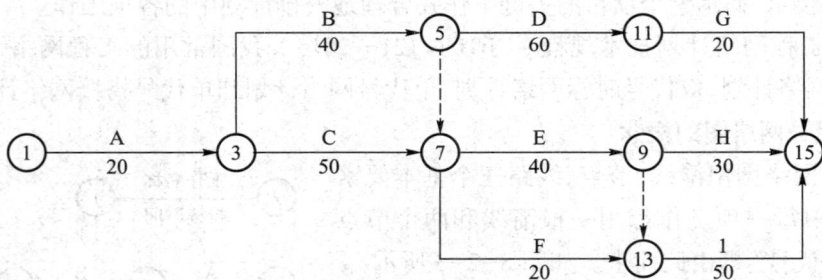

图8-2-4　双代号网络线路图

工作还可以分为先行工作和后续工作。先行工作,相对于某工作而言,从网络图的第一个节点(起点节点)开始,顺箭头方向经过一系列箭线与节点到达该工作为止的各条通路上的所有工作,都称为该工作的先行工作。后续工作,相对于某工作而言,从该工作之后开始,顺箭头方向经过一系列箭线与节点到网络图最后一个节点(终点节点)的各条通路上的所有工作,都称为该工作的后续工作。在工程项目进度控制中,后续工作是一个非常重要的概念。因为在工程网络计划的实施过程中,如果发现某项工作进度出现拖延,则受到影响的工作必然是该工作的后续工作。

(3)线路。从起点节点开始,沿着箭线的方向连续通过一系列箭线与节点,最后到达终点节点的通路称为线路。在图8-2-4中,A→B→E→I就是一条线路。每一条线路都有自己确定的完成时间,它等于该线路上各项工作持续时间总和,该工作持续时间总和也可称为路长。

根据路长的大小,线路可分为关键线路、次关键线路和非关键线路。

1）关键线路。路长最长的线路称为关键线路或主要矛盾线。位于关键线路上的所有工作称为关键工作。关键工作完成的快慢直接影响整个项目工期的实现。关键线路往往不止一条,可能同时存在若干条关键线路,即这几条线路的路长相同;关键线路并不是一成不变的,在一定条件下,由于干扰因素的影响,关键线路可能会发生变化,这种变化可能体现在两个方面:一是关键线路的数量增加了;二是关键线路和非关键线路可能会互相发生转化。

例如,非关键线路上的某些工作的持续时间拖延了,使得相关线路的路长超出了关键线路的路长,则该线路就转化为关键线路,而原来的关键线路就转化为非关键线路。

2）次关键线路。次关键线路的路长仅次于关键线路。该线路最容易转化为关键线路。

3）非关键线路。除了关键线路和次关键线路之外的其他所有线路均称为非关键线路。

2. 双代号网络图的绘制

网络图要正确反映逻辑关系。针对某具体工作,须解决三个问题:第一,该工作必须在哪些工作之前进行;第二,该工作必须在哪些工作之后进行;第三,该项工作可以和哪些工作平行进行。

双代号网络图中有五种基本的逻辑关系的表达方法,如表 8-2-1 所示:

表 8-2-1 双代号网络图中基本的逻辑关系及其表达方法

序号	工作之间的逻辑关系	表示方法
1	A 完成后 B 才能开始,B 完成后 C 才能开始	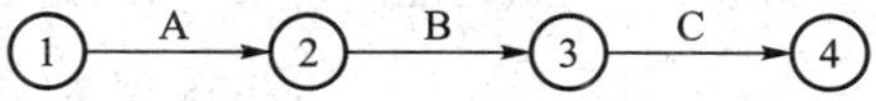
2	A 完成后 B 和 C 同时开始	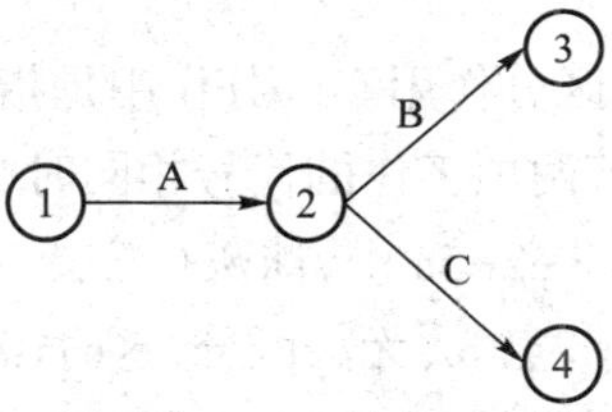
3	A 和 B 都完成后 C 才能开始	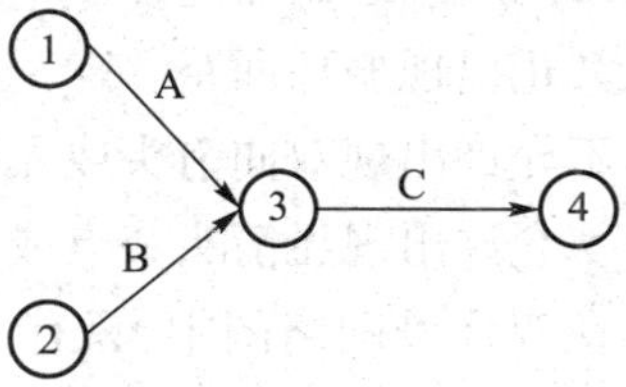
4	A 和 B 都完成后 C 和 D 才能开始	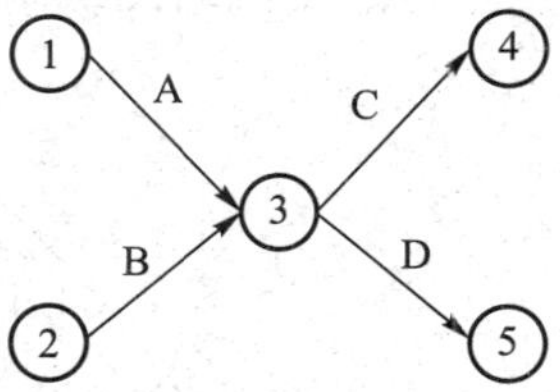
5	A 完成后 B 才能开始,A 和 C 都完成后 D 才能开始	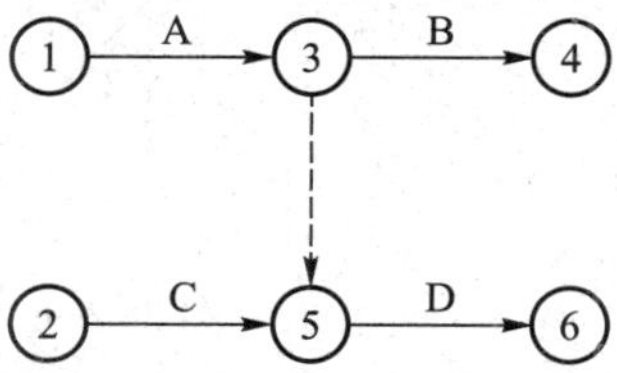

在双代号网络图中,为正确表达逻辑关系,需应用虚箭线。虚箭线在双代号网络图的逻辑表达中主要起连接、断路和区分作用。

(1)连接作用。如表8-2-1中第五种逻辑关系,如果有两工作有共同的紧后工作,且只要其中一工作有独立的紧后工作,必须应用虚工作进行连接。

(2)断路作用。断路作用是用虚箭线断掉多余连接,例如图8-2-5a中,三层楼的装饰装修,分为三个施工段,立门和抹灰两道工序,自上而下流水施工。图中一层的立门窗同三层的墙面抹灰之间本没有联系,但从图8-2-5a中一层的立门是要在三层的抹灰完成后才能开始,因此需要在第二层的立门与第二次的抹灰之间增加一条虚工作将三层的抹灰与一层的立门关系断开,见图8-2-5b。

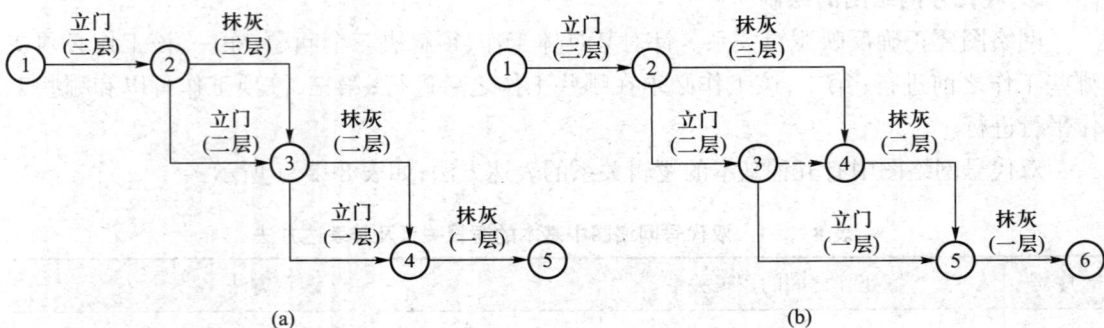

图 8-2-5   某装饰工程双代号网络图

(3)区分作用。区分作用是指双代号网络图中每一项工作都必须用一条箭线和两个代号表示,若两项工作的代号相同时,应用虚工作加以区分。

如图8-2-5a中,抹灰(三层)与 立门(二层)工作有完全相同的起点节点②和终点节点③,无法区分,这时需要加虚箭线区分,如图8-2-5b所示。

双代号网络图绘制需遵守以下规则:

(1)禁止出现循环回路。

(2)不允许出现双向箭头或无箭头的连线。

(3)不允许出现无箭头节点或无箭尾节点的箭线。

(4)在双代号网络图中,只有一个起点节点和一个终点节点。一旦存在多个起点节点或者多个终点节点,则网络图绘制错误,如图8-2-6所示。

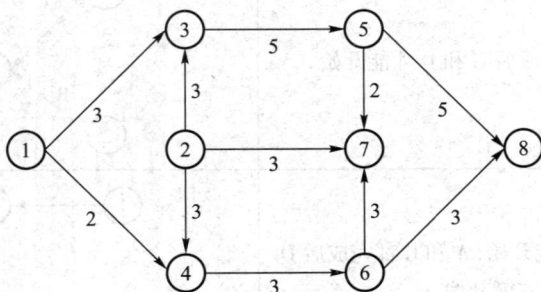

视频 8-4
虚箭线的
作用

图 8-2-6   可能出现多个起点节点和终点节点

（5）绘制网络图时,箭线不宜交叉,当交叉不可避免时,可采用过桥法（暗桥法）。如图 8-2-7 所示。

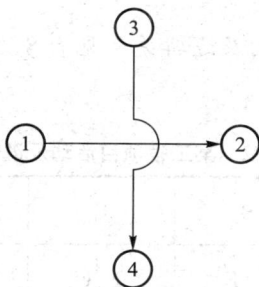

图 8-2-7 双代号网络图交叉工作表示——过桥法

（6）网络图中某些工作有多个紧前或紧后工作时,采用母线法绘图。如图 8-2-8 所示。

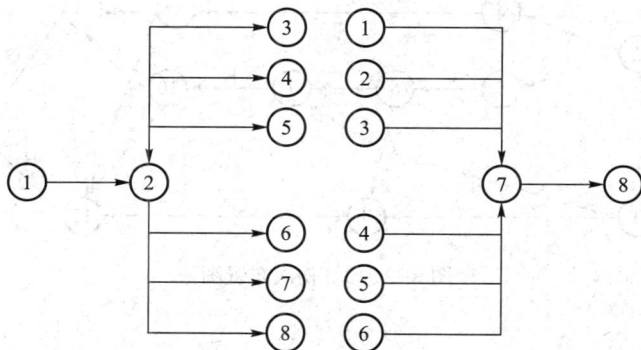

图 8-2-8 母线法绘图

（7）节点编号时,不重号,箭头节点号大于箭尾节点号;不漏编;可采用不连续编号方式,以留出备用节点号。如图 8-2-9 所示。

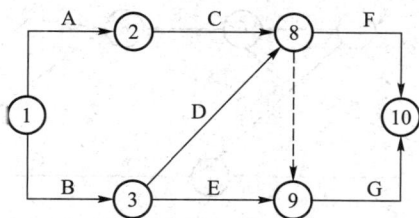

图 8-2-9 双代号网络计划编号示意图

在双代号网络图的绘制过程中有效且灵活地使用虚箭线是十分重要的。双代号网络图的绘制容易出现逻辑关系的错误,防止错误的关键是正确使用虚箭线。一般根据项目工作关系表,当某个工作有两个或两个以上的紧后工作时,可以先利用虚工作进行连接,待所有的活动画完后再进行图形整理,将多余的虚工作去除。去除虚工作的原则有两条:一是除了平行工作外,当虚工作和实工作串联时(指虚工作与实工作的连接节点既没有内向工作,也没有外向工作),该虚工作可去除;二是两个或两个以上的节点若有相同的紧前或紧后工作时,这样的节点可以合并。

【例题 8-2-1】某工程项目活动及逻辑关系见表 8-2-2。绘制该工程项目的双代号网络图。

表 8-2-2　某工程项目活动及逻辑关系

工程活动号	A	B	C	D	E	F
紧后活动	C、D	E、F	E、F	G、H	G、H	H

解:(1)根据表 8-2-2 利用虚工作的隔离作用可绘制出如图 8-2-10 的双代号网络图。

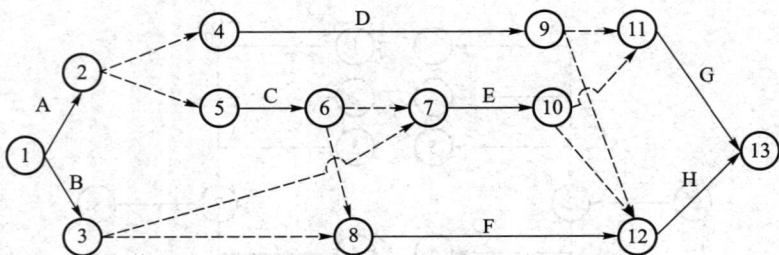

图 8-2-10　初次布置图

(2)利用上文所述的第一条去除虚工作的原则对图 8-2-10 进行简化,图 8-2-10 中 2-4 与 2-5 两条虚工作可以去除。结果见图 8-2-11。

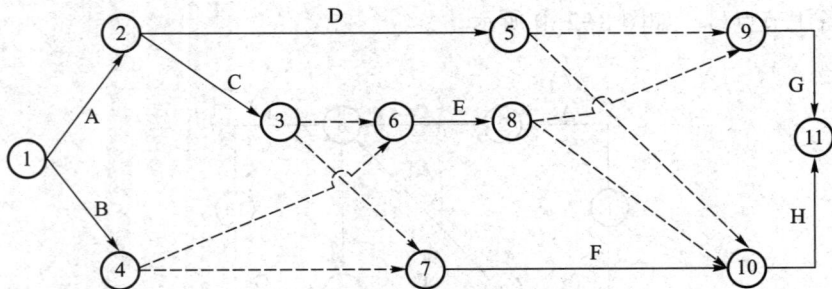

图 8-2-11　初次调整图

(3)利用去除虚工作的第二条简化原则图 8-2-11 中的 3 号节点与 4 号节点可以合并,5 号节点与 8 号节点可以合并,简化后的网络图见图 8-2-12。

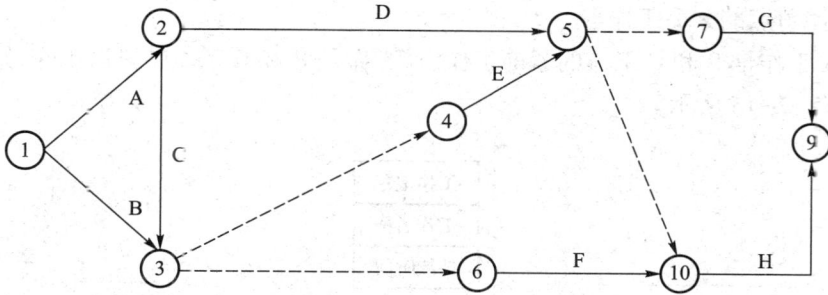

图 8-2-12 再次调整图

（4）针对图 8-2-12 中的虚工作利用第一条简化原则进行简化,结果见图 8-2-13。

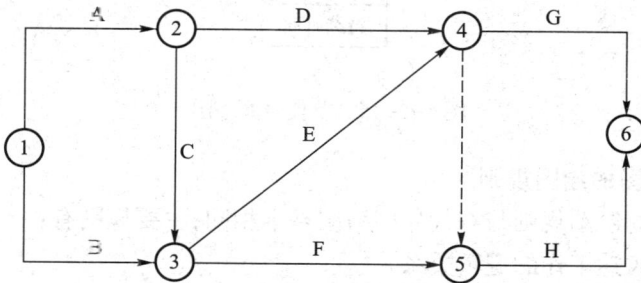

图 8-2-13 最终调整双代号网络图

8.2.3 单代号网络图

1. 单代号网络图的概念

与双代号网络图一样,单代号网络图也是由节点、箭线、线路组成的,但其含义则与双代号网络图不完全相同。

（1）节点。节点及其编号用于表达一项工作。该节点宜用圆圈或矩形表示,也可以用不规则形状表示,如图 8-2-14 所示。

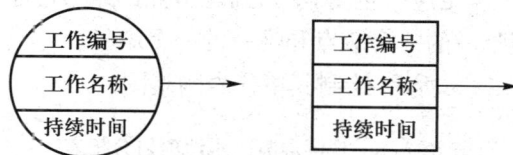

图 8-2-14 单代号网络图中节点的表示方法

（2）箭线。箭线表示两个相邻工作之间的逻辑关系,即紧前工作和紧后工作之间的关系。

（3）线路。线路的概念和意义与双代号网络图相同。

2. 单代号网络图逻辑关系的表达

在单代号网络图中,箭尾节点表示的工作是箭头节点的紧前工作;反之,箭头节点表示的工作是箭尾节点的紧后工作。

例如，A工作是B和C工作的紧前工作；D工作是B和C工作的紧后工作，则其单代号网络图如图8-2-15所示。

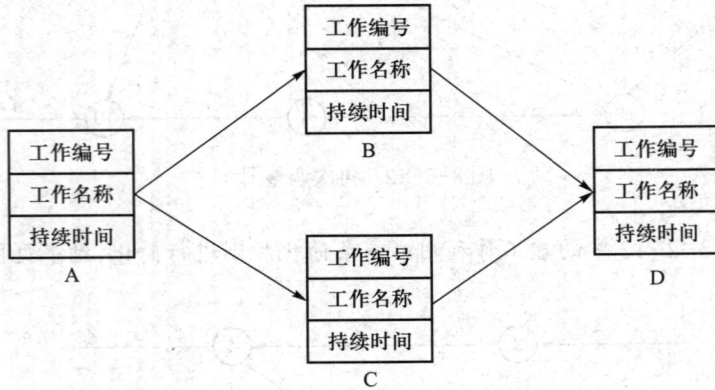

图8-2-15　单代号网络图

3. 单代号网络图的绘图规则

单代号网络图的绘图规则与双代号网络图基本相同，主要规则有：

（1）必须正确表达工作的逻辑关系。

（2）严禁出现循环回路。

（3）不能出现双向箭头或无箭头的连线。

（4）不能出现无箭尾节点的箭线或无箭头节点的箭线。

（5）绘制网络图时，箭线不宜交叉；若交叉不可避免时，可采用过桥法或指向法，其画法与双代号网络图相同。

（6）箭线的形状为直线或折线，箭线的方向取正向。

（7）只能有一个起点节点和一个终点节点；当网络图中出现多项无内向箭线的工作或多项无外向箭线的工作时，应在网络图的左端或右端分设网络图的起点节点（St）和终点节点（Fin）。

（8）节点必须编号，并满足严禁重复编号，箭尾节点的编号应小于箭头节点的编号等基本要求。一项工作必须有唯一的一个节点和唯一的一个编号。

某项目分析表如表8-2-3所示，绘制其单代号网络图。

表8-2-3　现浇混凝土水池项目分析表

序号	工作名称	工作代号	紧后工作	持续时间/d
1	挖土	A	B	3
2	垫层	B	E和F	2
3	材料准备	C	D	4
4	构配件加工	D	F	4

续表

序号	工作名称	工作代号	紧后工作	持续时间 /d
5	仓面准备	E	G	7
6	模板、钢筋安装	F	G	10
7	浇筑混凝土	G	–	3

根据表 8-2-3,按照单代号网络图的绘图规则绘制单代号网络图,如图 8-2-16 所示。

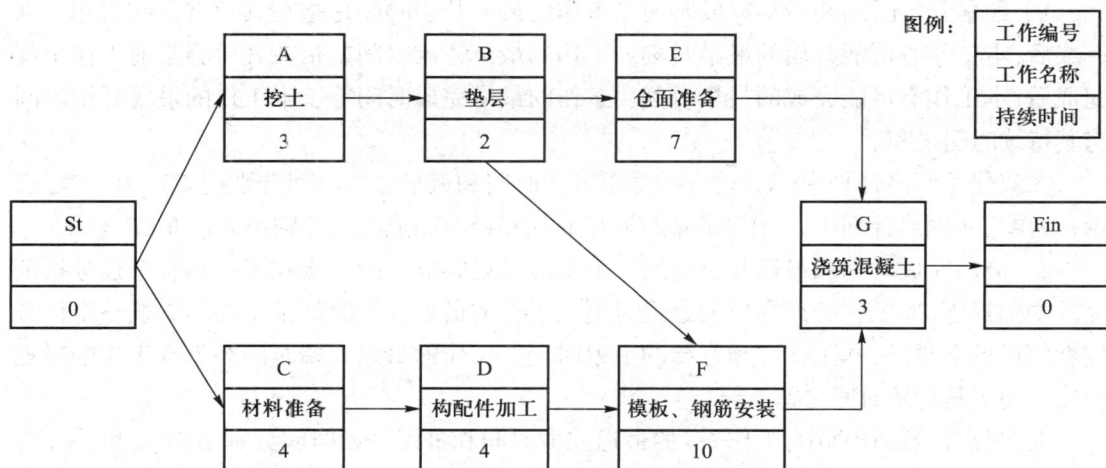

图 8-2-16　现浇混凝土水池项目单代号网络图

8.2.4　网络计划时间参数计算

1. 网络计划的时间参数

所谓时间参数,是指网络计划、工作及节点所具有的各种时间值。

（1）工作持续时间和工期

1）工作持续时间。工作持续时间是指一项工作从开始到完成的时间。在双代号网络计划中,工作 i-j 持续时间用 D_{ij} 表示,在单代号网络计划中,工作 i 的持续时间用 D_i 表示。在网络计划中,各项工作的持续时间是计算网络计划时间参数的基础,所以应首先确定各项工作的持续时间。对于一般肯定型网络计划,工作持续时间的确定方法有:参照以往实践经验估算、经过试验估算、通过定额进行计算。

2）工期。工期泛指完成一项任务所需要的时间。在网络计划中,工期一般有以下三种:

计算工期:是根据网络计划时间参数计算而得到的工期,用 T_c 表示。

要求工期:是任务委托人所提出的指令性工期,用 T_r 表示。

计划工期:是指根据要求工期和计算工期所确定的作为实施目标的工期,用 T_p 表示。当已规定了要求工期时,计划工期不应超过要求工期,即

$$T_p \leqslant T_r$$

当未规定要求工期时,可令计划工期等于计算工期,即

$$T_p = T_r$$

(2)节点的时间参数

1)节点最早时间。节点最早时间是指在双代号网络计划中,以该节点为开始节点的各项工作的最早开始时间。节点 i 的最早时间用 ET_i 表示。

2)节点最迟时间。节点最迟时间是指在双代号网络计划中,以该节点为完成节点的各项工作的最迟完成时间。节点 i 的最迟时间用 LT_i 表示。

(3)工作时间参数

除工作持续时间外,网络计划中工作的六个时间参数是:

1)最早开始时间和最早完成时间。工作的最早开始时间是指在其所有紧前工作全部完成后,本工作有可能开始的最早时刻。工作的最早完成时间是指在其所有紧前工作全部完成后,本工作有可能完成的最早时刻。工作的最早完成时间等于本工作的最早开始时间与其持续时间之和。

在双代号网络计划中,工作 $i-j$ 的最早开始时间和最早完成时间分别用 ES_{i-j} 和 EF_{i-j} 表示;在单代号网络计划中,工作 i 的最早开始时间和最早完成时间分别用 ES_i 和 EF_i 表示。

2)最迟完成时间和最迟开始时间。工作的最迟完成时间是指在不影响整个任务按期完成的前提下,本工作必须完成的最迟时刻。工作的最迟开始时间是指在不影响整个任务按期完成的前提下,本工作必须开始的最迟时刻。工作的最迟开始时间等于本工作的最迟完成时间与其持续时间之差。

在双代号网络计划中,工作 $i-j$ 的最迟完成时间和最迟开始时间分别用 LF_{i-j} 和 LS_{i-j} 表示;在单代号网络计划中,工作 i 的最迟完成时间和最迟开始时间分别用 LF_i 和 LS_i 表示。

3)总时差和自由时差。工作的总时差是指在不影响总工期的前提下,本工作可以利用的机动时间。

工作的自由时差是指在不影响其紧后工作最早开始时间的前提下,本工作可以利用的机动时间。

在双代号网络计划中,工作 $i-j$ 的总时差和自由时差分别用 TF_{i-j} 和 FF_{i-j} 表示;在单代号网络计划中,工作 i 的总时差和自由时差分别用 TF_i 和 FF_i 表示。

(4)相邻两项工作之间的时间间隔。相邻两项工作之间的时间间隔是指本工作的最早完成时间与其紧后工作最早开始时间之间可能存在的差值。工作 i 与工作 j 之间的时间间隔用 $LAG_{i,j}$ 表示。

2. 双代号网络计划时间参数的计算

网络计划时间参数的计算方法有分析计算法、图上计算法、表上计算法、节点标注法,各种方法计算的原理基本相同。这里主要介绍图上计算法的标注与计算公式。图上计算法一般采用"六时标注法",如图8-2-17所示。

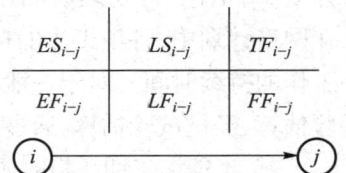

ES_{i-j}	LS_{i-j}	TF_{i-j}
EF_{i-j}	LF_{i-j}	FF_{i-j}

图8-2-17   图上计算六时标注法图例

【例8-2-2】 下面以图8-2-18所示双代号网络计划为例,说明按图上计算法计算时间参数的过程。其计算结果如图8-2-19所示。

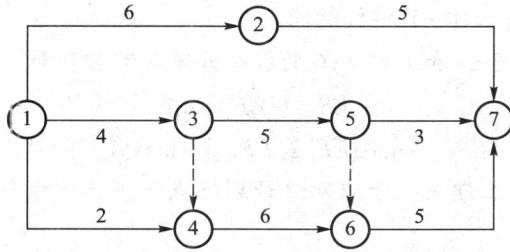

图 8-2-18 双代号网络计划

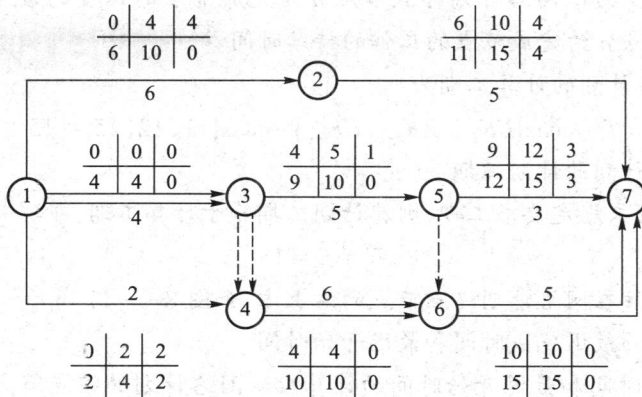

图 8-2-19 双代号网络计划时间参数图上计算法

解:(1)计算工作的最早开始时间和最早完成时间

工作最早开始时间和最早完成时间的计算应从网络计划的起点节点开始,顺着箭线方向依次进行,其计算步骤如下:

1)以网络计划起点节点为开始节点的工作,当未规定其最早开始时间时,最早开始时间为零。例如在本例中,工作 1-2、工作 1-3 和工作 1-4 的最早开始时间都为零,即

$$ES_{1-2} = ES_{1-3} = ES_{1-4} = 0$$

2)工作的最早完成时间可利用式(8-2-1)进行计算:

$$EF_{i-j} = ES_{i-j} + D_{i-j} \qquad (8-2-1)$$

式中,EF_{i-j} 为工作 $i-j$ 的最早完成时间;ES_{i-j} 为工作 $i-j$ 的最早开始时间;D_{i-j} 为工作 $i-j$ 的持续时间。

例如在本例中,工作 1-2、工作 1-3 和工作 1-4 的最早完成时间分别为

工作 1-2:$EF_{1-2} = ES_{1-2} + D_{1-2} = 0 + 6 = 6$

工作 1-3:$EF_{1-3} = ES_{1-3} + D_{1-3} = 0 + 4 = 4$

工作 1-4:$EF_{1-4} = ES_{1-4} + D_{1-4} = 0 + 2 = 2$

3)其他工作的最早开始时间应等于其紧前工作最早完成时间的最大值,即

$$ES_{i-j} = \max\{EF_{h-i}\} = \max\{ES_{h-i} + D_{h-i}\} \qquad (8-2-2)$$

式中,ES_{i-j} 为工作 $i-j$ 的最早开始时间;EF_{h-i} 为工作 $i-j$ 的紧前工作 $h-i$(非虚工作)的最早完成时间;ES_{h-i} 为工作 $i-j$ 的紧前工作 $h-i$(非虚工作)的最早开始时间;D_{h-i} 为工作

$i-j$ 的紧前工作 $h-i$（非虚工作）的持续时间。

例如在本例中，工作 3–5 和工作 4–6 的最早开始时间分别为

$$ES_{3-5} = EF_{1-3} = 4$$

$$ES_{2-6} = \max\{EF_{1-3}, EF_{1-4}\} = \max\{4, 2\} = 4$$

4）网络计划的计算工期应等于以网络计划终点节点为完成节点的工作的最早完成时间的最大值，即

$$T_c = \max\{EF_{i-n}\} = \max\{ES_{i-n} + D_{i-n}\} \tag{8-2-3}$$

式中，T_c 为网络计划的计算工期；EF_{i-n} 为以网络计划终点节点 n 为完成节点的工作的最早完成时间；ES_{i-n} 为以网络计划终点节点 n 为完成节点的工作的最早开始时间；D_{i-n} 为以网络计划终点节点 n 为完成节点的工作的持续时间。

在本例中，网络计划的计算工期为

$$T_c = \max\{EF_{2-7}, EF_{5-7}, EF_{6-7}\} = \max\{11, 12, 15\} = 15$$

（2）确定网络计划的计划工期

在本例中，假设未规定要求工期，则其计划工期等于计算工期，即

$$T_p = T_c = 15$$

计划工期应标注在网络计划终点节点的右上方，如图 8-2-17 所示。

（3）计算工作的最迟完成时间和最迟开始时间

工作最迟完成时间和最迟开始时间的计算应从网络计划的终点节点开始，逆着箭线方向依次进行。其计算步骤如下：

1）以网络计划终点节点为完成节点的工作，其最迟完成时间等于网络计划的计划工期，即

$$LF_{i-n} = T_p \tag{8-2-4}$$

式中，LF_{i-n} 为以网络计划终点节点 n 为完成节点的工作的最迟完成时间；T_p 为网络计划的计划工期。

例如在本例中，工作 2–7、工作 5–7 和工作 6–7 的最迟完成时间为

$$LF_{2-7} = LF_{5-7} = LF_{6-7} = T_p = 15$$

2）工作的最迟开始时间可利用式（8-2-5）进行计算

$$LS_{i-j} = LF_{i-j} - D_{i-j} \tag{8-2-5}$$

式中，LS_{i-j} 为工作 $i-j$ 的最迟开始时间；LF_{i-j} 为工作 $i-j$ 的最迟完成时间；D_{i-j} 为工作 $i-j$ 的持续时间。

例如在本例中，工作 2–7、工作 5–7 和工作 6–7 的最迟开始时间分别为

$$LS_{2-7} = LF_{2-7} - D_{2-7} = 15 - 5 = 10$$

$$LS_{5-7} = LF_{5-7} - D_{5-7} = 15 - 3 = 12$$

3）其他工作的最迟完成时间应等于其紧后工作最迟开始时间的最小值，即

$$LF_{i-j} = \min\{LS_{j-k}\} = \min\{LF_{j-k} - D_{j-k}\}$$

式中，LF_{i-j} 为工作 $i-j$ 的最迟完成时间；LS_{j-k} 为工作 $i-j$ 的紧后工作 $j-k$（非虚工作）的最迟开始时间；LF_{j-k} 为工作 $i-j$ 的紧后工作 $j-k$（非虚工作）的最迟完成时间；D_{j-k} 为工作 $i-j$ 的紧后工作 $j-k$（非虚工作）的持续时间。

例如在本例中,工作 3-5 和工作 4-6 的最迟完成时间分别为

$$LF_{3-5} = \min\{LS_{5-7}, LS_{6-7}\} = 10$$
$$LF_{4-6} = LS_{5-7} = 10$$

4)计算工作的总时差

工作的总时差等于该工作最迟完成时间与最早完成时间之差,或该工作最迟开始时间与最早开始时间之差,即

$$TF_{i-j} = LS_{i-j} - ES_{i-j} = LF_{i-j} - EF_{i-j} \qquad (8\text{-}2\text{-}6)$$

式中,TF_{i-j} 为工作 $i-j$ 的总时差;其他符号同前。

例如在本例中,工作 3-5 的总时差为

$$TF_{3-5} = LS_{3-5} - ES_{3-5} = 10 - 9 = 1$$

或

$$TF_{3-5} = LF_{3-5} - EF_{3-5} = 5 - 4 = 1$$

5)计算工作的自由时差

工作自由时差的计算应按以下两种情况分别考虑:

① 对于有紧后工作的工作,其自由时差等于本工作之紧后工作最早开始时间减本工作最早完成时间所得之差的最小值,即

$$FF_{i-j} = \min\{ES_{j-k} - EF_{i-j}\} = \min\{ES_{j-k} - ES_{i-j} - D_{i-j}\} \qquad (8\text{-}2\text{-}7)$$

式中,FF_{i-j} 为工作 $i-j$ 的自由时差;ES_{j-k} 为工作 $i-j$ 的紧后工作 $j-k$(非虚工作)的最早开始时间;ES_{i-j} 为工作 $i-j$ 的最早开始时间;D_{i-j} 为工作 $i-j$ 的持续时间。

例如在本例中,工作 1-4 和工作 3-5 的自由时差分别为:

$$FF_{1-4} = ES_{4-6} - EF_{1-4} = 4 - 2 = 2$$
$$FF_{3-5} = \min\{ES_{5-7} - EF_{3-5}, ES_{6-7} - EF_{3-5}\} = \min\{9-9, 10-9\} = 0$$

② 对于无紧后工作的工作,也就是以网络计划终点节点为完成节点的工作,其自由时差等于计划工期与本工作最早完成时间之差,即

$$FF_{i-n} = T_p - EF_{i-n} = T_p - ES_{i-n} - D_{i-n} \qquad (8\text{-}2\text{-}8)$$

式中,FF_{i-n} 为以网络计划终点节点 n 为完成节点的工作 $i-n$ 的自由时差;T_p 为网络计划的计划工期;EF_{i-n} 为以网络计划终点节点 n 为完成节点的工作 $i-n$ 的最早完成时间;ES_{i-n} 为以网络计划终点节点 n 为完成节点的工作 $i-n$ 的最早开始时间;D_{i-n} 为以网络计划终点节点 n 为完成节点的工作 $i-n$ 的持续时间。

例如本例中,工作 2-7、工作 5-7 和工作 6-7 的自由时差分别为:

$$FF_{2-7} = T_p - EF_{2-7} = 15 - 11 = 4$$
$$FF_{5-7} = T_p - EF_{5-7} = 15 - 12 = 3$$
$$FF_{6-7} = T_p - EF_{6-7} = 15 - 15 = 0$$

6)确定关键工作和关键线路

在网络计划中,总时差最小的工作为关键工作。特别是当网络计划的计划工期等于计算工期时,总时差为零的工作就是关键工作。例如在本例中,工作 1-3、工作 2-6 和工作 6-7 的总时差均为零,故它们都是关键工作。

找出关键工作之后,将这些关键工作首尾相连,便至少构成一条从起点节点到终点节点

的通路,就是关键线路。在关键线路上可能有虚工作存在。

关键线路一般用粗箭线或双线箭线标出,也可以用彩色箭线标出。例如在本例中,线路 ① → ③ → ④ → ⑥ → ⑦ 即为关键线路。

3. 单代号网络计划时间参数的计算

单代号网络计划时间参数的计算方法与双代号网络计划方法基本相同。单代号网络计划计算示例参见图 8-2-20。其中,$LAG_{i,j}$ 可根据式(8-2-9)计算。

$$LAG_{i,j} = ES_j - EF_i \qquad (8-2-9)$$

式中,$LAG_{i,j}$ 为工作 i 与其紧后工作 j 之间的时间间隔;ES_j 为工作 i 的紧后工作 j 的最早开始时间;EF_i 为工作 i 的最早完成时间。

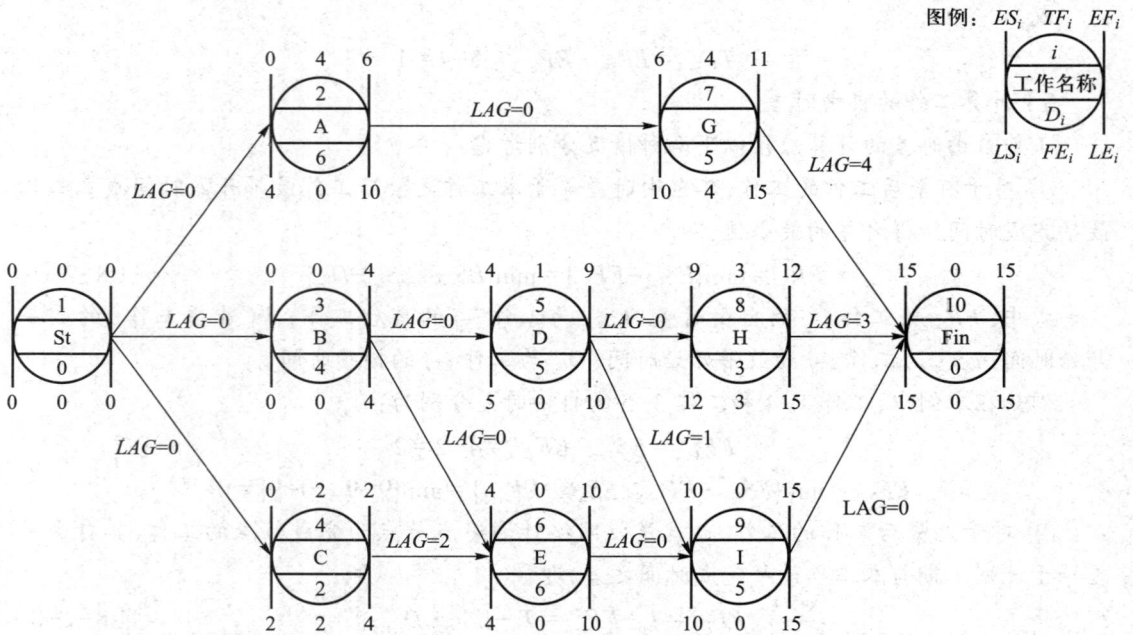

图 8-2-20　单代号网络计划时间参数图上计算法

8.2.5　双代号时标网络

1. 时间坐标网络计划的概念

时间坐标网络计划,简称时标网络计划,是以时间坐标为尺度编制的网络计划,如图 8-2-21 所示。

时标网络计划绘制在时标计划表上,时标的时间单位可根据需要,在编制时标网络计划之前确定,可以是小时、天、周、旬、月或季等。时间可标注在计划表的顶部,也可标注在底部,必要时可同时标注在顶部和底部。时标的长度单位必须注明,必要时,可在顶部时标之上或底部时标之下加注日历的对应时间。时标计划表中部的刻度线宜为细线,为使图面清晰,刻度线可以少画或不画。时标计划表的表达形式如表 8-2-4 和表 8-2-5 所示。

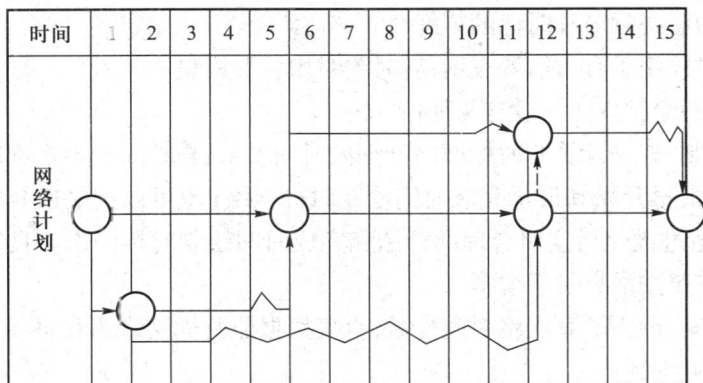

图 8-2-21 双代号时标网络计划

时标网络计划的工作,以实箭线表示,自由时差以波形线表示,虚工作用虚箭线表示。当实箭线之后有波形线且其末端有垂直部分时,其垂直部分用实线绘制;当虚箭线有时差且其末端有垂直部分时,其垂直部分用虚线绘制。

表 8-2-4 有日历时标计划表

日历															
时间	1	2	3	4	5	6	7	8	9	10	11	12	13	14	15
网络计划															
时间	1	2	3	4	5	6	7	8	9	10	11	12	13	14	15

表 8-2-5 无日历时标计划表

时间	1	2	3	4	5	6	7	8	9	10
网络计划										
时间	1	2	3	4	5	6	7	8	9	10

时标网络计划的主要特点是:

（1）兼有网络计划与甘特图两者的优点,能够清楚地表明计划的时间进程。

（2）能在图上直接显示各项工作的开始与完成时间、自由时差与关键线路。

（3）可以利用时标网络分析、监控进度偏差。

（4）可以利用时标网络编制资源计划,进行资源优化和调整。

时标网络计划主要适用于所含工作数量较少,工艺过程比较简单的项目。

2. 时标网络计划的编制

（1）时标网络图绘制的基本要求

1）时间长度是以箭线在时标计划表上的水平投影长度表示的,与其所代表的时间值相对应。

视频 8-5
时标网络计
划的基本概
念与特点

2）节点的中心必须对准时标的刻度线。

3）虚工作必须用垂直虚箭线表示，有时差时用波形线表示。

时标网络图的绘制方法一般有两种：

一是间接绘制，即先计算非时标网络计划的时间参数，再按时间参数在时间计划表上进行绘制。可以按最早开始和最早完成时间绘制时标网络；也可以按最迟开始和最迟完成绘制时标网络；或通过优化后按照合理的开始和完成时间绘制时标网络。具体可以根据需要加以确定，一般按照按最早时间编制。

二是直接绘制，即不计算网络时间参数，直接根据非时标网络图和每项工作所需要的时间在时间计划表上绘制。

（2）时标网络计划的编制步骤

1）间接绘制法的编制步骤

① 根据项目分析表绘制双代号网络图。

② 计算工作时间参数。

③ 绘制时标计划表。

④ 根据网络参数确定每项工作的开始时间，并将每项工作的箭尾节点定位于时标计划表上。

⑤ 按各工作的时间长度绘制相应工作的实线部分，使其在时间坐标上的水平投影长度等于工作的持续时间，用虚线绘制无时差的虚工作（垂直方向）。

⑥ 用波形线将实线部分与其紧后工作的开始节点连接起来，以表示工作的时差。

⑦ 进行节点编号。

2）直接绘制法的编制步骤

① 根据项目分析表绘制双代号非时标网络图。

② 绘制时标计划表。

③ 将网络的起点节点定位在时标计划表的起始刻度线上。

④ 根据工作的持续时间在时标计划表上绘制起点节点的外向箭线。

⑤ 工作的箭头节点，定位于所有内向箭线完成时间最大值所在时间点。

⑥ 某些内向箭线长度不足以到达该箭头节点时，用波形线补足，若虚箭线的开始节点和结束节点之间有水平距离，亦以波形线补足，若无水平距离，则绘制垂直虚箭线。

⑦ 按上述方法自左至右依次确定其他节点的位置，直至终点节点定位，绘制完成。

⑧ 进行节点编号，完成编制工作。

3. 时标网络计划时间参数和关键线路的确定

（1）网络时间参数的确定

1）计算工期的确定。网络的起点节点定位在时标计划表的起始刻度线上，终点节点表示网络的所有工作都已完成，其所在位置所对应的时标值表达了项目的完成时间。所以，时标网络计划的计算工期，应是其终点节点与起点节点所在位置的时标值之差。

2）最早时间的确定。直接绘制法编制而成的时标网络计划中，每条箭线箭尾节点中心所对应的时标值，表达了该工作的最早开始时间；箭线的实线部分右端（有自由时差）或箭头节点中心（无自由时差）所对应的时标值代表了该工作的最早完成时间。

3）时差的判定与计算。按工作的最早开始时间绘制时标网络或采用直接绘制法所得到的时标网络，工作的自由时差在图中可以直观地反映出来。若用波形线表示自由时差，则波形线在坐标轴上的水平投影长度就表达了其自由时差的大小。

总时差不能从图中识别，需要进行计算。总时差是某线路上各项工作共有的时差，其值大于或等于其中任一项工作的自由时差。因此，某工作的总时差除了本工作独用的自由时差必然是其中的一部分之外，还必然包括其紧后工作的总时差。如果本工作有多项紧后工作，只有取其紧后工作总时差的最小值才不会影响总工期。所以，工作总时差等于其各项紧后工作的总时差值的最小值与本工作自由时差之和。

以终点节点（$j=n$）为箭头节点的工作的总时差应根据网络计划的计算工期或计划工期确定，即计算自右向左进行。

$$TF_{i-n} = T_c（或 T_p）- EF_{i-n}$$

其他工作的总时差应为

$$TF_{i-j} = FF_{i-j} + \min\{TF_{j-k}\}$$

式中，TF_{j-k} 表示工作 i–j 的紧后工作 j–k 的总时差。

根据工作参数之间的关系亦可以推导出工作的总时差与其自由时差和紧后工作总时差之间的上述关系，推导过程如下：

$$\begin{aligned}
TF_{i-j} &= LF_{i-j} - EF_{i-j} \\
&= \min\{LS_{j-k}\} - EF_{i-j} \\
&= \min\{ES_{j-k} + TF_{j-k}\} - EF_{i-j} \\
&= \min\{ES_{j-k}\} - EF_{i-j} - \min\{TF_{j-k}\} \\
&= FF_{i-j} + \min\{TF_{j-k}\}
\end{aligned}$$

4）工作最迟时间的计算。工作的最早时间、总时差都已确定，工作的最迟时间即可根据参数之间的关系计算出来，即

$$LS_{i-j} = ES_{i-j} + TF_{i-j}$$

$$LF_{i-j} = EF_{i-j} + TF_{i-j}$$

（2）关键线路的确定

在时标网络中，自终点节点向起点节点观察，凡自始至终不出现自由时差（波形线）的通路，即为关键线路。这说明在这条线路上，各项工作均无自由时差，也就不存在总时差，所以就是关键线路。

某项目非时标网络图已绘制，如图 8-2-22 所示，采用直接绘制法绘制时标网络。

1）建立时标计划表。

2）确定 1 号节点所在位置。该节点是网络的起点节点，所以应定位于 0 点。

3）确定 2 号节点所在位置。因为该节点是 1-2 工作的箭头节点，且工作时间为 6，所以该节点位置应

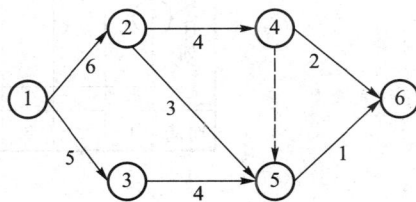

图 8-2-22 非时标网络图

定位于 6 点。

4）依次确定 3、4、5 和 6 号节点所在位置。

该时标网络如图 8-2-23 所示。

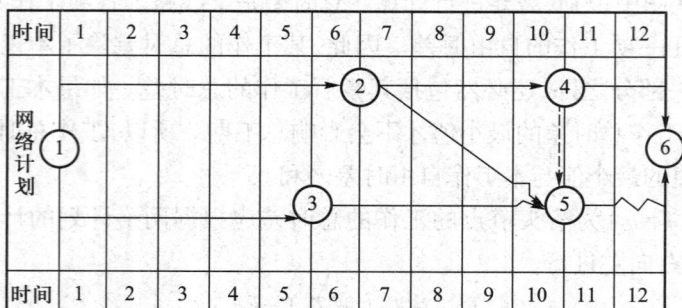

图 8-2-23　时标网络图

图 8-2-23 直观地表达出了每项工作的持续时间、最早开始和最早完成时间、自由时差、计算工期和关键线路。

根据该时标网络推算出每项工作的总时差。

例如，5-6 工作的总时差：$TF_{5-6} = T_c - EF_{5-6} = 12 - 11 = 1$

3-5 工作的总时差：$TF_{3-5} = FF_{3-5} + TF_{5-6} = 1 + 1 = 2$

4-5 工作的总时差：$TF_{4-5} = FF_{4-5} + TF_{5-6} = 0 + 1 = 1$

4-6 工作的总时差：$TF_{4-6} = T_c - EF_{4-6} = 12 - 12 = 0$

2-4 工作的总时差：$TF_{2-4} = FF_{2-4} + \min\{TF_{4-6}, TF_{4-5}\} = 0 + \min\{0, 1\} = 0$

2-5 工作的总时差：$TF_{2-5} = FF_{2-5} + TF_{5-6} = 1 + 1 = 2$

根据工作的总时差，可推算出每项工作的最迟完成和最迟开始时间。

例如，工作 3-5 的最迟完成时间：$LF_{3-5} = EF_{3-5} + TF_{3-5} = 9 + 2 = 11$

工作 2-5 的最迟开始时间：$LS_{2-5} = ES_{2-5} + TF_{2-5} = 6 + 2 = 8$

4. 实际进度前锋线分析方法

实际进度前锋线分析方法是进行进度偏差分析的一种有效方法，该方法是利用时间坐标网络计划或横道图进行分析，如图 8-2-24 所示。

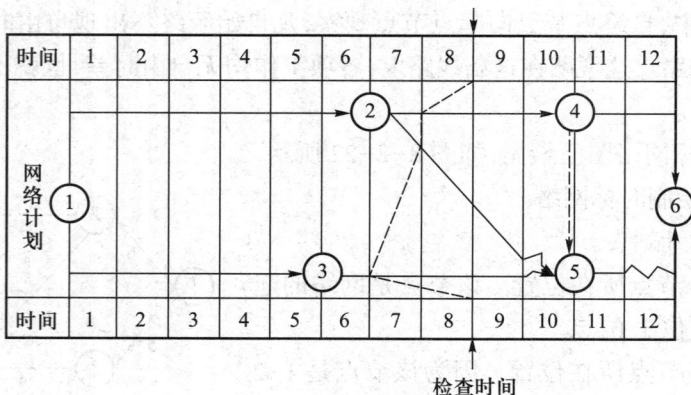

检查时间

图 8-2-24　实际进度前锋线

项目进行到第 8 天进行检查,如果按计划进行,则 2-4 工作和 2-5 工作应完成 2 d 的工作量;3-5 工作应完成 3 d 的工作量。但实际上到第 8 d,2-4、2-5 和 3-5 工作仅完成了 1 d 的工作量。

偏差分析:2-4 工作延误了 1 d,因为该工作是关键工作,所以将会影响工期 1 d;2-5 工作延误了 1 d,但因为该工作是非关键工作,且总时差是 2 d,所以不会影响工期;3-5 工作延误了 2 d,但因为该工作是非关键工作,且有 2 d 的总时差,所以也不会影响工期。

8.2.6　网络计划的优化

网络计划的优化是指在满足既定目标的条件下,对网络计划不断进行调整,直到达到满意结果为止的过程。网络计划优化的目标一般包括:工期目标、费用目标和资源目标,按既定目标划分,网络计划的优化可分为工期优化、工期 – 资源优化和工期 – 费用优化。

1. 工期优化

工期优化也称时间优化,其目的是当网络计划计算工期不能满足要求工期时通过不断压缩关键线路上的关键工作的持续时间等措施,达到缩短工期、满足要求的目的。

选择优化对象应考虑下列因素:

① 缩短持续时间对质量和安全影响不大的工作;

② 有备用资源的工作;

③ 缩短持续时间所需增加的资源、费用最少的工作。

工期优化的具体步骤包括:

① 计算初始网络计划的时间参数,找出关键线路和关键工作;

② 按要求工期计算出应缩短的时间;

③ 确定各关键工作能压缩多长时间;

④ 将优先压缩的关键工作压缩至最短的持续时间,并找出关键线路。若被压缩的工作变成了非关键工作,则应适当延长该工作的持续时间,使之仍为关键工作。其中,优先系数愈小愈应优先选择,若同时缩短多个关键工作,则该多个关键工作的优先系数之和(称为组合优选系数)最小者亦应优先选择。

⑤ 如果已经达到工期要求,则优化完成,否则重复以上步骤,直到满足工期要求或工期已不能再压缩为止。

【例题 8-2-3】某项目网络计划见图 8-2-25,箭线上方括号外的数字为该工作的正常工作时间,括号内的数字为该工作的最短工作时间。网络图中各项工作的优选系数(优选系数越小,优先级越高)见表 8-2-6。如计划工期为 120 d,试对其进行工期优化。

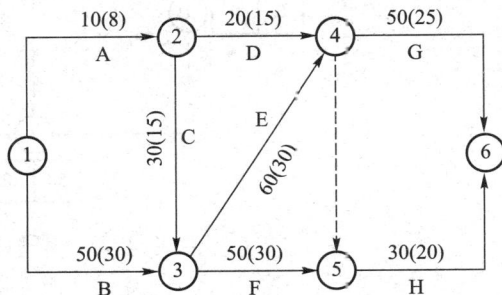

图 8-2-25　某项目网络计划图

表 8-2-6   各工作优选系数表

工作名称	A	B	C	D	E	F	G	H
优选系数	2	5	7	4	2	5	7	2

解:（1）计算时间参数,确定关键线路。计算结果见图 8-2-26,关键线路为 B-E-G。

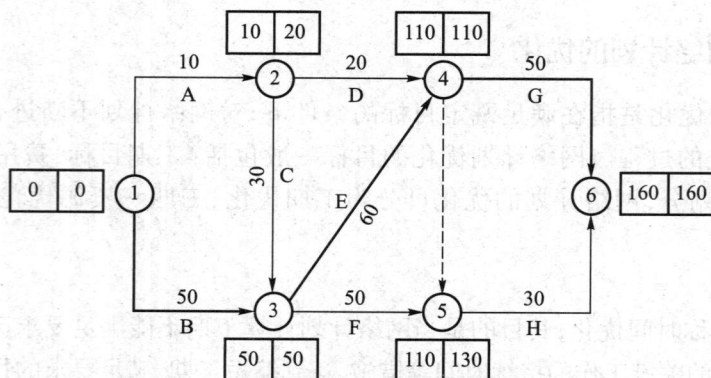

图 8-2-26   某项目网络计划图（计算结果）

（2）计算需压缩的工期。

$\triangle T = 160 \text{ d} - 120 \text{ d} = 40 \text{ d}$

（3）选择关键线路上的工作进行压缩。

关键工作中 E 的优选系数最小,且最大能压缩的时间为 30 d,所以选择工作 E 进行压缩,压缩 30 d。

（4）重新计算网络图的时间参数。

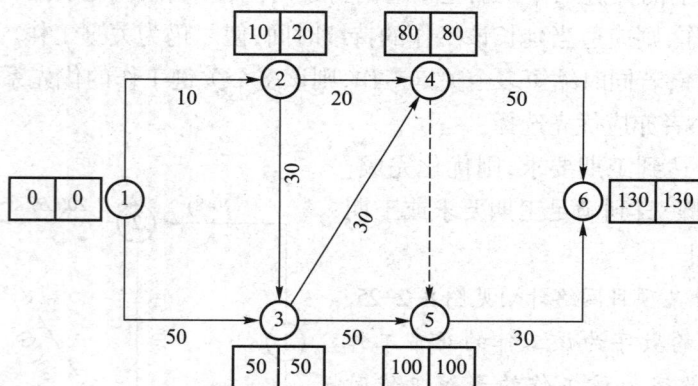

图 8-2-27   某项目网络计划图（一次优化后）

第一次压缩后的工期为 130 d（图 8-2-27）,仍大于要求工期,所以,需要进行第二次压缩,此时的关键线路变为两条,即:B-E-G 和 B-F-H。因为工作 E 已经不能压缩,可能的压缩方案有:

1）压缩 B, 优选系数为 5;

2）压缩 G、H, 组合优选系数为 12;

3）压缩 G、F, 组合优选系数为 9。

选择优选系数最小的方案, 故压缩 B 工作, 压缩工作时间 10 d。

（5）重新计算网络图的时间参数。

经过第二次压缩, 工期变为 120 d, 达到要求。

2. 工期–资源优化

项目的资源需求通常存在两类问题:其一,由于某些客观因素的影响,能够提供的各种资源的数量往往是有限的,不能满足项目的需求,即存在供需矛盾;其二,在计划工期内的某些时段出现资源需求的"高峰",而在另一时段内则可能出现资源需求的"低谷",且"高峰"和"低谷"相差很大,即资源需求的不均衡。网络计划的工期–资源优化,就是力求解决这种资源的供需矛盾或实现资源的均衡利用。

（1）"资源有限,工期最短"的优化

"资源有限,工期最短"的优化是指通过优化使单位时间内资源的最大需求量小于资源供应量,且对工期的影响最小。

解决资源供需矛盾的途径是:提高供应量和降低需求量。

以下主要介绍降低需求量所采用的方法。

通过推迟某些工作的开始、完成时间或延长其持续时间可降低在某时间段内的资源需求量。

选择调整对象的方法有两种。

1）计算法。就网络计划的类型不同,计算公式亦不相同。

双代号网络计划:

$$\Delta T_{m-n,i-j} = EF_{m-n} - LS_{i-j}$$

$$\Delta T_{m'-n',i'-j'} = \min\{\Delta T_{m-n,i-j}\}$$

式中, $\Delta T_{m-n,i-j}$ 表示在超过资源限量的时段中, 工作 $i-j$ 安排在工作 $m-n$ 之后进行工期所延长的时间; $\Delta T_{m'-n',i'-j'}$ 表示在各种顺序安排中, 最佳顺序安排所对应的工期延长时间的最小值。

单代号网络计划:

$$\Delta T_{m,i} = EF_m - LS_i$$

$$\Delta T_{m',i'} = \min\{\Delta T_{m,i}\}$$

式中, $\Delta T_{m,i}$ 表示在超过资源限量的时段中, 工作 i 安排在工作 m 之后进行工期所延长的时间; $\Delta T_{m',i'}$ 表示在各种顺序安排中, 最佳顺序安排所对应的工期延长时间的最小值。

计算法优化的一般步骤如下:

① 计算网络计划各时段的资源需用量。

② 从计划开始之日起,逐个检查各个时段资源需用量是否超出资源限量,若在计划工期内各个时段资源需用量均能满足资源限量要求,网络计划"资源有限,工期最短"的优化即完成,否则必须进行计划调整。

③ 超过资源限量的时段,计算 $\Delta T_{m'-n',i'-j'}$ 或 $\Delta T_{m',i'}$ 值,并依据此确定新的安排顺序。

④ 若最早完成时间 $EF_{m'-n'}$ 或 $EF_{m'}$ 最小值和最迟开始时间 $LS_{i'-j'}$ 或 $LS_{i'}$ 最大值同属一个工作,应找出最早完成时间为次小,最迟开始时间为次大的工作,分别组成两个顺序方案,再从中选取较小者进行调整。

⑤ 绘制调整后的网络计划,重复上述步骤,直到满足要求为止。

2）图解法。直接利用时间坐标网络图或横道图进行选择。如果以不影响工期为前提,则选择调整对象时所考虑的因素包括:选择非关键工作;需要这种资源;在总时差范围内进行调整能使资源需要量降低。

（2）"工期固定,资源均衡"的优化

这一优化问题实际上是在不改变工期的前提下进行资源均衡。其方法是通过调整部分非关键工作时间参数,使资源的需求量趋于平稳。常用的资源均衡方法是一种启发式方法,即削峰填谷法。削峰填谷法的基本步骤如下:

1）计算网络计划各时间段资源需要量;

2）找出需求高峰;

3）确定高峰时段;

4）选择优化对象,所选择的调整对象应是在总时差范围内能使资源需求量降低的非关键工作;

5）若峰值不能再减少,即求得均衡优化方案;否则,重复以上过程。

3. 工期－费用优化

在一定范围内,项目费用是随着工期的改变而改变,因此,在时间与费用之间存在一个最佳解的平衡点。网络计划的工期－费用优化,就是应用网络计划方法,在一定的约束条件下,综合考虑费用与工期之间的相互关系,以求出费用与工期的最佳组合,达到费用低、工期短的优化目的。

（1）项目工期与费用间的关系

一般来说,项目费用包括直接费用和间接费用两部分。在一定的范围内,直接费用随着工期的缩短而增加,即成反比关系。例如,为了加快项目进度,必须突击作业,增加投入而导致直接费用增加;而间接费用则随着工期的延长而增加,即成正比关系,通常用直线表示,其斜率表示间接费用在单位时间内的增加值。间接费用与项目管理水平和项目条件等因素相关。项目费用与工期的关系如图 8-2-28 所示。

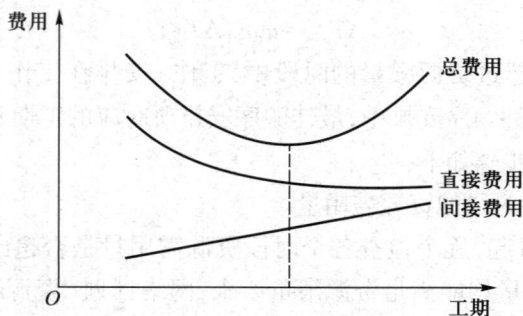

图 8-2-28　费用与工期的关系示意图

可见,项目总费用曲线是由直接费用曲线和间接费用曲线叠加而成的。曲线的最低点就是项目费用与工期的最佳组合点,即费用最少、工期最佳。

（2）优化方法

就费用的观点而言,工期 – 费用优化的目的就是使项目的总费用最低。具体优化的问题有以下几个方面:

1）在规定工期的条件下,确定项目的最低费用;

2）若需要缩短工期,则考虑如何使增加的费用最小;

3）若要求以最低费用完成整个项目计划,如何确定其最佳工期;

4）若增加一定数量的费用,则可使工期缩短多少。

进行费用优化,应首先求出不同工期情况下最低直接费用,然后考虑相应的间接费用的影响和工期变化带来的其他损益,包括效益增量和资金的时间价值等,最后再通过叠加求出项目总费用。

（3）工期 – 费用优化步骤

1）按工作正常持续时间确定关键工作和关键线路;

2）计算网络计划中各项工作的费用率;

3）按费用率最低的原则选择优化对象;

4）考虑不改变关键工作性质并在其能够缩短的范围之内等原则,确定优化对象能够缩短的时间并按该时间进行优化;

5）计算相应的费用增加值;

6）考虑工期变化带来的间接费用和其他损益,在此基础上计算项目总费用;

7）重复上述 3）~6）步,直到总费用最低为止。

本 章 小 结

项目进度管理包括两大部分内容,即项目进度计划和进度控制。项目进度计划编制,需要在工作分解结构的基础上,列出为完成项目而必须进行的所有活动,然后分析这些活动之间的逻辑关系和各自所需要的工期,制定出项目进度计划,这个过程是项目进度管理的关键环节,也是本章的学习重点和难点所在。本章介绍了如何根据工作逻辑关系绘制单、双代号网络图,阐述了如何进行网络计划时间参数计算并确定项目关键路径,进而制定出项目进度计划,为接下来项目进度计划的控制提供了基础和依据。所谓管理,其精髓过程就在于,首先做好计划,然后按照计划执行,在执行过程中发现计划与实际的偏差,不断修正偏差,最终达成目标,对于项目进度管理而言其底层逻辑也是一样的。因此,本章介绍了在项目进度计划的控制过程中找到计划进度与实际进度偏差的方法,提出了对项目进度计划特别是网络计划进行优化的目标,讲述了针对不同优化目标的具体优化过程。

课程思政案例

火神山、雷神山医院建
设创造速度奇迹

习　题

一、单项选择题

1. 关于双代号网络计划绘图规范的说法,正确的是( )。

　　A. 任何情况下,只能有一个起点节点和一个终点节点

　　B. 箭线可以从其他箭线上引出或引入

　　C. 节点间的连线必须是实箭线

　　D. 任何情况下,不允许出现循环回路

2. 下列双代号网络图中,存在的绘图错误是( )。

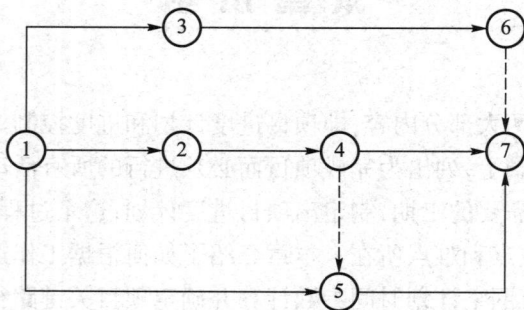

　　A. 编号乱　　　　　　　　　　B. 逆向

　　C. 多余虚工作　　　　　　　　D. 多终点

3. 关于虚工作的说法,正确的是( )。

　　A. 虚工作只在双代号网络计划中存在

　　B. 虚工作一般不消耗资源但占用时间

　　C. 虚工作可以正确表达工作间逻辑关系

　　D. 双代号时标网络计划中虚工作用波形表示

　　4. 某工程网络计划中,工作 M 的总时差为 5 d,自由时差为 3 d。在计划执行情况的检查中,发现只有工作 M 的实际进度拖后了 4 d,则关于工作 M 实际进度的说法,正确的是(　　　　)。

　　　　A. 使总工期拖后 1 d,使后续工作最早开始时间拖后 1 d

　　　　B. 不影响总工期,也不影响后续工作的正常进行

　　　　C. 使总工期拖后 1 d,但不影响后续工作的正常进行

　　　　D. 不影响总工期,但使后续工作最早开始时间拖后 1 d

　　5. 某双代号网络计划中(以 d 为时间单位),工作 K 的最早开始时间为 6,工作持续时间为 4;工作 M 的最迟完成时间为 22,工作持续时间为 10;工作 N 的最迟完成时间为 20,工作持续时间为 5。已知工作 K 只有 M、N 两项紧后工作,工作 K 的总时差为(　　　　)d。

　　　　A. 2　　　　　　　　B. 3　　　　　　　　C. 5　　　　　　　　D. 6

　　6. 在工程网络计划中,关键线路是指(　　　　)。

　　　　A. 单代号网络计划中总的工作持续时间最长的线路

　　　　B. 双代号网络计划中由关键节点组成的线路

　　　　C. 单代号网络计划中包括单个工作持续时间最长的线路

　　　　D. 双代号时标网络计划中无虚箭线的线路

　　7. 已知工作 A 的紧后工作是 B 和 C,工作 B 的最迟开始时间为 14 d,最早开始时间为 10 d,工作 C 的最迟完成时间为 16 d,最早完成时间为 14 d,工作 A 的自由时差为 5 d,则工作 A 的总时差为(　　　　)d。

　　　　A. 5　　　　　　　　B. 7　　　　　　　　C. 9　　　　　　　　D. 11

　　8. 关于双代号网络计划总时差说法,正确的是(　　　　)。

　　　　A. 关键工作的总时差一定是 0

　　　　B. 最长线路上工作的总时差最小

　　　　C. 以关键节点为完成节点的工作,其总时差大于自由时差

　　　　D. 实际持续时间和计划持续时间相同的工作,总时差为 0

二、绘图题

根据下表绘制出双代号网络图。

紧前工作	A	B	C	D	E、F
紧后工作	D	G、E	F	G	H

三、计算题

根据下图标注节点编号并计算网络时间参数,确定总工期和关键路线。

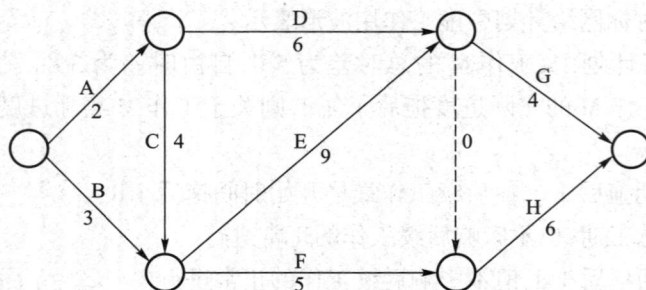

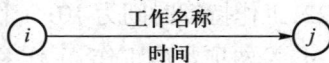

第 9 章

项目成本管理

学习目标:
1. 了解项目成本管理的内涵;熟悉成本管理的四大过程。
2. 了解项目资源计划的方法与工具;熟悉项目成本估算的四种方法;
   熟悉项目成本预算的方法,掌握时间 – 成本累计曲线的绘制;熟悉
   项目成本控制的方法,掌握赢得值法所涉参数计算和偏差分析。

9.1 项目成本管理概述

9.1.1 项目成本管理的内涵

开展任何一项活动,都需要使用一定的人力和物力资源,都需要花钱。项目成本管理包括为使项目在批准的预算内完成而对成本进行规划、估算、预算、融资、筹资和控制的各个环节,从而确保项目在批准的预算内完工。在项目管理中,强调用合理的成本完成既定的工作,而不是用最小的成本。如果片面强调用最小的成本做事,就会损害范围、进度或质量分目标,或者会损害某些相关方的利益,使相关方之间无法有效合作。项目成本管理重点关注完成项目活动所需资源的成本,但同时也应考虑项目决策对项目产品、服务或成果的使用成本和维护成本的影响。例如,限制设计审查的次数可降低项目成本,但可能增加由此带来的产品运营成本。

9.1.2 项目成本管理的过程

项目成本管理主要解决以下四个问题:
(1)预测需要什么资源。
(2)项目将花费多少资金?

（3）何时需要这些资金?

（4）如何使用项目资金?

上述四个问题对应项目成本管理的四个过程: 项目资源计划、项目成本估算、项目成本预算、项目成本控制。

1. 项目资源计划

项目资源包括项目实施中需要的人力、设备、材料、能源及各种设施等。项目资源计划通过分析和识别项目的资源需求,从而确定出项目所需投入的资源种类、资源数量和投入时间,并制定出项目资源计划安排的项目成本管理的活动。项目资源计划是与成本估计、时间估计相对应起来的,是项目成本估计、项目时间估计的基础。

2. 项目成本估算

项目成本估算是指根据项目资源计划及各种项目资源的市场价格信息(包括预计的价格发展变化信息),估算确定项目各种活动的成本和整个项目全部成本的项目成本管理工作。项目成本估算中最主要的任务是确定整个项目所有活动的人、机、料、费成本要素所形成的项目成本的数额。

3. 项目成本预算

项目成本预算是汇总所有单个活动或工作包的估算成本,建立一个经批准的成本基准的过程。做预算,是为了建立一个基准线,以便在项目实施过程中跟踪项目的成本支出情况,确保项目在批准的预算内完成。编制成本预算,既要按项目的分项工作来编制,估计每个组成部分需要多少钱,又要按项目的时间段来编制,估计每个阶段(周、月、季或年)需要多少钱,当然还要得到整个项目的总预算。也就是说,这项工作包括根据项目成本估算和项目成本的风险大小确定出项目各项活动、时间段的预算水平,以及确定整个项目总预算水平两项工作。项目成本预算是项目成本计划的最终表现形式。项目成本预算的关键是合理、科学地确定出项目成本的控制基线。

4. 项目成本控制

项目成本控制是指在项目实施过程中依据项目成本预算,努力将项目实际成本控制在项目预算范围之内,并根据项目工作的发展变化而做好项目成本变更等方面的项目成本管理工作。这包括:不断度量项目实际发生的成本,分析和度量项目实际成本与项目预算之间的差异,采取纠偏措施或修订项目预算的方法实现对项目成本的控制。另外,项目成本预测和评估也是项目成本控制的一个组成部分,它是依据项目成本和各种相关因素的发展与变化情况,评估并预测项目成本发展和变化趋势及结果的项目成本管理工作。

视频 9–1
项目成本
管理的基
本内容

事实上,项目成本管理各项工作之间并没有严格而清晰的界限,它们多数是经常相互重叠和相互影响的。

9.2 项目成本管理方法与工具

9.2.1 项目资源计划方法与工具

1. 专家判断法

专家判断法是指由项目成本管理专家根据经验和判断去确定和编制项目资源计划的方法。它包括专家小组法和德尔菲法等方法。

2. 资料统计法

资料统计法是使用历史项目的统计数据资料,计算和确定项目资源计划的方法。这种方法包括两类:其一是使用企业自己的历史项目统计资料进行项目资源计划的方法;其二是使用市场上存在的商业数据库的统计资料进行项目资源计划的方法。两种方法都必须给出具有统计意义的各种资源消耗或占用量的平均水平和先进水平,同时还应该给出各种项目活动资源消耗和占用的平均水平、最高水平等数据,从而让人们可以使用它们去编制项目资源计划。

3. 标准计算法

标准计算法是使用国家或企业统一的标准定额和工程量计算规则去制定项目资源计划的方法。

项目资源计划的工具包括资源负荷图、资源需求曲线和资源累计需求曲线等。

9.2.2 项目成本估算方法

在估算进度活动的成本时,通常应该包括为开展进度活动所需的所有种类的成本。例如,既要包括直接成本,也要包括间接成本(如总部管理费);既要包括与工作内容有关的成本,也要包括与时间有关的成本(如利息)。如果在活动成本估算中没有包括某一种类的成本,就必须特别加以说明。在估算进度活动的成本时,通常也应该包括用于应对已知风险的不可预见费。如果没有任何特别适用于具体项目的不可预见费的估算依据,就可以按项目管理业界的经验式规则,列如按活动成本的 10% 计算。不可预见费必须明示,一是因为在汇总得到整个项目的不可预见费之后,可能要重新调整各进度活动的不可预见费;二是因为随着项目的进展,通常需要对不可预见费进行适当调整。

1. 类比估算法

是在项目成本估算精度要求不高的情况下,通过比照已完成的类似项目实际成本,估算给出新项目成本的方法。类比估算法比其他方法简便易行、成本低,但其精确度也低。有两种情况可以使用这种方法:其一是以前完成过类似的项目;其二是项目成本估算专家具有类比的技能。这种方法的局限性是人们很难找到类似项目的成本数据,因为项目的独特性和一次性使得多数项目不具备可比性。但这种方法是基于实际经验和数据的估算的,所以具有较好的可信度。

2. 参数估算法

是利用历史数据和项目特性参数建立一定的数学模型来估算项目成本的方法。例如,工业项目可以使用项目生产能力作参数,民用住宅项目可以使用每平方米单价等作参数去估算项目的成本。参数估计法需要使用项目成本的参数估算关系式进行估算,所以参数估计法的关键在于参数的确定。这种方法不考虑项目成本的细节,只是针对不同项目成本的参数和元素进行估算。

3. 自上而下估算法

是估算者根据自己的经验及过去类似项目的实际成本,依靠主观判断估算出当前项目的总成本,然后由相关人员把项目的总成本向下分配至项目的各个组成部分。通常由项目所在组织的高层管理者担任估算者。他们先收集以往类似项目的有关历史资料,然后会同有关专家,把当前项目与过去已实施的类似项目进行类比,来估计当前项目的总成本。通常,在项目概念阶段,估算出项目的总成本;然后在开发阶段的早期,把总成本分配到高层级的可交付成果(项目范围说明书中所列可交付成果);在开发阶段的中期,再把总成本向下分配到工作分解结构中的各个工作包。假定项目总成本是100%,可以逐层向下按一定百分比进行分解,如图9-2-1所示。

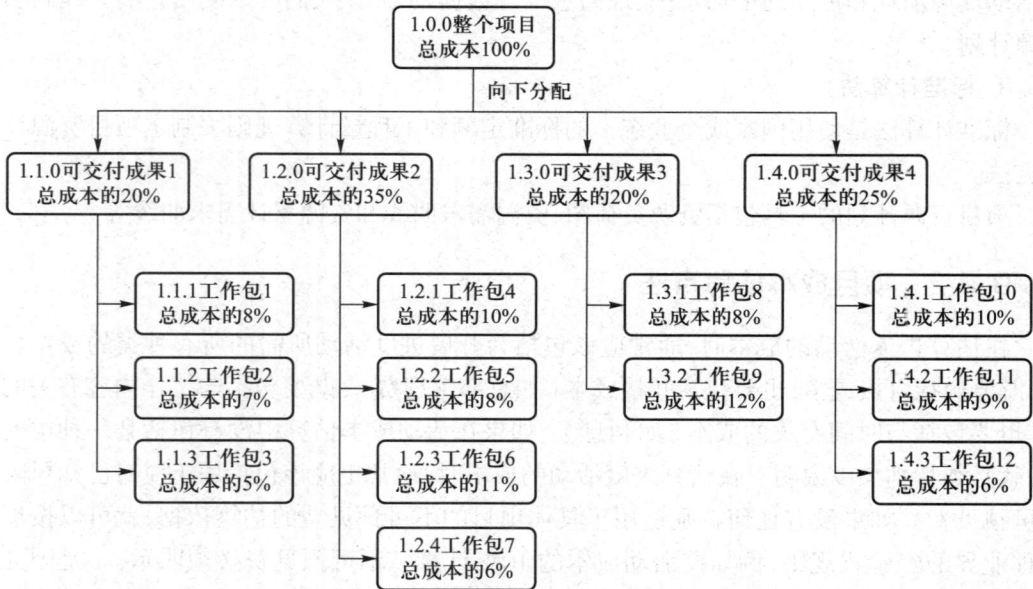

图 9-2-1   自上而下的成本估算

该方法多在有类似项目已完成的情况下应用,其主要特点在于:不需要详细的基础资料,所以相对比较简单、快捷和经济;由于通常是高级管理层来估算项目的总成本,能体现高级管理层的意图;先由高层管理人员对整个项目的成本确定一个总数,再由低层管理人员切块分割,比较容易引起各“块”之间的冲突,使各块之间形成绝对的竞争关系,从而破坏项目的整体性;高层管理人员所确定的总成本也很可能偏小,不能满足相关工作的需要;作为一种专家判断法,自上而下估算法使用起来很便捷,可能会因为对现实情况的估计不足或判断失误造成估算错误,往往不够准确。

4. 自下而上估算法

是首先估算各个独立工作的成本,然后再从下往上估算出整个项目成本。采用自下而上估算法,先由最熟悉相关进度活动的项目人员估算出每项进度活动的成本,再汇总得到工作包的成本,然后按工作分解结构往上逐层累加,最后得到项目的总成本(图9-2-2)。除了按项目的各组成部分进行成本估算以外,也需要按项目工作的各个时间段进行成本估算。所以,也就需要按项目进度计划,把每个时间段要开展的所有进度活动的成本汇总,得到该时间段所需的总成本,再把各时间段的成本汇总,得到项目的总成本。按项目的各组成部分(工作内容)汇总的项目总成本,必须等于按时间段汇总的项目总成本。

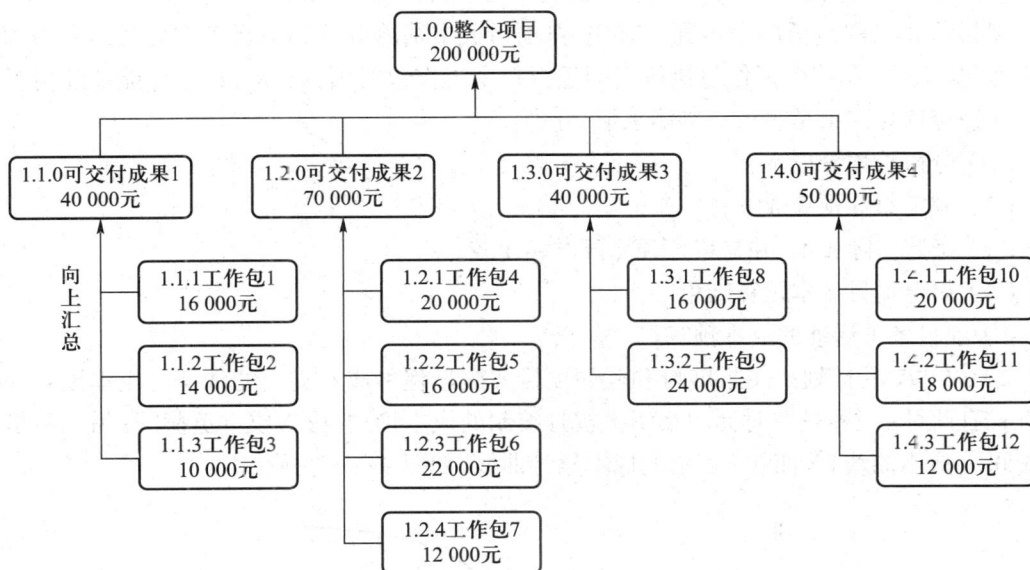

图 9-2-2 自下而上的成本估算

自下而上估算法,只能在项目开发阶段的中后期使用,因为它必须基于工作分解结构和项目进度计划。之所以需要依据项目进度计划,一是因为进度计划中列出了进度活动,二是因为进度活动的开展时间可能对活动成本有一定的影响。该方法的主要特点在于:比起高层管理人员,直接参与项目建设的人员更为清楚项目涉及活动所需要的资源量;由于成本出自日后要参与项目实际工作的人员之手,可以避免引起争执和不满;耗用时间长,削弱了高层对预算的控制。

实际工作中,项目成本估算往往采用多种方法相结合,可以针对整个项目,用参数估算的方法来验证自上而下或自下而上估算的结果,自上而下估算法和自下而上估算法可以循环使用。例如,在进行大型促销活动之前,公司营销总监先参照类似项目提出一个成本控制数,并向下分配;基层员工可能认为控制数太低,营销总监再要求采用自下而上方法,由各层业务经理把下级所核算的促销费用逐级向上汇总,报给营销总监;由于这样汇总起来的费用通常偏大,营销总监对费用进行审核后,又采取自上而下方法进行调减;为了保证这种调减的合理性,再由各层业务经理采用自下而上方法按调减后的费用重新编制成本估算,这个自上而下和自下而上的过程可能需要重复几次,才能最后确定合理的促销成本估算。

视频 9-2
项目成本
估算方法

9.2.3   项目成本预算方法

项目成本预算是给每一项独立工作分配全部成本,以获得度量项目执行的成本基线。预算是一种控制机制,可以作为一种比较标准而使用。预算分配的结果可能并不能满足所涉及的管理人员的利益要求,而表现为一种约束,所涉及人员只能在这种约束的范围内行动。

项目成本预算主要的技术和方法类同于项目成本估算中所用的方法。一般而言,采用自下而上估算法所得到的结果,会比较准确,作为项目预算,即项目成本基准。

项目预算过程包括两个步骤。首先,将项目成本估算分摊到项目工作分解结构中的各个工作包;其次,在整个工作包执行期间进行每个工作包的预算分配,这才可能在任何时点及时地确定预算支出是多少。具体来说,分为:

(1)分摊总预算成本;

(2)制定累计预算成本;

(3)确定实际成本,并与累计预算成本相比较;

(4)得出项目成本预算结果。

1)项目各项活动的成本预算。

2)成本基准计划。用来度量和监测项目实施过程中成本支出的依据。成本预算的表示方式有两种:一种是在时标网络图上按月编制的成本计划,称为成本负荷图;另一种是利用时间 – 成本曲线(S 曲线)表示的成本累计曲线,如图 9-2-3 所示。

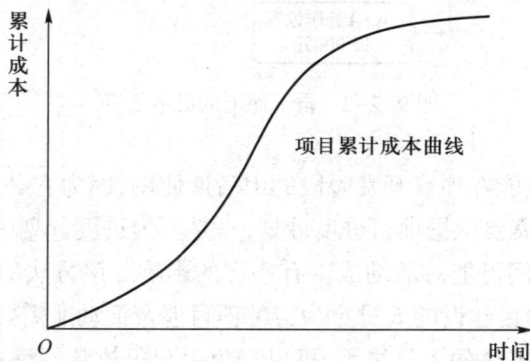

图 9-2-3   项目累计成本曲线

绘制时间 – 成本累计曲线的步骤如下:

1)建立工作分解结构,计算每一个工作包的实际成本,并将其分配到各个工作包的整个工期;

2)根据项目实际情况,计算每单位时间内完成工作所花费的成本;

3)计算规定时间内的完成工作量的累计成本;

4)按各规定时间的值,绘制 S 曲线,如图 9-2-3 所示。

在 S 曲线图上,可以直观地看出,截至某时点,项目的累计成本应该是多少。S 曲线图给我们提供了监控项目成本和进度绩效的良好基础。在项目执行中,可以把实际的 S 曲线与计划的 S 曲线做比较,来了解实际成本与计划成本之间

视频 9-3
时间 – 成本累计曲线的绘制步骤

的偏离；可以把挣值的 S 曲线与计划的 S 曲线做比较，来了解实际进度与计划进度之间的偏离。

由于非关键路径上的活动有一定的灵活性（机动时间），其最早开始时间与最晚开始时间不一致。通常，负责进度的工程师希望每一项活动都在最早开始时间开始，而负责成本的工程师则希望每一项活动都在最晚开始时间开始（以便尽量晚付钱）。各活动在最早开始时间开始和最晚开始时间开始，会有两条不同的项目累计成本曲线，这个图形又叫香蕉图，如图 9-2-4 所示。从这个图中可以看出项目进度目标与成本目标之间存在一定程度的冲突：进度快了，就会导致早付款。项目经理必须要善于把握整个项目的全局，在相互冲突的分目标之间寻求最佳平衡点。

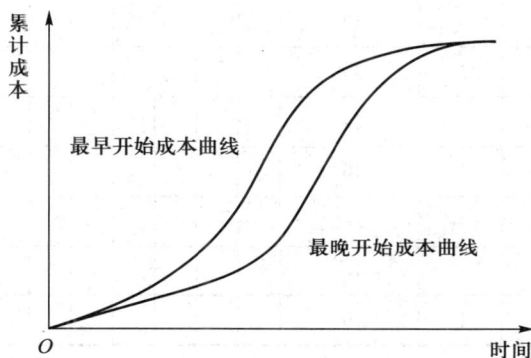

图 9-2-4　最早开始和最晚开始成本曲线

【例题 9-2-1】某施工项目的数据资料见表 9-2-1，绘制该项目的时间 - 成本累计曲线。

表 9-2-1　工程数据资料

编码	项目名称	最早开始时间 / 月份	工期 / 月	成本强度 /（万元 / 月）
11	场地平整	1	1	20
12	基础施工	2	3	15
13	主体工程施工	4	5	30
14	砌筑工程施工	8	3	20
15	屋面工程施工	10	2	30
16	楼地面施工	11	2	20
17	室内设施安装	11	1	30
18	室内装饰	12	1	20
19	室外装饰	12	1	10
20	其他工程		1	10

解:(1)确定施工项目进度计划,编制进度计划的横道图,如图9-2-5所示。

(2)在横道图上按时间编制费用计划,如图9-2-6所示。

(3)计算规定时间计划累计支出的费用额。

编码	项目名称	时间/月	费用强度/(万元/月)	工程进度/月												
				01	02	03	04	05	06	07	08	09	10	11	12
11	场地平整	1	20	▬											
12	基础施工	3	15		▬▬▬										
13	主体工程施工	5	30				▬▬▬▬▬							
14	砌筑工程施工	3	20								▬▬▬				
15	屋面工程施工	2	30										▬▬		
16	楼地面施工	2	20											▬▬	
17	室内设施安装	1	30											▬	
18	室内装饰	1	20												▬
19	室外装饰	1	10												▬
20	其他工程	1	10												...

图 9-2-5   进度计划横道图

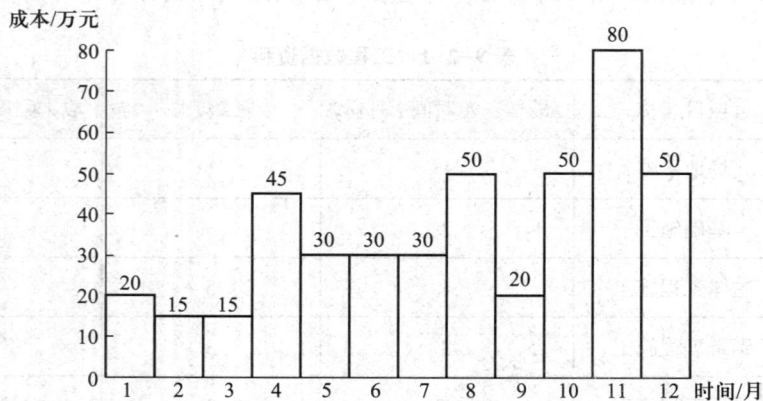

图 9-2-6   成本负荷图

根据公式:$Q_t = \sum_{n=1}^{t} q_n$ 可得如下结果:

$Q_1 = 20$ 万元,$Q_2 = 35$ 万元,$Q_3 = 50$ 万元,$...$,$Q_{10} = 305$ 万元,$Q_{11} = 385$ 万元,$Q_{12} = 435$ 万元

(4)绘制 S 曲线,如图9-2-7所示。

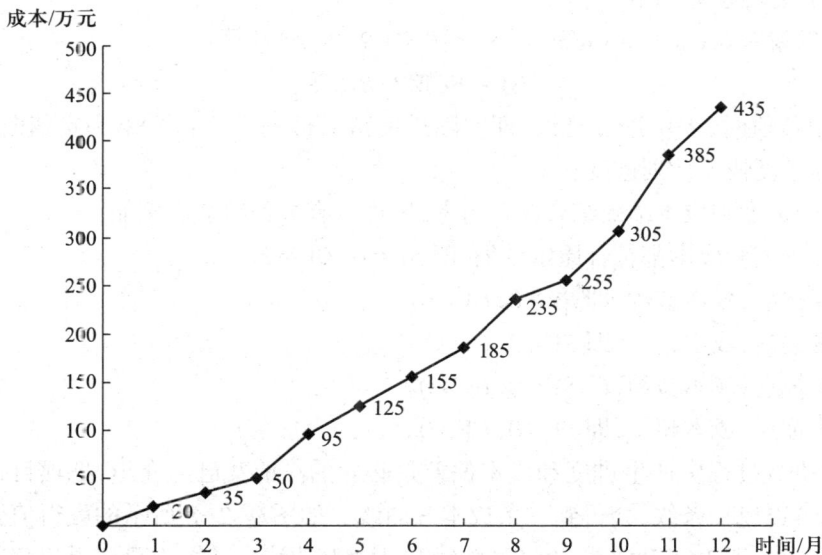

图 9-2-7 时间 – 成本累计曲线（S 曲线）

9.2.4 项目成本控制方法

赢得值法（earned value management, EVM）作为一项先进的项目管理技术，最初是美国于 1967 年首次确立的。赢得值法是对工程项目成本、进度进行综合控制的一种分析方法。赢得值法通过"三个成本""两个偏差"和"两个绩效"的比较对成本实施控制。

视频 9-4
赢得值法

1. 三个成本

（1）计划完成工作预算成本。计划完成工作预算成本（budget cost of the work scheduled, BCWS），即根据进度计划,在某一时刻应当完成的工作（或部分工作）,以预算为标准所需要的资金总额,一般买说,除非合同有变更,BCWS 在工作实施过程中应保持不变。

$$BCWS = 计划完成工程量 \times 预算单价$$

（2）已完成工作预算成本。已完成工作预算成本（budget cost of the work performed, BCWP）是指在某一时间已经完成的工作（或部分工作）,以批准认可的预算为标准所需要的资金总额,由于发包人正是根据这个值为承包人完成的工作量支付相应的成本,也就是承包人获得（挣得）的金额,故称赢得值或挣值。

$$BCWP = 已完成工程量 \times 预算单价$$

（3）已完成工作实际成本。已完成工作实际成本（actual cost of the work performed, ACWP）即到某一时刻为止,已完成的工作（或部分工作）所实际花费的总金额。

$$ACWP = 已完成工程量 \times 实际单价$$

2. 两个偏差,即成本偏差和进度偏差

（1）成本偏差（cost variance, CV）按式（9-2-1）计算:

$$CV = BCWP - ACWP \tag{9-2-1}$$

当 CV 为负值时,即表示项目运行超出预算成本;当 CV 为正值时,表示项目运行节支,

实际成本没有超出预算成本。

（2）进度偏差（schedule variance，SV）按式（9-2-2）计算：

$$SV = BCWP - BCWS \qquad\qquad (9-2-2)$$

当 SV 为负值时，表示进度延误，即实际进度落后计划进度；当 SV 为正值时，表示进度提前，即实际进度快于计划进度。

把项目的进度和成本绩效综合在一起考虑，可以有多种组合。例如：

1）项目进度和成本都符合原定计划，即 $SV=0$，$CV=0$。

2）进度提前，成本节约，即 $SV>0$，$CV>0$。

3）进度提前，成本超支，即 $SV>0$，$CV<0$。

4）进度拖后，成本节约，即 $SV<0$，$CV>0$。

5）进度拖后，成本超支，即 $SV<0$，$CV<0$。

在项目执行过程中产生进度和成本偏差是必然的。前文已经介绍，把项目每一个时期末的累计成本连成一条线，会得到一条成本 S 曲线。如图 9-2-8 所示的赢得值管理曲线图就有三条 S 曲线，即 $BCWP$ 曲线、$BCWS$ 曲线和 $ACWP$ 曲线。从图上可以看出截至某考核时点的进度偏差 SV 和成本偏差 CV。同时，可基于项目考核时点的绩效情况来预测项目完工时的预计成本偏差和可能出现的完工延误，从而为后续项目实施的成本、进度控制及寻求降低成本挖潜途径指明方向，以便及时采取预防措施。例如，定期计算下列预测指标：

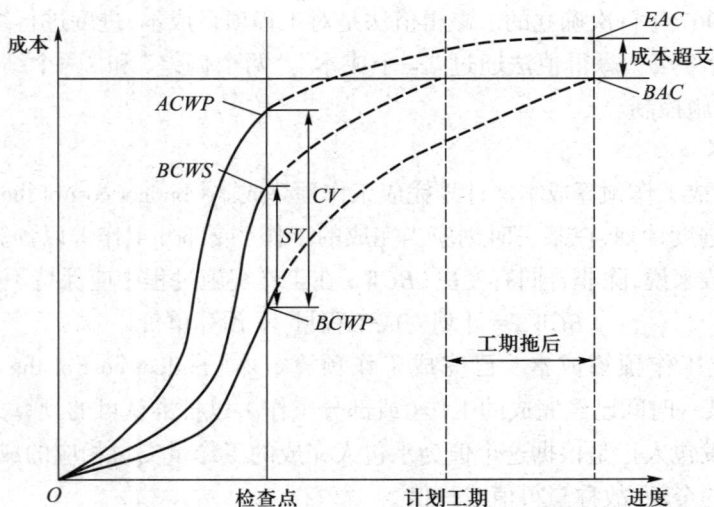

图 9-2-8　赢得值法基本成本参数和偏差的分析关系

完工尚需估算（estimate to complete，ETC）：在项目执行的不同时点重新估算的完成剩余工作还需要的成本。

完工估算（estimated actual at completion，EAC）：在项目执行的不同时点重新估算的完成整个项目所需要的全部成本，由已经发生的实际成本和未来预计要发生的成本这两部分构成。按式（9-2-3）计算：

$$EAC = ACWP + ETC \qquad\qquad (9-2-3)$$

完工偏差（variance at completion, VAC）：在项目执行的不同时点重新估算的、在项目完工时将出现的总成本偏差。正值表示成本节约，负值表示成本超支。按式（9-2-4）计算：

$$VAC = BCWS - EAC \qquad (9\text{-}2\text{-}4)$$

3. 两个绩效，即成本绩效指数和进度绩效指数

（1）成本绩效指数（cost performance index, CPI）按式（9-2-5）计算：

$$CPI = BCWP/ACWP \qquad (9\text{-}2\text{-}5)$$

当 CPI<1 时，表示超支，即实际成本高于预算成本；当 CPI>1 时，表示节支，即实际成本低于预算成本。

（2）进度绩效指数（schedule performance index, SPI）按式（9-2-6）计算：

$$SPI = BCWP/BCWS \qquad (9\text{-}2\text{-}6)$$

当 SPI<1 时，表示进度延误，即实际进度比计划进度拖后；当 SPI>1 时，表示进度提前，即实际进度比计划进度快。

【例题 9-2-2】 背景：某工程计划进度与实际进度如表 9-2-2 所示。表中粗实线表示计划进度（进度线上方的数据为每周预算成本），粗虚线表示实际进度（进度线上方的数据为每周实际成本），假定各分项工程每周计划进度与实际进度均为匀速进度，而且各分项工程实际完成总工程量与计划完成总工程量相等。

表 9-2-2　某工程计划进度与实际进度表　　　　　　　　单位：万元

分项工程	进度计划/周											
	1	2	3	4	5	6	7	8	9	10	11	12
A（计划）	5	5	5									
A（实际）	5	5	5									
B（计划）		4	4	4	4	4						
B（实际）		4	4	4	3	3						
C（计划）				9	9	9	9					
C（实际）						9	8	7	7			
D（计划）						5	5	5	5			
D（实际）							4	4	4	5	5	
E（计划）								3	3	3		
E（实际）										3	3	3

问题：

1. 计算每周投资数据，并将结果填入表 9-2-3。

表 9-2-3　投资数据表（一）　　　　　　单位：万元

项目	投资数据											
	1	2	3	4	5	6	7	8	9	10	11	12
每周拟完工程预算成本												
拟完工程预算成本累计												
每周已完工程实际成本												
已完工程实际成本累计												
每周已完工程预算成本												
已完工程预算成本累计												

2. 试在图 9-2-9 中绘制该工程三种成本曲线，即：① 拟完工程预算成本曲线；② 已完工程实际成本曲线；③ 已完工程预算成本曲线。

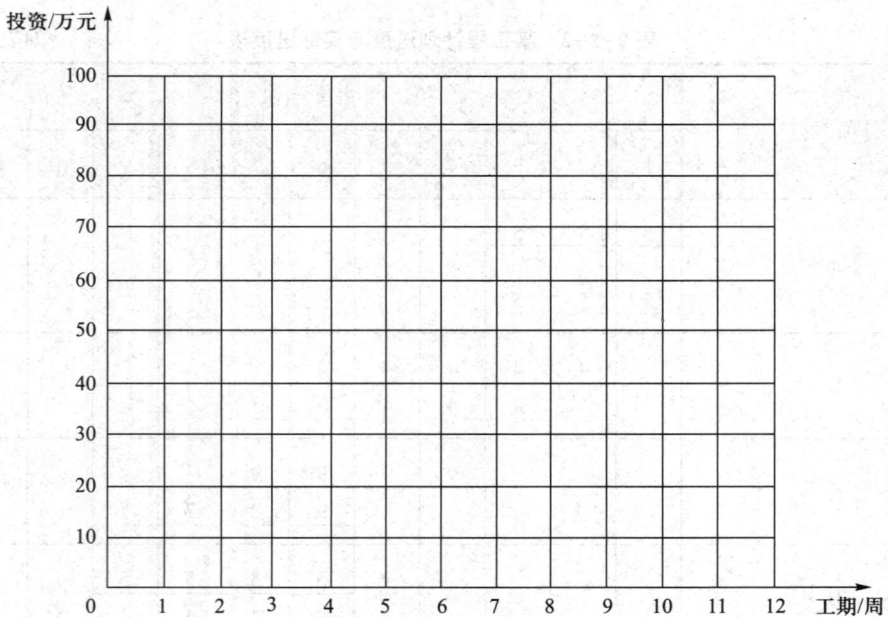

图 9-2-9　投资曲线图（一）

3. 分析第 6 周周末和第 10 周周末的成本偏差和进度偏差。

解：

问题 1：计算数据见表 9-2-4。

表 9-2-4　投资数据表（二）　　　　　　　　　　单位：万元

项目	投资数据											
	1	2	3	4	5	6	7	8	9	10	11	12
每周拟完工程预算成本	5	9	9	13	13	18	14	8	8	3		
拟完工程预算成本累计	5	14	23	36	49	67	81	89	97	100		
每周已完工程实际成本	5	5	9	4	4	12	15	11	11	8	8	3
已完工程实际成本累计	5	10	19	23	27	39	54	65	76	84	92	95
每周已完工程预算成本	5	5	9	4	4	13	17	13	13	7	7	3
已完工程预算成本累计	5	10	19	23	27	40	57	70	83	90	97	100

问题 2：

根据表中数据绘出成本曲线图如图 9-2-10 所示，图中：① 拟完工程预算成本曲线；② 已完工程实际成本曲线；③ 已完工程预算成本曲线。

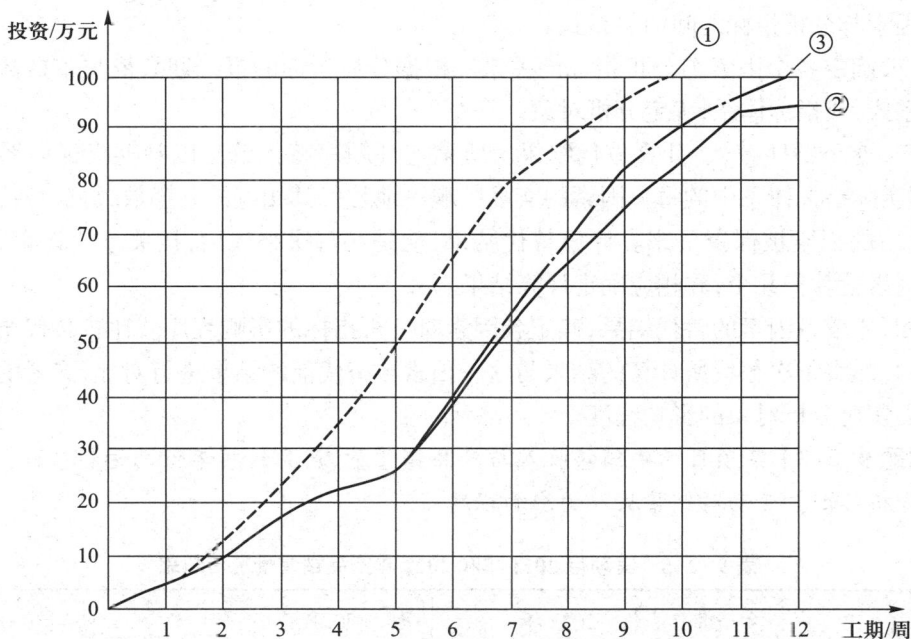

图 9-2-10　投资曲线图（二）

问题 3：

（1）第 6 周周末成本偏差与进度偏差：

成本偏差＝已完工程预算成本－已完工程实际成本

＝40 万元 －39 万元 ＝1 万元，即：成本节约 1 万元。

进度偏差 = 已完工程预算成本 − 拟完工程预算成本

　　= 40 万元 − 67 万元 = −27 万元,即:进度拖后 27 万元。

(2)第 10 周周末成本偏差与进度偏差:

成本偏差 = 90 万元 − 84 万元 = 6 万元,即:成本节约 6 万元。

进度偏差 = 90 万元 − 100 万元 = −10 万元,即:进度拖后 10 万元。

9.2.5　成本分析方法

因素分析法是依据分析指标与其影响因素之间的关系,按照一定的程序和方法,确定各因素对分析指标差异影响程度的一种成本分析方法。运用这一方法的出发点在于,当有若干因素对分析指标发生作用时,假定其他各个因素都无变化,顺序确定每一个因素单独变化所产生的影响。因素分析法又有连环替代法和差额计算法两种具体方法。

1. 连环替代法

连环替代法是指确定影响因素,并按照一定的顺序逐个进行因素替换,计算出各个因素对分析指标变动程度的影响的一种计算方法。

(1)连环替代法的计算程序

第一,确定分析指标与其影响因素之间的关系。确定分析指标与其影响因素之间关系的方法,通常用指标分解法,即将经济指标在计算公式的基础上进行分解或扩展,从而得出各影响因素与分析指标之间的关系式。

第二,确定各个因素与分析指标的关系。根据分析指标的报告期数值与基期数值列出两个关系式,或指标体系,确定分析对象。

第三,连环顺序替代,计算替代结果。所谓连环顺序替代就是以基期指标体系为计算基础,用实际指标体系中的每一因素的实际数顺序地替代其相应的基期数,每次替代一个因素,替代后的因素被保留下来。计算替代结果,就是在每次替代后,按关系式计算其结果。有几个因素就替代几个,并相应确定计算结果。

第四,比较各因素的替代结果,确定各因素对分析指标的影响程序。比较替代结果是连环进行的,即将每次替代所计算的结果与这一因素被替代前的结果进行对比,二者的差额就是替代因素对分析对象的影响程度。

【例题 9-2-3】某项目的年销售收入与产品销售量、产品销售单价的资料(如表 9-2-5 所示),分析各因素变动对销售收入的影响程度。

表 9-2-5　某项目 2021 年和 2022 年产品销售情况资料表

	2022 年	2021 年	差异
销售收入 / 万元	3 900	3 500	400
销售数量 / 台	300	250	50
销售单价 /(万元 / 台)	13	14	−1

解:业务收入的因素分解式:

产品销售收入＝销售数量 × 销售单价

根据连环替代法的程序和对上述销售收入的因素分解式,可以得出:

实际指标体系(2022年产品销售收入):300台 × 13万元 / 台＝3 900万元

基期指标体系(2021年产品销售收入):250台 × 14万元 / 台＝3 500万元

分析对象是:3 900万元－3 500万元＝400万元。

在此基础上,按照第三步骤的做法进行连环顺序替代,并计算每次替代后的结果:

基期指标体系(2021年产品销售收入):250台 × 14万元 / 台＝3 500万元　　①

替代第一因素:以2022年销售数量替代

$$销售收入＝300台 × 14万元 / 台＝42 000万元　　②$$

替代第二因素:以2022年销售单价替代

$$销售收入＝300台 × 13万元 / 台＝3 900万元　　③$$

根据第四步骤,确定销售数量和销售单价两个因素的变动对主营业务收入的影响程度:

销售数量变动对销售收入的影响数＝②－①＝4 200万元－3 500万元＝700万元

销售单价变动对销售收入的影响数＝③－②＝3 900万元－4 200万元＝－300万元

汇总各因素对销售收入影响数＝销售数量影响数＋销售单价影响数＝700万元＋(－300万元)＝400万元

根据上述测算可得出如下评价:2022年销售收入额比2021年销售收入额增加400万元,主要是销售数量2022年比上年多50台,从而使销售收入额增加700万元;由于销售单价2022年比上年降低1万元,从而使销售收入减少300万元。因此,增加市场销售数量应为今后的努力方向。

(2)连环替代法应注意的问题

1)因素分解的关联性。确定构成分析的经济指标的因素,必须是客观上存在因果关系,要能够反映形成该项指标差异的内在构成原因,否则就失去了分析的价值。例如,将影响材料费用的因素分解为下面两个等式从数学上都是成立的:

$$材料费用＝产品产量 × 单位产品材料费用$$

$$材料费用＝工人人数 × 每人消耗材料费用$$

但是从经济意义上说,只有前一个因素分解式是正确的,后一因素分解式在经济上没有任何意义。因为工人人数和每人消耗材料费用到底是增加有利,还是减少有利无法从这个式看,可分解为不同的有经济意义的因素分解式。

2)因素替代的顺序。替代因素时,必须按照各因素的依存关系,排列成一定的顺序并依次替代,不可随意颠倒,否则就会得出不同的计算结果。一般而言,确定正确排列因素替代程序的原则是,按分析对象的性质,从各因素相互依存关系出发,并使分析结果有助于分清责任。

3)顺序替代的连环性。在计算每一个因素变动影响时,都是在前一次计算的基础上进行,并采用连环比较的方法确定因素变化的影响结果。因为只有保持计算程序上的连环性,才能使各个因素影响之和等于分析指标变动的差异,以全面说明分析指标变动的原因。

4)计算结果的假定性。连环替代法计算的各因素变动影响数,会因替代顺序的不同而有差别,因而计算结果不免带有假定性,也就是说它不可能使每个因素计算的结果都达到绝对准确。它只是在某种假定前提下的影响结果,离开了这种假定条件,也就不会是这种影响结果。因此,在进行财务分析时,财务人员应力求使这种假定合乎逻辑,这样,计算结果的假定性才不至于影响分析的有效性。

2. 差额计算法

差额计算法是因素分析法在实际应用中的一种简化形式,它的计算程序是:第一步,计算各个因素的差额;第二步,如果影响因素是两个,先以第一个因素的差额乘以第二个因素的上年数(或计划数等其他数值),求出第一个因素的影响程度,再以第二个因素的差额乘以第一个因素的本年数(或实际数等其他数值),求出第二个因素的影响程度;第三步,汇总各个因素对经济性综合指标差异数的影响数。仍以上一个例子来说明:

第一步:计算各因素的差额

销售数量差额 = 2022 年销售数量 − 2021 年销售数量 = 300 台 − 250 台 = 50 台

销售单价差额 = 2022 年销售单价 − 2021 年销售单价 = 13 万元 / 台 − 14 万元 / 台 = −1 万元 / 台

第二步:测算各因素变动对业务收入额差异数的影响额

销售数量变动的影响额 = 销售数量差额 × 上年销售单价 = 50 台 × 14 万元 / 台 = 700 万元

销售单价变动的影响额 = 销售单价差额 × 本年销售数量 =(−1 万元 / 台)× 300 台 = −300 万元

第三步:汇总各个因素的影响数

销售收入额差异数 = 销售数量变动影响额 + 销售单价变动影响额 = 700 万元 +(−300 万元)= 400 万元

本 章 小 结

项目成本管理包括为使项目在批准的预算内完成所需的各个环节,包括项目资源计划、项目成本估算、项目成本预算与项目成本控制四个过程,分别对应解决四个问题:预测需要什么资源;项目将花费多少资金;何时需要这些资金;如何使用项目资金。本章介绍了项目成本管理四个过程所涉及的具体工作及各过程相互之间的关系,系统地讲解了各过程所涉及的方法和工具,特别是对项目成本预算中的时间 − 成本累计曲线法和项目成本控制中的赢得值法进行了较为深入的介绍。

课程思政案例

某城市更新项目成本
管理

习 题

一、单项选择题

某工程 10 月份计划工作预算成本 50 万元,已完工作预算成本 45 万元,已完工作实际成本 48 万元,该工程 10 月底施工成本偏差和进度偏差分别是(   )。

A. 成本超支 3 万元,进度拖延 5 万元

B. 成本超支 3 万元,进度拖延 3 万元

C. 成本节约 2 万元,进度提前 5 万元

D. 成本节约 2 万元,进度提前 3 万元

二、多项选择题

1. 关于时间－费用累计曲线(S 曲线)说法正确的是(   )。

A. 通过对项目费用目标按构成分解,可获得项目进度计划的网络图

B. 每一条 S 曲线都对应某一特定的工程进度计划

C. S 曲线必然包络在由全部工作都按最早开始时间和全部工作都按最迟必须开始时间开始的曲线组成的香蕉图内

D. 建设单位可以通过调整关键线路上的工序项目的最早或最迟开工时间,力争将实际费用支出控制在计划的范围内

E. 所有工作都按最早开始时间开始,对节约业主的建设资金贷款利息是有利的

2. 某土方工程月计划工程量 2 800 m³,预算单价 25 元/m³;到月末时已完工程量 3 000 m³,实际单价 26 元/m³。对该项工作采用赢得值法进行偏差分析的说法,正确的是(   )。

A. 计划工作实际成本为 72 800 元

B. 已完成工作实际成本为 75 000 元

　　C. 成本绩效指标＜1,表明项目运行超出预算成本

　　D. 进度绩效指标＜1,表明实际进度比计划进度拖后

　　E. 成本偏差为 −3 000 元,表明项目运行超出预算成本

3. 某分项工程采用赢得值法进行综合分析后得到,已完工作预算费用($BCWP$)＞计划工作预算费用($BCWS$)＞已完工作实际费用($ACWP$)。关于该分项工程进度费用执行效果的说法。正确的有(　　　　)。

　　A. 费用超支　　　　　　　　　　B. 进度延误

　　C. 费用节支　　　　　　　　　　D. 进度提前

　　E. 费用绩效指数大于1

三、计算题

某项目进行到17周后,对前17周的工作进行了统计检查,有关情况列于下表。

工作代号	计划完成工作预算成本 $BCWS$/万元	已完成工作量 %	实际发生成本 $ACWP$/万元	挣得值 $BCWP$/万元
A	200	100	210	
B	220	100	220	
C	400	100	430	
D	250	80	220	
E	300	100	310	
F	540	50	400	
G	840	70	700	
H	600	60	500	
合计				

（1）计算17周周末的合计 $ACWP$、$BCWS$;

（2）求出前17周每项工作的 $BCWP$ 及17周末的 $BCWP$;

（3）计算17周的 CV 与 SV,并分析成本和进度状况。

第9章习题答案

第 10 章

项目质量管理

学习目标:

1. 了解项目质量管理的内涵和特点;掌握影响项目质量的因素;熟悉项目形成各阶段对质量形成的作用及影响。
2. 掌握 PDCA 原理的内涵、四个阶段和八个步骤,熟悉全面质量管理的原理和思想,了解质量保证原理和监督原理的内容。
3. 了解项目质量管理各种方法与工具的原理和作用,能够基于不同场景灵活选择合适的项目质量管理方法与工具。

10.1 项目质量管理概述

10.1.1 项目质量概述

1. 项目质量的内涵

根据美国项目管理协会(PMI)的《项目管理知识体系指南(PMBOK® 指南)》(第七版),质量是指一系列内在特征满足需求的程度。内在是指在事物本身所固有的;特征是指事物异于其他事物的特点;需求是指明示的、通常隐含的或必须履行的期望。明示的质量要求是由某项目利益相关者专门规定的,或者由几个项目利益相关者相互约定的。例如,政府的药品监督部门所规定的药品中各种成分所占的比重,业主与承包商在合同中约定的可交付成果必须达到的技术参数。隐含的质量要求则是产品或服务应该具备的最基本的特性。如果没有这种特性,某个产品或服务就不能称其为该产品或服务。例如,钢笔必须具备写字的功能,电灯必须是能发光的。这些基本的特性,都是不需特别说明即可明白的。

项目质量就是项目的内在特征满足项目相关方要求的程度。根据项目的一次性特点,项目质量取决于由 WBS 所确定的项目范围内所有的阶段、子项目、各工作单元的质量,即项目的工作质量。

2. 影响项目质量的因素

影响项目质量的因素是多方面的,不同的项目,影响的因素也会有所不同。无论任何项目也无论在任何阶段,影响项目质量的因素可以归纳为"人、机、料、法、环"五类因素,即人(man)、机械(machine)、材料(material)、方法(method)和环境(environment),简称为 4M1E 因素。

（1）人的因素

在项目质量管理中,人的因素起最直接、最重要的影响作用。影响项目质量的人的因素,包括两个方面:一是指直接履行项目质量职能的决策者、管理者和作业者个人的质量意识及质量活动能力;二是指承担项目策划、决策或实施的相关组织的质量管理体系及其管理能力。

（2）机械的因素

项目中的机械设备分为两类:一类是构成项目本身的机械设备、机具等。例如,建筑工程项目中的电梯、通风设备等机械设备构成了建筑设备安装工程或工业设备安装工程,形成了完整的使用功能。另一类是项目形成过程中使用的各类机具设备、仪器等。不同类型的项目,其机械设备对项目质量的影响程度并不一样,有些是较为重要的因素,有些则可能是较为次要的因素。因此,在项目进行过程中,应有针对性地加以分析,以明确机械设备对项目质量可能会造成的影响。

（3）材料的因素

材料泛指构成项目实体的各类原材料、构配件、半成品等,是形成项目的物质条件,是项目质量的基础。材料的选用是否合理、质量是否合格、是否经过检验、保管是否恰当等,都将会直接影响项目质量。使用不合格材料可能会造成质量事故,是产生质量问题的根源之一。

（4）方法的因素

方法是指工艺方法、操作方法和施工方案。在项目实施过程中,选用方法的合理性、先进性、可靠性、科学性都将会对项目质量产生重大影响。方法合理、先进、可靠、科学将会大大促进项目质量的提高,反之则可能降低项目质量。方法选择失误,往往会对项目质量的保证造成重大障碍。

（5）环境条件的因素

环境条件是指对项目质量产生影响的环境因素。不同类型的项目,其环境条件会有很大不同。例如,工程项目的环境条件包括工程技术环境,如工程地质环境、水文、气象等;工程作业环境,如施工环境、防护设施等;工程管理环境,如工程实施的合同结构与管理关系的确定、组织体制及管理制度等;周边环境,如工程项目邻近的地下管线、构筑物等。而产品开发项目的环境条件就比工程项目的环境条件简单。但无论环境条件简单还是复杂,都会对项目质量产生特定的影响,只不过是影响的程度不同而已。因此,在项目进行过程中,应对项目的环境条件加以认真分析,有针对性地采取措施,进行环境管理,改善环境条件,创造有利于保证项目质量的环境。

如果根据性质划分,影响项目质量的因素又可分为偶然因素和系统因素。

1）偶然因素。偶然因素是指随机发生的因素。这类因素一般是不可避免的,其对项目质量所造成的影响较小,往往在允许的范围之内。

2)系统因素。系统因素是非随机发生的,是不正常行为所导致的。这类因素对项目质量所造成的影响较大,往往超出允许范围。通过采取有效措施,这类因素是可以避免的。

3. 项目质量的特点

项目质量的特点是由项目的特点所决定的。不同的项目,项目质量的特点可能有所不同,但总的来说,无论何种项目都具有如下特点。

(1)影响因素多。项目需要经历若干阶段、一定周期才能完成。在不同的阶段、不同的时期,影响质量的因素是变化的,且有些因素是已知的,有些因素则可能是未知的,所以可以将影响项目质量的因素集看成是一个灰色系统。

(2)项目目标的制约性。项目具有多目标属性,而目标之间存在着对立统一的关系。项目的质量与项目的时间、成本等目标之间既相互统一,又相互矛盾。这就需要用系统思想对待项目质量。

(3)项目质量的变异性。质量的变异性是指质量指标的不一致性。项目与一般工业产品的生产不同,无固定的生产流水线,无规范化的生产工艺和完善的检测技术,无成套的生产设备和稳定的生产环境,所以项目质量易产生波动。同时由于影响项目质量的偶然因素和系统因素比较多,其中任意一个因素的变化,都会使项目质量产生波动。

(4)评价方法的特殊性。对项目质量的评价不同于对一般产品质量的评价,且不同类型的项目,其质量评价方法也不相同。

4. 项目形成各阶段对质量形成的作用及影响

项目形成的各阶段对项目质量的形成都会产生影响,但不同的阶段对项目质量影响的程度也不相同。

(1)项目概念阶段(conceive)。项目的概念阶段主要进行项目的可行性研究及项目的决策。在项目的可行性研究阶段,需要确定项目的总体质量要求,并与项目的成本目标相协调。项目的可行性研究直接影响项目的决策质量和项目的开发质量。项目决策阶段对项目质量的影响主要是对项目的方案作出决策,确定项目应达到的质量目标和水平。可见,项目概念阶段对项目质量的形成是至关重要的。

(2)项目开发阶段(develop)。项目开发阶段需要界定项目的范围,明确项目的方案,进行项目规划、设计项目质量。项目开发阶段是决定项目质量的关键环节,因为在这一阶段,项目的质量目标和水平将通过对项目的策划、研究、构思、设计和描绘而得以具体体现。"质量是设计出来的,而不是加工出来的"准确反映了项目开发阶段对项目质量形成的重要性。

(3)项目实施阶段(execute)。项目实施是按照项目开发阶段所提出的要求、规划,将项目意图付诸实现最终形成项目成果的活动。只有通过实施,项目才能变为现实。所以,项目实施决定了项目意图能否体现,直接关系到项目的最终成果,在一定程度上,项目实施是形成项目质量的决定性环节。

(4)项目收尾阶段(finish)。项目收尾阶段需要对项目质量进行验收,考核项目质量是否达到预期要求,是否符合决策阶段确定的质量目标和水平,并通过验收确保项目质量。可见,项目收尾阶段对项目质量的影响是对项目质量的确认和项目最终成果质量的保证。

10.1.2   项目质量管理过程

《质量管理体系 基础和术语》(GB/T 19000—2006/ISO 9000∶2015) 关于质量管理的定义∶质量管理可包括制定质量方针和质量目标,以及通过质量策划、质量保证、质量控制和质量改进实现质量目标的过程。

根据美国项目管理协会(PMI)的《项目管理知识体系指南(PMBOK® 指南)》(第七版),项目质量管理包括把组织的质量政策应用于规划、管理、控制项目和产品质量要求,以满足相关方目标的各个过程。项目质量管理过程包括∶

1. 规划质量管理

规划质量管理是识别项目及其可交付成果的质量要求和 / 或标准,并书面描述项目将如何证明符合质量要求和 / 或标准的过程。通过规划质量管理,为在整个项目期间如何管理和核实质量提供指南和方向。现代质量管理的一项基本准则是∶质量是规划、设计出来的,是依靠周密计划及严格按计划执行得到的而不是检查出来的。

编制项目质量计划就是制定项目质量标准,并确定将如何达到这些标准。项目团队应当事先识别、理解项目相关方的需求,然后制订出详细的计划去满足这些需求。对于相关方的多种多样的需求,应该进行优先级排序,以便做出合理的取舍。项目质量计划应该包括以下主要内容∶项目质量政策、项目质量标准,以及项目质量保证与控制体系。

质量政策,又叫质量方针,规定质量管理的总体方向和总体要求,如同指南针。质量政策应该清晰、简单、易懂。

质量标准应该以具体的、可操作的语言来明确规定某个产品或服务必须达到什么要求,以及在质量控制过程中将如何测量达到要求的程度,至少必须为工作分解结构中的每一个可交付成果规定具体的质量标准。质量标准通常应包括一系列测量指标,以及关于如何运用这些指标的规定。例如,可以用考试成绩、平时课堂表现和作业成绩这些具体的测量指标来评价学生的学习质量。不仅要规定具体的质量测量指标是什么,而且要规定将如何为计算这些指标而收集数据,将如何综合这些指标来评价产品或服务的总体质量。

质量标准一定要尽可能具体、量化。例如,你不能只要求自己做一个成绩好的学生,还要规定每门课的成绩达到多少分;要把某个东西加热,你不能简单地说"一直加到很热",而要说"一直加到多少摄氏度";对于一项输油管道工程的质量要求,不能简单地说"要充分考虑环保的要求",而要具体地说"管道不能有任何可以测量到的漏油"。不具体的质量标准,不好测量,也就说不清产品或服务符合质量标准的程度,更说不清应该如何改进质量。

2. 管理质量

管理质量是把组织的质量政策用于项目,并将质量管理计划转化为可执行的质量活动的过程。通过管理质量,提高实现质量目标的可能性,以及识别无效过程和导致质量低劣的原因。

管理质量使用控制质量过程的数据和结果向相关方展示项目的总体质量状态。本过程需要在整个项目期间开展。管理质量有时被称为"质量保证",但"管理质量"的定义比"质量保证"更广,因其可用于非项目工作。在项目管理中,质量保证旨在高效地执行项目过程,包括遵守和满足标准,向相关方保证最终产品可以满足他们的需求、期望和要求。管理质量包括所有质量保证活动,还与产品设计和过程改进有关。质量保证应是由从事项目具体工作的人或组织亲自开展的。例如,为了顺利通过某个考试,学生在学习的过程中就必须按计划开展质量保证工作。如果自己不做质量保证,任何外来的质量监督和检查都没有用。质量保证的主要内容包括:

（1）建立项目相关方对项目将要达到质量要求的信心,防止项目相关方对项目工作的不必要干扰。

（2）按项目计划实施事先规定好的、系统的质量活动,保证项目达到质量要求,即按计划"做出"合格的质量。

（3）适时重新评价质量标准,确保质量标准的合理性。如果发现质量标准不合理,就要提出变更请求。

3. 控制质量

控制质量是指为了评估绩效,确保项目输出完整、正确,并满足客户期望,而监督和记录质量管理活动执行结果的过程。控制质量过程的目的是在用户验收和最终交付之前测量产品或服务的完整性、合规性和适用性。本过程通过测量所有步骤、属性和变量,来核实与规划阶段所描述规范的一致性和合规性。在整个项目期间应执行质量控制,用可靠的数据来证明项目已经达到发起人和/或客户的验收标准。

在项目实施阶段,采用规定的方法,使用规定的质量测量指标来测量实际的质量情况,并与计划的质量要求做比较,以便发现质量偏差、判断质量是否合格。如果质量不合格,就需要缺陷补救措施。质量控制就是基于质量标准来"检查"质量,并在必要时"纠正"质量缺陷。尽管质量不是检查出来的,但是适当的检查还是必需的。而且,也可以通过检查,促进项目团队成员更好地"做"质量、更好地开展质量保证。如果你知道自己的工作将被检查,那你会更加注重保证工作的质量。质量控制通常由专门的质量控制人员或部门来开展。例如,老师可以对学生的学习情况进行质量控制。

总之,规划质量管理过程关注工作需要达到的质量。管理质量则关注管理整个项目期间的质量过程。控制质量关注工作成果与质量要求的比较,确保结果可接受。例如,王同学要在某门课的考试中得 92 分。为了达到这个质量测量指标,她就需要开展如下质量保证:防止来自别人的干扰;按计划每天复习 3 h,持续 4 周;不断改进复习方法;根据复习进展情况,重新评价"92 分"这个质量测量指标的合理性。还需要开展如下质量控制:针对上述四项质量保证措施,每天进行自我质量检查;每周日由结对复习的同学进行质量检查。

10.1.3　项目质量管理的基本原理

项目质量管理的基本原理有:PDCA 循环原理、全面质量管理原理、质量保证原理、监督原理、系统原理和合格控制原理。本书仅介绍前四种基本原理。

1. PDCA 循环原理

在项目质量管理过程中,无论是对整个项目的质量管理,还是对项目的某一个质量问题所进行的管理,都需要经过从质量计划的制定到组织实施的完整过程。即首先要提出目标,也就是质量要达到的水平和程度,然后需要根据目标制定计划,这个计划不仅包括目标,而且还包括为实现项目质量目标而需要采取的措施。计划制定后,就需要组织实施。在实施的过程中,需要不断检查,并将检查结果与计划进行比较,根据比较的结果对项目质量状况作出判断。针对质量状况分析原因并进行处理。这个过程可归纳为 PDCA 循环。这里的 P 表示计划(plan)、D 表示实施(do)、C 表示检查(check)、A 表示处理(action)。这是由美国著名管理专家戴明博士首先提出的,所以也称为"戴明环"。

PDCA 循环可分为四个阶段、八个步骤,如图 10-1-1 所示。

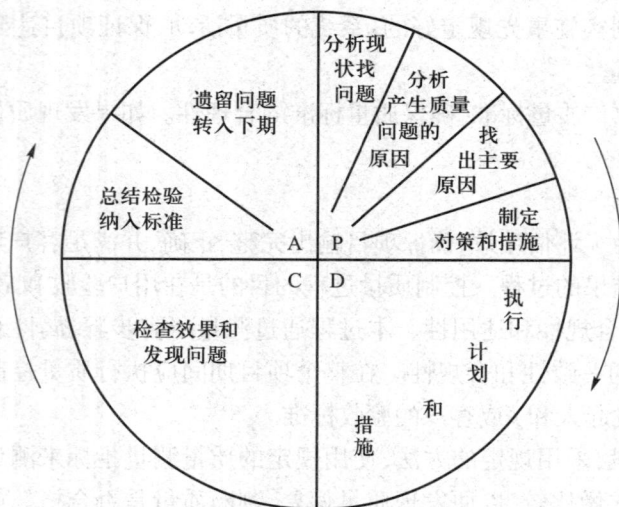

图 10-1-1　PDCA 循环的四个阶段八个步骤

第一阶段是计划阶段(即 P 阶段)。该阶段的主要工作是制定项目质量管理目标、活动计划和管理项目的具体措施。这一阶段的具体工作步骤分为四步:

(1)分析质量现状,找出存在的质量问题。这就要有质量问题意识和改善质量的意识,并要用数据说话。

(2)分析产生质量问题的各种原因或影响因素。

(3)从各种原因中找出影响质量的主要原因或因素。

(4)针对影响质量的主要原因或因素制定对策,拟订改进质量的管理、技术和组织措施,提出执行计划和预期效果。在进行这一步工作时,需要明确回答 5W1H 问题,即:

为什么要提出这样的计划,采取这些措施? 为什么需要这样改进? 回答采取措施的原因(why)?

改进后要达到什么目的? 有何效果(what)?

改进措施在何处(哪道工序、哪个环节、哪个过程)进行(where)?

计划和措施在何时执行和完成(when)?

由谁来执行(who)?

用何种方法来完成(how)?

第二阶段是实施阶段(即 D 阶段)。该阶段的主要工作任务是按照第一阶段所制定的计划,采取相应措施组织实施。这是管理循环的第五步,即执行计划和措施。在实施阶段,首先应做好计划措施的交底和落实工作,包括组织落实、技术落实和物资落实。有关人员需要经过训练、考核，达到要求后才能参与实施。同时应采取各种措施保证计划得以实施。

第三阶段是检查阶段（即 C 阶段）。这一阶段的主要工作任务是将实施效果与预期目标对比，检查执行的情况，判断是否达到了预期效果，再进一步查找问题。这是管理循环的第六步，即检查效果、发现问题。

第四阶段是处理阶段（即 A 阶段）。这一阶段的主要工作任务是对检查结果进行总结和处理。这一阶段分两步，即管理循环的第七步和第八步。

第七步是总结经验，纳入标准。经过第六步检查后，明确有效果的措施，通过制定相应的工作文件、规程、作业标准及各种质量管理的规章制度，总结好的经验，巩固成绩，防止问题的再次发生。

第八步是将遗留问题转入下一个循环。通过检查，找出效果尚不显著的问题所在，转入下一个管理循环，为下一期计划的制定或完善提供数据资料和依据。

上述 PDCA 循环的四个阶段和八个步骤及所采用的方法或措施见表 10-1-1。

表 10-1-1　PDCA 循环的四个阶段和八个步骤及相应的方法或措施

阶段	步骤		方法或措施	说明
P	1	分析现状，找出质量问题	排列图	查找影响项目质量的主次因素
			直方图	显示质量分布状态，并与标准对比，判断是否正常
			控制图	观察控制质量特性值的分布状况，判断项目进展过程有无异常因素影响，用于动态控制
	2	分析影响质量的原因	因果分析图	寻找某个质量问题的所有可能的原因，分析主要矛盾
	3	找出主要原因	相关图或排列图	观察分析质量数据之间的相关关系
	4	制定措施计划	对策表	确定问题，制定对策，研究措施和落实有关部门、执行人及实现时间
D	5	执行措施计划	下达落实计划中心措施	
C	6	检查效果发现问题	与步骤 1 相同	
A	7	总结经验纳入标准	修订规程、工作标准，提供规范修订数据	标准化
	8	遗留问题转入下一循环	反馈到下一循环的计划中	重新开始新的 PDCA 循环问题

PDCA 环是一个不断循环的过程，每一个过程实际上也是一个 PDCA 的子环，PDCA 循环也是一个阶梯式上升的过程，其特征如图 10-1-2 所示。每一次 PDCA 循环的最后阶段，都需要总结经验和教训，研究改进和提高的措施，制定新的实施标准，并按照新的措施和标准组织实施，使下一个 PDCA 循环在新的基础上转动，从而达到更高的水平，使项目质量总

是处于上升的趋势。即每经过一次 PDCA 循环,质量就能提高一步,不断循环,质量就能不断提高和上升。

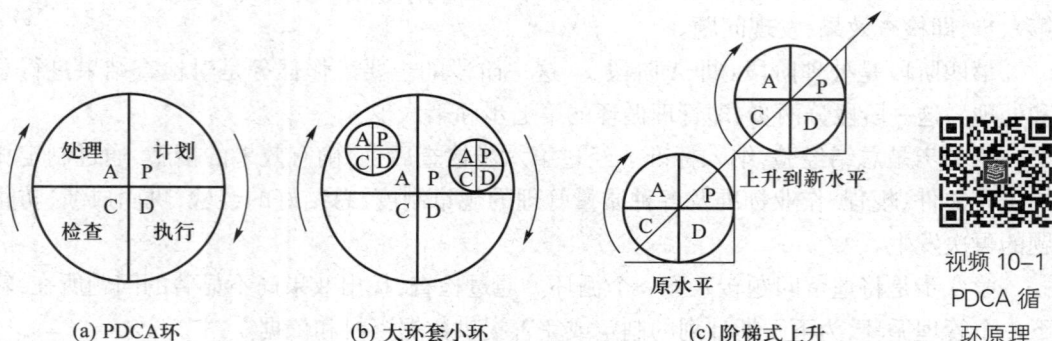

(a) PDCA环　　　(b) 大环套小环　　　(c) 阶梯式上升

图 10-1-2　PDCA 特征

视频 10-1 PDCA 循环原理

2. 全面质量管理原理

全面质量管理是世界各国普遍采用的先进的质量管理方法,其内涵是指质量管理的范围不仅仅限于产品质量本身,而是包含质量管理的各个方面,即将质量管理工作从生产扩大到设计、研制、生产准备、材料采购、生产制造、销售和服务等各个环节(全过程维度),即根据工程质量的形成规律,从源头抓起,全过程推进;将产品质量扩大到工序质量、工作质量和管理质量(全面维度),即工序质量、工作质量和管理质量是产品质量的保证,直接影响产品质量的形成。同时,无论组织内部的管理者还是作业者,每个岗位都承担着相应的质量职能,一旦确定了质量方针目标,就应组织和动员全体员工参与到实施质量方针的系统活动中去,发挥自己的角色作用(全员维度)。所以,全面质量管理是一种"三全"(全过程、全面、全员)的质量管理体系。

全面质量管理在项目质量管理中的应用需要强化以下几个重要思想:

(1)质量效益的思想

质量与效益是相互统一又相互矛盾的。统一的一面体现在合理的质量可以减少质量事故,降低项目的返工费和维修费,同时又可以降低项目的运营成本;矛盾的一面体现在质量越高需要的成本就越高,项目的效益可能就会降低。所以,项目的相关方在讲求质量的同时还需要讲求经济效益。

(2)以人为本的思想

在影响项目质量的诸因素中,人的因素是首要因素。提高项目质量的根本途径在于不断提高所有项目参与者的素质,充分调动和发挥人的积极性、创造性。

(3)预防为主的思想

预防胜于检查,更胜于补救,这是一个很简单的道理。但是,要把它真正落实下去,特别是要把它变成人们的习惯和潜意识,并非易事。我们必须通过编制质量计划并严格遵守来预防质量缺陷。一般情况下,在预防上花钱比在检查和补救上花钱,效益要好得多。全面质量管理强调"预防为主",这是与传统质量管理的重要区别。在项目质量管理中,预防为主就是要预先分析影响项目质量的各种因素,并找出主导性因素,采取措施加以控制,变"事后把关"为主为"事前预防"为主,使质量问题消灭在质量形成过程之中,做到防患于未然。

（4）技术与管理并重的思想

项目质量与项目所采用的技术是密切相关的。这里所指的技术包括专业技术、实施方法和管理技术等。合理的投资方案,再加上科学、完善的管理,才能使项目质量得以保证;如果投资方案选择不合理,管理再完善也难以保证项目质量。因此,技术是保证项目质量的基础,质量管理是实现项目质量目标的重要途径,两者同等重要。

（5）注重过程的思想

项目的最终质量是项目交付物的质量,是结果质量,是项目的工序质量、工作质量和管理质量综合影响的结果。工序质量是指人员、机械、材料、方法和环境等5个方面的综合质量。工作质量是指项目参与者在完成项目的过程中其工作符合要求的程度。工序质量和工作质量是在项目实施过程中形成的,因此可称为过程质量。过程质量能够得到保证,项目质量就能得到保证。

（6）管理者必须承担更大的质量责任

由一线员工的操作失误而导致的质量事故,管理者也必须承担比一线员工更大的责任。这个说法,并不是要为一线员工开脱责任,而是要让管理者真正负起建立和维护有效的质量管理系统的责任。越是高级的管理者,就越要把主要精力放在质量管理系统的建设和维护上。大多数质量事故都可以在质量管理系统中找到源头。

视频 10-2
全面质量
管理原理

3. 质量保证原理

项目的质量保证致力于提供质量要求会得到满足的信任。保证满足质量要求是质量控制的任务,就项目而言,用户不提质量保证的要求,项目实施者仍应进行质量控制,以保证项目的质量满足用户的需要。

要使用户能"信任",项目实施者应加强质量管理,完善质量体系,对项目应有一套完善的质量控制方案、办法,并认真贯彻执行,对实施过程及成果应进行分阶段验证,以确保其有效性。在此基础上,项目实施者应有计划、有步骤地采取各种活动和措施,使用户能了解其实力、业绩、管理水平、技术水平以及对项目在设计、实施各阶段主要质量控制活动和内部质量保证活动的有效性,使双方建立信心,相信完成的项目能达到所规定的质量要求。所以,质量保证的主要工作是促使完善质量控制,以便准备好客观证据,并根据对方的要求有计划、有步骤地开展提供证据的活动。

可见,质量保证的作用是从外部向质量控制系统施加压力,促使其更有效地运行,并向对方提供信息,以便及时采取改进措施。

内部质量保证是为使组织领导"确信"本组织所完成的项目能满足质量要求所开展的一系列活动。组织领导对项目质量负全责,一旦出现质量事故,则要承担法律和经济责任。而项目的一系列质量活动是由项目经理部或项目团队进行的,虽然项目团队明确了职责分工,也有相应的质量控制方法和程序。但是,是否严格按程序进行,这些方法和程序是否确实有效,这就需要组织领导来组织一部分独立的人员（国外称质量保证人员）对直接影响项目质量的主要质量活动实施监督验证和质量审核活动（即内部质量保证活动）,以便及时发现质量控制中的薄弱

视频 10-3
质量保证
原理

环节,提出改进措施,促使质量控制能更有效地实施,从而使领导"放心"。所以,内部质量保证是组织领导的一种管理手段。

4. 监督原理

质量行为始终受到项目实施方实现利润最大化的制约。最大利润通过提高工作效率还是通过降低质量获得是两种完全不同的利润获得方式,前者是正当的,后者是不正当的。为了减少出现不正当的获利行为,减少质量问题的发生,进行质量监督是必要的。

质量监督包括政府监督、社会监督、第三方监督和自我监督。

(1)政府监督基本上是一种宏观监督,包括质量的法制监督、各种相关法规实施状况的监督、行业部门或职能部门的行政监督等。政府监督一般是属于强制性的。例如,工程质量监督站对工程项目的质量监督就是一种形式的政府监督。

(2)社会监督就是通过舆论、社会评价、质量认证等行为对项目质量的监督。这种监督对项目质量的保证起到了一个重要的制约作用。

(3)第三方监督是由项目管理公司、咨询公司等第三方所实施的监督。例如,工程监理单位对工程项目的监理就属于第三方监督。

(4)自我监督是指项目管理主体自身所组织的监督。

另外,在工程施工项目质量控制中常用的"三三制",也可以为其他项目的质量控制提供借鉴。"三三制"是"三阶段控制""三检制控制"与"三层次控制"的统称。

三阶段控制,是指事前"预控"、事中"程控"和 事后"终控"。在施工开始前,要对与质量有关的图纸、文件、工艺、方法、措施和方案等进行审核,尽可能在施工前消除可能影响质量的不利因素。在施工过程中,要采用现场旁站检查、巡视检查、抽样检查、试验等多种方式进行质量检查工作,以便及时发现质量问题。在工序结束或工程项目竣工验收之前要对施工现场和相关资料进行全面检查,如果发现疑点或漏检部位,应进行复查和补检。

三检制控制,包括施工作业队"初检",施工单位质检部门"复检",以及监理工程师机构"终检"。这种对同一个工作的多人、多部门的检查,有利于避免因某一个人或一个部门的检查疏忽而导致质量问题未被发现。

三层次控制,是指在三阶段控制和三检制控制的基础上,按分项工程、分部工程、单位工程等逐层次进行质量检查工作,保证不仅每一分部分项工程的质量达到要求,而且整个单位工程和整个项目的质量都达到要求。

10.2   项目质量管理方法与工具

10.2.1   质量成本(COQ)模型

质量成本是指为保证和提高项目质量而支出的一切费用,以及因未达到既定质量水平而造成的一切损失之和。质量成本分析就是要研究项目质量成本的构成和项目质量与成本之间的关系,从而进行质量成本的预测与计划。质量成本(cost of quality,COQ)模型可用于项目费用效益分析。该模型确定了与质量相关的四类成本:预防、评估、内部失败和外部失败,其中预防和评估成本是为了规避失败所花费的资金,属于一致性成本;内部失败和外部失败是由于失败所花费的资金,属于不一致性成本,如图 10-2-1 所示。

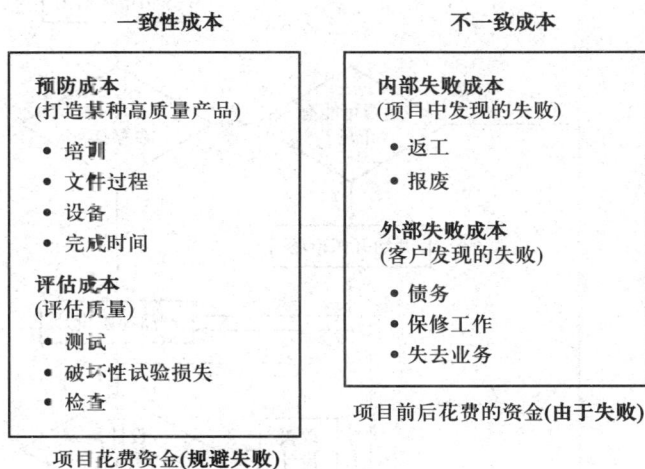

```
       一致性成本                        不一致成本
┌─────────────────────────┐   ┌─────────────────────────┐
│  预防成本                │   │  内部失败成本            │
│  (打造某种高质量产品)    │   │  (项目中发现的失败)      │
│                          │   │                          │
│   • 培训                 │   │   • 返工                 │
│   • 文件过程             │   │   • 报废                 │
│   • 设备                 │   │                          │
│   • 完成时间             │   │  外部失败成本            │
│                          │   │  (客户发现的失败)        │
│  评估成本                │   │                          │
│  (评估质量)              │   │   • 债务                 │
│                          │   │   • 保修工作             │
│   • 测试                 │   │   • 失去业务             │
│   • 破坏性试验损失       │   │                          │
│   • 检查                 │   └─────────────────────────┘
│                          │    项目前后花费的资金(由于失败)
└─────────────────────────┘
 项目花费资金(规避失败)
```

图 10-2-1 质量成本

预防成本是指预防特定项目的产品、可交付成果或服务质量低劣所带来的相关成本。预防成本的产生是为了防止产品出现缺陷和失败。预防成本可避免质量问题。

评估成本的产生是为了确定对质量要求的符合程度。评估成本与质量有关的测量和监督活动相关。这些成本可能与评估采购材料、流程、产品和服务相关,以确保它们符合规范。

失败成本(内部、外部)是指因产品、可交付成果或服务与相关方需求或期望不一致而导致的相关成本。内部失败成本与在客户收到产品之前查找和纠正缺陷相关。工作结果未达到设计质量标准时就会产生这些成本,包括:浪费、报废、返工或校正等。外部失败成本与客户拥有产品后发现的缺陷相关,也与补救工作相关。当未能达到设计质量标准的产品或服务在交给客户后才被发现,就会发生外部失败成本,包括:修理和服务、保修索赔、投诉、退货、声誉。

从理论上讲,质量成本优化是在保证产品能够正常发挥功能的前提下,通过调整一致性成本的投入量,来控制不一致成本,从而实现质量总成本最低。

10.2.2 流程图

流程图是由若干因素和箭线相连的因素关系图。主要用于质量管理运行过程策划。包括系统流程图和原因结果图两种主要类型。

系统流程图:该图主要用于说明项目系统各要素之间存在的相关关系。利用系统流程图可以明确质量管理过程中各项活动、各环节之间的关系。图 10-2-2 就是一个系统流程图,反映了新产品开发项目的开发流程。

原因结果图:主要用于分析和说明各种因素和原因如何导致或产生各种潜在的问题和后果,如图 10-2-3 所示。

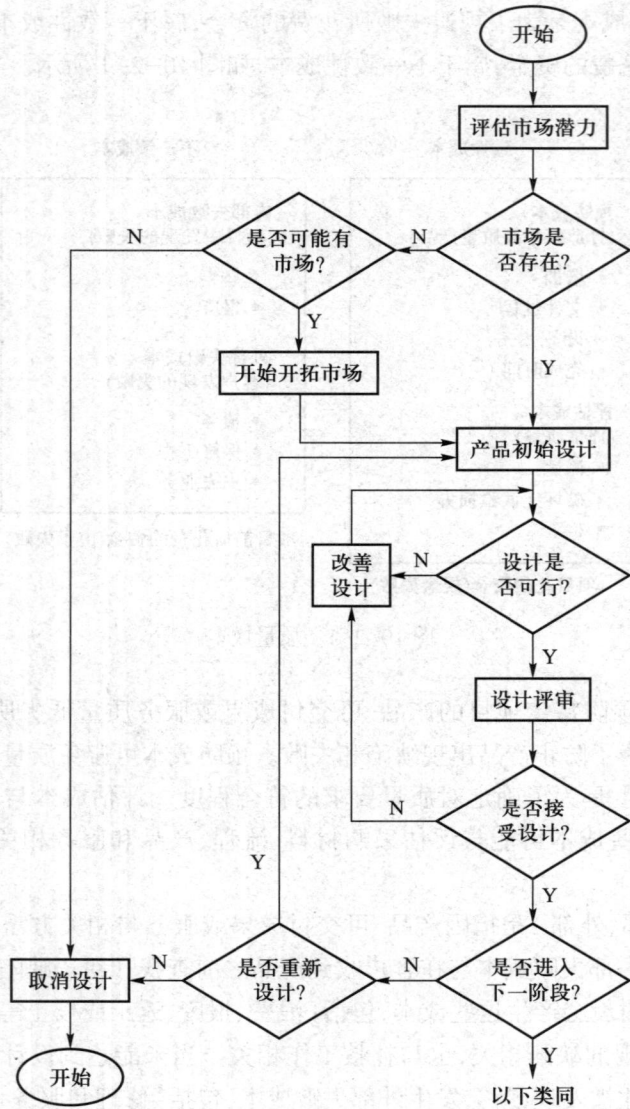

图 10-2-2 新产品开发项目的开发流程图

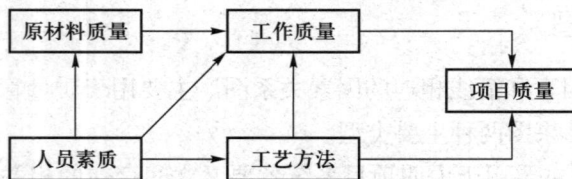

图 10-2-3 原因结果图

流程图的常用符号如表 10-2-1 所示。

表 10-2-1　流程图常用符号

符号	含义	表示内容示例
⬭	表示过程的开始或结束	⬭ 基础工程施工开始
▭	表示一项活动,活动的名称标于其中	▭ 立模
◇	表示过程的分歧点,即决策点	◇ 检验?
→	表示一个活动到另一活动的流向	▭ 立模 → ▭ 绑扎钢筋
⬓	文件符号,表示过程的有关文件	⬓ 检验报告

流程图的作用主要体现为：绘制流程图往往是质量改进团队确定问题的范围和讨论解决方案的起始点；可以帮助质量改进团队成员对于过程和问题所涉及的各个方面、各个环节有一个全面的共同的了解,达成共识；明确团队成员各自的角色,加强沟通与相互理解,以便更好地配合；通过讨论和绘制流程图,可以相互启发,发现和改进过程中的冗余和缺陷。

10.2.3　因果分析图法

因果分析图又称"鱼骨图""why-why 分析图"和"石川图",将问题陈述的原因分解为离散的分支,有助于识别问题的主要原因或根本原因。为分析产生某种质量问题的原因,采用"头脑风暴法"等方法,集思广益,同时将有关意见反映在一张图面上,这种图就是因果分析图。基本格式如图 10-2-4 所示。

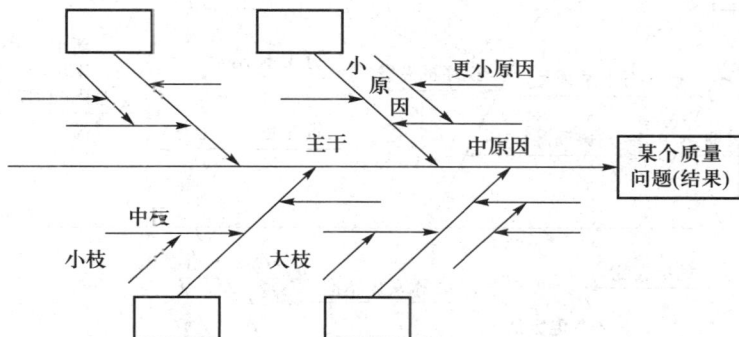

图 10-2-4　因果分析图

1. 绘制原理

影响项目质量的原因很多,但归纳起来存在两种互为依存的关系,即平行关系和因果关系,因果分析图能同时整理出这两种关系。利用因果分析图可以逐级分层,从大到小,从粗到细,寻根究底,直至确定能采取有效措施的原因为止。

2. 基本类型

根据表示问题的体系不同,一般可分为以下三种类型。

(1)结果分解型

这种类型的因果分析图的特点是沿着为什么会产生这种结果进行层层解析,可以系统地掌握纵的关系,但易遗漏或忽视横的关系或某些平行关系。

(2)工序分类型

按工序的流程,将各工序作为影响项目质量的平行的主干原因,再将各工序中影响工序质量的原因填写在相应的工序中。该类型的因果分析图简单易行,但有可能会造成相同的因素出现在不同的工序中,难以反映因素间的交互作用。

(3)原因罗列型

采用"头脑风暴法"等方法,使参与分析的人员无限制地自由发表意见,并将所有观点和意见都一一罗列起来,然后系统地整理出它们之间的关系,最后绘制出一致同意的因果分析图。这种类型的因果分析图,反映出的因素比较全面,在整理因素间的关系时,客观地促使对各因素的深入分析,有利于问题的深化,但工作量较大。

3. 绘制步骤

不同类型的因果分析图的绘制步骤有所不同。

(1)确定需要分析的质量特性(或结果),画出主干线,即从左向右带箭头的线。

(2)分析、确定影响质量特性的大枝(大原因)、中枝(中原因)、小枝(小原因)、细枝(更小原因)并顺序用箭头逐个标注在图上。

(3)逐步分析,找出关键性的原因并应作出记号或用文字加以说明。

(4)制定对策,限期改正。

【例题 10-2-1】 采用原因罗列型因果分析图,对混凝土强度不足的质量问题进行分析,并制定对策计划表。

解: 因果分析图如图 10-2-5 所示。

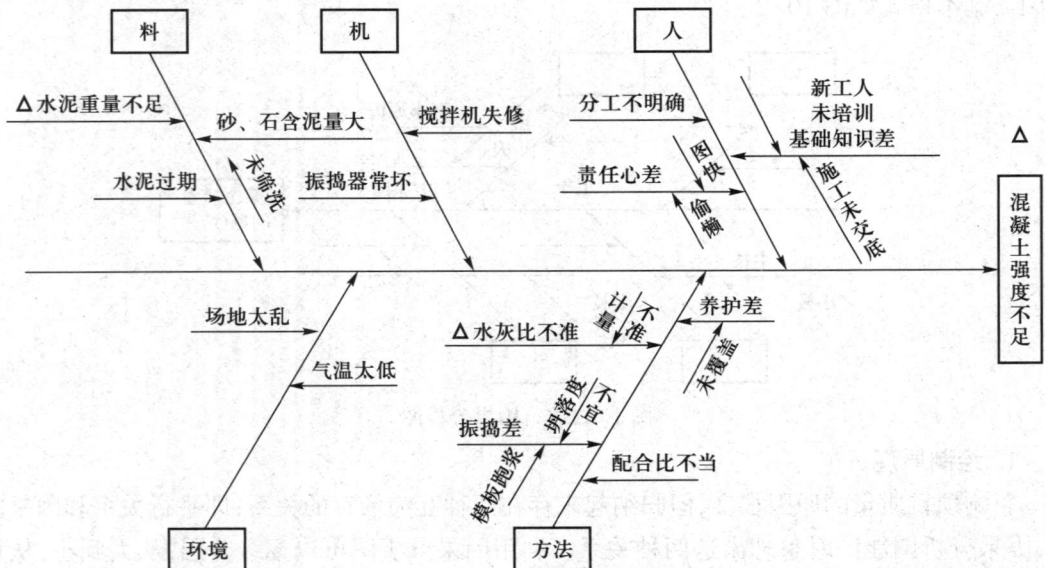

图 10-2-5   混凝土强度不足因果分析图

对策计划表如表 10-2-2 所示。

表 10-2-2　对策计划表

项目	序号	产生问题原因	采取的对策	执行人	完成时间
人	1	分工不明确	根据个人特长、确定每项作业的负责人及各操作人员职责、挂牌示出		
	2	基础知识差	① 组织学习操作规程 ② 搞好技术交底		
方法	3	配合比不当	① 根据数理统计结果,按施工实际水平进行配合比计算 ② 进行试验		
	4	水灰比不准	① 制作试块 ② 捣制时每半天测砂石含水率一次 ③ 捣制时控制坍落度偏差在 5 cm 以下		
	5	计量不准	校正磅秤		
材料	6	水泥重量不足	进行水泥重量统计		
	7	原材料不合格	对砂、石、水泥进行各项指标试验		
	8	砂、石含泥量大	冲洗		
机械	9	振捣器常坏	① 使用前检修一次 ② 施工时配备电工 ③ 备用振捣器		
	10	搅拌机失修	① 使用前检修一次 ② 施工时配备检修工人		
环境	11	场地太乱	认真清理,搞好平面布置,现场实行分片责任落实		
	12	气温太低	准备覆盖材料,养护落实到人		

10.2.4　排列图法

排列图法又称主次因素排列图法。这是用来分辨影响项目质量主次因素的一种常用的统计分析工具。

排列图有两个纵坐标:左纵坐标表示频数,即某种因素发生的次数;右纵坐标表示频率,即某种因素发生的累计频率。图中的横坐标表示影响项目质量的各个因素或项目,按影响质量程度的大小,从左到右依次排列。图中由若干个按频数大小依次排列的直方柱和一条累计频率曲线所组成。在排列图中,通常将累计频率曲线的累计百分数分为三级,与此对应的因素分为三类：A 类因素对应于频率 0~80%，是影响项目质量的主要因素；B 类因素对应于频率 80%~90%，是次要因素；C 类因素对应于频率 90%~100%，是影响项目质量的一般因素，如图 10-2-6 所示。运用排列图，有利于确定主次因素，使错综复杂的问题一目了然。

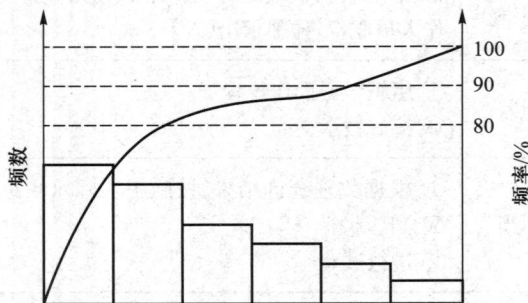

图 10-2-6　排列图

1. 绘图原理

排列图绘图原理如下：

（1）按影响程度的大小将影响质量的各个因素或项目从左至右排列，以直方柱的高度表示各因素出现的频数。

（2）将各因素所占的百分比依次累加，以求得各因素的累计频率；将所得的各因素的累计频率逐一标注在图中相应位置，并将其以折线连接，即可得到累计频率曲线。

（3）划分 A、B、C 类区。自频率纵坐标引累计频率为 80%、90%、100% 的三条平行于横坐标的虚线。横坐标及三条虚线由上向下将累计频率分为 A、B、C 三个类区。

2. 绘图要点

排列图绘图要点如下：

（1）按不同的项目（因素）进行分类，分类项目要具体明确，尽量使各个影响质量的因素之间的数据有明显差别，以便突出主要因素。

（2）数据要取足，代表性要强，以确保分析判断的可靠性。

（3）适当合并一般因素。通常情况下，不太重要的因素可以列出很多项。为简化作图，常将这些因素合并为其他项，放在横坐标的末端。

（4）对影响因素进行层层分析。在合理分层的基础上，分别确定各层的主要因素及其相互关系。分层绘制排列图可以步步深入，最终确定影响质量的根本原因。

【例题 10-2-2】某工地现浇混凝土构件尺寸质量检查结果是：在全部检查的 8 个项目中不合格点（超偏差限值）有 150 个，为改进并保证质量，应对这些不合格点进行分析，以便找出混凝土构件尺寸质量的薄弱环节。

解：（1）收集整理数据

首先收集混凝土构件尺寸各项目不合格点的数据资料，见表 10-2-3。各项目不合格点出现的次数即频数。然后对数据资料进行整理，将不合格点较少的轴线位置、预埋设施中心位置、预留孔洞中心位置三项合并为"其他"项。按不合格点的频数由大到小顺序排列各检查项目,"其他"项排在最后。以全部不合格点数为总数,计算各项的频率和累计频率,结果见表10-2-4。

表10-2-3 不合格点统计表

序号	检查项目	不合格点数	序号	检查项目	不合格点数
1	轴线位置	1	5	平面水平度	15
2	垂直度	8	6	表面平整度	75
3	标高	4	7	预埋设施中心位置	1
4	截面尺寸	45	8	预留孔洞中心位置	1

表10-2-4 不合格点项目频数、频率统计表

序号	项目	频数	频率/%	累计频率/%
1	表面平整度	75	50.0	50.0
2	截面尺寸	45	30.0	80.0
3	平面水平度	15	10.0	90.0
4	垂直度	8	5.3	95.3
5	标高	4	2.7	98.0
6	其他	3	2.0	100.0
合计		150	100	

(2)排列图的绘制

1)画横坐标。将横坐标按项目数等分,并按项目频数由大到小顺序从左至右排列,该例中横坐标为六等分。

2)画纵坐标。左侧的纵坐标表示项目不合格点数即频数,右侧纵坐标表示累计频率。要求总频数对应累计频率100%。该例中150应与100%在一条水平线上。

3)画频数直方形。以频数为高画出各项目的直方形。

4)画累计频率曲线。从横坐标左端点开始,依次连接各项目直方形右边线及所对应的累计频率值的交点,所得的曲线即为累计频率曲线。

5)记录必要的事项。如标题、收集数据的方法和时间等。

图10-2-7为本例混凝土构件尺寸不合格点排列图。

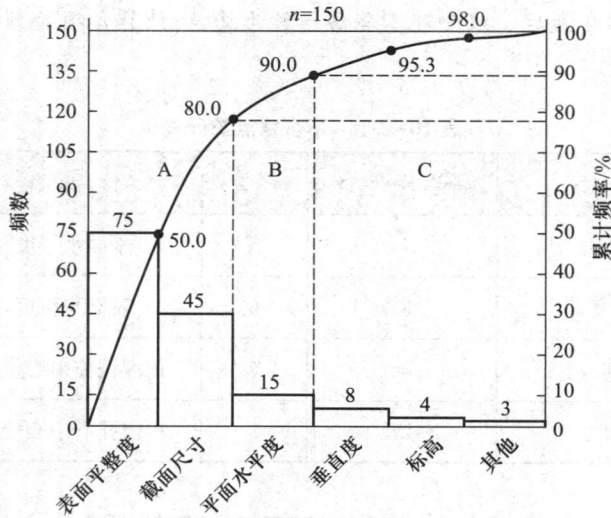

图 10-2-7 混凝土构件尺寸不合格点排列图

10.2.5 直方图法

直方图又叫频数分布直方图。它以直方图形的高度表示一定范围内数值所发生的频数,据此可掌握产品质量的波动情况,了解质量特征的分布规律,以便对质量状况进行分析判断。

应用直方图法控制工程(产品)质量的程序如下:

(1)收集质量特征数据,绘制直方图。

(2)对直方图分布状态进行分析,以此判断生产过程是否属于正常状态。

直方图形象直观地反映了数据的分布情况,通过对直方图的观察和分析可以判断生产过程是否稳定,及其质量情况。各种类型的直方图如图 10-2-8 所示。

正常型为左右对称的山峰形状,如图 10-2-8a 所示。图的中部有一峰值,两侧的分布大体对称且越偏离峰值直方柱的高度越小,符合正态分布。这表明这批数据所代表的工序处于稳定状态。

与正常型分布状态相比,带有某种缺陷的直方图为异常型直方图。这表明这批数据所代表的工序处于不稳定状态。常见的异常型直方图有以下几种:

(1)偏向型。直方柱的顶峰偏向一侧。这往往是由只控制一侧界限,或一侧控制严格另一侧控制宽松所造成的。根据直方柱的顶峰偏向的位置不同,有左偏峰型和右偏峰型,如图 10-2-8b、c 所示。仅控制下限或下限控制严、上限控制宽时多呈现左偏峰型,仅控制上限或上限控制严、下限控制宽时多呈现右偏峰型。

(2)双峰型。一个直方图出现两个顶峰,如图 10-2-8d 所示。这往往是由于两种不同的分布混在一起所造成的。即虽然测试统计的是同一项目的数据,但数据来源条件差距较大。例如,两班工人的操作水平相差较大,将其质量数据混在一起所作出的直方图。出现这种直方图时,应将数据进行分层,然后分步作图分析。

（3）平峰型。在整个分布范围内，频数（频率）的大小差距不大，形成平峰型直方图，如图 10-2-8e 所示。这往往是由于生产过程中有某种缓慢变化的因素起作用所造成的。例如，工具的磨损、操作者的疲劳等都有可能出现这种图形。

（4）高端型（陡壁型）。直方图的一侧出现陡峭绝壁状态，如图 10-2-8f 所示。这是由于人为地剔除一些数据，进行不真实的统计所造成的。

（5）孤岛型。在远离主分布中心处出现孤立的小直方柱，如图 10-2-8g 所示。这表明项目在某一短时间内受到异常因素的影响，使生产条件突然发生较大变化，如短时间原材料发生变化或由技术不熟练工人替班操作等。

（6）锯齿型。直方图出现参差不齐的形状，即频数不是在相邻区间减少，而是隔区间减少，形成了锯齿状，如图 10-2-8h 所示。造成这种现象的原因不是质量数据本身的问题，而主要是绘制直方图时分组过多或测量仪器精度不够而造成的。

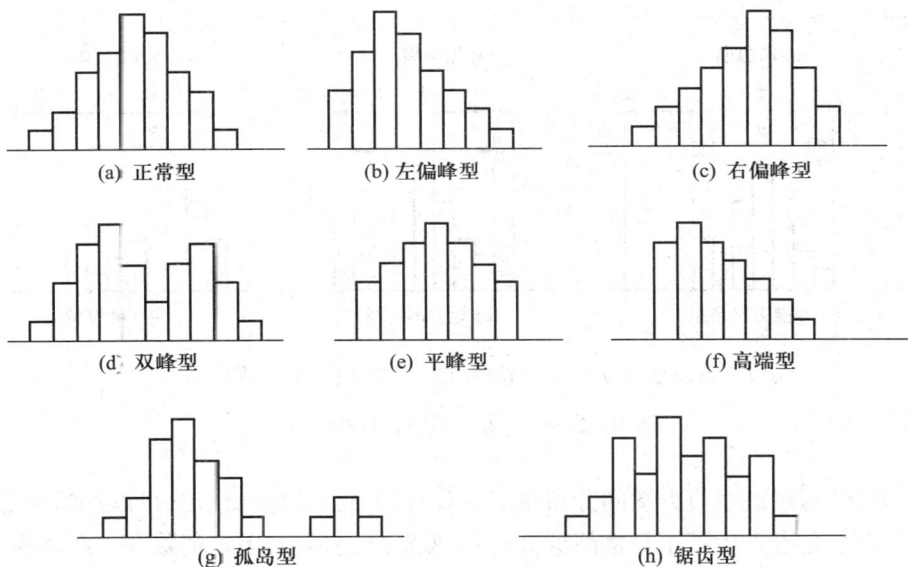

图 10-2-8 各种形状的直方图

观察直方图的形状只能判断生产过程是否稳定正常，并不能判断是否能稳定地生产出合格的产品。而将直方图与公差或标准相比较，即可达到此项目的。对比的方法是：观察直方图是否都落在规格或公差范围内，是否有相当的余地以及偏离程度如何。

几种典型的直方图与公差标准的比较情况，如图 10-2-9 所示。

（1）理想型。数据分布范围充分居中，分布在规格上下界限内，且具有一定余地，如图 10-2-9a 所示。这种状况表明生产处于正常状态，不会出现不合格品。

（2）偏向型。数据分布虽然在标准范围之内，但分布中心偏向一边，如图 10-2-9b 所示。这说明存在系统偏差，必须采取措施。

（3）无富余型。数据分布虽然在规格范围之内，但两侧均无余地，如图 10-2-9c 所示。这说明稍有波动就会出现超差，产生不合格品。

（4）能力富余型。数据分布过于集中，分布范围与规格范围相比余量过大，如图 10-2-9d

所示。这说明控制偏严,质量有富余,不经济。

（5）能力不足型。数据分布范围已超出规格范围,如图 10-2-9e 所示。这说明已产生不合格品。

（6）陡壁型。数据分布过于偏离规格中心,已造成超差,产生了不合格品,如图 10-2-9f 所示。造成这种状况的原因是控制不严,应采取措施使数据中心与规格中心重合。

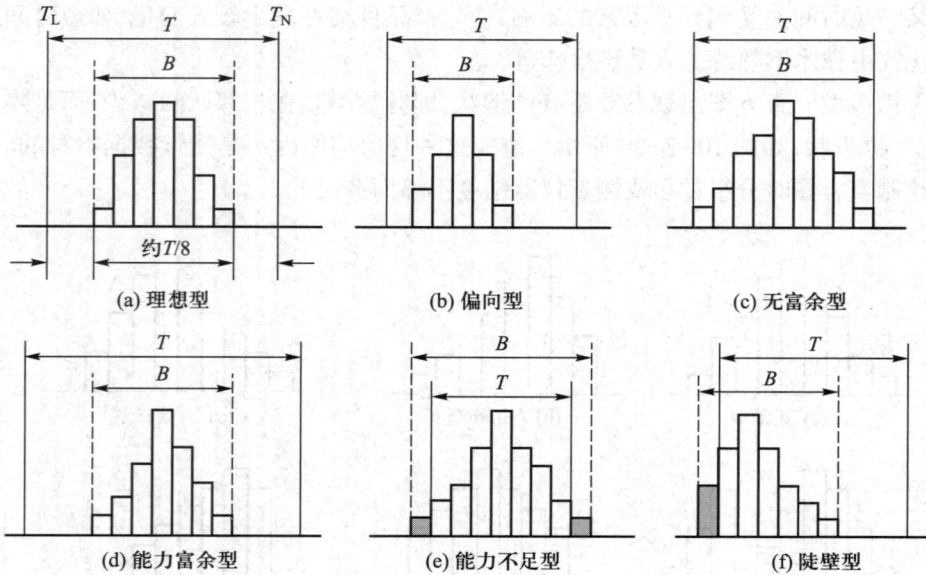

T—公差范围,B—分布范围,T_L—规格下限,T_N—规格上限

图 10-2-9   与标准规格比较的直方图

综上所述,通过观察直方图的分布状态以及将其与公差标准相比,可以判断项目是否有异常因素存在、是否产生了不合格品等,以便采取措施,将异常因素消除在生产过程之中,使之处于控制状态。在项目质量控制中,许多质量特性值仅有下限要求,因此在将直方图与公差标准对比的过程中,应主要看直方图的分布是否超出下限及分布偏离下限的程度。正常状况应是分布超越下限并留有适当余地。一般来说,分布超越下限越远,则对质量的保证程度就越高,但质量经济性则越差。

10.2.6   控制图法

控制图又称管理图,是反映工序随时间变化而发生的质量变动的状态,即反映项目实施过程中各阶段质量波动状态的图形。前述直方图法、排列图法是质量控制的静态分析方法,反映的是质量在某一段时间里的静止状态。然而,工程（产品）都是在动态的生产过程中形成的,因此,在质量控制中单用静态分析方法是不够的,还必须有动态分析方法。采用动态分析方法,可以随时了解生产过程中质量的变化情况,及时采取措施,使生产处于稳定状态,起到预防出现废品的作用。控制图法就是一种典型的动态分析方法。

控制图的基本格式如图 10-2-10 所示。

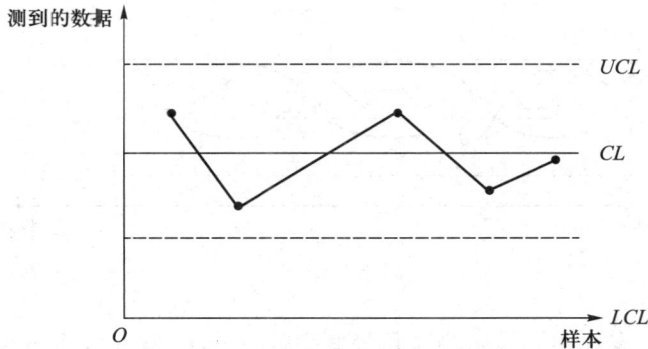

图 10-2-10 控制图的基本格式

在控制图中,一般有三条控制界限:上控制界限,用 *UCL*(upper control limit)表示;中心线,用 *CL*(central line)表示;下控制界限,用 *LCL*(lower control limit)表示。将所控制的质量特性值在控制图上打点,若点全部落在上、下控制界限内,且点的排列无缺陷(如链、倾向、接近、周期等),则可判断项目实施过程处于控制状态,否则就认为项目实施过程中存在异常因素,必须查明,予以消除。可见,控制界限是判断项目实施过程是否发生异常变化、是否存在异常因素的尺度。因此,确定控制界限是制作控制图的关键。

制作控制图的目的是利用控制图控制项目或工序、工作质量,使项目实施过程或工作过程处于"控制状态"。控制状态是指项目实施过程或工作过程仅受到偶然因素的影响,其质量特性统计量的分布基本上不随时间而变化。反之,则称非控制状态或异常状态。对控制图的观察分析,其依据是统计经验所得到的简单规律。

判定项目实施过程或工作过程处于控制状态的标准,可归纳为两条:控制图上的点不超过控制界限,控制图上点的排列分布无缺陷。同时满足这两条标准,则可判断控制图所代表的项目实施或工作过程处于控制状态,其控制界限可作为以后项目实施或工作过程进行控制所遵循的可靠依据。

1. 控制图上的点不超过控制界限

以下情况可以认为基本满足要求:

(1)连续 25 个点以上处于控制界限内。

(2)连续 35 个点中,最多仅有 1 个点超出控制界限。

(3)连续 100 个点中,不多于 2 个点超出控制界限。

凡点恰在控制界限上,均作为超出控制界限处理。

上述(2)(3)情况中,虽然可以判断项目实施过程或工作过程基本满足第 1 条标准,但就控制界限之外的点本身而言,终究是异常点,应密切注意,并追查原因加以处理。

2. 控制图上点的排列分布无缺陷

控制图上点的排列缺陷有以下几种情况。

(1)链。点连续出现在中心线的一侧的现象称为链。链的长度用链内所含点数的多少来度量。如图 10-2-11 所示。

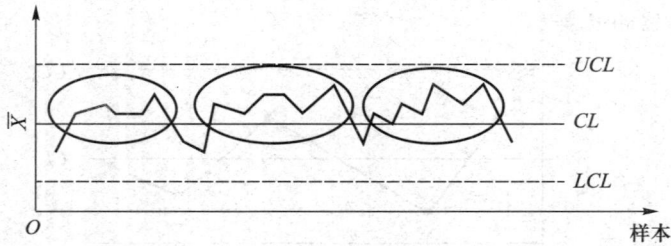

图 10-2-11 链

在正常状态下,点在中心线两侧应是等概率随机分布,概率各为 50%,每一点的分布并不受前一点的影响,相互独立。根据概率理论,可得到以下判别准则:

1)出现 5 点链,应引起警惕,注意发展状况。

2)出现 6 点链,应查找原因。

3)出现 7 点链,判为异常,应采取措施。

出现链的原因,通常是实施过程中存在着使分布中心偏移的因素。

（2）偏离。较多的点间断地出现在中心线一侧时称为偏离。如图 10-2-12 所示。

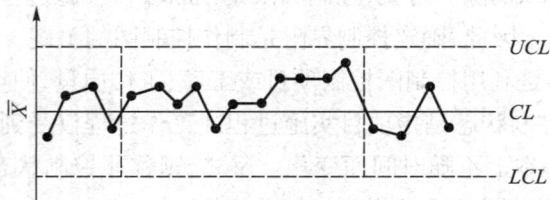

图 10-2-12 偏离

出现下列情况之一者判为异常:

1)连续 11 个点中至少有 10 个点出现在中心线的一侧。

2)连续 14 个点中至少有 12 个点出现在中心线的一侧。

3)连续 17 个点中至少有 14 个点出现在中心线的一侧。

4)连续 20 个点中至少有 16 个点出现在中心线的一侧。

出现偏离的原因可能是在项目实施过程中存在着使分布中心偏移的因素。

（3）倾向。若干点连续上升或下降的现象称为倾向,如图 10-2-13 所示。

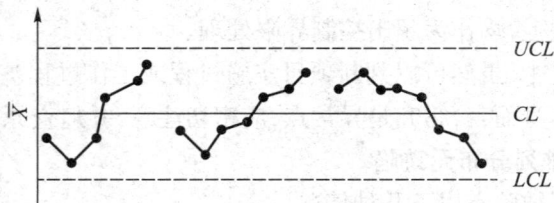

图 10-2-13 倾向

其判别准则是:

1)连续 5 个点不断上升或下降的趋向,应注意操作方法。

2）连续 6 个点不断上升或下降的趋向,应调查分析原因。

3）连续 7 个点不断上升或下降的趋向,应判为异常,采取措施。

（4）周期。点的上升或下降出现明显的一定间隔称为周期。出现周期性排列,表明项目实施过程可能存在着起周期性作用的因素。这时即使点子都在控制界限内,也应查找是否存在异常因素。

（5）接近。点接近中心线或上下界限的现象称为接近。如图 10-2-14 所示。

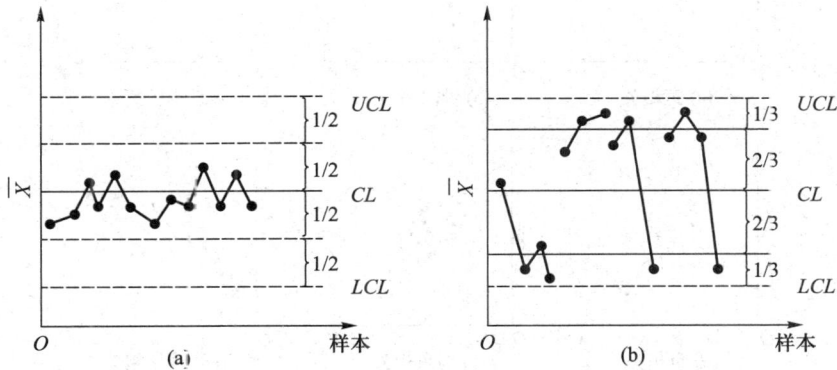

图 10-2-14　接近

点连续出现在 $CL \pm 0.5\sigma$ 之间,称为点接近中心线。若连续 6 个点出现在 $CL \pm 0.5\sigma$ 之间或连续 14 个点出现在 $CL \pm \sigma$ 之间,则判为异常。产生这种现象的原因可能是:采用新设备、新工艺,使工序质量大大改善,波动大为减少。这时,原控制图已不起作用,应重新收集数据制作控制图。也可能是:采用了特别好的材料或控制加严,使波动大为减少。当然,还可能是质量数据存在某种虚假成分。

点出现在 $CL \pm 2\sigma$ 至 $CL \pm 3\sigma$ 之间,称为接近控制界限。若出现以下情况之一判为异常:

1）连续 3 个点中有 2 个点。

2）连续 7 个点中至少有 3 个点。

3）连续 10 个点中至少有 4 个点。

点接近控制界限的原因可能是控制不严,质量波动太大,应迅速查清原因并加以消除。

10.2.7　相关图法

1. 相关图法概念

相关图又称散布图,在质量控制中用来显示两种质量数据之间关系的一种图形。质量数据之间的关系多属相关关系。一般有三种类型:一是质量特性和影响因素之间的关系;二是质量特性和质量特性之间的关系;三是影响因素和影响因素之间的关系。可以用 y 和 x 分别表示质量特性值和影响因素,通过绘制散布图,计算相关系数等,分析研究两个变量之间是否存在相关关系,以及这种关系密切程度如何,进而在相关程度密切的两个变量中,通过对其中一个变量的观察控制,去估计控制另一个变量的数值,以达到保证产品质量的目的。这种统计分析方法,称为相关图法。

2. 相关图的观察与分析

相关图中点的集合,反映了两种数据之间的散布状况,根据散布状况我们可以分析两个变量之间的关系。归纳起来,有以下六种类型,如图 10-2-15 所示。

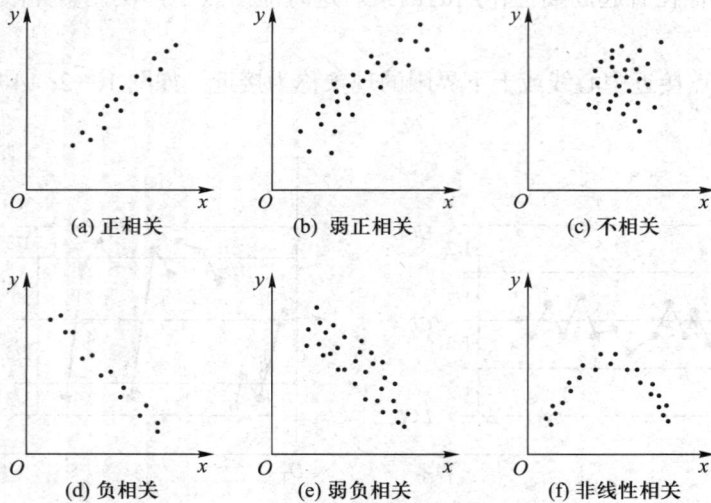

图 10-2-15   相关图的类型

(1)正相关(图 10-2-15a)。散布点基本形成由左至右向上变化的一条直线带,即随 x 增加,y 值也相应增加,说明 x 与 y 有较强的制约关系。此时,可通过对 x 控制而有效控制 y 的变化。

(2)弱正相关(图 10-2-15b)。散布点形成向上较分散的直线带。随 x 值的增加,y 值也有增加趋势,但 x、y 的关系不像正相关那么明确。说明 y 除受 x 影响外,还受其他更重要的因素影响。需要进一步利用因果分析图法分析其他的影响因素。

(3)不相关(图 10-2-15c)。散布点形成一团或平行于 x 轴的直线带。说明 x 变化不会引起 y 的变化或其变化无规律,分析质量原因时可排除 x 因素。

(4)负相关(图 10-2-15d)。散布点形成由左向右向下的一条直线带。说明 x 对 y 的影响与正相关恰恰相反。

(5)弱负相关(图 10-2-15e)。散布点形成由左至右向下分布的较分散的直线带。说明 x 与 y 的相关关系较弱,且变化趋势相反,应考虑寻找影响 y 的其他更重要的因素。

(6)非线性相关(图 10-2-15f)。散布点呈一曲线带,即在一定范围内 x 增加,y 也增加;超过这个范围 x 增加,y 则有下降趋势,或改变变动的斜率呈曲线形态。

本 章 小 结

项目质量管理包括把组织的质量政策应用于规划、管理、控制项目和产品质量要求,以满足相关方目标的各个过程。这些过程中贯穿着项目质量管理的基本原理和方法工具。本章首先介绍了项目质量管理的内涵,讲解了影响项目质量的因素构成,在此基础上引出了项目质量管理的三大过程,介绍了项目质量管理所涉及的基本原理,特别是作为项目管理核心原理之一的 PDCA 循环原理的内涵、阶段和步骤。项目质量管理的各个过程共同作用于项目质量目标的达成,而各个过程的展开又离不开关键的方法和工具,本章将这些方法和工具整合在一起,具体介绍了它们各自的原理、程序、步骤和适用场景,为项目管理者基于不同场景灵活选择合适的项目质量管理方法与工具提供参考。

课程思政案例

天津某项目 18 栋住宅
楼全部拆除重建的反思

习 题

1. 简述影响项目质量的因素。

2. 简述 PDCA 循环四个阶段八个步骤的内容。

3. 简述全面质量管理的基本原理。

4. 采用因果分析图,选择一个自己专业领域中存在的典型质量问题进行分析,并制定对策计划表。

5. 简述排列图法的主要原理及应用步骤。

第 11 章

项目风险管理

学习目标:

1. 熟悉项目风险的定义、特征,了解项目风险的分类。
2. 熟悉项目风险管理的过程,明确各过程之间的关系;掌握项目风险 应对中所涉及的五种备选策略的不同原理、措施和选择原则。
3. 了解项目风险管理各种方法与工具的原理和作用,能够基于需要 选择合适的方法与工具。

11.1 项目风险管理概述

11.1.1 项目风险的内涵与分类

1. 项目风险的定义

美国项目管理协会(PMI)的《项目管理知识体系指南(PMBOK® 指南)》(第七版)对风险的定义为:"一旦发生即会对一个或多个项目目标产生积极或消极影响的不确定事件或条件。"消极风险称为威胁,积极风险称为机会。威胁是指一旦发生,会对一个或多个目标产生消极影响的事件或条件;机会是指一旦发生,会对一个或多个项目目标产生积极影响的事件或条件。从这个定义中,可以知道:

(1)风险与未来相连。项目的未来充满风险。尽管人们经常说"已经发生了某个风险",但是"已经发生的风险"其实不再是真正意义上的"风险"了。

(2)风险与不确定性相连。例如,我们不能百分之百地肯定能按期完成一个项目、能在预算内完成或能达到所要求的质量标准。

(3)风险与目标相连。项目执行过程中充满了不确定性事件,但不是所有的不确定性事件都是项目的风险。只有那些对项目目标的实现有积极或消极影响的不确定性事件,才是项目风险。我们通常用项目范围、时间、成本和质量来表示项目目标,因此项目风险是一旦发生会对其中的至少一个方面有影响的不确定性事件。

（4）风险中既包括负面的威胁,也包括正面的机会。威胁和机会是密不可分的,相当于一枚硬币的正反两面。威胁管理得好,可转变成机会;机会管理得不好,会转变成威胁。例如,大型商场做大型促销活动,自然希望吸引众多的消费者。人来得多,对商场来说,既是机会又是威胁。如果管理得当,就是机会,能促进促销活动的成功;如果管理不当,就是威胁,可能使促销活动完全失败。风险管理就是要提供机会、降低威胁。

我国《项目风险管理应用指南》（GB/T 20032—2005）对项目风险的定义是:"事件发生的可能性及其对项目目标影响的组合"。也就是说项目风险是指在项目生命周期内,由于某些不确定性而可能导致项目偏离目标的事件或条件。例如,对一架将要执行飞行任务的飞机来说,在万米高空突遇驾驶舱风挡玻璃爆裂脱落、座舱释压,可能会导致机毁人亡的事故发生,这就是飞机执行任务的一种风险。

对于一个具体的风险,通常要考虑以下四个要素（图11-1-1）:

（1）这个风险是一个什么样的事件?

（2）这个事件发生的概率（可能性）有多大?

（3）事件发生后的影响（后果）有多大?

（4）事件发生的原因是什么?

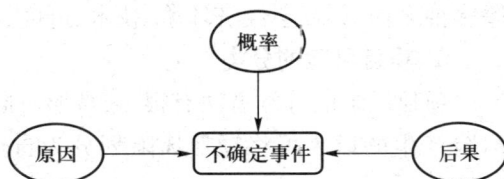

图11-1-1　风险的四要素模型

风险的四要素模型有利于我们找到管理某个风险的最佳切入点。我们应该在明确风险是一个什么事件的基础上,探究其原因、概率和后果中的哪一个更可管理。有的风险,应该主要从原因入手去管理,如学生通不过考试的风险;有的风险,应该主要从概率入手去管理,如挑选下雨概率较小的季节举办重要的户外活动;有的风险,应该主要从后果入手去管理,如对地震,其原因和概率都是尚不可管理的,只有后果在一定程度上是可管理的。据此,对地震的管理就应该把重点放在减轻地震万一发生的后果上面,而不是放在预报地震上。

由于项目是不确定性程度各异的独特性工作,所有项目都有风险。每个项目都有影响项目达成目标的单个风险,以及由单个项目风险和不确定性的其他来源联合导致的整体项目风险,项目风险管理过程同时兼顾这两个层面的风险。其中,单个项目风险是一旦发生,会对一个或多个项目目标产生正面或负面影响的不确定事件或条件;整体项目风险是不确定性对项目整体的影响,是相关方面临的项目结果正面和负面变异区间,它源于包括单个风险在内的所有不确定性。如果只管理单个项目风险而不顾及整体项目风险,那就是"只见树木不见森林"。整体项目风险和单个项目风险的概念稍加修改即可应用于个人的健身。每个人的整体身体风险取决于这四个因素（对应于整体项目风险的四个决定因素）:先天遗传、所处环境、人际关系及自身习惯。我们应该从这四个因素入手把整体身体风险（威胁）控制在较低的程度,即保持较好的整体身体状况。有了较好的整体身体状况,管理单个身体风险（威胁）就比较容易,例如较容易预防或治疗某种疾病。同时,也应该通过管理单个身体风险,如预防或治疗特定疾病,去保持较好的整体身体状况。

2. 项目风险的特征

项目风险具有以下特征：

（1）客观性。在项目的全生命周期内，项目风险是无处不在、无时不在的，风险的存在取决于风险的各种因素的存在，只要决定风险的各种因素达到风险发生的条件，风险就会发生。虽然人们希望能认识和控制风险，但只能在一定的条件下适当改变项目风险存在和发生的条件、降低其发生的概率、减少损失程度，消除所有风险是不可能的。

（2）偶然性和规律性。风险具有不确定性，任何一种风险的发生都是由许多条件和不确定因素相互作用的结果，是一种随机现象。个别风险事件的发生是偶然的、杂乱无章的，但通过对大量风险事件资料的统计分析可发现其概率规律，即可通过概率统计的方法来描述具有随机不确定性的风险的发生规律，在此基础上可开展风险管理。

视频 11-1
项目风险
的特征

（3）多样性。项目实施全生命周期涉及范围广、风险因素数量多，面临的风险多种多样，如社会经济环境、技术、进度、质量等风险。

3. 项目风险的分类

项目风险的分类方法有很多，按照不同的分类标准，可对项目风险进行不同的分类。按风险产生的原因可将项目风险划分为自然风险、社会风险、经济风险、技术风险和管理风险等。

（1）自然风险，指由自然环境的非规则运动所引起的自然现象或物理现象导致的风险。例如，风暴、火灾、洪水等所导致的项目目标不能达到的风险。

（2）社会风险，指由于政局不稳或反常的个人行为或团体行为所造成的项目风险。例如，政权非正常更换、罢工、战争、玩忽职守等事件对项目的影响。

（3）经济风险，指由于经营管理能力降低、市场预测失误、价格变动或成本需求变化等因素导致项目经费超支或经济损失的风险，以及外汇变动和通货膨胀引起的风险。

（4）技术风险，指由于技术的不成熟、技术的复杂性、工作人员掌握技术的程度等因素导致项目投资方案、设计、施工、运行等方面的风险。

（5）管理风险，指项目管理人员的组织管理能力、领导和成员的个人素质不够、计划和资源调度能力不强、组织机构设置不合理等原因导致项目管理水平低，从而影响项目目标完成的风险。

按照管理目标可以将风险分为范围扩大风险、工期延误风险、成本超支风险、质量缺陷风险、安全事故风险和环境污染风险等。通常用风险分解结构来表现项目的风险类别（图 11-1-2），对风险分解结构中的风险类别，以后还要再细分出更具体的风险。只有非常具体的风险，才便于管理。例如，某公司承办一个会议，需要到机场接参会者。这就有一个接机环节的风险（较大的风险类别）。可把接机风险进一步细分为：飞机早到或晚到、同时来的人很多、与参会者错过（因机场有多个出口）、接人车辆不能按时到机场等风险，并针对这些很具体的风险制定对策。

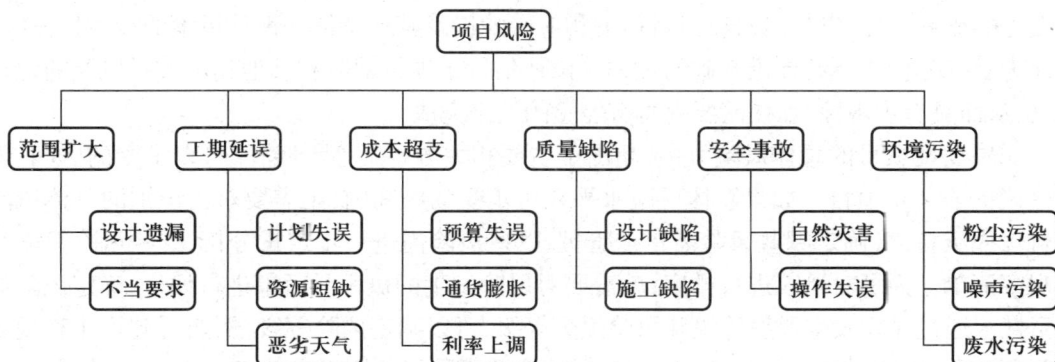

图 11-1-2　风险分解结构示例

11.1.2　项目风险管理过程

所有项目及其生命期中的每一过程与决策都存在风险。因此,在项目进行的每一阶段都应当对风险进行管理,并且风险管理过程应当与项目管理过程以及与产品有关的过程相结合。项目风险可以按照系统工程的思想进行管理,将项目作为一个系统,对项目的各个组成部分或工作任务进行分解,找出所有可能存在的风险,然后对这些风险进行定性定量分析,并根据分析的结果做出决策,最后付诸实施并进行控制。项目风险管理是对项目风险进行识别、分析、应对和监控的过程,其目标在于提高正面风险的概率和(或)影响,降低负面风险的概率和(或)影响,从而提高项目成功的可能性。

1. 风险识别

风险识别是识别单个项目风险以及整体项目风险的来源,并记录风险特征的过程。风险识别的任务是确定项目风险来源、风险产生的条件、描述风险特征和确定哪些风险条件有可能影响本项目。通过风险识别,记录现有的单个项目风险,以及整体项目风险的来源;同时,汇集相关信息,以便项目团队能够恰当应对已识别的风险。在整个项目生命周期中,单个项目风险可能随项目进展而不断出现,整体项目风险的级别也会发生变化。因此,风险识别是一个迭代的过程。

风险识别过程的成果一般载入风险登记册中,形成风险登记册的最初记录。随着风险分析、风险应对和风险监控等过程的开展,这些过程的结果也要记进风险登记册,进行完善并及时更新。当完成识别风险过程时,风险登记册的内容可能包括(但不限于):

(1)已识别风险的清单。在风险登记册中,每项单个项目风险都被赋予一个独特的标识号。要以所需的详细程度对已识别风险进行描述,确保明确理解。

(2)潜在风险责任人。如果已在识别风险过程中识别出潜在的风险责任人,就要把该责任人记录到风险登记册中。随后将由定性风险分析过程进行确认。

(3)潜在风险应对措施清单。如果已在识别风险过程中识别出某种潜在的风险应对措施,就要把它记录到风险登记册中。随后将由规划风险应对过程进行确认。

2. 风险分析

(1)定性风险分析

对所有已经识别出来的风险,都要做定性分析。定性风险分析是通过评估单个项目风险发生的概率、风险发生时对项目目标的相应影响以及其他特征来评估风险的相对优先级，从而为后续分析或行动提供基础的过程。该评估基于项目团队和其他相关方对风险的感知程度，从而具有主观性，往往需要由富有经验的人来完成。

如果发现项目的总体风险太大，超出了主要相关方（特别是业主）可以承受的区间，就可建议提前终止项目。如果总体风险水平在可承受的区间内，则需要对已识别的具体风险进行优先级排序，确定哪些风险需重点管理，哪些风险需进一步定量分析，哪些风险只需列入观察清单。为了对风险进行排序，就需要对风险发生的概率与后果进行评价，确定风险的严重性。通过风险发生概率等级和风险损失等级，可以确定风险等级，例如，《建设工程项目管理规范》（GB/T 50326—2017）将风险事件按照不同风险程度分为四个等级，具体划分可参见表 11-1-1。

表 11-1-1　风险等级矩阵表

风险等级		损失等级			
		1	2	3	4
概率等级	1	Ⅰ级	Ⅰ级	Ⅱ级	Ⅱ级
	2	Ⅰ级	Ⅱ级	Ⅱ级	Ⅲ级
	3	Ⅱ级	Ⅱ级	Ⅲ级	Ⅲ级
	4	Ⅱ级	Ⅲ级	Ⅲ级	Ⅳ级

实际工作中，究竟应该把概率和后果划分成几个等级，取决于所在组织的风险管理政策和项目的具体需要。例如，可以把概率分成"高""中""低"三个等级，后果也分成"严重""中等""轻微"三个等级。等级划分越多，概率和后果之间的组合也就越多。可以用矩阵图来表示概率与后果的各种组合，如图 11-1-3 所示。这个图可称为风险概率和影响矩阵，也可称为风险级别矩阵。

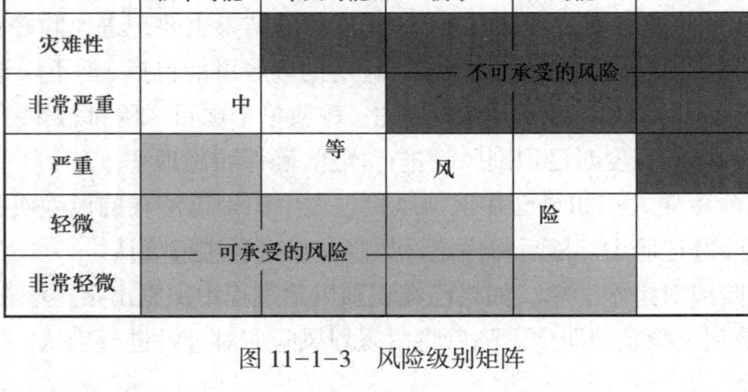

后果	概率				
	很不可能	不太可能	偶尔	可能	很可能
灾难性					
非常严重		中			
严重			等	风	
轻微				险	
非常轻微					

图 11-1-3　风险级别矩阵

项目所在组织应该给所有项目或所有同类项目提供一个通用的风险级别矩阵。这个通用的风险级别矩阵，相当于一把尺子，用来度量各个项目的各种风险的严重程度，以便度量的结果可以相互比较。根据具体需要,各项目可以对通用的风险级别矩阵做必要的微调,为后续风险应对指明方向,对落入"不可承受"区域的风险,必须重点管理,以便把本来不可承受的风险减轻为中等风险,甚至可承受的风险。

在进行定性分析时,需要应用风险级别矩阵对风险进行分级和排序。然后,可能还需要考虑风险发生的紧急性,对风险排序进行适当调整。通常,很快就可能发生的风险,在排序时应该被排在比较靠前的位置,以便重点管理。例如,虽然感冒不是严重的疾病,但如果已经有很强的预警信号,预示明天很可能就要感冒,那么今天你就应该把感冒排在所有疾病风险的第一位,立即加以处理。

定性风险分析比定量风险分析要省时省力得多。项目上的大多数风险,只需定性分析,无须定量分析。有些风险本来就是不便量化的,有些风险则是不值得做定量分析的。也有些风险,在项目早期只能做定性分析,等情况进一步明朗后就可以做定量分析。例如,某建筑企业计划向国外某施工项目投标,他们一开始就知道可能因各种情况导致工期延误,并对工期延误的风险做了定性分析。在中标之后,他们对现场进行了更详细的调查,了解了更多的情况,也许就可以对工期延误的风险进行定量分析了。由于情况千变万化,在项目生命周期中,需要定期或不定期地重复进行定性分析,以发现风险的最新情况和发展趋势。

通过定性分析,应该得到:风险优先级排序、近期需要应对的紧急风险、需要进一步做定量分析的风险、列为低优先级的风险(仅需加以观察)、重复定性分析所显示的风险发展趋势(如某风险的发生概率在不断下降或上升)。本过程会为每个风险识别出责任人,以便由他们负责规划风险应对措施,并确保应对措施的实施。如果需要开展定量风险分析过程,则实施定性风险分析能为其奠定基础。

(2)定量风险分析

定量风险分析是就已识别的单个项目风险和不确定性的其他来源对整体项目目标的影响进行定量分析的过程。通过定量风险分析,量化整体项目风险敞口(risk exposure,又叫风险暴露值),并提供额外的定量风险信息,以支持风险应对规划。通俗地说,定量风险分析就是用客观的方法对风险发生的概率及其可能发生的后果进行量化计算,并据此确定风险的严重性。例如,某台设备万一出故障就会导致项目停工,而每停工 1h,会造成 2d 的工期延误和 20 万元的经济损失。

并非所有项目都需要实施定量风险分析,能否开展稳健的分析取决于是否有关于单个项目风险和其他不确定性来源的高质量数据,以及与范围、进度和成本相关的扎实项目基准。只有那些被定性分析确认为严重的,而且又是可以量化的风险,才需要做定量分析。定量分析最可能适用于大型或复杂的项目、具有战略重要性的项目、合同要求或主要相关方要求进行定量分析的项目。定量风险分析通常需要运用专门的风险分析软件,以及编制和解释风险模式的专业知识,还需要额外的时间和成本投入。与定性风险分析比较,定量风险分析是客观的方法,需要收集比较多的数据,也就比较费时费力。定量风险分析也不是一次性的行为,需要在项目生命周期中定期或不定期重复进行,以表明内外部环境的变化,以及这些变化对风险概率和后果的影响。

(3)项目风险定性和定量分析的成果

风险登记册是在风险识别过程中形成的,在风险分析后根据风险评估的结果对其进行

更新,更新的内容包括:

1)项目风险的相对排序或优先级清单。

2)按照类别分类的风险。

3)需要在近期采取应对措施的风险清单。

4)需要进一步分析与应对的分析清单。

5)低优先级分析观察清单。

6)风险评估结果趋势。

3. 风险应对

（1）规划风险应对

规划风险应对是为处理整体项目风险敞口,以及应对单个项目风险,而制定可选方案、选择应对策略并商定应对行动的过程。通过规划风险应对,制定应对整体项目风险和单个项目风险的适当方法。项目风险应对可以从改变风险后果的性质、风险发生的概率或风险后果大小三个方面提出多种策略。

1）威胁

针对威胁,可以考虑下列五种备选策略:

① 规避。威胁规避是指项目团队采取行动来消除威胁,或保护项目免受威胁的影响。例如,通过赶工抢在雨季到来之前完成项目,使项目不受雨季恶劣天气的影响;不采用某种尚不成熟的技术,规避与该技术有关的全部风险。

由于威胁和机会总是联系在一起的,相当于一枚硬币的正反两面,所以规避威胁,同时也就是在规避相应的机会。是否采取风险规避策略,取决于人们对威胁与机会的权衡。风险规避可以是很积极的应对策略,也可以是很消极的应对策略,取决于与风险有关的事情的性质。如果某件事是可做可不做的,你为了规避风险而不做它,那可能是很积极的。如果某件事是必须做的,为了规避风险而不做它,那就是非常消极的。有些风险是应该规避的,但还有许多风险就不应该简单规避。如果要规避所有的风险,那就只有什么事都不做。如果我们把一艘船停泊在港湾里,的确没有任何航行风险,但没法取得航行可能带来的任何利益。

② 上报。如果项目团队或项目发起人认为某威胁不在项目范围内,或提议的应对措施超出了项目经理的权限,就应该采取上报策略。

③ 转移。转移策略涉及将应对威胁的责任转移给第三方,让第三方管理风险并承担威胁发生的影响。

风险转移是指以一定的代价,把风险的消极后果,连同对风险的应对责任,转移给另外一个实体;因为该实体具备更好的资源与能力去管理相应的风险。是否应该采用风险转移策略,取决于自制或外购分析的结果。自制或外购分析是指从成本的角度来分析某个工作究竟是自己做更划算,还是外包给别人做更划算。在风险管理中,可以针对具体风险进行自制或外购分析,以便决定究竟应该自留还是转移风险。

风险转移通常都需要在风险的转移方与接受方之间签署合同。例如,可以用买保险的方式把风险转移给保险公司,用总价合同把某工作外包给专业公司去完成。在建设工程施工合同中,业主要求承包商提交由指定银行出具的履约担保,这也是一种风险转移策略。业主通过该履约担保把承包商不履约的风险转移给了银行。在工程建设业常用的投标担保、预付款担保,也属于风险转移策略。

④ 减轻。威胁减轻是指采取措施来降低威胁发生的概率和/或影响。既可以降低概率,也可以减轻后果,还可以把概率和后果同时降低。提前采取减轻措施通常比威胁出现后尝试进行补救更加有效。例如,开车系安全带,就是减轻后果的风险减轻措施。风险减轻策略经常用于那些超过风险承受力且无法规避的风险。风险减轻策略需要被细化成各种具体的、可操作的技术措施。大量风险需要采用风险减轻策略。例如,为了降低发生空难事故的可能性,航空公司需要制定并遵守严格的安全管理制度;开展培训工作,提高工作人员的能力,降低出错的可能性;张贴危险警告,降低危险发生的可能性;编制规范的操作流程并要求人们严格遵守,降低发生事故的可能性;采用更可靠、复杂性更低的工艺流程,降低出错的可能性。

⑤ 接受。又叫风险自留,是指不主动采取措施去管理风险,而是听之任之,待发生后再说,或者只准备一定的不可预见费或应急时间来应对风险发生的后果。前一种情况,是被动接受;后一种情况,是主动接受。既然要做事,就肯定要接受一部分风险。下列风险可以采用风险接受策略:在自己的风险承受力之内的风险,即能够承受的风险;发生的可能性很低的风险,发生的后果很轻的风险;采用缓解或转移策略的代价太大的风险;完全无法采取其他应对策略的风险;没有被只别出来的风险;对于已经识别出来的、愿意或不得不接受的风险,需要把它们列入风险观察清单,并指定专人加以观察。

对某个特定威胁的应对措施可能包括多种策略。例如,如果不能避免这种威胁,就可以将其减轻到可以转移或接受的程度。实施威胁应对措施的目标是减少负面风险数量。有时,接受的风险会随着时间的推移或由于风险事件没发生而减少。

对某个风险应该采取什么应对策略和措施,要受客观与主观两方面因素的影响。客观的因素包括风险客观上的严重性和可管理性,主观的因素包括人们的风险承受力和风险偏好。人们的风险偏好程度,取决于所在地的文化及个人的性格特征。从国家文化层面上说,不同国家的人的风险偏好程度会有差别。从组织文化的层面上来讲,不同组织的员工的风险偏好程度也有不同,如高新技术企业的员工通常比传统制造业企业的员工更愿意冒险。从个人的性格特性来讲,有些人比较保守,可能一个较小的风险也不愿意接受;有些人比较激进,甚至愿意冒很大的风险。

制定威胁应对策略的一般流程,如图 11-1-4 所示。

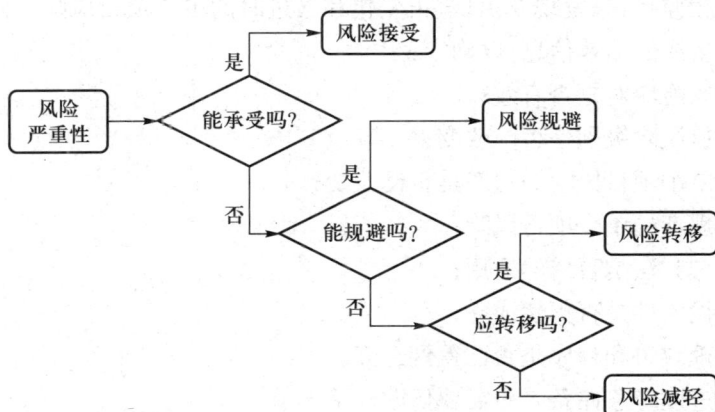

图 11-1-4　制定威胁应对策略的一般流程

2）机会

针对机会，可以考虑下列五种备选策略：

① 开拓。项目团队采取行动以确保机会出现。

② 上报。与威胁一样，如果项目团队或项目发起人认为某机会不在项目范围内，或提议的应对措施超出了项目经理的权限，就应该采取机会应对策略。

③ 分享。机会分享涉及将应对机会的责任分配给最能获得该机会收益的第三方。

④ 提高。在机会提高策略中，项目团队采取行动提高机会发生的概率或扩大机会带来的影响。提前采取提高措施通常比机会出现后尝试改善机会更加有效。

⑤ 接受。与威胁一样，接受机会是指承认机会的存在性，但并不规划主动措施。

一旦制定了一套风险应对措施，就应该对其进行审查，以确定计划的应对措施是否增加了任何次生风险。审查还应对采取应对措施后仍将存在的残余风险做出评估。

（2）实施风险应对

实施风险应对是执行商定的风险应对计划的过程。通过实施风险应对，确保按计划执行商定的风险应对措施，来管理整体项目风险敞口、最小化单个项目威胁，以及最大化单个项目机会。

只有风险责任人关注实施风险应对过程，以必要的努力去实施商定的应对措施，项目的整体风险敞口和单个威胁及机会才能得到主动管理。对每一项风险处理，都应任命专人负责。最适当的人选可以是：

1）对产生风险的活动负责的人员；

2）能够最好地控制风险发生可能性的人员；

3）所处职位最适于对风险的发生作出反应、补救或降低其影响的人员；

4）有适当职权处理风险的人员。

视频 11-2
项目风险的
应对策略

4. 风险监控

风险监控是在整个项目期间，监控商定的风险应对计划的实施、跟踪已识别风险、识别和分析新风险，以及评估风险管理有效性的过程。通过风险监控，使项目决策都基于关于整体项目风险敞口和单个项目风险的当前信息。

为了确保项目团队和关键相关方了解当前的风险敞口级别，应该通过监控风险过程对项目工作进行持续监控，来发现新出现、正变化和已过时的单个项目风险。监控风险过程采用项目执行期间生成的绩效信息，以确定：

（1）实施的风险应对是否有效；

（2）整体项目风险级别是否已改变；

（3）已识别单个项目风险的状态是否已改变；

（4）是否出现新的单个项目风险；

（5）风险管理方法是否依然适用；

（6）项目假设条件是否仍然成立；

（7）风险管理政策和程序是否已得到遵守；

（8）成本或进度应急储备是否需要修改；

（9）项目策略是否仍然有效。

具体而言,监控项目风险既要监控单个项目风险,又要监控整体项目风险。

（1）监控单个项目风险

监控单个项目风险是指由指定的风险责任人动态监控已识别的每一个单个项目风险,主要工作包括:监测已识别风险,监控风险应对的有效性,注意次生风险,注意新风险和已过时风险,以及更新风险登记册。

1）监测已识别风险

必须由每一个风险的责任人,对已识别的每一个风险进行动态监测,包括观察那些已列入观察清单的低优先级风险。应该根据情况变化,及时对每一个已识别风险进行再评估,分析其发生的概率和后果的变化,判断其发展趋势。

在监测已识别风险的过程中,应该特别留意风险触发因素。根据不同的情况,风险触发因素可以预示某个风险即将发生,可以显示某个风险正在或已经发生。任何风险的发生都有一定的症状,就看你能不能发现并抓住。风险触发因素这个概念,对提高我们的风险预防意识非常有用。例如人员拥挤,就预示着踩踏风险可能即将发生;行人闯红灯,就预示着汽车撞人的风险可能即将发生;学生逃课、学习不认真,就预示着可能考不及格。所以,请特别留意风险触发因素。

2）监控风险应对的有效性

风险应对,既包括采取措施预防风险的发生,也包括采取措施处置已发生的风险。必须由指定的风险责任人监控预防措施和处置措施的有效性,包括效率和效果。效率是指采取措施的时间和成本是否划算,效果是指这些措施能否把风险发生的可能性或后果降低到所要求的程度。

3）注意次生风险

次生风险又叫"二次风险",是指应对一个风险而带来的另外一个风险。如果你不应对某个原生风险,相应的次生风险本来是不存在的。

4）注意新风险和已过时风险

新风险可能是以前本来就存在但未被识别出来的风险,也可能是随情况的变化而新出现的风险（以前不存在的）。已过时风险是指不会再发生的风险。应该及时把新风险添加到风险登记册中,也应该及时从风险登记册中剔除已过时的风险。

5）更新风险登记册

除了把新风险添加进风险登记册以及从中删去已过时风险,还要根据1）~3）项工作的结果来更新风险登记册。

（2）监控整体项目风险

监控整体项目风险是指由项目经理本人在风险管理专家和相关团队成员的协助下,动态监控整个项目失败的可能性及万一失败的后果,主要工作包括:评估单个项目风险应对措施对整体项目风险的影响,评估整体项目风险的变化,更新风险报告。虽然往往由不同的团队成员担任各单个项目风险的责任人,但是整体项目风险的责任人通常都由项目经理本人担任。

1）评估单个项目风险应对措施对整体项目风险的影响

单个项目风险的责任人只需要考虑应对措施对特定的单个项目风险的有效性。项目经理则要站在整个项目的高度考虑所有单个项目风险的应对措施对整体项目风险程度的影响,确保单个项目风险的应对有利于维持或降低整体项目风险。特别是,必须防止因应对单个项目风险而导致整体项目风险变得更加严重。

2)评估整体项目风险的变化

整体项目风险的程度变化,既可能由单个项目风险的应对引起,也可能由项目内部的其他不确定性事件引起,还可能由项目之外的各种环境变化引起。项目经理必须动态评估整体项目风险可能发生的变化。

3)更新风险报告

要根据前述两项工作的结果来更新风险报告。风险报告通常要定期编制(更新),也可以在特殊需要时专门编制,并且报送给高级管理人员和其他主要相关方(如客户),供他们了解整体项目风险情况。

(3)沟通风险情况和总结经验教训

无论是监控单个项目风险还是监控整体项目风险,都需要经常沟通风险情况,并经常总结经验教训。

1)沟通风险情况

应该鼓励项目团队成员经常谈论项目风险,以保持和加强他们的风险管理意识。如果长时间不讨论风险情况,人们就不太可能具备很强的风险管理意识。

要真正做好风险管理,就必须依靠众多相关方的智慧和力量。项目团队不仅要在项目规划阶段邀请众多相关方参与风险识别、分析和应对规划,而且要在项目执行和监控阶段邀请众多相关方协助风险责任人开展风险监控。在风险监控过程中,风险责任人必须及时、全面地与众多相关方沟通所发现的风险情况。相关方在了解风险情况之后,能够为进一步管理风险贡献智慧。

2)总结经验教训

风险管理非常需要经验的积累。应该定期或不定期地总结风险管理的经验教训,更新与风险管理有关的组织过程资产。必须在项目阶段结束时和整个项目结束时,总结风险管理的经验教训,更新相应的组织过程资产,以便以后的项目风险管理工作做得更好。为了更好地总结经验教训,应该定期或不定期邀请外部的风险管理专家对本项目进行风险审计。

11.2　项目风险管理方法与工具

11.2.1　单个与整体项目风险管理

通过前文所述可知,项目风险管理是通过主动、系统地对项目风险进行全过程识别、分析、应对及监控,从而实现项目目标的科学管理方法。一个项目的整体项目风险程度取决于这四个因素:项目本身的复杂性、项目所处的环境、相关方的复杂性、项目团队的能力。开展项目风险管理,必须先在项目启动之前通过项目设计和决策来考虑上述四个因素,把整体项目风险控制在可接受的区间内,然后在项目启动之后通过标准化的风险管理过程去有效应对单个项目风险。在应对单个项目风险的同时,也要监控整体项目风险的变化。如果整体项目风险(威胁)太高,那么无论多么好的单个项目风险管理都起不到应有的作用。当然,也需要通过单个项目风险管理去维持整体项目风险始终处于可接受的区间内。如果对重大的单个项目风险（威胁）失控，那么整体项目风险（威胁）就会提高，甚至超出可接受的区间。整体项目风险管理和单个项目风险管理是相互影响的，两者都不可或缺。

11.2.2 风险识别的方法与工具

项目风险管理的工具和方法很多，本书介绍几种常见的风险识别、风险分析技术。当然，其中的一些方法也可能适用于风险管理的其他环节。

1. 专家判断

应考虑了解类似项目或业务领域的个人或小组的专业意见。项目经理应该选择相关专家，邀请他们根据以往经验和专业知识来考虑单个项目风险的方方面面，以及整体项目风险的各种来源。需要注意的是，专家的判断可能持有偏见。该方法也可用于风险定性和定量分析。

2. 访谈

可以通过对资深项目参与者、相关方和专家的主题访谈，来识别单个项目风险以及整体项目风险的来源。可以是一对一的访谈，也可以是一对多的访谈，但应该在信任和保密的环境下开展访谈，以获得真实可信、不带偏见的意见。

3. 核对单

核对单是基于类似项目和其他信息来源积累的历史信息和知识编制的，是包括需要考虑的项目、行动或要点的清单，常被用作提醒。通过编制核对单，列出过去曾出现且可能与当前项目相关的具体单个项目风险，这是吸取已完成的类似项目经验教训的有效方式。虽然核对单简单易用，但不可能穷尽所有风险。所以，不能用核对单来取代所需的风险识别工作；同时，还应该不时地审查核对单，增加新信息，删除或存档过时信息。

4. SWOT 分析

SWOT 分析法是一种环境分析方法，作为一种系统分析工具，其主要目的是对项目的 strength（优势）与 weakness（劣势）、opportunity（机遇）与 threat（威胁）各方面，从多角度对项目风险进行分析识别。在识别风险时，它会将内部产生的风险包含在内，从而拓宽识别风险的范围。首先，关注项目、组织或一般业务领域，识别出组织的优势和劣势；其次，找出组织优势可能为项目带来的机会，组织劣势可能造成的威胁。SWOT 一般分为以下五步进行。

（1）列出项目的优势和劣势、可能的机会与威胁，填入道斯矩阵的Ⅰ、Ⅱ、Ⅲ和Ⅳ区，如表 11-2-1 所示。

表 11-2-1 道 斯 矩 阵

机会与威胁 策略选择 优势与劣势	Ⅲ 优势（S） （列出自身优势）	Ⅳ 劣势（W） （具体列出弱点）
Ⅰ 机会（O） （列出现有的机会）	Ⅴ SO 策略 抓住机遇、发挥优势策略	Ⅵ WO 策略 利用机会、克服劣势策略
Ⅱ 威胁（T） （列出正面临的威胁）	Ⅶ ST 策略 利用优势、减少威胁策略	Ⅷ WT 策略 弥补缺点、规避威胁策略

（2）将内部优势与外部优势组合,形成 SO 策略,制定抓住机会、发挥优势的策略,填入道斯矩阵的 V 区。

（3）将内部劣势与外部优势组合,形成 WO 策略,制定利用机会、克服弱点的策略,填入道斯矩阵的 Ⅵ 区。

（4）将内部优势与外部威胁相结合,形成 ST 策略,制定利用优势、减少威胁的策略,填入道斯矩阵的 Ⅶ 区。

（5）将内部劣势与外部威胁相结合,形成 WT 策略。制定弥补缺点、规避威胁的策略,填入道斯矩阵的 Ⅷ 区。

5. 头脑风暴法

头脑风暴法是指许多人在一起集思广益,识别出尽可能多的风险,可分几个阶段进行。第一阶段,主持人宣布会议主题(识别风险)和会议规则;第二阶段,每个成员积极参与,提出尽可能多的主意(风险),但不允许进行任何评论;第三阶段,对主意(风险)进行讨论和评价;第四阶段,得到结论(单个项目风险和整体项目风险来源的清单)。通常由项目团队开展头脑风暴,同时邀请团队以外的多学科专家参与,由全体成员自发地提出主张和想法。在项目风险管理中可使用头脑风暴法来识别项目可能存在的风险以及集思广益地收集风险应对措施,以得到最优的风险应对方案等。利用头脑风暴法可以想出许多主意,能产生富有创造性的更好的方案。由于头脑风暴法生成的创意并不成熟,所以应该特别注意对头脑风暴法识别的风险进行清晰描述。

6. 德尔菲法

德尔菲法本质上是一种反馈匿名函询法。其做法是:在对所有要预测的问题征得专家的意见之后,进行整理、归纳、统计,再匿名反馈给各专家,再次征求意见,再集中,再反馈,直到得到稳定的意见。与其他专家预测法相比,具有三个明显特点,即匿名性、多次反馈、小组的统计回答。该方法有助于减少数据中的偏倚,并防止任何人对结果产生不适当的影响。

11.2.3　风险分析的方法与工具

1. 模拟

在定量风险分析中,使用模型来模拟单个项目风险和其他不确定性来源的综合影响,以评估它们对项目目标的潜在影响。模拟通常采用蒙特卡洛分析。对成本风险进行蒙特卡洛分析时,使用项目成本估算作为模拟的输入;对进度风险进行蒙特卡洛分析时,使用进度网络图和持续时间估算作为模拟的输入。开展综合定量成本－进度风险分析时,同时使用这两种输入,其输出就是定量风险分析模型。

用计算机软件数千次迭代运行定量风险分析模型。每次运行,都要随机选择输入值(如成本估算、持续时间估算或概率分支发生频率)。这些运行的输出构成了项目可能结果(如项目结束日期、项目完工成本)的区间。比如,蒙特卡洛成本风险分析所得到的成本 S 曲线。

2. 决策树分析

决策树是以方框和圆圈为节点,并由直线连接而成的一种像树枝形状的结构,其中,方框表示决策点,圆圈表示机会点;从决策点画出的每条直线代表一个方案,叫作方案枝,从机会点画出的每条直线代表一种自然状态,叫作概率枝。用决策树在若干备选行动方案中选

择一个最佳方案,其评价准则可以是收益期望值、效用期望值或其他指标,期望也叫作数学期望值、平均数。其计算公式为:

$$E(x) = \sum_{i=1}^{n} x_i p(x_i)$$

式中:$E(X)$——随机变量 x 的期望值;

x_i——随机变量 x 的取值,$i = 1, 2, 3, \cdots$;

$P(x_i)$——x 取 x_i 的概率。

决策树的绘制是自左向右(决策点和机会点的编号左小右大,上小下大),而计算则是自右向左。各机会点的期望值计算结果应标在该机会点上方,最后将决策方案以外的方案枝用两短线排除。

项目风险的评价要能反映项目风险的背景环境,同时又要能描述项目风险发生的概率、后果以及项目风险的发展动态。决策树这种结构模型既简明又符合上述两项要求。采用决策树法来分析项目风险,比较直观、清晰。

【例题 11-2-1】某投资者预投资兴建一工厂,建设方案有两种:① 大规模投资 300 万元;② 小规模投资 160 万元。两个方案的生产期均为 10 年,其每年的损益值及销售状态的规律见表 11-2-2。试用决策树法选择最优方案。

表 11-2-2　各年损益值及销售状态

销售状态	概率	损益值/(万元/年)	
		大规模投资	小规模投资
销路好	0.7	100	60
销路差	0.3	−20	20

解:

(1)绘制决策树,见图 11-2-1:

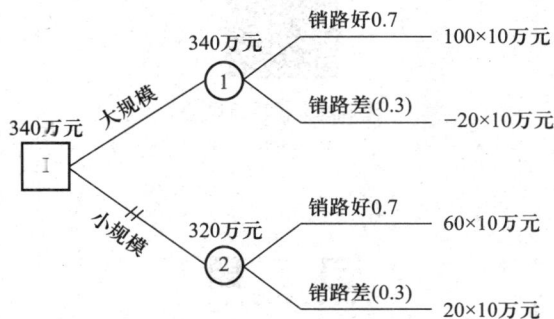

图 11-2-1　决策树图

(2)计算各状态点的期望收益值

节点①:$[100 \times 0.7 + (-20) \times 0.3] \times 10$ 万元 -300 万元 $= 340$ 万元

节点②：$[60 \times 0.7 + 20 \times 0.3] \times 10$ 万元 -160 万元 $=320$ 万元

将各状态点的期望收益值标在圆圈上方。

（3）决策

比较节点①与节点②的期望收益值可知，大规模投资方案优于小规模投资方案，故应选择大规模投资方案，用符号"//"在决策树上"剪去"被淘汰的方案。

本 章 小 结

随着社会经济不断发展，项目环境的复杂性和不确定性变化逐步加剧，项目面临的各类风险能否被很好地控制成为决定项目成败的关键，对项目管理者而言能够在实际的项目管理工作中运用项目风险管理的思维和方法变得越来越重要。因此，本章首先介绍了项目风险管理的内涵，讲解了项目风险的定义、特征和分类，明确了项目风险管理的过程以及各过程之间的区别与联系。在此基础上，讲解了项目风险应对策略，如规避、缓解、转移和保留等策略的选择原则和具体方法，阐述了项目风险管控、监督和评估的机制及方法。最后，基于风险管理各过程，具体介绍了风险识别、风险分析和风险控制过程中所涉及的重点方法和技术，为项目管理者掌握与其他项目管理知识领域的接口，理解项目风险管理在项目管理体系中的地位和作用，最终运用所学知识对项目案例进行风险识别、分析和应对，制定项目风险管理计划提供了参考。

课程思政案例

港珠澳大桥项目风险
管理

习 题

一、思考题

1. 项目风险的特点有哪些？试举例说明。

2. 简述项目风险管理的过程,并结合具体案例说明。

3. 结合所学专业选择一个具有较大风险的项目,对其进行 SWOT 分析。

二、计算题

某项目有两个备选方案 A 和 B,两个方案的寿命期均为 10 年,生产的产品也完全相同,但投资额及年净收益均不相同。A 方案的投资额为 600 万元,其年净收益在产品销售好时为 150 万元,销售差时为 50 万元;B 方案的投资额为 400 万元,其年净收益在产品销售好时为 100 万元,销售差时为 10 万元,根据市场预测,在项目寿命期内,产品销售好时的可能性为 70%,销售差的可能性为 30%,试根据以上资料对方案进行比选。已知基准折现率 $i_c = 10\%$。

第 11 章习题答案

第 12 章

工程伦理

学习目标：

1. 了解工程价值的多元性；掌握工程伦理的内涵；了解工程中的四个伦理问题；掌握伦理的四个主要立场；熟悉工程师的伦理困境的含义和本质。
2. 了解可接受风险的内涵；掌握伦理评估的原则；熟悉伦理评估的程序；熟悉邻避效应。
3. 了解工程环境伦理的基本思想与核心问题；熟悉工程环境价值观；掌握工程活动中的环境伦理原则；了解工程师的环境伦理责任及其实现。
4. 熟悉伦理责任的内涵和主体；掌握伦理责任的类型；掌握工程师的伦理原则；了解工程师的职业伦理。

12.1　工程与工程伦理

12.1.1　工程价值的多元性

工程规模不断扩大，技术综合性越来越强，工程要素日益复杂，对自然和社会的影响也越来越深远。在衡量工程价值的时候，会很自然地想到这个工程赚不赚钱，也就是从它的经济利益出发去评价一个项目的成败，这是工程的经济价值。但工程价值具有多元化的特点，需要从科学价值、政治价值、社会价值、文化价值和生态价值等多维的角度去分析。

引导案例 12-1 命运各异的各国奥运场馆

1. 工程的科学价值

工程是科学技术的载体，在工程实践的过程中，科学探索在不断的深入，比

如我国从 2004 年开始正式开展月球探测工程,并命名为"嫦娥工程"。中国人的探月工程为人类和平使用月球做出了新的贡献。嫦娥五号主要科学目标包括对着陆区的现场调查和分析,以及月球样品返回地球以后的分析与研究,具有重大的科学研究价值。

除了航空航天工程外,我们可以看到在以基因工程、细胞工程、酶工程、发酵工程为代表的生命科学四大工程领域中,转基因技术、克隆技术、杂交技术等的工程探索和应用取得了重大进展。

2. 工程的政治价值

政治价值是从国家和政府的战略角度出发来进行工程的设计,其中一个极端的表现就是其军事价值,例如,万里长城的工程政治价值就主要在于其军事防御功能。

2018 年 10 月开通的港珠澳大桥,跨越伶仃洋,东接香港,西接珠海和澳门,在粤港澳大湾区建设中发挥了重要作用,被视为粤港澳大湾区互联互通的"脊梁",可有效打通粤港澳大湾区内部交通网络。香港、珠海、澳门三地间的时空距离被大大缩短,从而促进人流、物流、资金流、技术流等创新要素的高效流动和配置。但除了推动粤港澳大湾区区域经济的发展作用之外,港珠澳大桥的战略意义不言而喻,它是连接内地与港澳的纽带,是"一国两制"框架下粤港澳三地首次合作建设的大型跨海交通工程,也是世界上已建成最长的跨海大桥工程,被誉为"世纪工程"。在这样一个大时代、大背景下,港珠澳大桥的建成,体现了我国综合实力、自主创新能力,体现了勇创世界一流的民族志气。

3. 工程的社会价值

随着工程技术的进步,社会的生产力水平得到了巨大提升,更好地满足了人们生产生活的需求,提高了人们的生活质量。但是,工程的社会价值并不总是正向、积极的,政治经济学家熊彼特曾经说过,技术创新是一种"创造性的破坏",创造了新的产业,同时也打破了旧的产业,知识密集型、技术密集型的企业逐步替代了劳动密集型的企业,使得原来产业的工人下岗。而如果这部分工人由于知识水平和年龄无法更新认知水平,就容易造成社会的进一步分化和不稳定。

4. 工程的文化价值

工程作为科技、艺术、管理等多要素集成的结晶,具有其鲜明的文化艺术价值,好的工程会给人以美的享受,标志性的工程会成为一个地区甚至一个国家的象征,可以增进民族和国家的自豪感和凝聚力,例如北京的故宫建筑群,是世界上现存建筑面积最大、保存最完整的古代宫殿建筑群,是一个研究中国历史、建筑历史和传统文化的宝库。

5. 工程的生态价值

传统的工程以自然界作为作用的对象,为了满足人类生存和发展的需要,对环境和生态系统造成了破坏。党的二十大报告指出,我们坚持绿水青山就是金山银山的理念,坚持山水林田湖草沙一体化保护和系统治理,全方位、全地域、全过程加强生态环境保护,生态文明制度体系更加健全,污染防治攻坚向纵深推进,绿色、循环、低碳发展迈出坚实步伐,生态环境保护发生历史性、转折性、全局性变化,我们的祖国天更蓝、山更绿、水更清。

工程的价值不是单一存在的,总是包含着多种价值,即具有综合性,应当避免和防止极端地追求某一方面的价值,比如说为了追求经济价值,而牺牲了其他方面的价值,甚至以牺牲其他价值为代价,比如威胁人的健康和安全、破坏环境等。同时也应该让工程能服务于大多数民众,而不能成为服务于少数人的工具,只有这样才能体现公正的理念。

12.1.2   工程伦理的内涵

如何定义工程伦理,学界说法不一。比如,美国《韦氏大词典》界定"伦理是一门探讨什么是好什么是坏,以及讨论道德责任义务的学科";《牛津高阶英语词典》界定"伦理是控制或影响人类行为的道德原则"。我国学者王晃三定义工程伦理为"工程师在其专业生涯中,除对雇主与业主负责之外,兼承担保护社会公众的健康、安全、福祉与生活环境的责任下,当利益与道德、关系、责任互有冲突时,化解两难问题所应考虑的道德伦理课题、抉择准则、相关的化解原则与预防措施"。伦理与道德都强调值得倡导和遵循的行为方式,都以"善"为追求的目标。一般而言,道德更突出个人因为遵循规则而具有"德性";伦理则突出依照行为规范来处理人与人、人与社会、人与自然之间的关系。

伦理是社会正常运转的基石。在工程活动中伦理因素是一个"渗透性"的要素,深刻地渗透在工程活动的其他成分和要素之中;伦理因素既可能是促使工程成功的原因,也可能是导致工程出现问题的原因。工程对伦理的呼唤,伦理对工程的辅佐,既是工程职业的内在要求,亦是工程实践活动的客观需要,同时是工程价值和工程目标得以彰显的必然途径。世界上不存在与伦理无关的工程,工程活动作为人类最基本的社会实践活动,涉及许多复杂的伦理问题,应受到伦理的评价与指引。这便需要工程师除了具备专业知识和技能外,还尤其需要接受伦理学的学习,形成以工程伦理的视角和准则来处理工程活动的自觉意识和行为能力,否则可能会给社会带来非常大的危险。管理与伦理有很强的内在联系和相关性,管理活动是人类社会活动的一种形式,当然离不开伦理的规范作用。任何影响社会的团体行为或专业行为都有其内在特殊的伦理要求。

12.1.3   工程中的伦理问题

现代工程已经不仅仅是技术的应用,而是多种要素的集成,其中包括了技术、经济、社会、自然和伦理等要素,将伦理的维度运用到其他要素,就形成了工程伦理关注的四个主要问题。

1. 工程的技术伦理问题

技术工具论认为,技术是一种手段,本身无善恶。而技术是一把双刃剑,使用技术的结果好坏取决于技术的运用主体,即道德主体(人类)。人拥有如何应用技术的自主性,人是道德的主体,有道德选择的自由,同时也应该有道德评价的标准和干预的机制,防止人将技术应用于不道德的用途。所以,在工程的技术活动中必须要考虑到技术运用的主体——人。

2. 工程的利益伦理问题

工程活动中的利益关系可以从以下两个方面分析:一是工程内部的利益关系:主要发生在工程活动各主体之间,比如工程师和工人之间的利益关系;二是工程外部的利益关系:主要发生在工程与外部社会环境、自然环境之间,包括经济利益、文化利益、环境利益等。

如何通过工程活动平衡好各方利益,在争取实现利益最大化的同时,协调好各方利益,兼顾效益和公平,是利益伦理问题要解决的核心问题,也是衡量工程实践活动好坏的重要标准。

3. 工程的责任伦理问题

责任伦理超越传统伦理以人类为中心而忽视自然和生命固有价值的缺陷,从当代人对"已经存在"的自然和"未采"生命的责任出发,提出要"关注人类未来生存可能性"。责任伦理学将伦理学关系由"人与人"扩展至"人与自然和社会"。

工程的责任包括了事前决策责任还有事后追究性责任。工程师是工程责任伦理的重要主体,随着工程伦理学的发展,工程责任主体扩散到投资人、决策者、管理者以及公众。工程伦理的内容也随时代变迁而改变,从工程师的工程责任逐渐转变为社会责任,然后进一步延伸到自然责任,也就是对环境所承担的责任。

4. 工程的环境伦理问题

环境污染问题的严重性与工程活动密不可分。党的二十大报告指出,要坚持全方位、全地域、全过程加强生态环境保护。工程实践的各个环节都要力争减少对环境的负面影响,考虑自然的承受力,避免浪费自然资源,限制过度开发,保持生态平衡。应将自然环境纳入道德关怀的范畴,确立人对自然环境的道德责任和义务,实现可持续发展。随着技术的快速进步,工程对自然的利用和改造也日益深入,促进经济发展与保护环境之间如何协调关系,成为工程在决策阶段就需要思考的问题。

视频 12-1
工程中的主要伦理问题

12.1.4　伦理的四个主要立场

伦理规范并不是一成不变的,对于什么是正当行为的思考和争论,存在不同的四个伦理立场。

1. 功利论

如果某种行为能得到预期的结果,就可以认为这种行为在道德上正确或可接受。功利主义者认为每一个人所实施的行为或所遵循的道德规则应该为每一个相关者带来最大的好处。以英国思想家穆勒和边沁为代表,他们认为一种行为如果有助于增进好处就是正确的,这种好处包括了行为的当事人,也包括了行为可能影响的其他人。这种立场关注行为的后果,两利相较取其大,目标是追求最大的好处。

2. 义务论

义务论强调关注人们行为的动机,强调行为的出发点要遵循道德的规范,体现人的责任,比如中国传统的儒家思想倡导"取义成仁"。哲学家康德作为这种立场的代表人物,强调要道德自律,在工程中要求工程师在履行职业职责时不得受到利益冲突的影响,要为自己的职业行为承担责任。

3. 契约论

通过一个规则性的框架体系,把个人行为的动机和规范伦理看作是一种社会协议。代表人物是美国学者罗尔斯,主张伦理规范应该用一种契约协议进行制度化,来维护正义这一根本的道德原则。罗尔斯发展出了正义伦理学的两个基本原则,一个是自由原则,也就是个人自由和人人平等;一个是差异原则,要求机会均等和惠顾少数不利者。因此西方工程师协会的伦理准则将公众的安全、健康、福祉放在首位的同时,也认同工程师有自由追求自身正当利益的基本权利。

4. 德性论

功利论强调行为的对错要视行为所带来的后果而定,义务论则坚持行为的对错取决于行为本身。两者之争折射出两者都忽视了人的德性在伦理抉择上的重要性。德性论认为,道德行为真正的核心在于行为主体养成良好的习惯或品德。以古希腊哲学家亚里士多德和当代伦理学家麦金泰尔为代表,主张应该关注人的内心品德的养成,而不是外在行为的规则,强调的是"德性人"的发展,而德性只有通过实践才能达到实现,因此工程师需要通过学习来培养伦理意识,在实践中才能自我实现。

讨论案例: 某五金公司销售员推销玻璃幕墙连接件案例。

柯尔·道格拉斯是某五金公司销售员,正在为新奥尔良市某商厦的玻璃幕墙连接件订购业务竞标准备讲稿。该商厦为超高层建筑,外部全部采用点式玻璃幕墙,因此所需的连接件数量巨大,业务利润相当可观。柯尔所属五金公司生产的连接件缺损率为 3.5%,在一般建筑中足以保证幕墙的牢固稳定,但是新奥尔良市特殊的地理位置和自然气候对连接件的质量提出更高要求。新奥尔良市是美国路易斯安那州南部港口城市,濒临墨西哥湾,大西洋的飓风可以轻易登陆上岸。柯尔所属公司生产的连接件可以抵抗较弱飓风的侵袭,但是面对强飓风的肆虐就有些"疲于应对"。气象专家统计,美国东海岸强飓风平均每十年登陆一次,但是偶发的恶劣天气也可能造成强飓风突然而至,例如,2005 年卡特里娜飓风的侵袭就令民众"措手不及"。柯尔清楚其间的问题,但又想赢得这项业务。因为如果柯尔赢得这次竞标,他将在正常工资基础上获得另外 30 000 美元的酬金。但如果柯尔将连接件缺损率告诉承包商,其所属五金公司可能会将这笔生意输给那些连接件可靠性更高的对手。因此,柯尔·道格拉斯面临的伦理抉择为是否应该向工程承包商指出:若遭遇强飓风侵袭,其公司生产的连接件可能会失效,而玻璃幕墙坠落到商厦下面的繁华步行街,将会造成严重人员伤亡。

如果柯尔是功利主义者,在做决定之前,他会分析不同选择所带来的效用,并采用能获得最大效用的方案。在案例中,可能的效用包括通过商厦带动当地经济、借助工程创造数百个工作机会、增加五金公司的收入等。而成本则是连接件缺损率可能会增加玻璃幕墙在强飓风天气时的坠落风险(这种风险不可知)。作为功利主义者的柯尔可能会认为用公司的连接件来固定玻璃幕墙比通知幕墙承包商连接件或许会在强飓风天气时失效的效用更大,因此,他会对公司的连接件缺损率保持沉默。

如果柯尔认同义务论,他会从责任本体的视角审视自身行为,把履行职业责任放在首位,尽义务告知幕墙承包商有关连接件缺损率的情况,并详细说明强飓风可能导致幕墙坠落并造成潜在的人员伤亡。

如果柯尔认同契约论,他在考虑自己及承包商会获得期望的经济利益的同时,也会考虑坠落的玻璃幕墙会危及人们的生命安全,考量是否会影响公众福祉。柯尔作为拥有专业技能的权威人士,较之民众更知晓内情,也更能预防风险的发生。如果柯尔知情不报,那么这一欺瞒行为对于毫不知情的民众而言极不公正。如果柯尔看重公正理念,选择告知承包商是必然之举。

如果柯尔遵循德性论,他可能会考虑美德要素,并且告诉潜在客户连接件缺损率及他本人对幕墙坠落、人员伤亡的关心,在介绍产品时他不会肆意吹捧或者刻意隐瞒风险。因此他可能建议客户选择其他产品或其他公司,以减小玻璃幕墙坠落的可能性。

综上所述,功利论提倡追求"最大幸福",考虑最大多数人的最大快乐;义务论基于道德自律,强调行为本身的价值;契约论从追求公正作为出发点,强调行为的准则和规范;德性论倡导从个人修身做起,强调行为内在的倾向性标准,将美德渗透在伦理问题的解决过程中。

12.1.5　工程师的伦理困境

1. 伦理困境的含义

"困境"一词指现实状态与理想状态或合理状态的不契合情境。不契合是因为对现实情境出现了多重评价体系,不同的评价体系可能出现意识形态或原则上的对立或相悖。伦理困境是指道德原则的现实应用情境引发了质疑,在同一境域中出现了几种可能的道德选择,且都具有各自的合理性和不合理性。1967年由哲学家菲利帕·福特提出电车难题(trolley problem),这是伦理学非常著名的两难思想实验:假设一个疯子把五个人绑在铁轨上,一辆失控的电车朝他们行驶来,并且片刻后就要碾压到他们。这时你可以搬动操纵杆,让电车开到另一条轨道上。但疯子还把另外一个人绑在另一个铁轨上,如果你扳动了操纵杆,那么电车将碾压这一个人,考虑以上状况,你应该搬动拉杆吗? 你会牺牲一个人的生命去救另外五个人的生命吗?

如果从功利主义的立场,为了追求最大的善的结果,两害相较取其轻,那么可以牺牲一个人的生命去保全更多人的生命。但如果用义务论的角度去判断,一旦拉了拉杆,你就成为一个不道德行为的同谋——你要为另一条轨道上的一个人的死负责任。这个行为的本身就是不道德的甚至是涉嫌谋杀。但如果身处这种状况下毫无作为呢,很多人认为不作为同样是不道德的。人只能是目的,不能是手段,不能牺牲一个无辜的人去拯救他人的生命,没有权利去剥夺他人的生命。

2. 工程师伦理困境的本质

工程师依据"实践智慧"对具体情境加以审慎判断,这种判断需要从两个方向寻找判据:一是工程师的决策方案和职业行为是否符合科学性、规律性;二是对照伦理规范是否符合目的性、价值性及伦理性。哪怕工程师在专业选择上尽可能做到科学、合理,但境域的千差万别,往往使得工程师无法规避多元价值冲突和两难困境的伦理考量。

伦理困境存在于工程师专业实践的各个维度。在工程决策、实施、运营等阶段,工程师都面临诸如"义利"抉择、国家利益与人类共同利益之取舍、技术要求与人权保障之矛盾等具有多元性、复杂性、竞争性的价值冲突,涉及多元价值观念、多重责任义务、多方利益纠纷的评判和决断。在特殊的问题情境中,多个道德原则、多种价值观念并存,指向不同的道德判断和行动过程。大体而论,奉行理性价值观的工程师注重产品的质量和功能而可能忽视产品的人性化。具有政治价值观的工程师就会把权力和职位看得最有价值,例如夸大工作业绩等。崇尚经济性价值观的工程师则把利润最大化作为追求目标。信奉利己主义的工程师会把一己私利放在首位,做出牺牲集体和他人利益的非伦理行为。只有坚持社会价值观的工程师,才会在工程实践中考虑公众的健康、安全和福祉。

作为道德主体的工程师,不是在善与恶,即正负价值间进行选择;也不是在善与非善,即有无价值之间进行选择；而是在善与善，即正价值与正价值之间加以选择，每一种选择都蕴含着做错事的道德风险，工程师必须要勇敢决断却又皆难割舍，这正是工程伦理困境的本质所在。

12.2　工程风险的伦理评估

12.2.1　工程风险伦理评估的原则

风险具有很大的不确定性，导致不同个体甚至同一个体在不同状态下对风险的感受与理解存在差别。目的导向的不同，导致不同利益主体在感知风险时，其内心可接受的风险范围各异。从工程伦理的角度来看，工程风险的核心就是工程风险可接受性在社会范围的公正问题。可接受风险既是技术问题，更是伦理问题，很有必要从伦理学的角度来对工程风险进行评估。

引导案例 12-2 加拿大魁北克大桥坍塌案例

1. 可接受风险的内涵

可接受风险是指预期的风险事故的最大损失程度在人们的经济能力和心理承受能力的最大限度之内。

不同的工程实践活动所关注的风险范围也不同。在有些专家看来，一个相对轻微但发生可能性很大的危害，比起一个强度很大但发生可能性很小的危害来说，具有更大的风险。而另外一些专家认为处于可接受水平的安全生产隐患可以适当存在，造成"群死群伤"、超出人们心理承受的安全生产事故则严重得多，需要尽可能规避。例如，2016 年江西丰城发电厂"11.24"冷却塔施工平台倒塌特别重大安全事故，导致 73 人死亡，造成极为恶劣的社会影响。

学界有很多"可接受风险"的支撑观点。例如，为了把风险控制在合理范围内，必须付出相应的成本。该成本不仅是简单意义上的经济学分析，还包括更加复杂的社会成本分析，例如对于人类生命的尊重、珍稀动植物的保护等一系列价值判断。减少风险需要付出代价，无论是减少事故发生概率还是采取措施使风险损失减小，都要投入资金、技术和劳动。通过风险接受准则的确定，解决"怎样的安全是安全"这一问题，其做法通常是将风险限定在一个合理、可接受的水平上，针对影响风险的各种因素进行优化，寻求最佳的投资方案。

确定"可接受风险"时应遵循的最基本原则有两条：第一，不要接受不必要的风险。第二，如果一个事故可能造成较严重的后果，应该努力降低此事故发生的概率。仅有基本原则是远远不够的，还得深入了解基本原则如何合理应用。倘若工程师对于工程潜在风险预判不准，极有可能滥用"可接受风险"这一风险应对手段。最典型的案例体现在巴黎戴高乐机场的两次风险事件上，2004 年，巴黎戴高乐机场由于结构设计存在缺陷、劣质水泥引发拱形顶棚穿孔、复杂壳体的结构强度储备不足等原因，导致航站楼的一段走道坍塌。事故的发生充分说明工程师在设计方案的风险评估方面，出现了严重的专业误判。痛定思痛，戴高乐机场就此对机场进行整体质量检测并开始制订详尽可行的应急预案。2010 年，戴高乐机场遭遇罕见暴雪。一方面，得益于前次事故后的亡羊补牢，机场的结构性能得以增强，抗风险能

力大大提升；另一方面，机场方面立即调动大量人员紧急疏散约 2 000 名候机乘客，并派出上百名员工将楼顶厚达 0.6 m 的积雪及时清除，尽量减少重大风险源的持续存在，避免了重大灾难的再次发生。对于突发性灾难，重在"提前预警"和"考虑周全"。是否落实了上述两项工作，是能否避免天灾引发人祸的关键所在，也是工程师做出"可接受风险"之决定是否正确的重要保障。

2. 伦理评估的原则

（1）以人为本的原则

风险评估中要体现"人不是手段而是目的"的伦理思想，要充分保障人的安全、健康和全面的发展，避免狭隘的功利主义。尤其要重视对弱势群体的关注。同时要重视公众对风险的及时了解，尊重当事人的"知情同意权"，考虑公众的利益诉求，很多技术层面非常合理的工程项目，由于没有让社会公众得到充分的了解，造成了社会问题，那么项目就很难顺利地推进和实施。

（2）预防为主的原则

工程在设计之初都设定了一些预期的功能，但是在工程的使用中往往会产生一些负面效应。工程风险的伦理评估，要实现从"事后处理"向"事先预防"的转变，要充分预见工程可能产生的负面影响，工程在立项决策和设计阶段，就应该尽到考虑周全的义务。同时，还要加强安全知识的教育，提高社会群体的安全意识，做到防患于未然。

（3）整体主义的原则

任何工程活动都是在一定的社会环境和生态环境中进行的，工程活动的进行一方面要受到社会环境和生态环境的制约，另一方面也会对社会环境和生态环境造成影响。伦理评估要从社会整体和生态整体的角度来衡量某一具体的工程实践活动所带来的影响，当个人价值与社会价值发生冲突的时候，要将局部的利益放在社会的背景中衡量利益得失。而在处理人与自然的关系上，中国哲学思想强调"天人合一"，消除小我，融入天地，要将工程与周围的环境看作一个整体，综合考虑工程短期和长期影响。

（4）制度约束的原则

建立完善的制度是实现工程伦理有效评估的切实保障途径。首先，要建立健全安全管理的法律法规，保障日常的风险管控措施有据可依，有章可循。其次，要建立并落实安全问责机制，建立主要负责人、分管安全负责人和其他负责人在各自职责内的安全生产工作责任体系。再次，要建立媒体监督的制度，发挥媒体的快速报道传播迅速、影响广泛、披露深刻等特点。通过媒体的报道，已速吸引大众的注意，从而起到了群众监督的目的，同时促进相关部门加快解决矛盾。

视频 12-2
工程伦理评估的原则

12.2.2　工程风险伦理评估的程序

工程风险伦理评估的程序包括以下三方面。

（1）信息公开

工程专业人员有义务将工程风险的信息客观地传达给决策者、媒体和公众，决策者应该认真听取公众的呼声，媒体应该无偏见地传播相关信息，引导公众监督工程共同体的决策，公众也应该做出理性的选择。

（2）确定利益相关者

分析其中的利益关系，利益相关者需要主要管理负责人、主要工程负责人、主要工程参与人、社会公众或专家多次参与风险听证后选定，确定后，要分析他们与工程风险的关系，以及工程分别给他们带来的收益、需要承担的责任和可能面临的损失。

（3）民主决策

具有多元价值取向的利益相关者有不同的利益诉求，要让具有不同伦理关系的利益相关者充分表达他们的意见和合理诉求，使工程决策在公共理性和专家理性之间进行平衡，并通过多次协商对话充分分析工程潜在的风险，采取逐项评估和跟踪评估的途径，及时调整决策。

12.2.3　邻避效应

工程伦理的关注点恰恰在于目标人群之外的第三方可能受到工程及其结果影响尤其是负面影响的情况。随着工程活动的作用尤其是副作用效应的不断累积和增强，引起了媒体、公益组织、政府部门及社会公众的反应，在经济学中开始关注经济行为的外部性问题，社会成本的理念得以确立。在工程全寿命周期，都可能对社会造成不利的影响，发生社会成本。工程的社会成本主要表现在：

（1）对环境、资源影响所形成的社会成本。比如，水污染、空气污染、噪声污染、固体垃圾废弃物等，其中还包括了各种原材料对不可再生能源的消耗。

（2）对社会影响所形成的社会成本。比如，空气污染和工程施工过程中产生的噪声、振动对人们的身心健康造成的损害和引发的疾病。另外一些工程建设引起的拆迁移民，可能增加社会秩序的不安定因素。

（3）对经济影响所形成的社会成本。比如，项目干扰了附近商业活动的正常开展，而影响了销售收入；或者新兴产业对原有产业产生了替代和冲击。由于工程产出的产品数量巨大，在其生命周期后期使用及其之后的报废、回收、处理阶段的社会成本都不能忽视。

目前我国建设实践中，还存在只偏重资金成本的管理，而对社会成本考虑得较少的情况。很多项目经济效益和社会效益显著，但是存在环境污染和健康伤害风险，会减少项目所在地的发展机会。如果风险失控，将导致生态环境破坏，甚至影响居民健康，这意味着项目所在地将承担更多的风险与责任，从而产生了自己是"牺牲者"和项目"不要建在我家后院"的邻避效应。邻避效应是指政府部门规划经济项目或公共设施，产生效益为全体社会所共享，但负外部效应却由附近居民来承担，附近居民只愿意付出与其他人等价的成本，而不愿付出高额的成本，选址周边居民反对该经济项目或公共设施的规划。在国外，邻避冲突主要围绕兴建公共基础设施，在我国还有工业建设项目。对邻避效应的认识和引导，是世界各国的共同挑战。

近年来，因建设项目选址而引发的社会群体事件并不罕见。例如，2007 年厦门 PX（对二甲苯）化工项目的迁建；2009 年政府公布广州番禺区生活垃圾焚烧厂的选址遭到周边市民的强烈反对而搁浅；2011 年北京海淀西二旗餐厨垃圾相对集中资源化处理站项目遭到附近居民反对；2012 年宁波镇海 PX 项目的停止推进；2016 年 8 月连云港核循环项目的暂停。

国外一般把这类事件称为"邻避行为"。这类冲突起源于"邻避设施"的兴建。

"邻避设施"是指能使大多数人获益,但对邻近居民的生活环境与生命财产以及资产价值带来负面影响的"危险设施",如垃圾场、变电站、殡仪馆、炼油厂、精神病院等。"邻避行为"突出反映了工程项目建设的利益——损害承担不公正问题:设计时主观预期的公共效益为广大人群享受,建成后也会达到这样的目的,但项目周围居民蒙受危害或担心受到危害,即大众与周围居民之间出现利益——损失分配上的不平衡。公平性问题,即"大家受益,为什么受损者偏偏是我?"一直是邻避冲突中抗争居民要求的焦点。问题不限于此,更为严重、会引起更大社会问题的是,工程活动、工程产品的使用对直接目标人群之外的无辜的第三方会产生危害或带来风险。随着工业化、城市化进程的进一步发展,居民权利意识、风险意识以及环保意识的增强,邻避冲突的发生数量预计还将呈上升趋势。社会存在邻避效应是人之常情的表现,是理性经济人与非理性社会人纠结的结果,应循理解决。由于邻避效应而拖延甚至取消对经济社会发展具有必要性的公益性项目的案例较为常见。

12.3　工程的环境伦理

工程与环境关系密切。工程技术可助力解决环境问题,但工程活动与工程产品又会对自然环境造成污染和损害。工程建设会引起一系列环境问题的状况在现代社会已经成为不争的事实,工程建设对环境产生直接或间接影响,包括占用土地资源、水土流失、生态失衡、气候异常,以及废气、废水、固体废弃物和噪声、尘埃等。通过反坝运动可看出,在环境污染日趋严重的情况下,人们渐渐不再"过分陶醉于我们人类对自然界的胜利",不再迷信"先污染、后治理"这一发展模式,而是开始更加慎重处理人与自然的矛盾,更加自觉关注其他生命体乃至整个大自然的内在价值。涉及人与自然环境的道德关系的环境伦理问题越来越突出,环境伦理的思想也在人类对资源过度开发和对环境破坏问题的反思过程中逐渐形成。

引导案例 12-3 阿斯旺水坝引发的"建坝"与"反坝"之争

12.3.1　环境伦理的基本思想与核心问题

1. 环境伦理的基本思想

环境伦理思想产生于两次工业革命之后,在工业革命获益最多的几个国家,比如英国、美国、德国都出现了工业城市的大气污染和森林植被遭到严重破坏的现象,人类不断地索取和挥霍,与自然的冲突日渐尖锐,有识之士发起了各种主题的环境保护运动,从而逐渐催生出现代的环境伦理思想。

对环境伦理学的产生具有直接影响的是 19 世纪的资源保护主义和自然保护主义,虽然两者都强调自然资源保护的重要性,但是它们的出发点和保护的目的却截然相反。资源保护主义主张科学的管理、明智的利用,保护的目的是更好地开发利用,其出发点不是为了保护自然资源本身,而是以人类为中心进行资源的管理和利用,保护的目的是人的生活和社会经济体系,而不是自然生态体系,这种观点属于环境伦理中的人类中心主义思想。自然保护主义则恰恰相反,超越了狭隘的人类中心主义的资源保护思想,要保护的不是人在资源中的利益,而是自然本身的利益,保护自然的首要目的不是人类的利用,而是为了自然本身,这是非人类中心主义的一种思想。前者是把人的利益作为价值和道德判断的标准,后者更多的是考量自然环境的利益,也就是基于自然保护主义立场的思想。

（1）人类中心主义的核心观点

1）把人看成是自然界唯一具有内在价值的事物,必然地构成一切价值的尺度,自然界的其他事物不具有内在价值而只有工具价值。

2）在人与自然的伦理关系中,道德原则的确立应该首要地满足人的利益,工程活动的出发点和目的只能且应当是人的利益。

3）人对自然并不存在直接的道德义务,如果说人对自然有义务,也只是对人的义务的间接反映。

（2）非人类中心主义的核心观点

1）人类不是一切价值的源泉,因而人类的利益不能成为衡量一切事物的尺度。

2）人类只是自然的一部分,需要将自己纳入更大整体之中才能客观地认识自己存在的意义和价值。

3）道德关怀的范围应该从人类拓展到非人类的生命或自然存在物上,包含了动物及一切有生命的事物,甚至是自然事物。

其中以彼得·辛格为代表的动物解放论和以汤姆·雷根为代表的动物权利论和保罗·泰勒为代表的生物中心主义,这些不同的思想贯穿在一起,可以明显地看出道德关怀的范围从人逐渐扩大到自然的过程。

2. 环境伦理的核心问题

自然界的价值有两大类:工具价值和内在价值。工具价值指自然界对人的有用性。内在价值为自然界及其事物所固有,与人存在与否无关。内在价值是工具价值的依据,如果承认自然事物和自然界拥有内在价值,那么人类与自然事物就有了道德关系,也就承认了自然界拥有与内在价值相关的权利。

工程环境伦理的核心问题:

（1）是否承认自然界及其事物具有客观的内在价值?

（2）是否承认自然界拥有与内在价值相关的权利?

12.3.2   环境价值观与伦理原则

1. 工程活动中的环境价值观

人类和其他生物共同生存在这个地球上,所有的生物都具有改变环境并使自己与环境相适应的能力,但人类以外的生物改变环境的能力十分有限。历史上,人在征服自然的过程中,会认为"人定胜天",花大力气对自然进行大规模的改造,结果反而造成了严重的生态环境问题,事实证明,认为人类在总体上已经征服了自然的观点是极端幼稚和可笑的。英国哲学家培根说过:要征服自然,首先要服从自然。所谓服从就是认识和理解,认识自然,掌握了自然规律并不等于就可以征服自然。人们应该抛弃征服自然的欲望,学会理解和尊重,实现工程观念的根本改变。

工程观念是工程活动的出发点和归宿,是工程活动的灵魂,历史上像都江堰、郑国渠、灵渠等许多工程都是在正确的工程理念指导下而名垂青史,好的工程会把自然规律和人的目的性有机结合起来。

党的二十大报告指出,大自然是人类赖以生存发展的基本条件。尊重自然、顺应自然、保护自然,是全面建设社会主义现代化国家的内在要求。要推动绿色发展,促进人与自然和谐共生。绿色工程价值观强调人与自然的和谐相处,力图把经济效益和环境保护结合起来,用兼顾环境、社会和经济等方面的多价值标准来评价工程,实现各种利益最大程度协调、统筹兼顾,达到各方面利益最大化。它要求在工程的规划设计阶段就要考虑工程对人和环境的关系,并将这种理念贯穿整个工程的所有阶段,谋求在工程质量、成本、工期、安全、环境等方面实现多赢,因此这种价值观更强调绿色管理。

2. 工程活动中的环境伦理原则

工程活动对自然环境具有道德义务。工程活动中的环境伦理原则有:

(1)尊重原则。一种行为是否正确,取决于它是否体现了尊重自然这一根本性的道德态度。人对自然环境的尊重态度取决于如何理解自然环境及其与人的关系。尊重原则体现了对自然环境的根本态度,因而成为人们行动的首要原则。

(2)整体性原则。一种行为是否正确,取决于它是否遵从了环境利益与人类利益相协调,而非仅仅依据人的意愿和需要这一立场。这一原则旨在说明,人与环境是一个相互依赖的整体。它要求人类在确定自然资源的开发利用时必须充分考虑自然环境的整体状况,尤其是生态利益。

(3)不损害原则。一种行为,如果以严重损害自然环境的健康为代价,那么它就是错误的。不损害原则隐含着这样一种义务:不伤害自然环境中一切拥有自身善的事物。如果自然拥有内在价值,它就拥有自身的善,它就有利益诉求,这种利益诉求要求人们在工程活动中不应严重损害自然的正常功能。这里的"严重损害"是指对自然环境造成的不可逆转或不可修复的损害。不损害原则充分考虑到了正常的工程活动对自然生态造成的影响,但这种影响应当是可以弥补和修复的。

(4)补偿原则。一种行为,当它对自然环境造成了损害,那么责任人必须作出必要的补偿,以恢复自然环境的健康状态。这一原则要求人们履行一种义务:当自然生态系统受到损害的时候,责任人必须重新恢复自然生态平衡。所有的补偿性义务都有一个共同的特征:如果他的做法打破了自己与环境之间正常的平衡,就须为自己的错误行为负责,并承担由此带来的补偿义务。

当人的利益与自然的利益冲突时,遵循以下两个原则:

(1)整体利益高于局部利益原则。人类一切活动都应服从自然生态系统的根本需要。

(2)需要性原则。在权衡人与自然利益的优先秩序上应遵循生存需要高于基本需要、基本需要高于非基本需要的原则。

一种极端情况是,人类与自然环境同时面临生存需要且无任何其他选择时,人的利益才具有优先性。如:河流生态用水与人饮用水的冲突。只要有了尊重自然的基本态度,并按上述原则行动,冲突很难出现,罕见的极端情况在出现前就能得到化解。

12.3.3   工程师的环境伦理责任及其实现

1. 工程师的环境伦理责任

工程师是工程活动的主体,他们在与环境打交道的过程中需要承担更多的伦理责任。工程活动对环境的影响,要求工程技术人员在工程的设计、实施中不仅要对工程本身、雇主利益、公众利益负责,还要对自然的环境负责,使工程技术活动向有利于环境保护的方向发展。

工程师在工程活动中的角色多样而复杂,其身份既可以与投资者、管理者相重叠,也可以是纯粹的工程技术人员,在建造工程时需要大量专业人员的参与,比如科学家、会计师、律师,但正是工程师实际建造了工程,所以工程师对环境负有特殊的责任。因此随着工程对自然的干预和破坏能力越来越大、后果越来越严重,工程师需要发展一种新的责任意识,也就是环境伦理责任。

传统的工程师伦理认为,工程师的职业性质决定了为雇主服务是工程师的首要任务,做好本职工作是评价其是否合格的基本条件。这种评价机制侧重于工程领域内的事务,而忽视了工程师与公众、工程与环境的关系。环境伦理责任作为崭新的责任形式,要求工程师突破传统伦理的局限,对环境有一个全面而长远的认识,并承担环境伦理责任,维护生态健康发展,保护好环境。

因此工程师的环境伦理责任包含了两个方面的内容:首先是维护人类健康,使人免受环境污染和生态破坏带来的痛苦和不便;同时要维护自然生态环境免遭破坏,避免其他物种承受工程破坏带来的影响。鉴于这种责任,如果工程师认识到他们的工作正在或可能对环境产生影响,那么工程师有权拒绝参与这一工作,或终止他们正在进行的工作。

视频 12-3
工程师的环
境伦理责任

2. 工程师实现环境伦理责任的重要路径

工程师应具有全局意识和可持续发展观念,不为局部利益和小集体利益而牺牲社会的整体利益,不为当代人的利益牺牲后代人的幸福。一方面,工程师在决策过程中,要时刻以维护最大多数人的利益为根本出发点,真正达到资源共享和共同发展。在工程项目中,提倡绿色材料、绿色产品和绿色工艺,大力推行绿色工程,以对环境友好的方式,实现经济发展和环境保护之间的和谐统一。另一方面,很多和环境有关的工程决策,其影响往往多年后才能显现。这种价值判断同样来自工程师自觉"为最大多数人的福利着想"的职业习惯,而不是迫于各利益群体的强烈期待和外在压力。工程师应更加重视工程项目的间接后果和长期影响,立足塑造"可持续的未来"。

工程师在工程活动中要想避免自然环境的恶化,消除和减缓生态危机,离不开对工程的技术创新,因为"工程是技术的系统,技术是工程的要素,一切技术的研究与实现过程就构成了工程"。所以,技术创新已经成为工程师实现其环境伦理责任的主要手段。"技术创新原则"作为工程师伦理规范中"对环境负责"的一条基本原则,目前已经在世界各种工程师团体内得到了认可。比如在美国土木工程师协会(ASCE)、世界工程组织联合会(WFEO)等许多工程师协会的伦理章程中要求工程师运用技术创新提高能源使用效率,减少天然资源的浪费,利用技术实现资源的回收和再利用,开发对环境友好的技术。工程师开展技术创

新活动,对于解决当前严重的环境问题具有重大的现实意义。克服现有技术不利于环境方面的缺陷,只能采用新的有利于环境的技术。正如德国技术哲学家拉普所说的:"自然环境的保护、核废料的处理等新技术的消极作用只有靠更高程度的技术才能遏制。"工程师进行技术创新,尤其是发明和开发节能技术、对环境友好技术、清洁生产技术、绿色技术并广泛应用于工程活动之中,就能在保护环境、改善环境、恢复自然生态系统的原有演化机制及维护自然的生态平衡方面做出真实有效的贡献,进而实现其对环境的伦理责任。

12.4 工程师的伦理责任

引导案例 12-4 湖北出入境检验检疫局驻三峡工程办事处对日本钢铁检验索赔案例

人们衣食住行等日常生活时时处处离不开的人工制品都是工程师创造、发明和制造出来的,都是其智慧的结晶。现代技术引发的社会问题和环境问题以及产生的一系列负效应迫切要求我们人类做出积极的响应。责任是一种职责和任务。作为技术发明创造和技术应用的主体——工程师,具有一般人所不具备的专业的工程知识,应该比普通公众负有更大的道义上的责任,因为责任是与知识和力量成正比的。

12.4.1 伦理责任的内涵和主体

1. 伦理责任的内涵

责任是人内化的行为规范或倾向。伦理责任是指人应该遵守大众认可的事,不能违背伦理道德。伦理责任不等于法律责任。法律责任属于"事后责任",指的是对已发生事件的事后追究,而非在行动之前针对动机的事先决定;而伦理责任属于"事先责任",其基本特征是善良意志不仅依照责任而且出于责任而行动。在某些情况下,伦理责任可能超出了法律责任的要求。例如,医生可能在法律上没有义务为一个患者提供治疗,但基于医生的伦理责任,他可能会选择提供必要的医疗服务。伦理责任不等同于职业责任。职业责任是工程师履行本职工作时应尽的岗位责任,而伦理责任是为了社会和公众利益需要承担的维护正义和公平等伦理原则的责任。

2. 伦理责任的主体

工程师作为工程活动的直接参与者,会更全面、更深刻地了解工程的基本原理和潜在的风险,因此工程师需要主动把握工程的研究方向,当工作有可能有危险产生时,应该主动停止该行为,同时有责任制止管理层做出违背伦理的决策行为,从而主动降低工程的风险概率。

工程伦理责任的另外一个主体就是工程共同体,或者是干系人,这里面包括了科技工作者、政府管理部门、投资人、决策者,工程的管理者、主管负责人,设计师、工程师、建设者、操作人员、咨询人员、验收人员、工程的使用者,以及其他利益相关方。由于工程参与方众多,而工程的周期又比较长,所以工程的责任往往具有匿名性和无主体性的特点,当工程风险发生的时候,由谁来承担责任的问题界定起来格外复杂,因此对于伦理责任主体的界定,需要将个人和共同体的责任结合起来进行分析。个人要站在整体的角度理解和承担共同伦理责任,通过工程共同体让各方相互协调承担共同伦理责任。

12.4.2　伦理责任的类型

工程伦理主体要承担以下三种类型的伦理责任:

1. 职业伦理责任

这是承担某一种社会角色伴随的与之相对应的职业道德要求,职业伦理与个人伦理和公共伦理是不同的概念,个人伦理主要是在生活中行为的一种规范,公共伦理是社会大多数共同认可和遵守的规范,而职业伦理是在所从事的工作范围内所遵守的一套行为准则和标准,具体可以分为三种类型:

(1)义务责任。是指工程师遵守甚至超过职业标准的积极责任。是一种有益于客户和公众,在不损害自身的基础上使用专业知识和技能,被赋予的一种值得信任的责任。这种责任是事前责任,防患于未然。

(2)过失责任。过失责任指因伤害行为而承担责任。可以将错误结果归咎于某人,通常是事后追究。例如,2015 年深圳光明新区渣土受纳场"12·20"特别重大滑坡事故中,广东华玺建筑设计有限公司在未经任何设计、计算和校审的情况下出具受纳场施工设计图纸并伪造出图时间,该公司受到没收违法所得、罚款、吊销相关资质等行政处罚。

(3)角色责任。角色责任是指由于工程师承担了这一角色,工程师既有义务按照职业标准实施工程项目,也会因为未按照标准实施项目而受到责备。这种责任将责任与某一个职位和工作角色相关联,如安全工程师负有定期巡视及检查建设工地的责任。

视频 12-4
工程师的
职业责任

2. 社会伦理责任

工程师作为公司的雇员,当然应该对所在的企业或公司忠诚,这是其职业道德的基本要求。但如果工程师仅仅把他们的责任限定在对企业或公司的忠诚上,就会忽视应尽的社会伦理责任。工程师对企业或公司的利益要求不应该是无条件地服从,而应该是有条件地服从,尤其是公司所进行的工程具有极大的安全风险时,工程师更应该承担起社会伦理责任。当他发现所在的企业或公司进行的工程活动会对环境、社会和公众的人身安全产生危害时,应该及时地给予反映,使决策部门和公众能够了解到该工程中的潜在威胁。例如,某节能改造项目中,项目经理拒绝使用公司物资供应部门为降低成本而采购的防火等级不符合要求的建筑保温材料。

早期的工程师的职业规范中,强调的是服从雇主的利益和对公司的忠诚,但是 20 世纪中叶之后,很多工程师社团开始重视社会伦理责任,逐渐将社会公平、公众安全、健康和福祉放在了首要位置。

3. 环境伦理责任

环境伦理责任是指人类对自然环境负有的道德义务和责任,这种责任是基于人类与自然的相互依存关系而产生的。这一类责任就是要降低工程对环境的负面影响,可以从以下几个方面来承担责任:评估、消除或者减少风险发生的可能性;降低工程对环境的负面影响、通过建立透明公开的文化来让利益相关方进行公平的交流;促进使用技术来正面地解决问题,减少技术的环境风险;促进环境的合理使用,使资源得到高效的利用,进行合理的分配；促进组织、国家、国际的合作而不是争夺和竞争。在工程领域，为了更好地促进环境伦理责任的实现，工程团体和专业协会需要在章程中详细科学地制订环境伦理规范。

12.4.3 工程师的伦理原则

工程师在从事技术设计、制造工程产品的过程中受到许多诸如政治、经济、法律、道德和文化等因素的干预和左右，其伦理取向和伦理责任意识是重要的影响因素。因为工程师的伦理取向决定着他的行为动机和行为方式，将直接关系到工程的造价、效用、风格、用途、质量、安全性及自然环境，从而间接地影响人类的生存和发展。强调工程师伦理，就是要求工程师把伦理作为一个重要的考虑因素融入工程实践中，从伦理道德的角度来规范其行为向着善的方向发展。就像约翰·拉德所说："伦理规范的潜在目的是仿照法律对行为制定某种形式的控制。"

工程师伦理责任的发生不是依靠外力，而是工程师出于内在的"善"的动机、意志和目的，把外在的他律性的伦理责任要求化为内在信念，自觉去做能够做而又"应当"做的事情。工程师作为工程伦理的重要对象，应当遵循的基本伦理原则包括如下几个方面：

1. 安全原则

当前最大的工程风险就是安全风险。在现代技术社会，随着工程活动规模的不断扩大、工程活动的复杂性和不确定性的不断增加，工程活动造成的安全隐患也在同步增加，一旦发生事故，将直接影响到人的生命安全、财产安全和自然的生态安全。强调工程活动和工程产品的安全性是对工程师伦理责任最重要的一个原则。如何避免工程的安全风险成为工程师的核心伦理责任。当前，西方的学者和工程师协会提出了技术的"安全设计"理念，要求技术主体在设计产品时必须考虑到安全出口（safety exit），也就是：可以安全地失效；产品能够被安全地终止；最起码使用者可以安全地脱离产品。

2. 公平（正义）原则

英国著名后现代伦理学家齐格蒙特·鲍曼说："没有正义秩序就不会存在对我的责任的限定，因而，与作为普通公民的他者共同生存也将成为不可能。"提倡公正性原则是现代民主社会对工程师道德行为的一种客观诉求。因为正义是体现伦理的现代性的基本价值。每一项工程都涉及公共（社会）利益、集团（企业）利益和工程师个人利益的冲突。现代工程活动对人、社会和自然带来了巨大而深远的影响，如何公正合理的分配工程活动产生的利益、风险和代价，是评价工程师伦理责任的一个重要指标。因此，工程师在从事"造物"活动中坚持公正性原则，就是要求工程师在公共利益、集团利益和个人利益三者之间发生矛盾和冲突时，要把公众的安全、健康和福利放在首要位置。另一方面，正因为工程师是否能采取公正性原则直接关系到社会的稳定秩序和人类的进步，所以，工程师还有责任和义务为保障公正性原则的执行和落实做出应有的贡献。这种保障公正的机制、制度的建立和完善离不开工程师的职业经验、专业知识和具体的工程背景。所以，工程师其实应该是一个"工程－社会"学家，他们不仅坐在绘图室中设计机器，而且还从事社会活动、设计社会或社会制度，使之适用于机器"。

3. 节约原则

工程活动就是利用自然界的物质、能源和信息进行人工制品的创造过程。过去工程师是根据工程和产品的基本属性(功能、质量、寿命、成本)等指标进行设计和制造的,很少或根本不考虑资源的再生利用及对环境的负面影响,造成物质资源和能源的严重浪费,产品回收利用率低,并严重污染生态环境。因此,为了拯救人类自己和人类赖以生存的自然环境,节约使用自然资源是达到这一目的的重要手段和途径,因而也是工程师应当担负的伦理责任。

为此,提倡节约原则就是要求工程师改变传统的工程设计和制造理念,在其职业生涯中,开发高效利用物质和能源的、对环境友好的技术;在工程实践中,从工程产品概念的形成、设计到生产制造、使用乃至报废后的回收、再利用等各个阶段不但要想方设法节约资源和减少能源的浪费,而且还要把节约资源,提高资源利用率作为自己道德“为善”的衡量标准。

4. 民主参与原则

任何一项工程给社会带来的不仅是利益和好处,还有代价和风险,而这些代价和风险的分配常常是不平等的,更多的情况是主要由社会公众承担。比如现代工程已经带来了一系列的负面后果:生态危机、贫富差距的扩大、文化的单一化等,工程技术的后果波及社会中的每一个成员。

由于现代工程技术的复杂性和不确定性,工程师知识和能力的有限性,使得工程技术对社会的后果在早期不能被预见出来,即使其负面社会影响已经明显出现,但控制却不再容易了,即便控制仍旧可能,这种控制也代价昂贵并且进展缓慢。在技术与每一个人息息相关的今天,不能把所有的事情都委托给技术专家,即便是相信他们的能力,却保证不了技术专家能够代表社会公众做出有益于社会发展和环境保护的决策。所以,仅仅依靠技术专家来控制技术已经不切实际,也不符合社会的整体利益。在现代技术社会,倡导公众共享技术决策权力并参与技术决策过程,既是社会发展的需要,同时也是工程师的伦理责任。对工程师而言,首先,要有教育社会公众,传播工程技术知识的责任;其次,工程师在道义上有责任向用户和社会提供工程的社会后果及风险;再次,工程师应当鼓励公众参与工程技术的设计、使用选择和评估过程,让广大公众在了解工程情况的基础上自主做出是否发展某一工程项目的决定。

12.4.4   工程师的职业伦理

工程实践活动中,工程师需要履行职业伦理章程所要求的各种责任,这也意味着工程师的权利必须得到尊重。工程师的权利是指工程师的个人权利。作为人,享有生活和自由追求自己正当利益的基本权利。作为雇员,享有作为履行其职责回报接受工资的权利、从事自己选择的非工作的政治活动、不受雇主的报复或胁迫的权利。作为职业人员,享有由他们的职业角色及其相关义务产生的特殊权利。

1. 工程职业伦理规范

工程师应该对什么负责?向谁负责?各工程社团的职业伦理章程对工程师的职业伦理规范进行了比较详细的解释。工程伦理规范在订立之初就将公众的安全、健康、福祉放在首位,作为基本价值准则,沿着这个基本思路,西方国家各工程社团制定并实施的职业伦理章程以外在的、成文的形式强调了工程师在"服务和保护公众、提供指导、给予激励、确立共同的标准、支持负责任的专业人员、促进教育、防止不道德行为以及加强职业形象"八个方面的具体责任,敦促工程师遵守职业标准操作程序和规定的职业义务为基本要求。概括地说,职业伦理章程是由职业社团编制的、用于表述其成员责权利的、公开而正式的行为准则,它为职业人员如何从事职业活动提供伦理方面的指导。

首先,它是一种伦理要旨,它使职业人员了解他们的伦理要旨是什么。

其次,作为一种指导方针,它能够帮助工程师理解其职业工作的伦理内涵。

再次,它是作为一种职业成员的共同承诺而存在的,它可以看作是对个体从业者责任的一种集体认识。

工程伦理章程从制度或规范的角度规约了工程师"应当如何行动",并明确了工程师在工程行为的各个环节所应承担的各种道德义务。

(1)伦理章程要求工程师以一种强烈的内心信念与执着精神主动承担起职业角色带给自己的不可推卸的使命——"运用自己的知识和技能促进人类的福祉",并在履行职业责任时"将公众的安全、健康和福祉放在首位",并把这种自愿向善的道德努力升华为良心,勉励工程师在工作中"对良心负责,率性而为"。

(2)伦理章程表征了一种工程-社会秩序及"应当"的工程实践制度状况,并将此种工程-社会正义意识孕育生发为当今技术-工程-社会多维时代的社会责任精神。

(3)从职业伦理的角度,主动防范工程风险、自觉践履职业责任,增进并可持续发展工程与人、自然、社会的和谐关系,都是工程师认同和诉求的工程伦理意识,是人给自己立法。

可以说,伦理章程所倡导的工程师自律使被动的我成长为自由的我,从而表现为一种向善到行善的自觉、自愿和自然的职业精神。

另外,工程师的伦理责任意识受整个组织文化的影响,组织文化的各项因素都潜移默化地浸染着工程师的伦理责任意识,组织文化对工程师面临两难困境时的抉择往往会产生重要影响。组织文化是指组织在实践中逐步形成的为全体员工所认同、遵守、带有本组织特色的价值观念。组织文化具有两种重要的功能:一方面是内部凝聚功能,可以整合组织成员的价值观,形成统一的认同感,可以高效并肩作战;另一方面是外部柜异功能,组织文化作为组织成员的共同价值理念,形成组织特色,是不同于社会其他组织的重要标志,这使得组织成员具有更强的自我认知。因此,组织文化是雇员普遍认可的行为规范和准则,作为雇员的工程师,其基本义务是遵守组织的行为规范,接受组织文化理念,与组织形成有效的黏结力。当工程师面临两难问题时,会以组织文化为导向,用组织规范规约自身行为。对于那些伦理道德意识薄弱的工程师,组织的伦理文化学习是有力的外界助推器,可以促使工程师严格遵守和理解工程伦理基本要义。在"三峡钢材事件"中,"法治"观念深入人心,使王春来等湖北出入境检验检疫局驻三峡工程办事处工作人员在组织文化的浸润和上级的大力支持下,不迷信"日本产品无残次品"的业界神话,不惧怕坚持真理有可能招致的外部压力,三次检测力证日本钢材产品存在质量问题,最终使得骄横不已的日本企业不得不低头认错。倘若组织文化与价值观出现偏差,就极易酿成神户制钢造假这类丑闻。公司雇员在扭曲的企业文化和群体压力之下,为彰显个人"忠诚",长期篡改产品真实数据,加上公司过分压制批评、举报之声,导致缺乏可信度的信息不断积累,形成一座迷惑人心的大山。雇员对公司的不恰当忠诚,既未能维护公司利益,又损害了公司名誉,甚至置社会公众于更加危险的境地。

2. 工程师应对职业行为中的伦理冲突

工程师职业伦理章程为工程师提供了被公认的价值观和职业责任选择,但是,在实际的工程实践情境中,工程师面临的问题不仅仅局限于伦理准则,还面临着具体实践境域下的角色冲突、利益冲突和责任冲突。

（1）回归工程实践以应对角色冲突

工程师会遭遇到角色冲突的原因首先是运气的存在使得工程师很难兼顾自己的职业角色和个人生活中的其他多种角色。其次,职业伦理章程中对职业责任和雇员责任不偏不倚的强调,也常会导致角色冲突。

工程师角色冲突的解决有赖于宏观与微观方面建立一套机制。宏观层面的工程职业建设,为问题的解决提供制度保证和理论基础;微观层面对工程师个体的道德心理进行关怀,培育工程师的道德自主性,为制度内在的道德基础。首先,职业建设为解决冲突提供宏观制度背景。其次,增强工程师个体道德自主性的实践。最后,回归工程实践。角色冲突的出现和解决构成了工程实践的一部分,伴随着工程实践的始终,而工程实践也就是角色冲突的不断产生和不断解决的过程。

（2）保持多方信任以应对利益冲突

当工程师对于雇主、客户或社会公众的忠诚和正当的职业服务受到某些其他"利益"的威胁,并有可能导致带有偏见的判断或蓄意违背原本正确的行为时,就会产生利益冲突。

工程中利益冲突的种类包括了个体利益（工程师）与群体利益（公司）之间的冲突,也包括个体利益（工程师）与整体利益（社会公众）之间的冲突,同时也包括了群体利益（公司）与整体利益（社会公众）的冲突。

具体到工程实践情境中,工程师可以采取以下五种"回避"利益冲突的方法:① 拒绝,比如拒收供应商的礼物;② 放弃,比如出售在供应商那里所持有的股份;③ 离职,比如辞去相关机构中的职务;④ 不参与其中,比如不参加对自己有潜在关系的承包商的评估;⑤ 披露,即向所有当事方披露可能存在的利益冲突的情形。

（3）权宜和变通以应对责任冲突

责任冲突是指工程师在工程行为及活动中进行职责选择或伦理抉择的矛盾状态,即工程师在特定情况下表现出的左右为难而又必须作出某种非此即彼选择的境况。在具体工程实践场景中,相互冲突的责任往往表现在:个人利益的正当性、群体利益的正当性、原则的正当性。工程师可以通过四类提问（反思）,至少可以寻找到一个满意的方案:该行动对"我"有益么? 该行动对社会有益还是有害? 该行动公平或正义么? "我"有没有承诺?

通过上述问题的反思,工程师至少可以寻找到一个满意的方案。工程社团的职业伦理章程常常提供解决困境的直截了当的答案,但也有矛盾的地方。公认的准则是把公众的安全、健康和福祉放在首要位置,但当公众利益与雇主、客户利益冲突,如何做到诚实和公平,就需要在具体的伦理困境中的权宜和变通。

良好工程目标的实现离不开工程师"遵行责任"开展工程活动,但其最终的真正实现还是依赖于工程师是否能在整个工程生活中履行各层次责任并最终彰显卓越的力量。因此,工程师要按照伦理章程的规范要求遵循职责义务,根据当下的工程实际反思、认识、实践规范提出的道德要求,变通、调整践履责任的行为方式,以不断探索和总结"正确行动"的手段和途径。

本 章 小 结

伦理是社会正常运转的基石,本章介绍了工程价值具有多元化的特点,工程伦理的内涵,深入分析了工程伦理关注的四个主要问题和伦理的四个主要立场,以及工程师常常需要面对的伦理困境。从工程伦理的角度来看,工程风险的核心就是工程风险可接受性在社会范围的公正问题,本章系统介绍了工程风险伦理评估的原则和程序,同时强调在进行风险伦理评估时必须注意社会成本和邻避效应的影响。工程与环境关系密切,本章介绍了绿色工程价值观,分析了工程活动中的环境伦理原则和工程师的环境伦理责任。工程师是工程伦理的重要责任主体,本章深入分析了职业伦理责任、社会伦理责任、环境伦理责任三种类型的伦理责任,系统论述了工程师应当遵循的四项基本伦理原则,介绍了工程实践活动中如何践行工程师的职业伦理。

课程思政案例

水利工程中的工程伦理

习　题

一、单项选择题

1. 工程价值的特点不包括（　　）。
   A. 多元性
   B. 导向型
   C. 正面性
   D. 综合性

2. 以下不属于伦理立场的是（　　）。
   A. 德性论
   B. 功利论
   C. 契约论
   D. 规范论

3. 环境伦理思想不包括（　　）。
   A. 资源保护主义
   B. 自然保护主义
   C. 非人类中心主义
   D. 宇宙中心主义

4. 工程师的职业伦理责任不包括（　　）。
   A. 收益责任
   B. 过失责任
   C. 角色责任
   D. 义务责任

5. 主要的工程伦理问题不包括（　　）。
   A. 技术伦理问题
   B. 社会伦理问题
   C. 责任伦理问题
   D. 环境伦理问题

二、多项选择题

1. 工程活动中的环境伦理原则包括（　　）。
   A. 尊重原则
   B. 整体性原则
   C. 不损害原则
   D. 补偿原则

2. 工程伦理主体要承担的伦理责任包括（　　）。
   A. 职业伦理责任
   B. 社会伦理责任
   C. 经济伦理责任
   D. 环境伦理责任

3. 当人类的利益与自然的利益发生冲突时，采用的原则包括（　　）。
   A. 整体利益高于局部利益原则
   B. 需要性原则
   C. 人类优先原则
   D. 环境优先原则

4. 应对职业行为中的伦理冲突时，可采取的措施包括（　　）。
   A. 回归工程实践以应对角色冲突
   B. 保持多方信任以应对利益冲突

  C. 权益与变通以应对责任冲突

  D. 通过沟通以应对管理冲突

三、思考题

1. 请列举不同的伦理立场及其观点。

2. 请结合国内外的相关案例分析如何避免和处理邻避行为。

3. 结合自己所学的工程专业，查找国内外相应的职业伦理章程和规范。

第 12 章习题答案

n	1	2	3	4	5	6	7	8	9	10	% 11
1	1.010	1.020	1.030	1.040	1.050	1.060	1.070	1.080	1.090	1.100	1.110
2	1.020	1.040	1.061	1.082	1.103	1.124	1.145	1.166	1.188	1.210	1.232
3	1.030	1.061	1.093	1.125	1.158	1.191	1.225	1.260	1.295	1.331	1.368
4	1.041	1.082	1.126	1.170	1.216	1.262	1.311	1.360	1.412	1.464	1.518
5	1.051	1.104	1.159	1.217	1.276	1.338	1.403	1.469	1.539	1.611	1.685
6	1.062	1.126	1.194	1.265	1.340	1.419	1.501	1.587	1.677	1.772	1.870
7	1.072	1.149	1.230	1.316	1.407	1.504	1.606	1.714	1.828	1.949	2.076
8	1.083	1.172	1.267	1.369	1 477	1.594	1.718	1.851	1.993	2.144	2.305
9	1.094	1.195	1.305	1.423	1.551	1.689	1.838	1.999	2.172	2.358	2.558
10	1.105	1.219	1.344	1.480	1.629	1.791	1.967	2.159	2.367	2.594	2.839
11	1.116	1.243	1.384	1.539	1.710	1.898	2.105	2.332	2.580	2.853	3.152
12	1.127	1.268	1.426	1.601	1.796	2.012	2.252	2.518	2.813	3.138	3.498
13	1.138	1.294	1.469	1.665	1.886	2.133	2.410	2.720	3.066	3.452	3.883
14	1.149	1.319	1.513	1.732	1.980	2.261	2.579	2.937	3.342	3.797	4.310
15	1.161	1.346	1.558	1.801	2.079	2.397	2.759	3.172	3.642	4.177	4.785
16	1.173	1.373	1.605	1.873	2.183	2.540	2.952	3.426	3.970	4.595	5.311
17	1.184	1.400	1.653	1.948	2.292	2.693	3.159	3.700	4.328	5.054	5.895
18	1.196	1.428	1.702	2.026	2.407	2.854	3.380	3.996	4.717	5.560	6.544
19	1.208	1.457	1.754	2.107	2.527	3.026	3.617	4.316	5.142	6.116	7.263
20	1.220	1.486	1.806	2.191	2.653	3.207	3.870	4.661	5.604	6.727	8.062
25	1.282	1.641	2.094	2.666	3.386	4.292	5.427	6.848	8.623	10.835	13.585
30	1.348	1.811	2.427	3.243	4.322	5.743	7.612	10.063	13.268	17.449	22.892
40	1.489	2.208	3.262	4.801	7.040	10.286	14.974	21.725	31.409	45.259	65.001
50	1.645	2.692	4.384	7.107	11.467	18.420	29.457	46.902	74.358	117.39	184.57

终值系数表

12	13	14	15	16	17	18	19	20	25	30
1.120	1.130	1.140	1.150	1.160	1.170	1.180	1.190	1.200	1.250	1.300
1.254	1.277	1.300	1.323	1.346	1.369	1.392	1.416	1.440	1.563	1.690
1.405	1.443	1.482	1.521	1.561	1.602	1.643	1.685	1.728	1.953	2.197
1.574	1.630	1.689	1.749	1.811	1.874	1.939	2.005	2.074	2.441	2.856
1.762	1.842	1.925	2.011	2.100	2.192	2.288	2.386	2.488	3.052	3.713
1.974	2.082	2.195	2.313	2.436	2.565	2.700	2.840	2.986	3.815	4.827
2.211	2.353	2.502	2.660	2.826	3.001	3.185	3.379	3.583	4.768	6.276
2.476	2.658	2.853	3.059	3.278	3.511	3.759	4.021	4.300	5.960	8.157
2.773	3.004	3.252	3.518	3.803	4.108	4.435	4.785	5.160	7.451	10.604
3.106	3.395	3.707	4.046	4.411	4.807	5.234	5.696	6.192	9.313	13.786
3.479	3.836	4.226	4.652	5.117	5.624	6.176	6.777	7.430	11.642	17.922
3.896	4.335	4.818	5.350	5.936	6.580	7.288	8.064	8.916	14.552	23.298
4.363	4.898	5.492	6.153	6.886	7.699	8.599	9.596	10.699	18.190	30.288
4.887	5.535	6.261	7.076	7.988	9.007	10.147	11.420	12.839	22.737	39.374
5.474	6.254	7.138	8.137	9.266	10.539	11.974	13.590	15.407	28.422	51.186
6.130	7.067	8.137	9.358	10.748	12.330	14.129	16.172	18.488	35.527	66.542
6.866	7.986	9.276	10.761	12.468	14.426	16.672	19.244	22.186	44.409	86.504
7.690	9.024	10.575	12.375	14.463	16.879	19.673	22.091	26.623	55.511	112.46
8.613	10.197	12.056	14.232	16.777	19.748	23.214	27.252	31.948	69.389	146.19
9.646	11.523	13.743	16.367	19.461	23.106	27.393	32.429	38.338	86.736	190.05
17.000	21.231	26.462	32.919	40.874	50.658	62.669	77.388	95.396	264.70	705.64
29.960	39.116	50.950	66.212	85.850	111.07	143.37	184.68	237.38	807.79	2 620.0
93.051	132.78	188.88	267.86	378.72	533.87	750.38	1 051.7	1 469.8	7 523.2	36 119
289.00	450.74	700.23	1 083.7	1 670.7	2 566.2	3 927.4	5 988.9	9 100.4	70 065	497 929

附表 2 复利

n	1	2	3	4	5	6	7	8	9	10	11	12
1	0.990	0.980	0.971	0.962	0.952	0.943	0.935	0.926	0.917	0.909	0.901	0.893
2	0.980	0.961	0.943	0.925	0.907	0.890	0.873	0.857	0.842	0.826	0.812	0.797
3	0.971	0.942	0.915	0.889	0.864	0.840	0.816	0.794	0.772	0.751	0.731	0.712
4	0.961	0.924	0.888	0.855	0.823	0.792	0.763	0.735	0.708	0.683	0.659	0.636
5	0.951	0.906	0.863	0.822	0.784	0.747	0.713	0.681	0.650	0.621	0.593	0.567
6	0.942	0.888	0.837	0.790	0.746	0.705	0.666	0.630	0.596	0.564	0.535	0.507
7	0.933	0.871	0.813	0.760	0.711	0.665	0.623	0.583	0.547	0.513	0.482	0.452
8	0.923	0.853	0.789	0.731	0.677	0.627	0.582	0.540	0.502	0.467	0.434	0.404
9	0.914	0.837	0.766	0.703	0.645	0.592	0.544	0.500	0.460	0.424	0.391	0.361
10	0.905	0.820	0.744	0.676	0.614	0.558	0.508	0.463	0.422	0.386	0.352	0.322
11	0.896	0.804	0.722	0.650	0.585	0.527	0.475	0.429	0.388	0.350	0.317	0.287
12	0.887	0.788	0.701	0.625	0.557	0.497	0.444	0.397	0.356	0.319	0.286	0.257
13	0.879	0.773	0.681	0.601	0.530	0.469	0.415	0.368	0.326	0.290	0.258	0.229
14	0.870	0.758	0.661	0.577	0.505	0.442	0.388	0.340	0.299	0.263	0.232	0.205
15	0.861	0.743	0.642	0.555	0.481	0.417	0.362	0.315	0.275	0.239	0.209	0.183
16	0.853	0.728	0.623	0.534	0.458	0.394	0.339	0.292	0.252	0.218	0.188	0.163
17	0.844	0.714	0.605	0.513	0.436	0.371	0.317	0.270	0.231	0.198	0.170	0.146
18	0.836	0.700	0.587	0.494	0.416	0.350	0.296	0.250	0.212	0.180	0.153	0.130
19	0.828	0.686	0.570	0.475	0.396	0.331	0.277	0.232	0.194	0.164	0.138	0.116
20	0.820	0.673	0.554	0.456	0.377	0.312	0.258	0.215	0.178	0.149	0.124	0.104
25	0.780	0.610	0.478	0.375	0.295	0.233	0.184	0.146	0.116	0.092	0.074	0.059
30	0.742	0.552	0.412	0.308	0.231	0.174	0.131	0.099	0.075	0.057	0.044	0.033
40	0.672	0.453	0.307	0.208	0.142	0.097	0.067	0.046	0.032	0.022	0.015	0.011
50	0.608	0.372	0.228	0.141	0.087	0.054	0.034	0.021	0.013	0.009	0.005	0.003

现值系数表

%												
13	14	15	16	17	18	19	20	25	30	35	40	50
0.885	0.877	0.870	0.862	0.855	0.847	0.840	0.833	0.800	0.769	0.741	0.714	0.667
0.783	0.769	0.756	0.743	0.731	0.718	0.706	0.694	0.640	0.592	0.549	0.510	0.444
0.693	0.675	0.658	0.641	0.624	0.609	0.593	0.579	0.512	0.455	0.406	0.364	0.296
0.613	0.592	0.572	0.552	0.534	0.516	0.499	0.482	0.410	0.350	0.301	0.260	0.198
0.543	0.519	0.497	0.476	0.456	0.437	0.419	0.402	0.320	0.269	0.223	0.186	0.132
0.480	0.456	0.432	0.410	0.390	0.370	0.352	0.335	0.262	0.207	0.165	0.133	0.088
0.425	0.400	0.376	0.354	0.333	0.314	0.296	0.279	0.210	0.159	0.122	0.095	0.059
0.376	0.351	0.327	0.305	0.285	0.266	0.249	0.233	0.168	0.123	0.091	0.068	0.039
0.333	0.300	0.284	0.263	0.243	0.225	0.209	0.194	0.134	0.094	0.067	0.048	0.026
0.295	0.270	0.247	0.227	0.208	0.191	0.176	0.162	0.107	0.073	0.050	0.035	0.017
0.261	0.237	0.215	0.195	0.178	0.162	0.148	0.135	0.086	0.056	0.037	0.025	0.012
0.231	0.208	0.187	0.168	0.152	0.137	0.124	0.112	0.069	0.043	0.027	0.018	0.008
0.204	0.182	0.163	0.145	0.130	0.116	0.104	0.093	0.055	0.033	0.020	0.013	0.005
0.181	0.160	0.141	0.125	0.111	0.099	0.088	0.078	0.044	0.025	0.015	0.009	0.003
0.160	0.140	0.123	0.108	0.095	0.084	0.074	0.065	0.035	0.020	0.011	0.005	0.002
0.141	0.123	0.107	0.093	0.081	0.071	0.062	0.054	0.028	0.015	0.008	0.005	0.002
0.125	0.108	0.093	0.080	0.069	0.060	0.052	0.045	0.023	0.012	0.006	0.003	0.001
0.111	0.095	0.081	0.069	0.059	0.051	0.044	0.038	0.018	0.009	0.005	0.002	0.001
0.098	0.083	0.070	0.060	0.051	0.043	0.037	0.031	0.014	0.007	0.003	0.002	0
0.087	0.073	0.061	0.051	0.043	0.037	0.031	0.026	0.012	0.005	0.002	0.001	0
0.047	0.038	0.030	0.024	0.020	0.016	0.013	0.010	0.004	0.001	0.001	0	0
0.026	0.020	0.015	0.012	0.009	0.007	0.005	0.004	0.001	0	0	0	0
0.008	0.005	0.004	0.003	0.002	0.001	0.001	0.001	0	0	0	0	0
0.002	0.001	0.001	0.001	0	0	0	0	0	0	0	0	0

n	1	2	3	4	5	6	7	8	9	10	11 %
1	1.000	1.000	1.000	1.000	1.000	1.000	1.000	1.000	1.000	1.000	1.000
2	2.010	2.020	2.030	2.040	2.050	2.060	2.070	2.080	2.090	2.100	2.110
3	3.030	3.060	3.091	3.122	3.153	3.184	3.215	3.246	3.278	3.310	3.342
4	4.060	4.122	4.184	4.246	4.310	4.375	4.440	4.506	4.573	4.641	4.710
5	5.101	5.204	5.309	5.416	5.526	5.637	5.751	5.867	5.985	6.105	6.228
6	6.152	6.308	6.468	6.633	6.802	6.975	7.153	7.336	7.523	7.716	7.913
7	7.214	7.434	7.662	7.898	8.142	8.394	8.654	8.923	9.200	9.487	9.783
8	8.286	8.583	8.892	9.214	9.549	9.897	10.260	10.637	11.028	11.436	11.859
9	9.369	9.755	10.159	10.583	11.027	11.491	11.978	12.488	13.021	13.579	14.164
10	10.462	10.950	11.464	12.006	12.578	13.181	13.816	14.487	15.193	15.937	16.722
11	11.567	12.169	12.808	13.486	14.207	14.972	15.784	16.645	17.560	18.531	19.561
12	12.683	13.412	14.192	15.026	15.917	16.870	17.888	18.977	20.141	21.384	22.713
13	13.809	14.680	15.618	16.627	17.713	18.882	20.141	21.495	22.953	24.523	26.212
14	14.947	15.974	17.086	18.292	19.599	21.015	22.550	24.215	26.019	27.975	30.095
15	16.097	17.293	18.599	20.024	21.579	23.276	25.129	27.152	29.361	31.772	34.405
16	17.258	18.639	20.157	21.825	23.657	25.673	27.888	30.324	33.003	35.950	39.190
17	18.430	20.012	21.762	23.698	25.840	28.213	30.840	33.750	36.974	40.545	44.501
18	19.615	21.412	23.414	25.645	28.132	30.906	33.999	37.450	41.301	45.599	50.396
19	20.811	22.841	25.117	27.671	30.539	33.760	37.379	41.446	46.018	51.159	56.939
20	22.019	24.297	26.870	29.778	33.066	36.786	40.995	45.762	51.160	57.275	64.203
25	28.243	32.030	36.459	41.646	47.727	54.865	63.249	73.106	84.701	98.347	114.41
30	34.785	40.588	47.575	56.085	66.439	79.058	94.461	113.28	136.31	164.49	199.02
40	48.886	60.402	75.401	95.026	120.80	154.76	199.64	259.06	337.89	442.59	581.83
50	64.463	84.579	112.80	152.67	209.35	290.34	406.53	573.77	815.08	1 163.9	1 668.8

终值系数表

12	13	14	15	16	17	18	19	20	25	30
1.000	1.000	1.000	1.000	1.000	1.000	1.000	1.000	1.000	1.000	1.000
2.120	2.130	2.140	2.150	2.160	2.170	2.180	2.190	2.200	2.250	2.300
3.374	3.407	3.440	3.473	3.506	3.539	3.572	3.606	3.640	3.813	3.990
4.779	4.850	4.921	4.993	5.066	5.141	5.215	5.291	5.368	5.766	6.187
6.353	6.480	6.610	6.742	6.877	7.014	7.154	7.297	7.442	8.207	9.043
8.115	8.323	8.536	8.754	8.977	9.207	9.442	9.683	9.930	11.259	12.756
10.089	10.405	10.730	11.067	11.414	11.772	12.142	12.523	12.916	15.073	17.583
12.300	12.757	13.233	13.727	14.240	14.773	15.327	15.902	16.499	19.842	23.858
14.776	15.416	16.085	16.786	17.519	18.285	19.086	19.923	20.799	25.802	32.015
17.549	18.420	19.337	20.304	21.321	22.393	23.521	24.701	25.959	33.253	42.619
20.655	21.814	23.045	24.349	25.733	27.200	28.755	30.404	32.150	42.566	56.405
24.133	25.650	27.271	29.002	30.850	32.824	34.931	37.180	39.581	54.208	74.327
28.029	29.985	32.089	34.352	36.786	39.404	42.219	45.244	48.497	68.760	97.625
32.393	34.883	37.581	40.505	43.672	47.103	50.818	54.841	59.196	86.949	127.91
37.280	40.417	43.842	47.580	51.660	56.110	60.965	66.261	72.035	109.69	167.29
42.753	46.672	50.980	55.717	60.925	66.649	72.939	79.850	87.442	138.11	218.47
48.884	53.739	59.118	65.075	71.673	78.979	87.068	96.022	105.93	173.64	285.01
55.750	61.725	68.394	75.836	84.141	93.406	103.74	115.27	128.12	218.05	371.52
63.440	70.749	78.969	88.212	98.603	110.29	123.41	138.17	154.74	273.56	483.97
72.052	80.947	91.025	102.44	115.38	130.03	146.63	165.42	186.69	342.95	630.17
133.33	155.62	181.87	212.79	249.21	292.11	342.60	402.04	471.98	1 054.8	2 348.8
241.33	293.20	356.79	434.75	530.31	647.44	790.95	966.7	1 181.9	3 227.2	8 730.0
767.09	1 013.7	1 342.0	1 779.1	2 360.8	3 134.5	4 163.21	5 519.8	7 343.9	30 089	120 393
2 400.0	3 459.5	4 994.5	7 217.7	10 436	15 090	21 813	31 515	45 497	280 256	1 659 761

n	1	2	3	4	5	6	7	8	9	10	11	12
1	0.990	0.980	0.971	0.962	0.952	0.943	0.935	0.926	0.917	0.909	0.901	0.893
2	1.970	1.942	1.913	1.886	1.859	1.833	1.808	1.783	1.759	1.736	1.713	1.690
3	2.941	2.884	2.829	2.775	2.723	2.673	2.624	2.577	2.531	2.487	2.444	2.402
4	3.902	3.808	3.717	3.630	3.546	3.465	3.387	3.312	3.240	3.170	3.102	3.037
5	4.853	4.713	4.580	4.452	4.329	4.212	4.100	3.993	3.890	3.791	3.696	3.605
6	5.795	5.601	5.417	5.242	5.076	4.917	4.767	4.623	4.486	4.355	4.231	4.111
7	6.728	6.472	6.230	6.002	5.786	5.582	5.389	5.206	5.033	4.868	4.712	4.564
8	7.652	7.325	7.020	6.733	6.463	6.210	5.971	5.747	5.535	5.335	5.146	4.968
9	8.566	8.162	7.786	7.435	7.108	6.802	6.515	6.247	5.995	5.759	5.537	5.328
10	9.471	8.983	8.530	8.111	7.722	7.360	7.024	6.710	6.418	6.145	5.889	5.650
11	10.368	9.787	9.253	8.760	8.306	7.887	7.449	7.139	6.805	6.495	6.207	5.938
12	11.255	10.575	9.954	9.385	8.863	8.384	7.943	7.536	7.161	6.814	6.492	6.194
13	12.134	11.348	10.635	9.986	9.394	8.853	8.358	7.904	7.487	7.103	6.750	6.424
14	13.004	12.106	11.296	10.563	9.899	9.295	8.745	8.244	7.786	7.367	6.982	6.628
15	13.865	12.849	11.938	11.118	10.380	9.712	9.108	8.559	8.061	7.606	7.191	6.811
16	14.718	13.578	12.561	11.652	10.838	10.106	9.447	8.851	8.313	7.824	7.379	6.974
17	15.562	14.292	13.166	12.166	11.274	10.477	9.763	9.122	8.544	8.022	7.549	7.102
18	16.398	14.992	13.754	12.659	11.690	10.828	10.059	9.372	8.756	8.201	7.702	7.250
19	17.226	15.678	14.324	13.134	12.085	11.158	10.336	9.604	8.950	8.365	7.839	7.366
20	18.046	16.351	14.877	13.590	12.462	11.470	10.594	9.818	9.129	8.514	7.963	7.469
25	22.023	19.523	17.413	15.622	14.094	12.783	11.654	10.675	9.823	9.077	8.422	7.843
30	25.808	22.396	19.600	17.292	15.372	13.765	12.409	11.258	10.274	9.427	8.694	8.055
40	32.835	27.355	23.115	19.793	17.159	15.046	13.332	11.925	10.757	9.779	8.951	8.244
50	39.196	31.424	25.730	21.482	18.256	15.762	13.801	12.233	10.962	9.915	9.042	8.304

现值系数表

%												
13	14	15	16	17	18	19	20	25	30	35	40	50
0.885	0.877	0.870	0.862	0.855	0.847	0.840	0.833	0.800	0.769	0.741	0.714	0.667
1.668	1.647	1.623	1.605	1.585	1.566	1.547	1.528	1.440	1.361	1.289	1.224	1.111
2.361	2.322	2.283	2.246	2.210	2.174	2.140	2.106	1.952	1.816	1.696	1.589	1.407
2.974	2.914	2.855	2.798	2.743	2.690	2.639	2.589	2.362	2.166	1.997	1.849	1.605
3.517	3.433	3.352	3.274	3.199	3.127	3.058	2.991	2.689	2.436	2.220	2.035	1.737
3.998	3.889	3.784	3.685	3.589	3.498	3.410	3.326	2.951	2.643	2.385	2.168	1.824
4.423	4.288	4.160	4.039	3.922	3.812	3.706	3.605	3.161	2.802	2.508	2.263	1.883
4.799	4.639	4.487	4.344	4.207	4.078	3.954	3.837	3.329	2.925	2.598	2.331	1.922
5.132	4.946	4.772	4.607	4.451	4.303	4.163	4.031	3.463	3.019	2.665	2.379	1.948
5.426	5.216	5.019	4.833	4.659	4.494	4.339	4.192	3.571	3.092	2.715	2.414	1.965
5.687	5.453	5.234	5.029	4.836	4.656	4.486	4.327	3.656	3.147	2.752	2.438	1.977
5.918	5.660	5.421	5.197	4.988	4.793	4.611	4.439	3.725	3.190	2.779	2.456	1.985
6.122	5.842	5.583	5.342	5.118	4.910	4.715	4.533	3.780	3.223	2.799	2.469	1.990
6.302	6.002	5.724	5.468	5.229	5.008	4.802	4.611	3.824	3.249	2.814	2.478	1.993
6.462	6.142	5.847	5.575	5.324	5.092	4.876	4.675	3.859	3.268	2.825	2.484	1.995
6.604	6.265	5.942	5.668	5.405	5.162	4.938	4.730	3.887	3.283	2.834	2.489	1.997
6.729	6.373	6.047	5.749	5.475	5.222	4.988	4.775	3.910	3.295	2.840	2.492	1.998
6.840	6.467	6.128	5.818	5.534	5.273	5.033	4.812	3.928	3.304	2.844	2.494	1.999
6.938	6.550	6.198	5.877	5.584	5.316	5.070	4.843	3.942	3.311	2.848	2.496	1.999
7.025	6.623	6.259	5.929	5.628	5.353	5.101	4.870	3.954	3.316	2.850	2.497	1.999
7.330	6.873	6.464	6.097	5.766	5.467	5.195	4.948	3.985	3.329	2.856	2.499	2.000
7.496	7.003	6.566	6.177	5.829	5.517	5.235	4.979	3.995	3.332	2.857	2.500	2.000
7.634	7.105	6.642	6.233	5.871	5.548	5.258	4.997	3.999	3.333	2.857	2.500	2.000
7.675	7.133	6.661	6.246	5.880	5.554	5.262	4.999	4.000	3.333	2.857	2.500	2.000

［1］刘晓君,张炜,李玲燕. 工程经济学［M］. 4 版. 北京:中国建筑工业出版社,2020.

［2］全国咨询工程师(投资)职业资格考试参考教材编写委员会. 项目决策分析与评价［M］. 北京:中国统计出版社,2021.

［3］许婷华,曲成平,杨淑娟. 建设工程经济［M］. 2 版. 武汉:武汉大学出版社,2017.

［4］都沁军. 工程经济学［M］. 北京:北京大学出版社,2012.

［5］王艳丽,李长花,段宗志. 工程经济学［M］. 武汉:武汉大学出版社,2021.

［6］白思俊. 现代项目管理概论［M］. 3 版. 北京:电子工业出版社,2020.

［7］白思俊. 现代项目管理(升级版):上册,下册［M］. 2 版. 北京:机械工业出版社,2020.

［8］项目管理协会. 项目管理知识体系指南:PMBOK® 指南［M］. 7 版. Chicago: Independent Publishers Group:2022.

［9］Project Management Institute. 项目管理知识体系指南:PMBOK® 指南［M］. 6 版. 北京:电子工业出版社,2018.

［10］全国一级建造师执业资格考试用书编写委员会. 建设工程经济［M］. 北京:中国建筑工业出版社,2023.

［11］汪小金. 项目管理方法论［M］. 3 版. 北京:中国电力出版社,2020.

［12］全国造价工程师职业资格考试培训教材编审委员会. 建设工程造价管理［M］. 北京:中国计划出版社,2021.

［13］全国一级建造师执业资格考试用书编写委员会. 建设工程项目管理［M］. 北京:中国建筑工业出版社,2023.

［14］王祖和. 现代工程项目管理［M］. 3 版. 北京:电子工业出版社,2020.

［15］吴守荣,任英伟. 工程项目管理［M］. 北京:机械工业出版社,2021.

［16］戚安邦. 项目管理学［M］. 3 版. 北京:科学出版社,2019.

［17］丁士昭. 工程项目管理［M］. 2 版. 北京:中国建筑工业出版社,2014.

［18］成虎,陈群. 工程项目管理［M］. 4 版. 北京:中国建筑工业出版社,2015.

［19］赖一飞. 项目管理概论［M］. 2 版. 北京:清华大学出版社,2017.

［20］李正风,丛杭青,王前,等. 工程伦理［M］. 北京:清华大学出版社,2016.

［21］哈里斯,普里查德,雷宾斯. 工程伦理:概念与案例［M］. 丛杭青,沈琪,魏丽娜,等译. 5 版. 杭州:浙江大学出版社,2018.

郑重声明

高等教育出版社依法对本书享有专有出版权。任何未经许可的复制、销售行为均违反《中华人民共和国著作权法》，其行为人将承担相应的民事责任和行政责任；构成犯罪的，将被依法追究刑事责任。为了维护市场秩序，保护读者的合法权益，避免读者误用盗版书造成不良后果，我社将配合行政执法部门和司法机关对违法犯罪的单位和个人进行严厉打击。社会各界人士如发现上述侵权行为，希望及时举报，我社将奖励举报有功人员。

反盗版举报电话　（010）58581999　58582371
反盗版举报邮箱　dd@hep.com.cn
通信地址　北京市西城区德外大街4号　高等教育出版社法律事务部
邮政编码　100120

读者意见反馈

为收集对教材的意见建议，进一步完善教材编写并做好服务工作，读者可将对本教材的意见建议通过如下渠道反馈至我社。

咨询电话　400-810-0598
反馈邮箱　gjdzfwb@pub.hep.cn
通信地址　北京市朝阳区惠新东街4号富盛大厦1座
　　　　　高等教育出版社总编辑办公室
邮政编码　100029

防伪查询说明

用户购书后刮开封底防伪涂层，使用手机微信等软件扫描二维码，会跳转至防伪查询网页，获得所购图书详细信息。

防伪客服电话　（010）58582300